Diccionario de logística

DAVID SOLER

Con la colaboración de:

www.logisnet.com

Colección: Biblioteca de Logística

Diccionario de logística
1.ª edición, 2008
2.ª edición, 2009
3.ª edición, 2011

© 2008, 2009, 2011, David Soler García
© de esta edición, incluido el diseño de la cubierta, ICG Marge, SL

Edita: Marge Books - Avda. Alcalde Moix, 28 - 08207 Sabadell (Barcelona)
Tel. 931 429 486 - marge@margebooks.com - www.margebooks.com

Gestión editorial: Héctor Soler
Colaboración editorial y asesoramiento técnico: Jaime Mira Galiana
Traducción correspondencias castellano-inglés: Malachy McCoy, Jennifer Brickman,
  Henry O'Donnell y Alice Corson
Colaboración literaria: Roser Pérez Castro
Colaboración técnica: Antonio Milián, Claudia Peña Soto y Albert Roura
Compaginación: Mercedes Lara
Impresión: Servicecom (Alcalá de Henares, Madrid)

ISBN: 978-84-92442-24-9
Depósito Legal: B 13562-2016

El papel empleado en este libro no ha sido blanqueado con cloro elemental (CI_2).

Índice

Hoy, antes del alba, subí a las colinas,
miré los cielos apretados de luminarias
y le dije a mi espíritu:
cuando conozcamos todos estos mundos
y el placer de la sabiduría
de todas las cosas que contienen,
¿estaremos tranquilos y satisfechos?
Y mi espíritu dijo: no,
ganaremos esas alturas
sólo para seguir adelante.

Walt Whitman

Con la colaboración de

www.logisnet.com

El contenido de este diccionario se puede consultar actualizado en el portal
www.logisnet.com.
Si usted desea incorporar un nuevo término o sugerir una modificación, puede
hacerlo dirigiendo un correo electrónico a logisnet@logisnet.com o a través del
enlace que encontrará en dicho portal.

Agradecimientos

La edición de este diccionario ha sido posible gracias a la generosidad y el apoyo de numerosas personas que han aportado sus sugerencias y conocimientos; amigas y amigos que atesoran ingenio y experiencia profesional.

A todas ellas deseo expresar mi mayor agradecimiento. Especialmente a las personas queridas que me han apoyado en tantos momentos, a las que he hecho tantas preguntas y a quienes he sustraído tiempo. A mi hijo, Hèctor, que en todo momento me ha remitido sus anotaciones e investigaciones y de quien he recibido las mejores críticas; a Jaime Mira, el amigo que ha insuflado en estas páginas su inquebrantable ánimo y su saber, revisando pacientemente los interminables originales; a Toni Milián, el colaborador en línea que durante años ha configurado y perfeccionado la base de datos sobre la que se ha elaborado este diccionario; a Laura Matos, la infatigable y fiel colaboradora que ha brindado todo su apoyo en la consecución de contactos e informaciones; a Malachy McCoy, Jennifer Brickman y Henry O'Donnell que han trabajado a fondo las correspondencias al inglés; a Andreu Torres por sus iniciativas, y a Rosa Romero y Josep Presència, que han ampliado contenidos y resuelto las últimas dudas.

Presentación

La etimología de «logística» se relaciona con la palabra griega *logos,* que significa «idea» o «palabra», y hace referencia a la ciencia del cálculo y de los números, según la cual la realidad puede ser objeto de cálculo lógico, coherente.

En la Atenas del imperio griego, los logistas *(logistaæi)* o contadores formaban junto con los eutinos *(euzunoi)* o censores, diez de cada clase, una especie de tribunal de cuentas. Eran elegidos anualmente por la Bulé (senado ateniense) entre sus miembros. Los funcionarios atenienses que manejaban fondos del erario público debían presentar una relación de ingresos y gastos al finalizar el año en que habían ejercido, la cual era comprobada por los logistas y los eutinos, encargados de llevar a cabo la eutina *(euzuna)* o comprobación de las cuentas. De ahí que en el castellano actual, la voz «logista» se siga definiendo como el profesional «especializado en métodos de organización».[1]

«A partir de una premisa mayor conocida, se demuestra una conclusión gracias a otra premisa mayor también conocida, lo que permite la inferencia», razona el filósofo Enrique Dussel al referirse al *uso demostrativo de la inteligencia* que ejerce el logista; «estudiando las relaciones formales, descubre innumerables posibilidades de demostración».[2]

La logística, entendida como la organización y gestión del suministro de los recursos materiales y humanos para alcanzar un determinado fin, ha estado presente en todas las civilizaciones, porque aprovisionarse de

---

[1] *Diccionario de la lengua española,* Real Academia Española, 22.ª edición, 2008.
[2] *Lecciones de introducción a la filosofía, de antropología filosófica,* Enrique Dussel, Mendoza (Argentina), 1968, inédito.

manera organizada reduce el esfuerzo necesario y aumenta la capacidad de subsistencia, y porque en todas las culturas se ha dado el intercambio de bienes. Es en ese ámbito de los intercambios donde la logística ha alcanzado un mayor grado de socialización.

En la antigüedad, el nacimiento y desarrollo de las ciudades-estado; la construcción de grandes monumentos e infraestructuras en Egipto, China o México; y las campañas de los ejércitos no habrían sido posibles sin una sistemática y exhaustiva planificación logística. Fue precisamente en el ámbito militar donde la logística evolucionó de un modo más manifiesto, con procedimientos encaminados a asegurar no sólo el suministro de hombres, sino también de herramientas, armas, munición, avituallamiento y elementos de protección y refugio, como muestran los códices asirios y las crónicas del Imperio romano. En tiempos más próximos, hacia 1830, el militar e historiador de origen suizo Antoine-Henri de Jomini definía la logística como la tercera de las disciplinas del *arte de la guerra,* junto con la estrategia y la táctica. Sólo un siglo más tarde, en junio de 1944, el mundo presenció la mayor demostración de capacidad logística militar de la historia, con el desembarco del ejército aliado en Normandía, que representó el principio del fin de la Segunda Guerra Mundial.

A caballo entre lo militar y lo civil, desde la Edad Media, el aprovisionamiento de la corte de los reinos que darían paso a los modernos Estados europeos fue una de las tareas que se resolvieron protegiendo las rutas, designando a responsables de los recursos, y estableciendo procedimientos que garantizasen la regularidad de todo tipo de suministros.

La colonización europea de América y la explotación desmedida de sus recursos humanos y naturales fue un reto para quienes pugnaban por el control de los incipientes flujos intercontinentales de los siglos XVI al XVIII, y significaron para España el desarrollo de los primeros nodos logísticos de ámbito internacional (Sevilla, Santo Domingo, La Habana...).

Tras la Revolución Industrial, el crecimiento del comercio apoyado en el transporte marítimo, primero, y la extensión masiva de las redes de ferrocarril en toda Europa, después, propiciaron, a lo largo del siglo XIX, la extensión de la logística a la vida civil, en todo lo que hacía referencia al traslado de personas y mercancías, ya fuera por mar, tierra y más modernamente, en el siglo XX, también por aire.

En la actualidad, la logística es una de las actividades de mayor alcance estratégico de la economía mundial. Se define como el «proceso de planificación, gestión y control de los flujos de materiales y productos, informaciones y servicios relacionados, entre un punto de origen y otro de destino». En dicho proceso se distinguen las áreas de «aprovisionamiento, producción y distribución, y se incluyen los movimientos internos y externos, así como las operaciones de introducción o importación y expedición o exportación».

La logística es, pues, una actividad inherente al aprovisionamiento, la producción y la distribución de los productos y servicios, totalmente integrada en las redes de infraestructuras del transporte y de telecomunicaciones y en la planificación territorial y urbana.

Tendencias de la logística

El mercado de la logística representó en 2007 el 11,7 % del producto interior bruto (PIB) mundial, que incluye el volumen de negocio de las empresas dedicadas a las prestaciones logísticas, pero no el de la gestión de los flujos de información, con una expectativa de crecimiento a medio plazo del 9 % anual. Esa cota se ha alcanzado a causa de la estrecha interrelación entre la logística y algunos de los procesos económicos y sociales de mayor impacto mundial. La logística es uno de los instrumentos sobre los que se ha soportado la globalización de la economía, la deslocalización de las plantas de producción de empresas del mundo industrializado a países del Tercer Mundo, el incremento del comercio internacional y la movilidad de las personas y mercancías a gran escala.

El futuro de las actividades relacionadas con la logística y, por tanto, el de las organizaciones privadas y públicas que configuran su mercado, aparece enmarcado por el impacto de las tecnologías, especialmente de la información y comunicación, que introducirán nuevos modelos de negocio, con cadenas de suministro globales y elásticas, que operarán en tiempo real, automatizadas y colaborativas.

La gestión de la logística se verá afectada por la disminución de los tiempos dedicados a los procesos de innovación y diseño de los productos, y por las tendencias de alcanzar mayor productividad, flexibilidad y orientación al consumidor, mediante nuevos procedimientos de producción y comercialización, como la «personalización masiva»[3] de productos, una alternativa a la producción masiva de los mismos.

Por otro lado, los sistemas de almacenamiento incrementarán su integración en la cadena de aprovisionamiento. La trazabilidad sobre los materiales facilitará el seguimiento de los procesos productivos y el reaprovisionamiento, mientras que la agilidad y la rapidez de los sistemas de transporte conseguirán reducir aún más los niveles de existencias con la fabricación en ciclos cortos y entregas «justo a tiempo».

Todo ello tiende a favorecer la externalización de la logística de las organizaciones y la aparición de nuevos servicios y funciones. Entre ellos, la logística inversa puede incrementar notablemente su importancia, a causa de los costes o beneficios que la gestión de los residuos representa, e impulsada por criterios de responsabilidad social corporativa y por la imperiosa necesidad de hacer medioambientalmente sostenibles las actividades industriales y humanas.

Responsabilidad social y logística

Desde una perspectiva socialmente responsable, la logística no debe seguir analizándose exclusivamente en función de su participación en el PIB, sino de su incidencia en una economía real en la que no sólo se tienen en cuenta los flujos de energía y materiales sino también los límites físicos de los recursos naturales y de los residuos generados por las actividades humanas e industriales. La codicia en el uso de los recursos y la irresponsabilidad en la generación de residuos son los causantes del cambio climático al que se aboca la humanidad y de la amenaza a la biodiversidad del planeta que habitamos.

Tras la crisis económica internacional desatada en 2008, los logistas tienen nuevas oportunidades de poner a prueba su ingenio proactivo. De una parte, aportando iniciativas e innovaciones para conseguir que la actividad logística requiera menos recursos físicos, incluyendo infraestructuras, y energéticos. De otra, mediante aportaciones coherentes con un

---

[3] Véase *Personalización masiva*, Blas Gómez Gómez, Marge Books, Barcelona, 2007.

escenario de decrecimiento económico y productivo que sea socialmente sostenible, donde previsiblemente han de trastocarse los conceptos relacionados con los ideales de crecimiento económico ilimitado y la economía de los países se recupere adoptando una trayectoria socioecológica diferente respecto a los flujos de materiales y energía.

El conocimiento logístico

A diferencia de lo sucedido en otras ramas del saber, el conocimiento logístico no experimentó a lo largo de los siglos un proceso de sistematización que facilitara su transmisión generacional, a excepción, quizá, de sus aplicaciones en el ámbito militar y en algunas áreas de la Administración pública, estamentos ambos ostensiblemente alejados de la sociedad civil.

La causa de ello puede hallarse en que la logística abarca procesos transversales, que afectan al conjunto de actividades productivas y comerciales, y que en cada época y sector se han resuelto tradicionalmente de manera particularizada.

Para encontrar las raíces del conocimiento logístico reciente debemos acercarnos a las profesiones relacionadas con el transporte de mercancías, en las que desde la antigüedad sus protagonistas se han enfrentado con exigencias similares, como la necesidad de estandarizar y modularizar las unidades de carga y de transporte o gestionar con eficiencia y eficacia los tráficos.

Por otro lado, los procesos de producción industrial masiva originaron en los siglos XIX y XX nuevas necesidades de abastecimiento, de gestión de los flujos de materiales y de distribución de los artículos fabricados, que generaron a su vez un conocimiento vinculado a la logística de los procesos productivos. De este modo, el conocimiento logístico reciente ha residido tradicionalmente en el ámbito de las escuelas técnicas y profesionales.

No fue hasta mediados del pasado siglo XX cuando las universidades y escuelas empresariales empezaron a considerar la teoría general de sistemas, a raíz de los trabajos del alemán Ludwig von Bertalanffy. La consideración de un sistema como «un conjunto de elementos interactuantes e interdependientes con un objetivo determinado» permitió imaginar una organización compuesta por diversos subsistemas. Las conclusiones de Ilya Prigogine en las áreas de física y química y de Michael Porter en la administración de empresas, permitieron concebir a éstas como sistemas abiertos que intercambian información y energía con su entorno, un elemento que resulta influido por la propia organización y que, a su vez, influye en ella, donde el valor añadido o la ineficiencia de cada subsistema afecta a toda la cadena de valor.

La evolución de la demanda de servicios logísticos, maquinaria e infraestructuras generó a su vez la necesidad de capacitar profesionales, para los que fue necesario establecer procesos formativos de distinto nivel.

En España, las asociaciones de transportistas, primero, organizadas en la Confederación Española de Transporte de Mercancías (CETM) y, después, el Centro Español de Logística (CEL) y la Fundación ICIL, fundados en 1978 y 1980, respectivamente, fueron los que en primer lugar llevaron a cabo acciones formativas, de investigación y de normalización.

En América Latina se dio un proceso similar, aunque con unos años de distancia. En la década de 1990, surgieron numerosas asociaciones profesionales y empresariales vinculadas a la logística, que en la actualidad se organizan en torno a la Asociación Latinoamericana de Logística (ALL).

Finalmente, en esa época, la logística alcanzó como disciplina los claustros universitarios y los centros de enseñanza secundaria; y también entonces tuvieron lugar en España y América Latina las primeras grandes manifestaciones feriales y congresuales, foros de exposición e intercambio comercial y del conocimiento.

Con todo, se puede convenir que en esta primera década del siglo XXI, las necesidades de la demanda formativa y el acceso al conocimiento logístico se encuentran esencialmente cubiertas mediante la oferta de centros y organizaciones privados, con fórmulas de enseñanza presencial, en empresas y a través de internet.

El último eslabón de la cadena de transferencia del conocimiento logístico quizá se encuentre en que este precioso bagaje se incorpore como uno de los recursos de la gestión gubernamental de los países. Lamentablemente, los gobiernos de los países industrializados, los que actúan como referentes en los modelos de gestión, no han incorporado hasta ahora entre sus entes un Ministerio de Logística, con lo que se sitúan muy por detrás de los criterios que desde hace décadas se aplican en la gestión de organizaciones. No cabe duda que una nueva visión de la gestión de un país desde una perspectiva logística redundaría en mayores niveles de eficiencia y eficacia para el conjunto de sus actividades y sus recursos.

El vocabulario logístico

En el proceso de normalización del conocimiento logístico se ha evidenciado la escasez de literatura técnica escrita en castellano, elaborada por autores conocedores de los mercados, los usos, las costumbres y la idiosincrasia de los países latinos. Este factor ha supuesto con frecuencia un obstáculo para localizar la información que los profesionales necesitan para el desarrollo de sus actividades.

Por otro lado, esta escasez de referentes editoriales en castellano ha facilitado la invasión de términos anglosajones a través del lenguaje hablado y de noticias y artículos en prensa especializada, publicación de estudios y documentos, ponencias, etc. Esta «invasión» ha dificultado y retrasado la configuración de una terminología profesional estandarizada en castellano, es decir, de un lenguaje común enraizado en una lengua que hablan más de 440 millones de personas, y que es idioma oficial en 21 países del mundo.

Lamentablemente, salvo personalísimos esfuerzos de algunos profesionales, no ha existido por parte de la Administración pública ni de las organizaciones sectoriales de los países de habla castellana la voluntad de normalizar las acepciones comunes a las actividades logísticas.

Si el idioma es el lubricante que facilita las relaciones económicas y sociales, estamos sin lugar a dudas ante un error cuyo coste se ha pagado y se sigue pagando con notables ineficiencias en la comunicación y en la gestión de la información entre los profesionales.

Con esta tercera edición del DICCIONARIO DE LOGÍSTICA esperamos contribuir humildemente a subsanar en parte una carencia, con la voluntad de corregir los errores que de seguro habremos cometido y ampliar en futuras ediciones los contenidos con nuevas acepciones y definiciones.

Esta edición del diccionario contiene alrededor de tres mil quinientas entradas, entre acepciones y siglas de uso común, con su traducción al inglés, y sinónimos que remiten a la acepción de uso más habitual y generalizado.

En el anexo, el lector hallará un «Vocabulario inglés-castellano» que le ayudará a localizar las acepciones que busca, así como un índice de «Corporaciones y entidades» relacionadas con el sector logístico, en el que se incluye un número significativo de corporaciones y organismos del ámbito iberoamericano, con sus correspondientes direcciones en internet, que confiamos le resulten también de interés y utilidad.

Diccionario de logística

David Soler

A

A; *A.*
Símbolo de amperio.

a bordo; *on board.*
Expresión utilizada para significar que una mercancía o un pasaje ya se encuentran ubicados en el vehículo o embarcación.

a flote; *afloat.*
Expresión empleada para indicar la cantidad de mercancía embarcada y en ruta hacia un destino determinado.

a prueba de error; *mistake-proof.*
Técnica de prevención de errores en actividades de fabricación o preparación de maquinaria que puedan ocasionar defectos en la producción. Detiene automáticamente el proceso de producción si se origina un error y facilita que las maniobras de la maquinaria pueda llevarlas a cabo personal con formación básica. En japonés, se conoce como *poka-yoke,* «a toda prueba».

abalizamiento; *beaconage / maritime beaconage.*
Conjunto de señales dispuestas para indicar posibles peligros para la navegación, el tránsito terrestre o el aterrizaje de aeronaves y marcar el camino que se debe seguir.

abanderamiento; *registry.*
Matriculación o registro de una embarcación o aeronave debajo de la bandera de un Estado.

abandono de mercancías; *abandonment of goods.*
Referido al acto por el que las mercancías extranjeras que no son oportunamente desaduanadas pasan a ser propiedad de la Administración pública por abandono de las mismas.

abastecimiento directo; *direct supply.*
Canal de distribución entre el productor y el consumidor final caracterizado por la ausencia de intermediarios, en el que el productor asume las funciones de distribuidor de sus propios productos.

ABC; *ABC.*
1. Véase **clasificación ABC.**
2. Siglas de *activity based costing,* o gestión basada en el coste de las actividades.

abordaje; *collision.*
Choque o colisión de una embarcación con otra, deliberada o fortuitamente.

abrasivo; *abrasive.*
Producto utilizado para desgastar o pulir por fricción.

abrigo; *harbour.*
Lugar en el que una embarcación puede permanecer en refugio y protegerse de las inclemencias atmosféricas.

abrir aquí; *open here.*
Marca estampada en un embalaje mediante la que se indica el lugar por el que debe abrirse una unidad de carga.

ABS; *ABS.*
Siglas de la expresión en inglés *anti-lock braking system,* referidas a un sistema de frenado que regula la fuerza de frenada de un vehículo en función de su masa, la velocidad, el pavimento y otros elementos.

acarrear; *carry (to).*
Transportar mercancías por cualquier medio de un lugar a otro.

accesibilidad; *accessibility.*
1. Capacidad de un modo de transporte o de un vehículo para llegar a un determinado lugar y prestar un servicio entre el origen y el destino.
2. Capacidad de las personas para llegar a los lugares de residencia, trabajo, formación, asistencia sanitaria, interés social, prestación de servicios u ocio, tomando en consideración la calidad y disponibilidad de las infraestructuras, las redes de movilidad y los servicios de transporte público.
3. Cualidad de accesible de un determinado lugar, de manera que reúne mejores o peores condiciones y facilidades para llegar a él. Es una variable medible en la planificación de las infraestructuras de transporte.
4. Facilidad para acceder a una determinada mercancía almacenada.

accidente; *accident.*
Acción imprevista, fortuita, súbita, violenta y externa, que produce un daño físico o material sobre un bien o una persona.

accidente de tráfico; *traffic accident.*
Accidente en que se ve involucrado al menos un vehículo, que tiene lugar en la vía pública (urbana, interurbana, rural, etc.), susceptible de originar víctimas y daños materiales.

aceite detergente; *detergent oil.*
Aceite lubricante de motor que incorpora aditivos que permiten mantener en suspensión las partículas de suciedad, impidiendo que se acumulen en el interior del motor.

aceite lubricante; *lubricating oil.*
Producto que, dispuesto entre dos superficies en contacto, facilita el deslizamiento lineal o rotativo entre ambas.

aceite multigrado; *multigrade oil.*
Tipo de aceite lubricante del motor que ofrece mayor resistencia a los cambios de temperatura, de modo que su grado de viscosidad se mantiene estable, sin espesar en exceso con el frío ni licuarse con el calor.

aceleración; *acceleration.*
Variación de la velocidad en una unidad de tiempo.

aceleración rápida; *fast acceleration.*
Respuesta inmediata del motor cuando se acciona el pedal del acelerador de un vehículo.

acelerador; *accelerator.*
Dispositivo mecánico que se puede accionar para aumentar la velocidad de un vehículo de motor.

aceptación del pedido; *order acceptance.*
Confirmación de una orden de pedido relativa a una venta o a una compra.

acero; *steel.*
Aleación de hierro y carbono, fundidos a una temperatura de entre 1.200 y 1.700 ºC, y de otros metales como azufre, fósforo, silíceo, etc. Según la proporción de estos elementos y de su tratamiento, adquiere especial elasticidad, dureza o resistencia, que junto a la estabilidad térmica, hermeticidad, calidad magnética e integridad química, lo hacen idóneo para envases que han de soportar altas presiones, contener productos peligrosos o resistir la intemperie. Se utiliza en la construcción de contenedores para el transporte multimodal. De la aleación de acero, cromo y níquel se obtiene acero inoxidable, muy resistente a la corrosión. El acero no pierde calidad con reciclados sucesivos y su recuperación reduce el consumo de materias primas, especialmente el de agua, la generación de residuos y el consumo de energía.

acompañante; *passenger.*
Persona que ocupa cualquiera de las plazas de un vehículo diferente de la reservada al conductor.

acondicionamiento; *preparation.*
1. Preparación de una mercadería para un uso determinado, para atender las necesidades de un cliente o para su transporte. Es la última actividad que se realiza, previa a su embalaje o en el local del cliente como disposición final.
2. Operación mediante la que una mercancía envasada, embalada o contenerizada se adecua para que se mantenga en óptimas condiciones.

acondicionar; *condition (to).*
Véase **acondicionamiento.**

acopiar; *stockpile (to).*
Juntar, reunir o acumular una mercancía en cantidad considerable.

acreditación; *accreditation.*
Proceso mediante el que una entidad acreditada por la Administración pública formaliza el reconocimiento de un «organismo de certificación» de la calidad, con independencia y capacidad técnica para realizar su actividad de acuerdo con las normativas internacionales sobre certificación en esta materia.

actividades de primera línea; *first line activities.*
Actividades logísticas aeroportuarias directamente relacionadas con los procesos de intercambio tierra-aire. En la primera línea se ubican las instalaciones de los operadores de *handling* de carga y *autohandling*, con acceso a «lado tierra» para las transferencias de mercancías entre el operador de *handling* y los importadores, exportadores u operadores de transporte terrestre; y «lado aire» para las transferencias de mercancías entre el operador de *handling* de carga y el de *handling* de rampa.

actividades de segunda línea; *second line activities.*

Actividades logísticas aeroportuarias estrictamente necesarias para el intercambio modal: servicios logísticos, servicios generales, servicios aduaneros, inspección en frontera, transitarios, etcétera.

actividades de tercera línea; *third line activities.*

Actividades logísticas relacionadas con el aeropuerto y la carga aérea: industria, centros de distribución, centros de almacenaje, etc.

actividades secundarias de producción; *secondary production activities.*

Conjunto de operaciones que se llevan a cabo sobre los productos con el objeto de adaptarlos a los requerimientos del mercado: embalaje, reenvasado, etiquetado, ensamblado final y control de calidad.

Acuerdo ADN; *ADN Agreement on Transport of Dangerous Goods on Inland Waterways.*

Acuerdo sobre el Transporte Internacional de Mercancías Peligrosas por Vías Fluviales, suscrito el 25 de mayo de 2000 en una conferencia organizada por la Comisión Económica Europea y la Comisión Central para la Navegación del Rhin. Sus principales objetivos son: aumentar la seguridad del transporte fluvial de mercancías peligrosas, proteger el medio ambiente previniendo la contaminación por accidentes, y facilitar las operaciones de transporte promoviendo el comercio internacional de productos químicos.

Acuerdo ATP; *ATP Agreement.*

Acuerdo sobre Transportes Internacionales de Mercancías Perecederas y sobre los vehículos especiales utilizados en estos transportes, formalizado en Ginebra (Suiza) el 1 de septiembre de 1970, y modificado el 30 de septiembre de 2000, en el seno de Naciones Unidas. Su Anexo I indica las características que deben poseer los vehículos para mantener la mercancía a una determinada temperatura y el modo de comprobar dichas variaciones con respecto al tiempo. El Anexo II regula las muestras y temperaturas de las mercancías perecederas y congeladas. Y, por último, el Anexo III, las condiciones de temperatura para transportar determinadas mercancías perecederas que no se recogen en el anexo anterior.

acuerdo de libre comercio; *free trade agreement.*

Convenio entre distintos Estados con la finalidad de facilitar mutuamente los intercambios de mercancías.

Acuerdo de Transporte Internacional Terrestre (ATIT); *ATIT Agreement (International Surface Transport Agreement).*

Acuerdo suscrito entre Argentina, Bolivia, Brasil, Chile, Paraguay, Perú y Uruguay, al amparo del Tratado de Montevideo de 1980. Su objeto es favorecer los servicios de transporte por carretera y ferroviario internacional, el acceso a los mercados, aspectos relacionados con los seguros, y otros de tipo operativo, administrativo, aduanero e inmigratorio.

acuerdo interlínea; *interline agreement.*

Contrato que suscriben dos o más transportistas aéreos para facilitar el intercambio de tráfico entre los mismos.

acuerdo regional; *regional agreement.*
Acuerdo en el que participan países pertenecientes a un área geográfica determinada.

acumulación; *accumulate.*
Combinar existencias homogéneas de productos o materiales en cantidades considerables.

acuse de recibo de pedido; *order acknowledgement.*
Véase **aceptación del pedido.**

ad valórem(AV); *ad valorem (AV).*
Locución latina que significa «según valor» o «con arreglo al valor», referido a un arancel; se trata de un porcentaje del valor atribuido a la carga.

adeudo; *debit.*
Cantidad económica que resulta de la liquidación de los tributos, los aranceles, los intereses o las multas, sobre los que existe obligación de pago.

admisión temporal; *temporary admission.*
Régimen aduanero que permite importar determinadas mercancías, con suspensión de los derechos y las tasas a la importación, con el propósito de ser reexportadas en un plazo de tiempo, ya sea en su estado original o tras experimentar transformaciones o reparaciones.

admítase; *admittance note.*
Documento que elabora el consignatario o responsable del transporte marítimo, que el transportista de la mercancía presenta a la terminal portuaria para su admisión, donde se hace responsable del pago de la estancia. Una vez sellado por ésta, se une al DUA como justificante de que en el momento del despacho aduanero la mercancía se encuentra sobre el muelle de la terminal a disposición de la aduana.

admítase el contenedor vacío; *empty container admittance pass.*
Documento que el responsable de la gestión del contenedor expide a favor del transportista para que dicho equipamiento sea admitido por el depósito de contenedores.

admítase para embarco; *ready to board.*
Documento que se utiliza en sustitución de la nota de embarque. Existen diferentes tipos para tramitar los despachos de aduana, facilitar datos estadísticos al puerto, proporcionar al estibador los pesos y las dimensiones de la carga, y componer la lista de carga para el buque.

ADN; *ADN (Agreement on Transport of Dangerous Goods on Inland Waterways).*
Véase **Acuerdo ADN.**

adquisición; *procurement.*
Véase **compra.**

adquisición de empresas; *acquisition of companies.*
Compra, por parte de una persona jurídica, del paquete accionarial de control de otra sociedad, sin realizar la fusión de sus patrimonios.

ADR; *ADR.*
Véase **Convenio ADR.**

adrizar; *right itself (to).*
Poner derecho o vertical lo que se encuentra inclinado en el interior de una embarcación.

ADSL; *ADSL.*
Siglas de *asimetric data subscriber line,* sistema de transmisión de datos que utiliza las líneas telefónicas convencionales.

ADT; *TDW (temporary deposit warehouse).*
Siglas de **almacén de depósito temporal.**

aduana; *customs.*
Organismo dependiente de la Administración del Estado que autoriza o deniega las exportaciones e importaciones, temporales o definitivas, y los tránsitos de mercancías. La aduana realiza el despacho de las mercancías de acuerdo con la documentación que presentan los agentes de aduana en el DUA (documento único administrativo). La aduana también recauda los aranceles y el IVA que afecte a las importaciones.

aduana de destino; *entry customs.*
Sitio o lugar de un territorio aduanero utilizado para finalizar una operación de tránsito desde una aduana de salida.

aduana de partida; *departure customs.*
Véase **aduana de salida.**

aduana de paso; *transit customs.*
Sitio o lugar de un territorio aduanero por el que circulan mercancías en tránsito, sin que haya finalizado la operativa aduanera.

aduana de salida; *departure customs.*
Sitio o lugar de un territorio aduanero utilizado para el despacho de mercancías para la exportación.

aduanar; *clear through customs.*
Véase **despacho de aduanas.**

AEI; *AEI.*
Siglas de *automatic electronic information* o «identificación electrónica automática».

aerodeslizador; *hovercraft.*
Vehículo a motor que navega deslizándose sobre la superficie del agua sin tocarla, estableciendo un colchón de aire entre el agua y él.

aeródromo; *aerodrome / airdrome.*
Véase **aeropuerto.**

aeronave; *airplane.*
Véase **avión.**

aeropuerto; *airport.*
Área llana provista de pistas, instalaciones y servicios adecuados para la recepción y el despacho de aeronaves, pasajeros y carga del servicio de transporte aéreo regular y no regular, así como del transporte privado comercial y no comercial.

agencia de transporte; *transport agency.*
Operador de transporte nacional o internacional dedicado a la explotación de los medios de transporte necesarios para el tránsito de una carga, a la vez que realiza actividades de gestión, información, oferta y organización del transporte, y media con plena responsabilidad entre cargadores y consigna-

tarios, así como con los transportistas. Puede contar con medios propios o bien subcontratar los servicios al propietario directo del medio de transporte. Las agencias de transporte pueden prestar servicios de carga completa o fraccionada.

agencia de transporte de carga completa; *full load agency.*

Operador de transporte dedicado a la prestación de servicios de transporte de mercancías en condiciones de unidad completa o vehículo completo, dentro del territorio de un país. El servicio puede ser de un solo remitente a uno o varios destinatarios.

agencia de transporte de carga fraccionada; *break bulk agency.*

Operador de transporte dedicado a la prestación de servicios de transporte para cargas de carácter fragmentario, dentro del territorio de un país, que no ocupan una unidad completa o vehículo completo, sobre las que aparte de la función propia de traslado, desde la recepción de las mismas hasta su entrega al destinatario, es necesario llevar a cabo actividades logísticas previas o complementarias, como pueden ser la manipulación, el almacenamiento, la consolidación, la clasificación o el embalaje.

agente; *agent.*

Persona física o jurídica autorizada a actuar por cuenta y en representación de otra persona u organización.

agente aduanal; *customs agent.*

Denominación que en América Latina y el Caribe recibe el **agente de aduanas**.

agente consignatario de buques; *ship broker agent.*

Véase **consignatario**.

agente consolidador; *freight consolidator.*

Agente de carga aérea o agente IATA que comercializa el espacio que previamente ha reservado en la bodega del avión. Lleva a cabo la consolidación de cargas, agrupando en un mismo contenedor cargas de diferentes remitentes dirigidas a distintos destinatarios, que consigna a su agente desconsolidador en el aeropuerto de destino.

agente de aduanas; *customs agent.*

Persona física o jurídica que, por cuenta de terceros, lleva a cabo ante la aduana los trámites necesarios en el despacho de las mercancías que se exportan o importan. El servicio de agente de aduanas es uno de los que puede prestar una empresa transitaria.

agente de carga aérea; *air freight forwarder.*

Cuando una empresa transitaria ejerce su actividad en el ámbito del transporte aéreo se denomina «agente de carga aérea». Comercializa las bodegas de las líneas aéreas, constituyendo el sistema de distribución de la carga aérea, y coordina la demanda de transporte aéreo con la oferta de las compañías.

Si no está registrado y reconocido por la Asociación Internacional de Transporte Aéreo (IATA), no puede emitir contratos de transporte aéreo internacional ni efectuar el cobro de los fletes.

agente de carga internacional; *freight forwarder.*

Véase **transitario/a**.

agente de seguros; *insurance broker.*
Persona física o jurídica cuya actividad consiste en asesorar a los asegurados o a potenciales asegurados en la contratación de seguros.

agente desconsolidador; *deconsolidator.*
Operador que separa en partes individuales las diferentes mercancías que componen una carga consolidada.

agente general de ventas; *general sales agent (GSA).*
Persona física o jurídica en la que ha sido delegada la representación comercial de una compañía aérea, con fines de ventas de transporte de mercancías o pasajes, para un ámbito geográfico determinado y que recibe una remuneración por dichos servicios.

agente *handling; handling agent.*
El transporte aéreo de carga requiere la intervención del agente *handling*, que recibe la carga en el aeropuerto y la prepara para su posterior embarque y vuelo. Se distingue entre agente *handling* de terminal y de rampa; el primero se encarga de la recepción y preparación de la mercancía y el segundo, del transporte al avión y del embarque.

agente IATA; *IATA agent.*
Agente de carga aérea autorizado para actuar en nombre de las líneas aéreas adscritas a la Asociación Internacional de Transporte Aéreo (IATA), emitir contratos de transporte aéreo internacional, cobrar fletes, coordinar la carga y descarga de aeronaves y efectuar los trámites oportunos ante las autoridades aeroportuarias y aduaneras. Para ser agente IATA, la empresa titular debe tener la solvencia técnica (dos personas con la capacitación profesional IATA) y económica (depósito de una cantidad económica en la sede central de IATA en Ginebra o Montreal) suficientes para responder adecuadamente a las demandas de los cargadores. Los documentos IATA, que tienen carácter oficial, incluyen una responsabilidad civil profesional de la que tiene que hacerse cargo el emisor. La IATA permite a sus agentes realizar operaciones entre todas las compañías adscritas, lo que supone actuar como cámara de compensación para el cargo y abono entre empresas por intercambio de operaciones.
Las agencias de viaje son agentes IATA y esto les permite emitir los documentos de contrato de transporte.

agente marítimo; *maritime agent.*
Agente intermediario que opera entre el cargador y el naviero, mediando entre ambos para conseguir el cierre de contratos, a cambio de una comisión por su trabajo.

agente transitario; *forwarding agent.*
Véase **transitario/a.**

agilidad; *agility.*
Capacidad de acceder rápidamente a un producto y moverlo entre diversos puntos.

A-GPS; *A-GPS.*
Sistema de telecomunicación que incorpora un dispositivo GPS (sistema de posicionamiento global) que sincroniza la comunicación entre antenas para la localización de un objeto en movimiento.

agravación del riesgo; *aggravation of risk.*
Modificación del contrato de seguro, debido a que el aumento de la posibilidad de ocurrencia o peligrosidad de un evento afecta a un determinado riesgo. El contratante o el asegurado deben comunicar al asegurador todas las circunstancias que agraven el riesgo durante la vigencia del contrato.

agrupación de cargas; *groupage.*
Véase **grupaje.**

agrupador; *consolidator.*
Véase **grupajista.**

aguas contaminadas; *polluted water.*
Aguas que no cumplen las condiciones de vertido que establece la legislación y, en general, las que hayan estado en contacto con productos potencialmente nocivos, las de limpieza de recipientes, cisternas, depósitos, etc., así como las aguas de lluvia y de protección contra incendios que hayan entrado en contacto con elementos contaminantes.

aguas interiores; *inland waterways.*
Conjunto de ríos, lagos y canales que pueden ser utilizados como vías navegables o hidrovías para el transporte de mercancías y pasajeros.

aguas territoriales; *territorial waters.*
Área del mar limítrofe a la costa de un Estado sobre la que éste, de acuerdo con el derecho internacional, tiene plena jurisdicción y soberanía, puede regular el tráfico marítimo y explotar sus recursos naturales. El ancho de las aguas territoriales puede ser de 12 o 200 millas náuticas, según el lugar de que se trate.

AGV; *AGV.*
Siglas de *automated guided vehicle* o «vehículo de guiado automático». Se refiere a un vehículo guiado automáticamente mediante sistemas de filoguiado, ferroguiado, optoguiado o radio-láser.

AJD; *documented legal acts.*
Siglas del **impuesto sobre actos jurídicos documentados.**

ajuste; *smoothing.*
Expresión del factor de alisado exponencial cuando se utiliza en términos de proyección de datos históricos sobre la base de series cronológicas.

ajuste por compensación de cambio; *currency adjustment factor (CAF).*
Ajuste que aplican las compañías de transporte sobre el flete, según el día en el que se produce la carga, por diferencias de cambio de divisas, en sentido positivo o negativo.

AKO; *SKO (seat-kilometre offered).*
Siglas de **asientos-kilómetros ofertados.**

al portador; *bearer.*
Dícese del documento que designa como titular del mismo a su tenedor legítimo.

ala; *wing.*
Cada uno de los elementos aerodinámicos que a ambos lados del avión se encastran en el fuselaje, presentan al aire una superficie plana y confieren sustentación al aparato en el vuelo.

alabeo; *warping.*
Comba de una hoja de cartón corrugado, una plancha de madera o un objeto de plástico.

alambre; *wire.*
Varilla metálica con un grueso inferior a 7 mm de diámetro.

albarán de carga; *consignment note.*
Véase **carta de porte.**

albarán de entrega; *delivery note.*
Documento administrativo emitido por el expedidor que acompaña a la mercancía cuando se entrega a un cliente, y que acredita su recepción por parte de este último. Contiene datos del remitente y del destinatario, así como la descripción de la mercancía.

alerón; *aileron.*
Dispositivo de las alas de una aeronave, que se acciona sólo en vuelo y con el que se efectúan los giros laterales.

alfa; *alpha.*
Primera letra del alfabeto griego. Habitualmente, se utiliza para representar la constante de alisado en el alisado exponencial.

alfanumérico; *alphanumeric.*
Datos configurados mediante caracteres alfabéticos (letras), números y signos de puntuación, u otro tipo de caracteres.

algoritmo; *algorithm.*
Conjunto de reglas predefinidas que se utilizan para resolver un problema mediante una determinada cantidad de pasos.

alimentos frescos; *fresh produce.*
Productos que se distribuyen y comercializan a granel, sueltos o empaquetados, en su estado natural o tras recibir algún tipo de preparación, como las frutas y verduras, las carnes, los lácteos, la panadería y los pescados y mariscos. No incluyen los productos congelados.

alisado; *smoothed.*
Operación de promediar datos mediante un proceso matemático o por ajuste de curvas.

alisado armónico; *harmonic smoothing.*
Sistema de previsión de series temporales, basado en el alisado exponencial, que se utiliza cuando existe un componente estacional y otro aleatorio de variancia relativamente grande. El factor estacional se expresa en función de armónicos, mediante series de Fourier.

alisado exponencial; *exponential smoothing.*
Técnica de previsión de medias móviles ponderadas, donde las observaciones anteriores se ponderan geométricamente en función de su antigüedad, otorgando mayor significación a los datos más recientes.
Esta técnica utiliza una constante de alisado que se aplica a la diferencia entre la previsión más reciente y los datos esenciales de ventas.
El alisado exponencial es válido para datos que no muestren tendencia o patrones estacionales. En caso contrario, pueden utilizarse modelos de alisado exponencial de nivel más alto.

alisado exponencial dinámico; *adaptative smoothing.*
Técnica de predicción de series temporales, basada en el alisado exponencial,

donde el valor de alfa no es constante y se adecua de manera automática en caso de que se hayan cometido errores de previsión.

aljibe; *water tank / tanker.*
Depósito destinado a la conservación o al transporte de un líquido.

almacén; *warehouse.*
Espacio físico en el que se albergan y custodian los materiales y productos, bien sean materias primas, semielaborados, o terminados y preparados para su distribución, y que permite su clasificación, manipulación y control.
Un almacén debe disponer de zonas diferenciadas para:
– Carga de vehículos.
– Recepción de mercancías.
– Almacenaje.
– Preparación de pedidos.
– Expedición.
El almacén puede ser utilizado para la venta al mayor, bien mediante sistemas de mostradores, autoservicio o como centro distribuidor para el detallista. También puede utilizarse como establecimiento de venta al por menor.

almacén aduanero; *customs warehouse.*
Espacio físico destinado a almacén de mercancías, abierto o cerrado, cuya finalidad es la colocación temporal de las mismas en tanto se realice su despacho.

almacén al aire libre; *open-air warehouse.*
Espacio físico destinado a almacén de mercancías delimitado por cercas o señalizado por algún sistema de identificación, carente de edificaciones, en el que generalmente se almacenan mercancías que no precisan de protección contra los agentes atmosféricos.

almacén automático; *automated warehouse.*
Almacén de alta densidad donde los elementos de manutención son programables y actúan completamente automatizados, tanto en los movimientos de entrada como de salida de las estanterías.

almacén autoportante; *self-supporting warehouse.*
Almacén cuya estructura constructiva está constituida por las propias estanterías, de modo que la estructura de almacenaje y la del edificio se integran formando un solo elemento.

almacén caótico; *random location warehouse.*
Almacén donde la ubicación de las mercancías se lleva a cabo mediante el método de hueco libre, también denominado método de hueco caótico.

almacén central; *central warehouse.*
Almacén en el que se depositan las existencias con las que se abastecerá a una red de distribución o unos puntos de consumo final, generalmente sin necesidad de ninguna transformación posterior: cadena propia de comercios detallistas, establecimientos adheridos a una central de compras, franquicias, almacenes regionales, etc. Suele encontrarse próximo al centro de fabricación y está acondicionado para recibir y manipular unidades de carga superior (camiones completos, palés, etc.).

almacén compacto; *compact warehouse.*
Sistema de almacenamiento con ménsulas y carriles, de forma que la carretilla introduce el palé en calles de mayor o menor profundidad y en diversas alturas.

almacén convencional; *conventional warehouse.*
1. Sistema de almacenamiento con huecos independientes de estiba y pasillos entre cada lineal.
2. Almacén de altura no superior a 7 m, equipado con estanterías para palés, como las de tipo *drive-in, drive-throught* o dinámicas, y medios mecánicos para manipular y almacenar las mercancías, como carretillas contrapesadas convencionales o de mástil retráctil.

almacén cubierto; *covered warehouse.*
Área de almacenamiento edificada con algún sistema constructivo, obra en ladrillo, piedra natural o artifical, prefabricado de hormigón, panelado metálico, etc., destinada a proteger las mercancías. Puede ser de tipo convencional, autoportante o automatizado.

almacén de alta densidad; *high density warehouse.*
Almacén en el que con una accesibilidad del 100 % la relación capacidad/volumen supera el 50 %. Puede elevarse hasta los 30 m, con reducidos pasillos de maniobra y circulación entre las estanterías, que suelen ser autoportantes si el almacén supera los 10 m de altura.

almacén de delegación; *depot.*
Unidad de almacenamiento más simple en los niveles de una red de distribución física.

almacén de depósito temporal (ADT); *temporary deposit warehouse (TDW).*
Almacén autorizado por la aduana, durante un período limitado de tiempo, para el depósito temporal de mercancías pendientes de despacho y de concesión de un destino aduanero.

almacén de distribución; *field warehouse.*
Véase **almacén central.**

almacén de materias primas; *raw materials warehouse.*
Almacén destinado a contener materiales, suministros, envases, etc., que tienen que utilizarse en un proceso de producción. Suele situarse en el interior del área de producción y puede ser cubierto o al aire libre.

almacén de productos intermedios; *intermediate goods store.*
Almacén que acostumbra a ubicarse en el interior de una planta de producción con el fin de reducir los tiempos de espera entre las fases de fabricación de un producto.

almacén de productos terminados; *finished product warehouse.*
Almacén cubierto o al aire libre destinado a albergar productos terminados. Cumple una función reguladora entre las diferentes fases y los requerimientos de las actividades industriales.

almacén de servicio; *service warehouse.*
Almacén integrado en industrias de transformación destinado a albergar materiales de cualquier naturaleza y especie: materias primas, productos semielaborados, productos acabados, etc.

almacén de tránsito; *transit warehouse.*
Almacén que por su ubicación y sus características cumple la función de dar soporte a una red de distribución principal. Habitualmente, no dispone de área para la preparación de pedidos, ni de estanterías y opera con un alto índice de rotación de productos, realizándose las recepciones y las expediciones en forma de palés completos hacia otros almacenes o puntos de venta a los que da soporte.

almacén en planta; *store on work floor.*
Lugar de almacenaje ubicado en la planta de trabajo, donde las unidades se almacenan mediante algún sistema que permita un rápido acceso y se reponen una vez consumidas.

almacén general de depósito; *general deposit warehouse.*
Almacén dedicado a recibir y custodiar productos ajenos por un precio que se establece en función del valor de la mercancía que se debe almacenar, del tiempo de almacenamiento, del espacio que se ocupe, etc. El almacenista emite un resguardo de depósito que permite vender o pignorar la mercancía sin necesidad de trasladarla físicamente.

almacén logístico; *logistics warehouse.*
Almacén necesario para el desarrollo del proceso logístico de una actividad industrial o comercial, aunque no se utiliza como depósito para el aprovisionamiento de una industria ni genera por sí mismo un beneficio económico.

almacén multiuso; *public warehouse.*
Almacén que se alquila a terceros por espacios independientes o agregados y por un tiempo determinado, y que presta adicionalmente servicios de manutención u otras prestaciones logísticas especializadas.

almacén regional; *district depot.*
Almacén abastecido desde un centro de producción o un almacén central, destinado a servir de depósito de las mercancías que se tienen que distribuir a los clientes mayoristas o detallistas de una determinada área de influencia, generalmente delimitada por la ruta de un vehículo de distribución durante una jornada. Este tipo de almacenes cuenta con un área especialmente acondicionada para la preparación de pedidos.

almacén regulador; *central warehouse.*
Véase **almacén central.**

almacenaje; *storage.*
Véase **almacenamiento.**

almacenamiento; *storage.*
1. Ejecución de los movimientos de entrada o salida de una mercancía en un almacén, donde se incluyen las operaciones de traslado de la misma a o desde su lugar de destino, descarga o colocación y carga o extracción de su ubicación y la de gestión de la información inherente a su movimiento.
2. Conjunto de mercancías almacenadas.
3. Dispositivo, método o sistema para guardar una información.
4. *Informática.* Acción de guardar o registrar en la memoria de un sistema la información que posteriormente tiene que utilizarse.

almacenamiento a granel; *bulk storage.*
Almacenamiento de materias primas o productos sueltos, a modo de montones o rimeras, sin llegar a constituir unidades de carga.

almacenamiento automático; *automatic storage/retrieval system (AS/RS).*
Sistema de almacenamiento de alta densidad en el que los elementos de manutención son programables y actúan completamente automatizados, tanto en los movimientos de entrada como de salida de las estanterías.

almacenamiento caótico; *chaotic storage.*
Véase **método de hueco caótico.**

almacenamiento con pasillos y apiladores de conductor acompañante; *storage with aisles and stackers (non driver ridden).*
Sistema de almacenamiento convencional, con pasillos, que utiliza apiladores con conductor acompañante como elemento de manutención. Estas máquinas son transpalés autopropulsados provistos de un mástil telescópico.

almacenamiento con pasillos y apiladores de conductor sentado; *storage with aisles and stackers (driver ridden).*
Sistema de almacenamiento convencional, con pasillos, que utiliza carretillas elevadoras contrapesadas como elemento de manutención.

almacenamiento con pasillos y carretillas elevadoras contrapesadas; *storage with aisles and counterbalanced stackers.*
Sistema de almacenamiento convencional, con pasillos, que utiliza apiladores con conductor sentado como elemento de manutención. Estas máquinas, de dimensiones reducidas, poseen poca capacidad de carga y altura de elevación. Su configuración combina aspectos del transpalé autopropulsado y la carretilla de mástil retráctil.

almacenamiento con pasillos y carretillas retráctiles; *storage with aisles and retractable stackers.*
Sistema de almacenamiento convencional, con pasillos, que utiliza carretillas retráctiles que transportan y apilan las cargas frontalmente.

almacenamiento con pasillos y carretillas trilaterales; *storage with aisles and tri-lateral stackers.*
Sistema de almacenamiento con pasillos entre las estanterías que utiliza carretillas trilaterales, provistas de un cabezal con capacidad de giro de 90° a derecha o izquierda y la de tomar y depositar las cargas frontalmente. Las carretillas trilaterales automatizadas puedan operar sin necesidad de cabezales.

almacenamiento con pasillos y transelevadores; *storage with aisles and trans-elevators.*
Sistema de almacenamiento que utiliza estanterías adosadas de dos en dos, con un pasillo de separación entre cada pareja, donde se instala un transelevador para transladarse entre las mismas.

almacenamiento desordenado; *chaotic storage.*
Véase **método de hueco caótico.**

almacenamiento dinámico; *live storage.*
Sistema de almacenaje provisto de rodillos metálicos sobre los cuales discu-

rren los palés impulsados por la fuerza de la gravedad, gracias a una pendiente del 3-5 %, o bien mediante rodillos motorizados. La velocidad de deslizamiento se regula mediante frenos.

almacenamiento directo; *direct storage.*
Sistema de almacenamiento que se realiza sin necesidad de plataformas o medios de apoyo de ningún otro tipo. Puede realizarse en almacenes exteriores o cerrados.

almacenamiento en bloque; *block storage.*
Sistema de almacenamiento por agrupamiento y compactación de las mercancías, bien por apilado directo de las cargas o mediante su colocación en estanterías.

almacenamiento en bloque compacto; *compact storage.*
Sistema de almacenamiento por agrupamiento y compactación de las mercancías formando pilas que se colocan unas junto a las otras.

almacenamiento en bloque con estanterías móviles; *block storage with movable shelves.*
Sistema de almacenamiento en bloque mediante estanterías montadas sobre raíles que permiten que se puedan deslizar para unirse o separarse a voluntad, accionadas manualmente o mediante motores eléctricos instalados en las estanterías o en los raíles.

almacenamiento en bloque sobre estanterías; *block storage on shelves.*
Sistema de almacenamiento en bloque que utiliza estanterías compactas o dinámicas para el depósito de las cargas.

almacenamiento en ubicación fija; *fixed location storage.*
Véase **almacenamiento ordenado.**

almacenamiento hipobárico; *hypobaric storage.*
Sistema de almacenamiento mediante cámaras refrigeradas herméticas y equipos que permiten modificar la concentración de gases en el aire, para conseguir una presión de oxígeno menor que la atmosférica. Se utiliza para el almacenamiento refrigerado de productos de origen vegetal, ya que al controlar la atmósfera se retardan las tasas de respiración de los vegetales y, con ello, se alarga también su vida.

almacenamiento ordenado; *fixed location storage.*
Método de almacenamiento que asigna un único lugar o hueco, con una posición fija, para cada mercancía. Este sistema facilita la manipulación de las mercancías y la preparación de pedidos, así como su control y recuento, si bien utiliza mayor espacio que un sistema con localización aleatoria.

almacenamiento semialeatorio; *semirandom storage.*
Sistema de almacenamiento que consiste en una combinación del método de hueco libre o caótico y el ordenado o de localización.

almacenista; *warehouse manager.*
Persona física o jurídica cuya actividad consiste, de acuerdo con lo que se establezca en un contrato, en recibir en depósito y en locales adecuados los bienes o mercancías de terceros. Puede efectuar operaciones de ruptura de cargas, alma-

cenamiento, custodia, manipulación, administración, control de existencias, preparación de pedidos y cualquier otra que se haya convenido. Inclusive puede realizar su posterior distribución en la forma, el tiempo y el lugar que determine el depositante, en virtud de un contrato de transporte (OT).

almacenista distribuidor; *wholesaler distributor.*
Operador de transporte que, de acuerdo con lo que se establezca en un contrato de transporte (OT), recibe en depósito y en locales adecuados los bienes o mercancías de terceros. Puede efectuar operaciones de ruptura de cargas, almacenamiento, custodia, manipulación, administración, control de existencias, preparación de pedidos y cualquier otra que se haya convenido, así como su posterior distribución en la forma, el tiempo y el lugar que determine el depositante.

alta dirección; *chief executive / chief executive officer (CEO).*
Persona o conjunto de personas que dirigen y gestionan una organización en su nivel más alto.

alta velocidad; *high speed rail.*
Término utilizado para designar a las redes y los vehículos ferroviarios que cumplen determinadas condiciones de velocidad y seguridad en el transporte. En la UE, las líneas de alta velocidad cumplen la Directiva 96/48, de 23 de julio de 1996.

alternador; *alternator.*
Dispositivo accionado por el motor del vehículo que produce corriente eléctrica alterna. A diferencia de la dinamo, que genera corriente continua, el alternador suministra mayor intensidad de corriente con un bajo nivel de revoluciones del motor.

altura de apilado; *stacking height.*
Cantidad de unidades de carga de características iguales (bobinas, cajas, palés, contenedores, etc.) que se apilan sobre sí mismas.

altura del palé; *pallet height.*
Distancia entre la base o el suelo que soporta el palé y la parte extrema superior de la unidad de carga. Debe ajustarse a las dimensiones de los vehículos de transporte y a los elementos de manutención utilizados en la cadena de suministro.

altura máxima autorizada; *authorized maximum height.*
Altura que puede alcanzar como máximo un vehículo de transporte por carretera con su carga, establecida en España en 4 m.

aluminio; *aluminium.*
Metal no ferroso, de color y brillo similares a los de la plata, muy abundante en todo el planeta (representa el 8 % de la parte sólida de la corteza terrestre), que en estado natural se encuentra en muchos silicatos, como el caolín, la arcilla o la bauxita. De esta última, se extrae por transformación en alúmina. Resiste la corrosión y su baja densidad (2.700 kg/m^3) lo hace muy ligero, dúctil y maleable. No permite el paso de la luz o los rayos ultravioleta, y constituye una barrera frente a los gases y los microorganismos. Se

mecaniza fácilmente y es el metal más utilizado después del acero, sobre todo en ingeniería mecánica y en la fabricación de envases (latas de bebida) y embalajes (contenedores para transporte aéreo). Las aleaciones de aluminio, en particular las de magnesio, se emplean en estructuras para aviones, automóviles, camiones y vagones de ferrocarril. El aluminio no pierde calidad con reciclados sucesivos y su recuperación reduce el consumo de materias primas y la generación de residuos, además de disminuir el consumo de energía en un 95 %.

amarrador; *mooring operator.*
Operador encargado de asistir al buque en el atraque, fijándolo o liberándolo del muelle mediante amarras que lo sujetan al noray (bolardo).

amarradura; *mooring.*
Véase **amarre.**

amarraje; *wharfage.*
Tasa y costes que abonan los buques por las operaciones de amarre y desamarre a un muelle.

amarre; *mooring.*
Acción y efecto de sujetar una embarcación a un muelle, a otro barco o a una baliza.

ambiente de trabajo; *work environment.*
Conjunto de condiciones laborales y sociales, así como de factores físicos, psicológicos y ambientales en los que se lleva a cabo un determinado trabajo. Los factores ambientales incluyen la temperatura, la ergonomía o la composición atmosférica.

amortiguador; *shock absorber.*
Dispositivo que atenúa y compensa el efecto de oscilaciones, choques, sacudidas o movimientos bruscos en aparatos o sistemas mecánicos, por ejemplo el sistema de suspensión de un vehículo.

amortización; *depreciation.*
Recurso financiero generado por una organización para compensar los costes de depreciación física, funcional o tecnológica de los bienes de equipo.

amperio; *ampere.*
Unidad básica de intensidad de corriente eléctrica del sistema internacional de unidades de medida, definida como la intensidad de una corriente constante que, manteniéndose en dos conductores paralelos, rectilíneos, de longitud infinita, de sección circular despreciable y situados a una distancia de 1 m uno del otro, en el vacío, produciría entre estos conductores una fuerza igual a 2×10^{-7} newtons por metro de longitud. Su símbolo es «A».

análisis ABC; *ABC analysis.*
Método de análisis basado en la Ley de Pareto donde las referencias se clasifican de acuerdo con unas determinadas características (por su consumo histórico o por el previsto, multiplicado por el valor unitario), en sentido secuencial, y segmentadas por tipos.

análisis bayesiano; *bayesian analysis.*
Método de análisis estadístico que integra la suma del conocimiento pasado (basado en la distribución anterior) y los nuevos datos (mediante la función de probabilidad) del teorema de

Bayes, con el objetivo de obtener nuevos conocimientos sobre los fenómenos estudiados (resumidos por la distribución posterior).

análisis DAFO; *SWOT analysis.*
DAFO se corresponde con las siglas de «debilidades, amenazas, fortalezas y oportunidades». Es un método de análisis para determinar, en función del análisis interno (fortalezas y debilidades) y externo (amenazas y oportunidades), las ventajas competitivas de una organización en el marco de un mercado.

análisis de la cadena de valor; *chain value analysis.*
Herramienta de gestión financiera utilizada para identificar y cuantificar las posibilidades de reducir costes en una cadena de suministro.

análisis de Pareto; *Pareto analysis.*
Véase **análisis ABC.**

análisis de series temporales; *time series analysis.*
Análisis de una variable clasificada por tiempo, donde los valores de la misma están en función de los períodos de tiempo.

analista logístico; *logistics analyst.*
Véase **consultor logístico.**

anaquel; *shelf.*
Véase **estante.**

ancho de banda; *bandwidth.*
Volumen de información que se puede transmitir utilizando una red de conexión electrónica.

ancho de vía; *track gauge.*
Distancia entre la parte interna de los raíles de una línea ferroviaria. El denominado «ancho internacional», fijado por la Conferencia de Berna (1890), es de 1,435 m, mientras que el conocido como ancho español es de 1,667 m, muy similar a los de Argentina y Chile, de 1,676, y al de Portugal, de 1,665. En Rusia y Finlandia es de 1,523, mientras que en Australia es de 2,13. Cuando el ancho es inferior o igual a un metro se denomina «vía estrecha».

anchura del palé; *pallet width.*
Dimensión del piso superior de un palé, perpendicular al sentido de introducción de las horquillas elevadoras.

anchura máxima autorizada; *maximum authorized width.*
Anchura máxima que puede alcanzar un vehículo con su carga, establecida en 2,55 m. Se exceptúan los vehículos de temperatura controlada con pared igual o superior a 4,5 cm de grosor y los autobuses acondicionados para el traslado de presos, que pueden alcanzar los 2,60 m de anchura.

anclaje; *anchorage.*
Acción de sujetar una embarcación con el ancla o las anclas.

ancón; *cove.*
Ensenada pequeña donde pueden fondear las embarcaciones.

andén; *platform.*
Acera elevada, de anchura y altura variables, que discurre paralela a la vía en las estaciones de ferrocarril, destinada

a facilitar el acceso al tren de viajeros y mercancías.

ángulo de fijación; *corner casting.*
Cantoneras situadas en la base de una caja móvil o en los extremos superior e inferior de un contenedor donde se enganchan los pestillos de anclaje o cualquier otro elemento de sujeción del vehículo de transporte, para asegurar la unidad de carga durante el viaje.

anhídrido sulfuroso (SO_2); *sulphur dioxide.*
Gas incoloro, inflamable, de un olor característico e irritante que se produce como resultado de la combustión de productos derivados del petróleo. Se condensa en la atmósfera, pasa a la tierra y actúa como corrosivo de metales y otros materiales como los carbonatos. Es responsable del «mal de la piedra».

antepuerto; *outport.*
Espacio al abrigo del mar que precede la bocana de algunos puertos, donde los barcos pueden fondear mientras esperan entrar en el puerto o bien estar al socaire en caso de tormenta.

antidumping; antidumping.
Medidas que pueden tomar los países importadores para luchar contra los países exportadores que no aplican a sus productos precios de mercado. Los gobiernos utilizan estrategias colectivas como el código *antidumping* GATT (General Agreement on Tariff and Trade) o Acuerdo General sobre Aranceles y Comercio, suscrito en 1947, por iniciativa de Naciones Unidas.

aparato de elevación; *lifting device.*
Equipo de manutención de funcionamiento discontinuo utilizado para elevar y distribuir las cargas en un espacio. Éstas se suspenden de él mediante un gancho u otro elemento o sistema de aprehensión.

aparato de recorrido fijo; *fixed-run device.*
Elemento de manutención en forma de dispositivo o máquina, automático o semiautomático, utilizado en un almacén para recorrer sistemáticamente un circuito preestablecido: sistemas de rodillos, vehículos de guiado automático y transelevadores, entre otros.

aparcamiento; *parking.*
Lugar destinado al estacionamiento de vehículos.

apartadero; *stabling siding / stabling track.*
Instalación ferroviaria destinada al cruce o el estacionamiento de vehículos en circulación.

apertura de puerta del contenedor; *container door opening.*
Expresión de las dimensiones de la anchura y altura de la puerta del panel frontal del contenedor.

apertura del contenedor; *container opening.*
Parte abierta de un contenedor, que puede estar cerrada por un panel móvil o desmontable, o por una cubierta móvil.

apilado; *block stacking.*
Acción y efecto de apilar.

apilado en bloque; *block stack.*
Modalidad de almacenamiento consistente en apilar las unidades de carga unas sobre otras. La capacidad de carga en altura está limitada por la resistencia de soportar cargas de la unidad inferior. Las unidades de carga más adecuadas para este sistema de almacenamiento son las que presentan gran resistencia interna y las contenidas en envases rígidos.

apilador; *stacker truck.*
Máquina de manutención provista de un poste o mástil elevador, normalmente telescópico, que se utiliza para el apilado de cargas, de accionamiento manual o eléctrico, alimentado por baterías recargables. Las de accionamiento eléctrico cuentan con modelos donde el conductor puede ir montado sobre una plataforma o bien sentado sobre la máquina. En el apilador, el centro de gravedad de la carga se sitúa dentro de su base de sustentación.

apilador autopropulsado; *self-propelled stacker.*
Apilador que dispone de un sistema de accionamiento, generalmente un motor eléctrico alimentado por baterías, para realizar los movimientos de tracción y elevación. Según la posición que el operador ocupe, puede ser:
- Apilador con conductor a pie o acompañante.
- Apilador con conductor sentado.

apilador con balancín; *reach stacker crane / stacker with spreader.*
Máquina de manutención provista de un mástil elevador telescópico, con un balancín *(spreader)* en su extremo, que se emplea para el apilado de contenedores.

apilador con horquillas entre patas; *forklift (forks between legs).*
Apilador que se utiliza exclusivamente para palés con el tamaño adecuado para ser acogidos entre las patas del apilador. Posee mucha estabilidad y es apropiado para apilar cargas pesadas a grandes alturas.

apilador con horquillas sobre patas; *forklift (forks on legs).*
Apilador utilizable para todo tipo de palés de fondo abierto, no reversibles.

apilador con largueros entre patas; *forklift (forks between legs).*
Véase **apilador con horquillas entre patas.**

apilador con largueros sobre patas; *forklift (forks on legs).*
Véase **apilador con horquillas sobre patas.**

apilador manual; *manual stacker.*
Apilador que utiliza la fuerza humana para la tracción. Pueden ser de dos tipos:
- Apiladores con tracción y elevación manual.
- Apiladores con tracción manual y elevación eléctrica.

apilador mixto; *semi-automatic stacker.*
Apilador que utiliza la fuerza humana para la tracción, pero con un mecanismo de elevación electrohidráulico.

apilar; *stack (to).*
Poner una carga sobre otra formando una o varias pilas.

aplicación informática; *computer program.*

Programa informático que permite realizar una tarea concreta, como el procesamiento de textos o la confección de hojas de cálculo.

APP; *PPP (public private partnerships).*
Siglas de «asociación público-privada».

apreciación; *appreciation.*
Incremento de valor de una divisa en relación con otras monedas extranjeras.

apreciación de las existencias; *stock appreciation.*
Incremento del valor de las existencias.

aprehensión; *apprehension.*
Acción cautelar consistente en la retención de mercancías susceptibles de hallarse en una situación ilegal.

aprobación ADR; *ADR approval.*
Véase **certificado ADR;** *ADR certificate.*

apropiado para el uso; *fit to use.*
Afirmación relativa a la calidad de un producto y la validez de las características formales de su diseño.

aprovisionamiento; *procurement / supplying.*
Operación del proceso logístico que abarca desde la realización del pedido al proveedor de las materias primas o los materiales, hasta la utilización de los mismos en el proceso de producción. Comprende las funciones de compra, recepción, control de entradas, almacenamiento y gestión de existencias e información. Su objetivo es minimizar el coste de los materiales y su disponibilidad en el momento preciso de su utilización.

aprovisionamiento directo; *direct supply.*
Canal de distribución directo entre el fabricante y el cliente final, sin la intermediación de distribuidores o detallistas, en el que el fabricante asume las funciones que habitualmente asumen éstos.

aprovisionamiento en exclusiva; *single sourcing.*
Sistema de aprovisionamiento donde un componente es suministrado en exclusiva por un solo proveedor.

aprovisionamiento por plataforma electrónica; *e-procurement.*
Proceso de aprovisionamiento apoyado en una plataforma electrónica.

apuntalar; *prop up.*
Acción de calzar o dar soporte a una carga para mantenerla sujeta en una determinada posición o para llenar un espacio vacío a su alrededor, con el fin de prevenir daños.

aquaplaning; aquaplaning.
Acepción que expresa en inglés la pérdida del control del vehículo cuando un neumático deja de tener contacto con el piso cuando éste se halla cubierto por una capa de agua.

arancel; *customs tariff.*
Tasa aduanera que la Administración pública hace recaer sobre las importaciones, las exportaciones o el tránsito de una mercancía, así como los impuestos fiscales y disposiciones complementarias relacionados.

arancel aduanero común; *common customs tariff.*
Conjunto de normas de la Comunidad Europea (CE) que regulan los derechos de aduana aplicables a países ajenos a la CE.

arancel de aduana; *customs tariff.*
Véase **arancel.**

arbitraje; *arbitration.*
Método privado para la solución de disputas mediante el que unas partes interesadas se someten voluntariamente a la tutela de un tercero de su confianza (el árbitro), quien escuchará y resolverá sus diferencias de criterio. La legitimidad del arbitraje reside en la voluntad libremente expresada por las partes, quienes eligen un cauce procesal privado, sencillo, rápido y flexible. Las leyes de arbitraje exigen que las partes pacten el arbitraje previa y libremente, comprometiéndose a acatar la decisión del árbitro.

árbol de probabilidad; *probability tree.*
Gráfico que representa el conjunto de resultados posibles de un suceso, basado en los acontecimientos posibles y sus probabilidades asociadas.

árbol de producto; *product tree.*
Véase **lista de materiales.**

arca; *storage box.*
Caja de madera, metal o plástico, generalmente sin forrar, con tapa asegurada con bisagras y cerradura o sin ella. En algunos sistemas de almacenamiento se utilizan de plástico y con abertura frontal, dispuestas en estanterías, para almacenar elementos individuales de pequeño tamaño.

área de desconsolidado; *degroupage area.*
Espacio físico del almacén, próximo a la entrada, de donde se extraen los productos del contenedor para ser desembalados, separados y clasificados para su almacenamiento.

área de expedición; *shipping area.*
Espacio físico de un almacén, próximo a los muelles de carga, dedicado a la preparación y al embalaje de los pedidos.

área de servicio; *service area.*
Zona aledaña a una vía de circulación en la que se ofrece suministros y servicios a los viajeros.

área metropolitana; *metropolitan area.*
Zona geográfica circundante de una gran ciudad con la que se establecen relaciones de interdependencia en ámbitos como los servicios de transporte público, la planificación urbanística, la sanidad, etc.

armador/a; *shipowner.*
Véase **naviera.**

armamento; *shipbuilding.*
Equipo y provisión necesarios para que un buque lleve a cabo el servicio al cual se destina.

armario *shuttle; shuttle cabinet.*
Sistema de almacén compacto para la preparación de pedidos similar a la estantería carrusel vertical, donde la unidad de carga utilizada es una bandeja extraíble del armario, que se presenta en la ventana de entrada y salida de materiales. A diferencia de los carruseles, sólo se mueven las referencias necesarias para la preparación del pedido.

armónico estacional; *seasonal harmonic system / seasonal smoothing.*
Véase **alisado armónico**.

arqueo bruto; *gross tonnage.*
Medida de la capacidad de un buque efectuada según el método de Moorson. Consiste en la suma del volumen establecido bajo la cubierta de arqueo, el comprendido entre ésta y la superior, más el de los espacios cerrados y cubiertos existentes sobre la misma, sin incluir los tanques de lastre. El arqueo del buque determina diversas tarifas portuarias.

arrendamiento; *chartering / charterhire.*
Véase **fletamento**.

arrendamiento de un buque; *ship chartering.*
Arrendamiento de un buque por tiempo o «a casco desnudo», con o sin tripulación, para uso y disfrute del arrendatario.

arrendamiento de vehículos; *car rental.*
Servicio auxiliar del transporte por carretera para el que se precisa disponer de una tarjeta tipo ASC. En el caso de vehículos para el transporte de mercancías, el arrendamiento es siempre sin conductor, el servicio del cual sólo es posible para turismos.

arrendamiento financiero; *leasing.*
Modalidad de arrendamiento sobre bienes muebles o inmuebles en la que al final del mismo el usuario dispone de una opción de compra sobre el bien arrendado, o bien la de devolverlo o de renovar el contrato.

arrumaje; *stowage / trimming.*
Véase **estiba**.

arrumar; *stow (to) / trim (to).*
Véase **estiba**.

arrumazón; *trimming.*
Acción y efecto de arrumar.

artesano; *craftsman.*
Persona que ejercita un trabajo u oficio de manera manual con fines productivos.

artículo; *item.*
Véase **producto**.

artículo comercial; *commodity.*
Producto o servicio sobre el que existe información asociada, al cual se puede asignar un precio. Se puede pedir y facturar en cualquier punto en una cadena de abastecimiento.

artículo de peso aleatorio; *in bulk.*
Producto vendido al peso, como las frutas y verduras y los productos cárnicos, entre los comestibles.

artículo final; *end item / finished product.*
Véase **producto acabado**.

AS/RS; *AS/RS.*
Siglas de *automated storage/retrieval system* o «sistema automático de almacenamiento y recuperación». Véase **almacenamiento automático**.

ASAP; *ASAP.*
Abreviatura de la expresión en inglés *as soon as possible...* (tan pronto como sea posible...).

ASCII; *ASCII.*
Siglas de *american standard code for information interchange* o «código están-

dar para el intercambio de información», que asigna códigos numéricos a letras y símbolos, utilizado en numerosos microordenadores, terminales de ordenadores e impresoras para representar caracteres y números. Incluye los caracteres imprimibles y los códigos de control para indicar cambios de línea de texto, espacios en blanco, paso atrás y otras muchas instrucciones.

asegurable; *insurable.*
Cualquier bien que reúne las condiciones y características necesarias para ser objeto de una cobertura de seguro.

asegurado; *insured.*
Persona física o jurídica con derecho a recibir del asegurador una indemnización en el caso de que unos bienes asegurados sufran daños.

asegurador; *insurer.*
Persona jurídica que se obliga a indemnizar al asegurado, mediante una cantidad económica en el caso de que unos bienes asegurados sufran daños.

aseguramiento de la calidad; *quality assurance.*
Conjunto de acciones planificadas y ejecutadas de manera sistemática para proporcionar el grado de confianza necesario de que un producto o servicio cumplirá los requisitos de calidad propuestos.

asientos-kilómetros ofertados (AKO); *seat-kilometre offered (SKO).*
Oferta del número de asientos de pasajeros por kilómetros de vuelo del avión.

astillero; *shipyard.*
Factoría destinada a la construcción, la reparación y el mantenimiento de embarcaciones.

atado; *tied.*
Conjunto de cosas atadas o agrupadas formando una unidad de carga, como un manojo, un bulto o un fardo.

ATIT; *ATIT.*
Siglas de **Acuerdo de Transporte Internacional Terrestre.**

ATP; *ATP.*
Véase **Acuerdo ATP.**

atracada; *berthage / dockage / docking.*
Véase **atraque.**

atracadero; *dock berth.*
Lugar o instalación donde se pueden atracar y amarrar las embarcaciones menores.

atraque; *berth / berthage / dockage / docking.*
1. *(berth)* Lugar de la costa o punto de un puerto donde se efectúa la maniobra de atracar.
2. *(berthage; dockage; docking)* Operación de arrimar la embarcación al muelle, a una orilla, o a otra embarcación amarrada, sujetándola.

auditor; *auditor.*
Persona física con competencia y capacidad profesional para llevar a cabo una auditoría. Puede formar parte de un equipo auditor y contar con la ayuda o el asesoramiento de expertos técnicos.

auditoría de calidad; *quality audit.*

Análisis y evaluación sistemática, periódica e independiente, paralela al proceso de producción o de prestación del servicio. Se realiza para verificar si las actuaciones y los resultados relacionados con la calidad están acordes con los parámetros establecidos y si permitirán alcanzar los objetivos previstos. Puede tratarse de auditorías internas (de primera parte), llevadas a cabo por o en nombre de la propia organización; de auditorías externas ejecutadas por partes interesadas en la organización (de segunda parte, como clientes, por ejemplo) o por organizaciones auditoras independientes (de tercera parte).

autoaprovisionamiento; *auto procurement.*

Transporte de aprovisionamiento de un establecimiento comercial que lleva a cabo la persona o empresa propietaria del mismo.

autobús; *bus.*

Vehículo automóvil construido para el transporte de viajeros y, opcionalmente, de sus equipajes, para una capacidad superior a nueve plazas, incluido el conductor, que se emplea habitualmente en el servicio público urbano.

autocar; *bus / coach.*

Vehículo automóvil de gran capacidad, construido para el transporte de viajeros y de sus equipajes, que se emplea habitualmente en el servicio público de largo recorrido por carretera.

autoevaluación; *critical analysis / self-appraisal.*

1. Estudio completo y sistemático de las actividades y los resultados obtenidos por una organización con el fin de obtener una visión global del grado de desempeño de las tareas, determinar las prioridades e identificar las áreas que precisan mejoras, entre otros objetivos principales.
2. Modelo que relaciona el rendimiento de la gestión de la calidad y el proceso de mejora continua a partir del análisis de los puntos fuertes y débiles de la propia empresa, con un modelo de referencia.

automor; *motor vehicle / railcar.*

1. Máquina, instrumento o aparato que ejecuta los movimientos para los que ha sido construido sin la intervención directa de una acción exterior.
2. Tren autopropulsado, provisto de un motor autónomo (eléctrico o diésel) capaz de transportar pasajeros en su interior y de arrastrar otros elementos de transporte.

automóvil; *car.*

Vehículo a motor que circula por carretera por sus propios medios, sin necesidad de carriles, cuya función es el transporte de personas y mercancías (de forma combinada o no) o la tracción de otros vehículos.

automóvil de turismo; *car.*

Vehículo automóvil para el transporte de personas con una capacidad de hasta nueve plazas, incluida la del conductor.

autonomía; *autonomy.*

Distancia que puede recorrer o tiempo que puede emplear un medio de transporte sin repostar combustible.

autopista; *freeway / motorway.*

Carretera con calzadas diferentes para cada sentido de la circulación, sin cruces a nivel ni accesos a propiedades colindantes.

autopista ferroviaria; *rail highway.*

Conjunto de servicios de transporte combinado carretera-ferrocarril que se ofrecen para unos recorridos determinados, con tráficos intensos y fluidos.

autopista marítima; *motorway of the sea (MOS) / maritime highway.*

Ruta regular de transporte marítimo, con tráficos intensos, provista de servicios portuarios eficaces y un elevado grado de conectividad con nodos logísticos terrestres.

autoridad competente; *competent authority.*

Denominación con que se conoce a una autoridad o un organismo designado competente para ejercer como tal en cada Estado y en cada caso en particular con arreglo a la legislación de ese país.

autoridad portuaria; *port authority.*

Entidad de derecho público responsable de la administración, gestión y explotación del puerto, que asimismo ejerce el control de los servicios portuarios. Posee personalidad jurídica y patrimonio propios, y dispone de plena capacidad de obrar para el cumplimiento de sus fines, según el principio general de rentabilidad y autonomía de gestión.

autorización autonómica; *authorization (from autonomous community).*

Autorización que habilita a una persona física o jurídica para realizar el transporte de mercancías por carretera al que se refiera en el ámbito de la comunidad autónoma en la que se encuentre domiciliada.

autorización comarcal; *regional authorization.*

Autorización que habilita a una persona física o jurídica para realizar el transporte de mercancías por carretera al que se refiera en el ámbito de la provincia en la que se encuentre domiciliada y las provincias colindantes.

autorización de despacho; *port clearance.*

Documento mediante el que un importador autoriza a un agente de aduanas o transitario para que le represente ante la aduana.

autorización de salida del buque; *health clearance for ship to leave port.*

Autorización expedida a los buques por Sanidad Exterior del Ministerio de Sanidad y Consumo, en España, previa comprobación de que cumple las formalidades sanitarias reglamentarias para su salida del puerto.

autorización de transporte; *transport authorization.*

Es la que extiende la Administración pública y habilita a una persona física o jurídica para realizar la actividad de transporte de mercancías por carretera en un determinado territorio: localidad, comarca, provincia, comunidad autónoma, Estado, o en el ámbito internacional.

autorización local; *local authorization.*
Autorización que habilita a una persona física o jurídica para realizar el transporte de mercancías por carretera al que se refiera en un radio de 100 km en línea recta, contados desde la localidad en la que se domicilia la autorización. En España, las islas Baleares y Canarias, y las ciudades autónomas de Ceuta y Melilla disponen de un régimen especial.

autorización nacional; *national authorization.*
Autorización que habilita a una persona física o jurídica para realizar el transporte de mercancías por carretera al que se refiera en el territorio de un Estado.

autorización provincial; *provincial authorization.*
Autorización que habilita a una persona física o jurídica para realizar el transporte de mercancías por carretera al que se refiera dentro de la provincia en la que se encuentre domiciliada.

autoventa; *door-to-door sales.*
Sistema de distribución comercial en el que la venta se produce en el momento mismo en que el cliente recibe la mercancía en su propio domicilio de manos del distribuidor.

autovía; *highway.*
Carretera con calzadas diferentes para cada sentido de la circulación, sin cruces a nivel, con limitación de acceso a propiedades colindantes, pero cuyas entradas y salidas no disponen de las mismas medidas de seguridad que las autopistas.

AV; *AV (ad valorem).*
Siglas de **ad valórem.**

aval; *guarantee / surety.*
Garantía por la que una persona se compromete a responder por una tercera del cumplimiento de una obligación.

AVE; *HSR (spanish high speed railway).*
Siglas de «alta velocidad española», término que se aplica a una línea ferroviaria capaz de soportar velocidades superiores a 220 km/h.

avería; *breakdown / malfunction.*
1. Se considera avería de una mercancía cuando se ve afectado el valor de la misma por un daño que repercute en su calidad.
2. Desperfecto o daño en algún dispositivo de un aparato, instalación, vehículo, etc., que imposibilita su funcionamiento en condiciones adecuadas.

avería gruesa; *general average.*
Avería que se produce cuando, de forma intencionada y razonable, el capitán de un buque causa un daño extraordinario al mismo o a la carga con el fin de evitar un mal mayor. Un ejemplo de avería gruesa es cuando se echa una carga por la borda para impedir un naufragio. La pérdida o los gastos ocasionados por una avería gruesa se distribuyen proporcional-

mente entre todas las partes que hayan resultado beneficiadas.

avería particular; *particular average.*
1. Avería sufrida por el buque o por su carga y que tiene que ser soportada por su propietario.
2. Avería derivada de la naturaleza del vehículo de transporte.

AVI; *live animals.*
Acrónimo de «animales vivos».

avión; *airplane.*
Vehículo capaz desplazarse con autonomía en el espacio aéreo, con capacidad para el transporte de personas, carga o correo. Los aviones, según su uso, se clasifican en cargueros, de pasajeros y mixtos y según la autonomía de vuelo, en corta, media y larga. Por el número y tipo de su sistema de propulsión, pueden ser de hélice, con motor de pistón; de reacción, impulsados por la salida de gases a chorro; y de turbopropulsión, con motor de reacción provisto de una turbina de gas. Una aeronave está compuesta de cuatro elementos:
- El fuselaje monocasco, estrecho *(narrow body)* o ancho *(wide body),* que integra la estructura y su recubrimiento, lo que permite presurizar el interior para volar a elevadas altitudes.
- Las alas, que se encastran en el fuselaje.
- El empenaje de cola, con una superficie horizontal y otra vertical para proporcionar estabilidad y controlar el vuelo del aparato.
- El tren de aterrizaje, con dos patas principales situadas detrás del centro de gravedad del avión y una tercera, más pequeña, en el morro.

avión carguero; *cargo aircraft / freight aircraft / freighter.*
Aeronave diseñada y construida para el transporte de mercancías contenerizadas o carga general y correo.

avión combi; *combi aircraft.*
Aeronave que transporta pasajeros y mercancías en su cabina superior.

avión convertible; *convertible airplane.*
Aeronave que, mediante pequeñas modificaciones, puede transformase de aeronave mixta a carguera y viceversa.

avión de carga; *cargo aircraft / freight aircraft / freighter.*
Véase **avión carguero.**

avión de fuselaje ancho; *wide body airplane.*
Avión de cabina ancha, con dos pasillos de butacas para pasajeros, que en sus bodegas puede transportar contenedores ISO.

avión de fuselaje estrecho; *narrow body.*
Avión convencional de cabina estrecha, con un único pasillo en la cabina de pasajeros.

avión de pasajeros; *passenger airplane.*
Aeronave que en su piso superior o cabina de pasajeros, denominada en términos aeronáuticos *main deck,* transporta pasajeros y en los compartimentos inferiores o bodegas, denominadas *lower deck,* transporta el equipaje, la mercancía, el correo y los repuestos. La mayoría de las aeronaves comerciales pertenecen a este

grupo y simultanean el transporte de pasajeros, mercancía y correo.

aviso de expedición; *dispatch notice.*
Documento emitido por el expedidor para comunicar al destinatario designado en la orden de expedición que se ha llevado a cabo el envío de las mercancías.

aviso de llegada; *arrival notice.*
Documento emitido por el operador de transporte mediante el que informa al destinatario que la mercancía se encuentra a su disposición para ser retirada o acordar su entrega.

AWB; *AWB.*
Siglas de *air waybill.* Véase **conocimiento aéreo.**

axioma; *axiom.*
Principio o proposición tan claro y evidente que se puede admitir sin necesidad de demostración.

B

B2A; *B2A.*
Acrónimo de *business-to-administrations* o «relación de la empresa con la Administración». Expresión que se emplea para referirse al comercio electrónico que tiene lugar entre la empresa y la Administración pública.

B2B; *B2B.*
Siglas de *business-to-business* o «relación empresa con empresa», expresión inglesa utilizada para referirse al comercio electrónico (transacciones comerciales, colaboraciones u otro tipo de interacciones) entre empresas.

B2C; *B2C.*
Siglas de *business-to-consumer* o «relación empresa con cliente», expresión inglesa que se emplea para referirse al comercio electrónico entre las empresas y el consumidor final.

BAF; *BAF.*
Siglas de *bunker adjustment factor.* Véase **recargo de combustible**.

bajamar máxima viva equinoccial (BMVE); *mean low water springs (MLWS).*
1. Bajamar escorada, es decir, la altura mínima de marea que puede existir.
2. Nivel de referencia sobre el que la autoridad portuaria da a conocer las sondas en los distintos tramos de los accesos al puerto y en sus muelles.

bajo puntal; *under derrick.*
Cláusula de transporte similar a la de «condiciones de línea», según la cual el armador recibe la carga en la vertical del puntal del buque (o de la grúa, si se utilizan grúas de tierra), y efectúa bajo su responsabilidad las operaciones de carga y estiba, y entrega después dicha carga en la vertical del puntal o grúa en el puerto de descarga.

bala; *bale.*
Unidad de carga formada por un fardo apretado de mercancías, generalmente de forma cilíndrica, utilizada para transportar algunos productos, por ejemplo, papel, algodón, tejidos, etc.

balance neto inicial; *available beginning balance.*
Véase **inventario disponible**.

balancín; *spreader / toplift.*
Estructura rectangular en acero que se acopla a las cantoneras de la parte superior de los contenedores mediante conos giratorios *(twistlocks),* a fin de sujetarlos al efectuar la manutención con grúas pórtico u otros aparatos para manipulación de contenedores.

balanza comercial; *balance of trade.*
Parte de la balanza de pagos que refleja el conjunto de exportaciones e importaciones de materiales y productos entre un país y otros (región económica, comunidad internacional, etc.) durante un período de tiempo determinado. El saldo (cobertura comercial) equivale a los ingresos de las exportaciones menos los pagos por las importaciones.

balanza de pagos; *balance of payments.*
Conjunto de las transacciones económicas efectuadas durante un período de tiempo determinado. Incluye:
- Balanza comercial (ingresos o pagos por importación y exportación de mercancías).
- Balanza de servicios (ingresos o pagos por servicios realizados).
- Balanza de transferencias (operaciones que no implican contrapartida).
- Balanza de capitales.

balanza de servicios; *balance of services.*
Parte de la balanza de pagos que abarca el conjunto de los ingresos y pagos efectuados en concepto de servicios.

baliza; *beacon.*
Elemento de ayuda a la navegación o al desplazamiento de cualquier vehículo o nave, compuesto por luces o señales, ya sean éstas luminosas o electrónicas.

baliza radar; *racon / radar beacon.*
Baliza que refleja la señal de radar que incide en ella.

balizar; *buoy (to).*
Señalar con balizas algún área en aguas navegables, las pistas de los aeropuertos u otras pistas terrestres o rutas aéreas.

banco avisador; *advising bank.*
Entidad financiera que, siguiendo instrucciones del banco emisor, autentifica la clave o las firmas que suscriben la apertura de un crédito documentario, y recibe los documentos solicitados.

banco confirmador; *confirming bank.*
Entidad financiera que acepta en firme ante el beneficiario el compromiso de pagar, aceptar o negociar un crédito documentario.

banco emisor; *issuing bank.*
1. Banco que efectúa la apertura de un crédito documentario a favor del beneficiario, siguiendo instrucciones recibidas del ordenante.
2. Entidad que ostenta el derecho a emitir la moneda de su país, así como títulos de carácter financiero.
3. Banco que emite transferencias, cheques u órdenes de pago por encargo de un cliente.

banco pagador; *paying bank.*
Entidad financiera, generalmente en el país del exportador, que recibe el mandato del banco emisor para pagar o comprometerse al pago contra la presentación de la documentación exigida en relación con una compraventa internacional.

banda transportadora; *conveyor belt.*
Véase **cinta transportadora.**

bandera; *flag.*
Pabellón que enarbola un buque, identificativo de un país, y que en el derecho internacional implica que es territorio de ese país, representado por el capitán del buque, y donde generalmente se registra el barco.

bandera de conveniencia; *flags of convenience.*

Pabellón que enarbola un buque cuando se registra en un país calificado como «paraíso fiscal», normalmente distinto del país del propietario del buque.

bañera; *dump truck.*

Véase **camión bañera.**

barca; *rowing boat.*

Embarcación menor, por lo general de madera, fibra de vidrio o metal, impulsada por medio de velas, remos o motor. Se utiliza sobre todo para recorrer distancias cortas, atravesar los ríos y pescar.

barcaza; *barge.*

Embarcación mayor que la lancha, por lo general con cubierta, que suele ir remolcada. Se emplea en las costas, los puertos y las vías navegables para el transporte de mercancías y, eventualmente, personas. También puede ir provista de vela y remo para su manejo. Se considera buque porteador a todos los efectos.

barco; *ship.*

Construcción en madera, hierro u otros materiales, generalmente de forma fusiforme, capaz de flotar y propulsarse en el agua, provisto de una cavidad destinada al transporte de personas y mercancías. El término «barco» se aplica preferentemente a las embaracaciones fluviales. Su etimología procede del latín *barca.*

barlovento; *windward.*

Lado de donde viene el viento, respecto a un punto o lugar determinado.

barra; *bar.*

Elemento oscuro, no reflectante, de un código de barras.

barreras administrativas; *administrative obstacles.*

Conjunto de normas administrativas y burocráticas de un determinado país o región económica cuya finalidad es dificultar, frenar o impedir la libre entrada de mercancías en su territorio.

barreras arancelarias; *customs duties barriers.*

Conjunto de derechos de aduana que gravan las importaciones de mercancías procedentes de países extranjeros.

barril; *barrel.*

Unidad de carga o envase habitualmente cilíndrico y con cierres herméticos, con fondo plano o combado, de metal, cartón, plástico, contrachapado u otros materiales. Suele utilizarse para almacenar productos líquidos.

basculante; *tipper / hopper.*

Véase **vehículo basculante.**

base de datos; *database.*

Conjunto de información relacionada que se encuentra agrupada o estructurada, independientemente de las aplicaciones y del soporte de almacenamiento que la contiene, de manera fiable, homogénea, accesible en tiempo real, compartible por usuarios concurrentes, con diferentes necesidades de información.

base de datos jerárquica; *hierarchical database.*

Base de datos en la que los registros relacionados están vinculados en una estructura tipo árbol, de modo que cada registro de un nivel inferior sólo puede depender de un registro de nivel superior.

base de datos relacional; *relational database.*
Programa informático para obtener información extraída de dos o más bases de datos, siendo cada una como una matriz bidimensional de datos.

base imponible; *taxable base.*
Importe económico sobre el que se aplica un porcentaje estipulado para calcular un impuesto.

bases móviles; *mobile platform.*
Soportes para estanterías de almacenamiento provistos de motores, elementos de traslación, equipos electrónicos y sistemas de seguridad que permiten el desplazamiento lateral de las estanterías. No se necesitan pasillos intermedios y sólo es preciso abrir el pasillo de trabajo en el momento en que se quiere acceder a un determinado producto.

bastidor; *chassis.*
Estructura metálica, generalmente de acero soldado, sobre la que se instalan los componentes de la carretilla para el movimiento de cargas. Transmite su peso directamente al suelo a través de las ruedas, desprovistas de suspensión.

bastidor de anclaje; *spreader / toplift.*
Véase **balancín.**

batalla de un vehículo; *wheelbase.*
Distancia longitudinal entre el eje delantero y trasero de un vehículo.

batería; *battery.*
Recipiente destinado a almacenar energía química para convertirla en la electricidad que un automóvil necesita para accionar el motor y ponerse en marcha.

batería de recipientes; *array of recipients.*
Vehículo o dispositivo provisto de diversos recipientes fijos conectados entre sí, especialmente acondicionado para el transporte de mercancías peligrosas.

batimetría; *batimetry.*
Técnica utilizada para la medición de profundidades marinas.

becquerel; *becquerel.*
Unidad de radiactividad del sistema internacional de unidades de medida, definida como la actividad de una fuente radiactiva en la que se produce una transformación o una transición nuclear por segundo:
$$1 \text{ Bq} = 1 / 1 \text{ s.}$$
Su símbolo es «Bq».

beneficiario; *beneficiary.*
1. Titular a favor del cual se ha extendido un crédito documentario o una entidad financiera está obligada a efectuar un pago.
2. Persona física o jurídica que percibirá una indemnización del asegurador si se produce un siniestro.

beneficio; *profit.*
Margen comercial o beneficio bruto que se obtiene en la prestación de un servicio.

Benelux; *Benelux.*
Unión económica que agrupa a Bélgica, Holanda y Luxemburgo, y que es-

tablece la libre circulación de mercancías, capitales, servicios y personas entre
dichos países.

bicicleta; *bicycle.*
Vehículo de dos ruedas de igual diámetro, la anterior de las cuales es directriz,
provisto de pedales que el conductor
acciona para transmitir la fuerza de su
movimiento mediante una cadena a la
rueda posterior, que es motriz.

bidón; *can / drum.*
Unidad de carga o envase habitualmente cilíndrico y con cierres herméticos,
con fondo plano o combado, de metal,
cartón, plástico, contrachapado u otros
materiales, utilizado generalmente para
almacenar productos líquidos.

bienes de equipo; *capital goods.*
Conjunto de bienes que se utilizan en
la producción de otros bienes.

biocombustible; *biocombustible.*
Carburante obtenido mediante la des-
tilación de aceites vegetales. Se puede
emplear solo o mezclado con otros car-
burantes, como la gasolina, el gasoil,
etcétera.

biodiésel; *biodiesel.*
Biocombustible sintético obtenido
de la mezcla de metanol con aceites de
semillas oleaginosas o de aceites recu-
perados de la industria o la hostelería
y un catalizador. Su producción masiva genera un fuerte impacto ambiental: aumento de la deforestación,
desplazamiento de los cultivos alimentarios y la ganadería, destrucción
de ecosistemas y pérdida de la biodiversidad.

biometanización; *biomethanization.*
Sistema de producción de energía mediante el tratamiento anaerobio de las
partes biodegradables de los residuos de
envases. Produce metano y residuos orgánicos estabilizados.

bit; *bit.*
Dígito binario (0 o 1) en que consiste
la unidad de información más pequeña
utilizada por un sistema informático.

BL; *BL.*
Siglas de *bill of lading.* Véase **conocimiento de embarque.**

BL a la orden; *BL to the order.*
Véase **conocimiento de embarque a la
orden.**

BL al portador; *BL to the bearer.*
Véase **conocimiento de embarque al
portador.**

BL nominativo; *nominative BL.*
Véase **conocimiento de embarque nominativo.**

blindado; *armoured vehicle.*
Véase **vehículo blindado.**

blondin; *cable crane.*
Aparato de elevación con patas soporte a las que se fijan cables que hacen de
elementos portadores de las cargas.

bloque; *stacking yard.*
Zona de una terminal portuaria en la
que se depositan los contenedores después de ser descargados del buque o antes de ser cargados, desde la que pueden
trasladarse a las zonas de inspección. Esta
zona también se conoce como *parking.*

bloqueo de las ruedas; *locked wheels.*
Situación producida cuando dejan de girar las ruedas de un vehículo de transporte por carretera, generalmente por efecto de una presión excesiva del pedal del freno sobre un piso resbaladizo.

BMVE; *MLWS (mean low water springs).*
Siglas de **bajamar máxima viva equinoccial.**

bobina; *coil / reel / spool.*
Presentación industrial de determinados productos (papel continuo, cable, hilo, redes metálicas, etc.), enrollados alrededor de un eje físico o imaginario, formando un cilindro que puede manipularse mediante elementos mecánicos.

bocana; *entrance mouth / harbour mouth.*
Acceso o boca de entrada de un puerto.

bocina; *horn / hooter / speaker.*
1. Mecanismo instalado en los vehículos para emitir señales acústicas y advertir de la presencia de éstos u otros avisos.
2. Instrumento metálico, en forma de cono, con embocadura suficiente para introducir los labios, que permite proyectar la voz en una determinada dirección y que ésta llegue a una distancia mayor de lo que alcanzaría sin dicho aparato.

bodega; *warehouse / cargo hold / winery.*
1. *(warehouse)* En algunos países de América Latina, espacio físico en el que se almacenan y custodian los materiales y productos. Véase **almacén.**
2. *(cargo hold)* Espacio interior del buque, desde la cubierta inferior hasta la quilla, en el que se almacena la carga durante la navegación.

3. *(winery)* Lugar donde se cría, almacena o se comercializa vino.

bogie; *bogie.*
1. Conjunto de dos pares de ruedas montadas sobre dos ejes paralelos próximos, solidarios entre sí, que se utilizan en los extremos de los vehículos ferroviarios de gran longitud.
2. Carretón provisto de varios ejes.

bolardo; *bollard.*
Véase **noray.**

boletín de preparación; *picking list.*
Véase **lista de recogida.**

bolsa de cargas; *online freight & vehicle exchange.*
Punto o foro de encuentro en internet entre la oferta y la demanda de fletes de transporte por carretera.

BOM; *BOM.*
Siglas de *bill of material.* Véase **lista de materiales.**

bombeo del pedal del freno; *pumping of brake pedal.*
Modo de frenar un vehículo de transporte rodado sobre un piso resbaladizo consistente en pisar y soltar el pedal del freno repetidas veces en una secuencia muy rápida. Se utiliza exclusivamente en frenos hidráulicos, no en neumáticos.

bordereau; *bordereau.*
Documento que el transportista por carretera remite a su corresponsal, donde resume los envíos que componen un grupaje; en su caso, con instrucciones especiales de entrega u otras.

botadura; *launching / ship launching.*
Acción y efecto de echar al agua un buque, haciendo que resbale por la grada cuando se ha construido o carenado.

botella; *bottle.*
1. Vaso o vasija portátil fabricado en vidrio, cristal, plástico, barro cocido u otro material, de cuello estrecho y alargado, destinado a contener líquidos.
2. Recipiente metálico, de forma cilíndrica y alargada, equipado con una válvula que permite contener gases a presión.

botellero; *bottle truck.*
Véase **vehículo botellero.**

Bq; *Bq.*
Símbolo de **becquerel.**

Brent; *Brent.*
Mezcla de crudos del Mar del Norte, utilizada como uno de los indicadores para el precio internacional del crudo.

broker; broker.
Véase **agente marítimo.**

buffer; buffer.
Parte de la memoria de un sistema informático.

bulto; *parcel.*
Objeto o conjunto de objetos, incluido su eventual embalaje, cualesquiera que sean sus dimensiones y su volumen, que puede ser manejado como una unidad de carga singular, identificada y diferenciada del resto de un envío.

búnker; *bunker.*
Lugar donde se almacena el combustible búnker en el barco.

bunkering; bunkering.
Expresión inglesa referida a la actividad de suministro de combustible a bordo de los buques en el mar mediante gabarras u otro tipo de barcos acondicionados al efecto.

buque; *ship.*
El Convenio Marpol 73/78 lo define como «todo tipo de embarcación que opere en el medio marino, incluidos los aliscafos, los aerodeslizadores, los sumergibles, los artefactos flotantes y las plataformas fijas o flotantes». Su etimología procede del céltico *buc.*

buque abandonado; *derelict ship / abandoned ship.*
Situación de incumplimiento por parte del propietario o armador de un buque de sus obligaciones hacia la tripulación del mismo, propia de la relación jurídica que los vincula, como son la pronta repatriación, el pago de los salarios, la cobertura de las necesidades básicas y la ausencia de medios financieros para la explotación del buque.

buque alimentador; *feeder ship.*
Buque portacontenedores interoceánico, utilizado para transportar contenedores entre puertos oceánicos consolidadores o *hub* y puertos de menor tamaño o *feeder,* dentro de una misma área geográfica, mediante navegación de cabotaje.

buque aljibe; *water tanker ship.*
Buque acondicionado para el transporte y suministro de agua dulce.

buque carguero; *cargo ship / freighter.*
Buque mercante destinado al transporte de uno o más tipos de mercancías (graneles, contenedores, carga general, etc.).

buque cementero; *bulk carrier.*
Buque granelero destinado al transporte de áridos y cementos.

buque cisterna; *tanker ship.*
Buque granelero diseñado especialmente para el transporte de graneles líquidos.

buque contaminante; *polluting ship.*
Barco que emite humos o gases perjudiciales a la atmósfera o derrama hidrocarburos y otras sustancias perjudiciales en el medio marino.

buque de carga general; *general cargo ship.*
Buque habitualmente provisto de dos cubiertas que, al igual que sus bodegas, han sido adaptadas para la carga de contenedores. Pueden disponer de sistemas *ro-ro*, refrigeración, tanques y grúas para carga pesada. Los buques multipropósito pueden transportar: graneles líquidos y secos, carga sobre automóviles, grandes piezas, palés, contenedores, carga general y carga perecedera.

buque de carga horizontal; *roll-on/roll-off ship / ro-ro ship.*
Buque diseñado para el transporte de mercancías sobre medios rodantes utilizados en el transporte terrestre, como plataformas, remolques o semirremolques, camiones, vagones, etc., que se colocan a bordo por sus propios medios o mediante carretillas elevadoras o grúas. Sus bodegas están constituidas por un garaje de varios pisos comunicados por rampas o ascensores, al que se accede por la popa, la proa o por el costado.

buque de carga vertical; *lift-on lift-off ship / lo-lo ship.*
Buque de manutención vertical en el que la carga y la descarga de las mercancías se efectúan elevándolas mediante una grúa o un puntal.

buque de crucero; *cruise ship / cruiser.*
Buque dedicado al transporte de pasajeros con finalidades turísticas y vacacionales.

buque *feeder; feeder ship.*
Véase **buque alimentador.**

buque frigorífico; *reefer ship.*
Buque dotado de bodegas frigoríficas destinado al transporte de productos perecederos.

buque gasero; *gas carrier.*
Buque cisterna diseñado especialmente para el transporte de gases licuados.

buque granelero; *bulk carrier.*
Buque construido con una única cubierta, con tanques superiores y tanques laterales de tolva en los espacios de carga, para el transporte de graneles sólidos y líquidos. La parte superior de sus bodegas tiene forma de pirámide para aprovechar mejor el espacio. Suele estar desprovisto de grúas. Algunos pueden atender alternativamente el transporte de líquidos o sólidos, como los denominados «obo».

buque hermano; *sister ship.*
Buque susceptible de ser embargado por pertenecer a una naviera propieta-

ria de otro buque que ha generado un crédito marítimo. La facultad de embargo de un «buque hermano» está tipificada en el artículo 3 del Convenio de Bruselas.

buque LNG; *LNG carrier.*
LNG son las siglas de *liquefied natural gas* o «gas natural licuado», relativas a buques que transportan gas natural licuado bajo una presión atmosférica y una temperatura de −162 °C, en tanques aislados por una membrana.

buque *lo-lo; lo-lo ship.*
Véase **buque de carga vertical**.

buque LPG; *LPG carrier.*
LPG son las siglas de *liquefied petrol gas* o «gas licuado de petróleo», relativas a buques que transportan tanques de petróleo y gas licuado a altas presiones y a temperaturas de hasta −104 °C.

buque maderero; *timber ship.*
Buque mercante destinado al transporte de grandes cargas de madera en rollas y tablones.

buque mercante; *merchant ship.*
Buque utilizado en el transporte de mercancías o pasajeros, generalmente diseñado para tráficos específicos: portacontenedores, trasbordadores, graneleros, cisterna, petroleros, etc.

buque mineralero; *bulk-ore carrier.*
Buque construido con una única cubierta, dos mamparos longitudinales y un doble fondo a lo largo de toda la zona de carga, destinado al transporte de minerales en las bodegas centrales exclusivamente.

buque multipropósito; *multipurpose ship.*
Buque habitualmente provisto de dos cubiertas que, al igual que sus bodegas, han sido adaptadas para la carga de contenedores. Pueden disponer de sistemas *ro-ro*, refrigeración, tanques y grúas para carga pesada. Los buques multipropósito pueden transportar: graneles líquidos y secos, carga sobre automóviles, grandes piezas, palés, contenedores, carga general y carga perecedera.

buque OBO; *OBO ship.*
Buque granelero que puede atender alternativamente el transporte de líquidos o sólidos. OBO son las siglas de *oil-bulk-ore*.

buque *panamax; panamax ship.*
Buque portacontenedores de tercera generación (1980-1988), de entre 3.000 y 3.999 TEU de capacidad, cuyas dimensiones le permiten atravesar el canal de Panamá: eslora máxima, 295 m, manga máxima 32,25 m, y 13,5 m de calado.

buque petrolero; *crude oil carrier / oil products tanker.*
Buque dedicado al transporte de petróleo crudo u otros graneles líquidos derivados del petróleo. Sobre su cubierta se distribuyen los tubos y mangueras que se utilizan en la carga y descarga del crudo. La seguridad del transporte exige doble casco y dividir la bodega en mamparas.

buque petrolero de crudo; *crude oil carrier.*
Buque petrolero dedicado al transporte de petróleo crudo, que le es transferido desde plataformas petrolíferas marinas o buques plataforma.

buque petrolero de refinados; *oil products tanker.*

Buque petrolero dedicado al transporte de graneles líquidos derivados del petróleo, que le son transferidos desde instalaciones o refinerías petrolíferas.

buque plataforma; *platform ship.*

Buque diseñado para perforar pozos submarinos, provisto de una torre situada en el centro de la nave, donde una abertura en el casco permite la acción de la columna de perforación. El sistema de posicionamiento del buque contrarresta la acción del oleaje, los vientos y las corrientes marinas.

buque plataforma móvil; *floating, production, storage and offloading (FPSO) ship.*

Buque con capacidad para procesar, almacenar y transferir petróleo y gas natural. Dispone de una planta de procesamiento instalada en la cubierta, donde se separan y tratan los fluidos producidos por los pozos petrolíferos: agua, gas y petróleo. Este último se almacena en los tanques del propio buque, desde donde se transfiere a buques cisterna. El gas comprimido se transfiere a tierra mediante gasoductos o se reinyecta en el pozo.

buque plataforma móvil redondo; *round hull FPSO.*

Buque plataforma móvil de casco redondo, destinado a la producción de petróleo en aguas profundas. La forma del casco incrementa la estabilidad del buque frente a la fuerza del oleaje. Posee capacidad para procesar, almacenar y transferir petróleo y gas natural. Dispone de una planta de procesamiento ins-

talada en la cubierta, donde se separan y tratan los fluidos producidos por los pozos petrolíferos: agua, gas y petróleo. Este último se almacena en los tanques del propio buque, desde donde se transfiere a buques cisterna. El gas comprimido se transfiere a tierra mediante gasoductos o se reinyecta en el pozo.

buque portabarcazas; *LASH (lighter aboard ship) ship.*

Trasbordador de gabarras para el transporte marítimo de mercancías, especialmente adecuado cuando se puede asociar a un puerto al que lleguen amplias hidrovías interiores. No precisa atraque en el lugar de fondeo; dispone las barcazas a flote y recibe otras que estén listas para el embarque, con lo que consigue una elevada rotatividad y una disminución de los tiempos de escala y de costes.

buque portacontenedores; *container ship.*

Buque diseñado para el transporte de contenedores, dispuestos en su cubierta y en las bodegas. Éstas se hallan divididas mediante mamparas en celdas o *bays* y disponen de guías para fijar el contenedor estibado. En función de su capacidad, las categorías de los buques portacontenedores son:
- Carguero o petrolero convertido (primera generación, 1956-1970): entre 500 y 800 TEU.
- Celular (segunda generación, 1970-1980): entre 1.000 y 2.500 TEU.
- *Subpanamax:* entre 2.000 y 2.999 TEU.
- *Panamax* (tercera generación, 1980-1988): entre 3.000 y 5.000 TEU.
- *Postpanamax* (cuarta generación, 1988-2000): entre 4.000 y 5.000 TEU.

- *Superpostpanamax* (quinta generación, 2000-2008): entre 4.500 y 10.000 TEU.
- *Suezmax* (sexta generación, 2007): entre 10.000 y 12.000 TEU.
- *Malacamax* (séptima generación): hasta 18.000 TEU.

buque portacontenedores celular; *celular container ship*.
Véase **buque portacontenedores**.

buque portacontenedores descubierto; *cover-less container ship*.
Buque portacontenedores sin tapas de escotilla en la cubierta, es decir, no estanco al agua ni a la luz. Para compensar la no estanqueidad dispone de sistemas de achique.

buque portavehículos; *vehicle carrier ship*.
Buque de manutención horizontal, especialmente adaptado para el transporte de vehículos. Sus bodegas están constituidas por un garaje de varios pisos comunicados por rampas o ascensores, al que se accede por la popa o por el costado.

buque *postpanamax; postpanamax ship*.
Buque portacontenedores de cuarta generación (1988-2000), de entre 4.000 y 5.000 TEU de capacidad, en el que alguna de sus dimensiones (eslora, manga o calado) es mayor que la de un buque tipo panamax.

buque quimiquero; *chemical tanker*.
Buque cisterna diseñado especialmente para el transporte de productos químicos líquidos.

buque *ro-lo; ro-lo ship*.
Buque en el que se combinan las características de un buque de carga horizontal (ro-ro) y uno de carga vertical (lo-lo).

buque *ro-ro; ro-ro ship*.
Véase **buque de carga horizontal**.

buque *subpanamax; subpanamax ship*.
Buque portacontenedores de entre 2.000 y 2.999 TEU de capacidad.

buque *superpostpanamax; postpanamax plus ship*.
Buque portacontenedores de quinta generación, con una capacidad de entre 4.500 y 10.000 TEU.

buque tanque; *tanker ship*.
Véase **buque cisterna**.

buque *tramp; tramper ship*.
Véase **buque volandero**.

buque volandero; *tramper ship*.
Buque dedicado al transporte de mercancías desde los puntos de entrega, sin cubrir regularmente una ruta fija.

byte; *byte*.
Unidad de información que consta de ocho bits.

C

C; *C.*
Símbolo de culombio.

C/O; *C/O (certificate of origin).*
Abreviatura de **certificado de origen.**

caballo de vapor; *horse power (CV).*
Unidad de potencia equivalente al esfuerzo necesario para elevar verticalmente una masa de 75 kg a una altura de 1 m, en 1 s. Equivale a 745 W y su abreviatura es CV.

cabeza tractora; *road tractor.*
Vehículo a motor que actúa como tractor de arrastre de un semirremolque, formando con él un conjunto articulado denominado «tráiler». Dispone de una plataforma situada sobre el eje motor, denominada «quinta rueda», sobre la que apoya parte de su peso el semirremolque, que carece de eje delantero.

cabezal «J»; *«J» head.*
Cabezal en las carretillas trilaterales en el que las horquillas se desplazan suspendidas del mismo. Sólo pueden cargar una determinada altura de palés.

cabezal «L»; *«L» head.*
Cabezal más utilizado en las carretillas trilaterales, en el que las horquillas giran sobre un cabezal situado en su parte superior. No tienen limitación de altura con respecto a los palés que pueden cargar.

cabotaje aéreo; *air cabotage.*
En el transporte aéreo de carga, tráfico entre dos puntos distintos dentro de un mismo país.

cabotaje marítimo; *short sea shipping.*
Navegación o transporte marítimo de corta distancia que tiene lugar entre puertos de un mismo país o región.

cabotaje terrestre; *land cabotage.*
Servicio de transporte de ámbito nacional en un país que no es el propio del transportista que lo lleva a cabo. El cabotaje terrestre quedó liberalizado en la UE en 1998.

cabrestante; *capstan.*
Elemento de elevación formado por un torno, generalmente accionado por un motor, destinado a levantar y desplazar cargas pesadas.

CAD; *CAD.*
1. Siglas de *computer aided design.* Véase **diseño asistido por ordenador.**
2. Siglas de *cash against documents.* Véase **pago contra documentos.**

CAD/CAM; *CAD/CAM.*

Sistema informático que permite la automatización desde el proceso de diseño hasta el de fabricación, mediante la integración de sistemas **CAD** y **CAM.**

cadena de suministro; *supply chain.*

Conjunto de actividades de una organización destinadas a satisfacer la demanda de productos y servicios, desde los requerimientos iniciales de materias primas e información hasta la entrega final al usuario final y la recuperación de los residuos que hayan podido generarse en el proceso.

cadena de transporte; *transport chain.*

Proceso de conexión de modos de transporte a través de nodos logísticos para el traslado de cargas desde su origen a su destino, con uno o más transbordos.

cadena de valor; *value chain.*

Michael E. Porter, de la Escuela de Negocios de Harvard, definió el valor como la suma de los beneficios que el cliente percibe y recibe menos los costos percibidos por él al adquirir y usar un producto o servicio.

La cadena de valor es esencialmente una forma de análisis de la actividad empresarial mediante la que se descompone una empresa en sus partes constitutivas, identificando fuentes de ventaja competitiva en las actividades generadoras de valor.

Se consigue una ventaja competitiva cuando la empresa desarrolla e integra las actividades de su cadena de valor de forma menos costosa y mejor diferenciada que sus rivales. Por tanto, la cadena de valor de una empresa está conformada por todas sus actividades generadoras de valor agregado y por los márgenes que éstas aportan.

Una cadena de valor genérica está constituida por tres elementos básicos:

- Las actividades primarias, que son aquellas que tienen que ver con el desarrollo del producto, su producción, las de logística y comercialización y los servicios de posventa.

- Las actividades de soporte a las actividades primarias: las de administración de los recursos humanos, las de compra de bienes y servicios, las de desarrollo tecnológico (telecomunicaciones, automatización, desarrollo de procesos e ingeniería, investigación…) y las de infraestructura empresarial (finanzas, contabilidad, gerencia de la calidad, relaciones públicas, asesoría legal y gerencia general).

- El margen, que es la diferencia entre el valor total y los costos totales incurridos por la empresa para desempeñar las actividades generadoras de valor.

La cadena de valor también puede expresarse como la suma de los procesos de la «cadena de demanda» y los de la «cadena de suministro».

La función de la cadena de demanda es lograr la atención, la preferencia y la lealtad de los consumidores.

La finalidad de la cadena de suministro es conseguir la entrega eficiente en relación con el tiempo, el lugar y la cantidad de los productos y servicios requeridos.

cadena logística; *logistics chain.*

Véase **logística.**

caducidad; *shelf life.*
Fecha límite que el fabricante indica para el uso o consumo de un producto.

CAE; *CAE.*
Siglas de *computer aided engineering o* «ingeniería asistida por ordenador».

CAF; *CAF.*
Siglas de *currency adjustment factor.* Véase **ajuste por compensación de cambio.**

caja; *bin / box.*
Unidad básica de carga o embalaje, generalmente de pequeña dimensión, fabricada con materiales diversos (cartón, plástico, madera, metal u otros), de lados compactos rectangulares o poligonales, con capacidad para contener elementos, piezas, productos, etc. Puede reforzarse con rebordes de metal y disponer de pequeños orificios para facilitar su manipulación o apertura.

caja abierta; *open box.*
Vehículo diseñado como receptáculo para el transporte de mercancías, abierto en su parte superior, que suele cubrirse con una lona para proteger las mercancías.

caja cerrada; *closed box.*
Vehículo diseñado como receptáculo cerrado para el transporte de mercancías frágiles y mudanzas.

caja de manutención; *tote box.*
Contenedor de reducidas dimensiones, no apto para el transporte de cargas, que se utiliza para la «piecería».

caja del vehículo; *vehicle body.*
Carrocería de un vehículo de transporte ferroviario o por carretera, montada sobre el bastidor, habilitada para contener la carga o acoger pasajeros, así como los elementos necesarios para el control del vehículo.

caja móvil; *swap body / box-type container.*
1. *(swap body)* Equipo de transporte formado por una caja de camión separable de su chasis, equipada con dispositivos adecuados para el trasbordo entre modos de transporte, habitualmente carretera-tren. Puede quedar depositada en un lugar mediante cuatro patas desplegables. También las hay apilables, en cuyo caso se hallan provistas de herrajes de esquina superiores para permitir el levantamiento por la parte superior.
2. *(box-type container)* Véase **contenedor granelero tipo caja.**

caja reutilizable de transporte; *reusable transport box.*
Unidad de carga apilable, diseñada para ser reutilizada y optimizar así los costes de manipulación, almacenamiento y transporte. Las cajas reutilizables de transporte deben ofrecer, además, una fácil manipulación automática o semiautomática y ser antideslizantes.

calado; *draft (of a boat).*
Distancia medida desde la línea de flotación de una embarcación al punto más sumergido de su quilla. Varía en función de la carga que transporta el buque y de la densidad del agua. La parte del casco por debajo de la línea de flotación se denomina «obra viva» y la superior, «obra muerta».

calaje; *hold (of a ship).*
Dispositivo con calces utilizado para limitar o evitar los movimientos de una carga.

calce; *wedge.*
Pieza de madera o metal en forma de cuña que se ajusta entre la rueda y la calzada o la vía utilizada para asegurar la inmovilización de un vehículo.

calcín; *cullet.*
Fragmentos de vidrio de tamaño inferior a 55 mm que resultan de la limpieza y fragmentación del vidrio empleado como materia prima en la fabricación industrial del vidrio.

caldereta; *small metal bucket.*
Recipiente metálico de dimensiones reducidas utilizado para transportar materiales sueltos, fluidos y pastosos, de forma manual.

calidad; *quality.*
Conjunto de propiedades, atributos y características inherentes a algo, cuya percepción permite juzgar su naturaleza o valor, especialmente en cuanto a los requisitos de un producto, servicio, proceso o procedimiento.

calidad concertada; *agreed quality.*
Sistema de aseguramiento de la calidad que se establece de común acuerdo entre la empresa y sus proveedores, con el objetivo de favorecer sinergias y mejorar los procesos de la calidad.

calidad de servicio; *service level.*
Conjunto de los criterios de calidad y de las medidas pertinentes relacionadas con un determinado servicio que son responsabilidad del proveedor del mismo.

calidad de servicio conseguida; *service level achieved.*
Nivel de calidad medido desde el punto de vista del cliente sobre la base de matrices estáticas y de observaciones.

calidad de servicio deseada; *desired service level.*
Nivel de calidad que el proveedor de un servicio pretende ofrecer a los clientes, definido en función del nivel de calidad esperado por éstos, de los condicionantes externos e internos, de los recursos presupuestarios y técnicos, y del nivel de calidad existente en el mercado.

calidad de servicio esperada; *expected service level.*
Nivel de calidad explícita o implícitamente requerido por el cliente, evaluable mediante un análisis cualitativo.

calidad de servicio percibida; *perceived service level.*
Nivel de calidad percibido por el cliente, en el que influyen su experiencia personal del servicio y de las prestaciones asociadas, la información recibida sobre el servicio y el proveedor, y la de otras fuentes o de su entorno personal.

calzada; *road / carriageway.*
Parte central de la carretera, acondicionada para la circulación de vehículos.

CAM; *CAM.*
Siglas de *computer aided manufacturing* o «fabricación asistida por ordenador». Sistema informático utilizado para la programación, el control y la gestión de máquinas-herramientas de producción: robots, procesos químicos, etc.

cambio rápido de útiles; *single minute exchange of dies (SMED).*

Concepto relativo al cambio de útiles con rapidez, desarrollado por Shigeo Shingo en 1970. Su objetivo es reducir los tiempos improductivos de las máquinas, producir lotes más pequeños e incrementar la flexibilidad y adaptación de la producción a las fluctuaciones de la demanda.

camino de rodillos; *rolling way.*

Sistema de transporte constituido por una serie de bastidores que soportan un camino de rodillos de acero o plástico, montados sobre cojinetes y apoyados sobre soportes flexibles, sobre los que se deslizan las cargas. El movimiento de éstas puede deberse al efecto de la fuerza de la gravedad o al provocado por el giro de los rodillos accionados por un motor eléctrico.

camión; *truck.*

Vehículo proyectado y construido para su uso en el transporte de mercancías por carretera. Está formado por la unidad tractora y la caja que ésta arrastra, también llamada semirremolque. El camión puede ser rígido, sin que se puedan separar los dos elementos, o articulado.

camión bañera; *dump truck.*

Vehículo basculante construido con su caja de forma parecida a una bañera, para ser utilizado en el transporte de piedras, tierra y áridos en general.

camión cisterna; *tanker.*

Vehículo habilitado con un depósito unido al chasis para el transporte a granel de líquidos o gases licuados por carretera.

camión furgón; *box truck.*

Camión construido de forma que la cabina se encuentra integrada en la propia carrocería del vehículo, formando un solo cuerpo con la caja.

camión plataforma; *platform truck.*

1. Camión rígido con su parte trasera construida como una superficie plana, sin protecciones laterales, en la que se depositan y fijan cargas pesadas, largas o especiales (bobinas, tubos, piedras, metales...) para su transporte.

2. Camión articulado que arrastra una plataforma con los anclajes necesarios para fijar contenedores y evitar que se desplacen.

camión rígido; *straight truck / rigid truck.*
Véase **vehículo rígido.**

camionero; *truck driver / lorry driver.*
Profesional cualificado para conducir camiones, para lo que dispone del permiso de conducción pertinente.

camioneta; *van / light truck / cargo van.*
Vehículo automóvil de pequeñas dimensiones y caja cerrada especialmente construido para su uso en el transporte de mercancías por ámbitos urbanos. Habitualmente, dispone de una puerta en la parte posterior para facilitar la carga y descarga, aunque también las hay con puerta en los laterales.

canal de distribución; *distribution channel.*

Conjunto de instrumentos intermediarios a través de los cuales pueden realizarse transacciones comerciales. El canal de distribución hace posible el flujo físico de entrega de mercancías, a cambio de otro flujo de contraprestaciones (económicas o en especie) mediante el que se transmite la propiedad de las mismas.

canal de entrada; *entrance channel.*
Canal de acceso marítimo a un puerto interior.

canal logístico; *logistics channel.*
Red de operadores y colaboradores de una organización relacionados con la transferencia, el almacenamiento, la manipulación y la comunicación, que hacen posible el flujo de las mercancías.

canalización; *conduit / channel.*
Conducto elaborado mediante elementos prefabricados o construido ex profeso, destinado a la conducción de líquidos, cables, etc.

cancillería; *chancellery / state department / department of foreign affairs.*
Ministerio de relaciones o asuntos exteriores en algunos países de América Latina y el Caribe.

candela; *candela.*
Unidad básica de intensidad luminosa del sistema internacional de unidades de medida, definida como la intensidad luminosa, en una dirección dada, de una fuente que emite una radiación monocromática de frecuencia 540×10^{12} Hz y cuya intensidad energética en dicha dirección es 1/683 W por estereorradián. Su símbolo es «cd».

canguro; *kangaroo.*
Sistema de transporte intermodal donde el semirremolque de un tráiler se carga mediante grúas puente en un vagón de tren acondicionado para alojar los ejes del vehículo.

canibalización; *cannibalization.*
La canibalización se basa en la recuperación de determinados componentes o partes para ser incorporados a otros productos. Por ejemplo, la recuperación en el desguace de un automóvil, de una lavadora, etc., de determinados componentes que se venden como piezas de recambio.

cantidad de pedido; *order quantity / reorder quantity.*
Cantidad de unidades de un artículo que se pide a una planta o a un proveedor.

cantidad económica de pedido; *economic order quantity (EOQ).*
Indica la cantidad óptima de unidades para un pedido o fabricación, calculada mediante la fórmula de Wilson:
Unidades que se quieren pedir o fabricar (EOQ) = sqr (2DP/S).
D = Demanda de unidades prevista para un período N.
P = Coste de pedido.
S = Coste de existencias por unidad durante el período N.
N = Período anual, habitualmente.

cantidad estándar de paletización; *standard pallet quantity.*
Número de unidades que deben colocarse en cada palé para cada tipo de producto.

cantil; *wharf face.*
Espacio de unión que forma escalón entre el paramento de un muelle y la explanada de éste.

cantonera del contenedor; *corner fitting.*

Dispositivo situado en las esquinas o vértices del contenedor, por los que puede ser izado y manipulado para su apilamiento, y por donde se puede fijar a una superficie o plataforma de un medio de transporte, o a otros contenedores, mediante pestillos de anclaje, cables, correas u otros dispositivos de trincaje.

capa activa; *active layer.*

En geomarketing, es la capa que recibe todas las entradas de información en una ventana de un mapa. Las capas se utilizan para dividir un mapa en varias zonas superpuestas.

capacidad; *capacity.*

1. Cantidad de producto que puede contener un almacén, sistema o dispositivo de almacenaje; de mercancías y personas un vehículo o medio de transporte, etc.

2. Aptitud de un recurso (unidad organizacional, de producción o transporte, una instalación o un empleado, un sistema o un proceso), en un momento o período determinado, medida en calidad y cantidad.

3. Véase **carga de trabajo.**

capacidad de almacenamiento; *storage capacity.*

Máxima cantidad de producto que puede contener un recipiente o espacio para el almacenamiento.

capacidad de apilado del contenedor; *stacking capacity of container.*

Capacidad de un contenedor para soportar el apilado de otros contenedores cargados, de igual longitud y masa bruta máxima, en las condiciones de las estructuras celulares del buque, teniendo en cuenta las excentricidades relativas entre los contenedores a causa de las holguras en la estructura celular.

capacidad de carga; *load capacity.*

Véase **carga neta.**

capacidad de carga del suelo del contenedor; *load bearing capacity of container floor.*

Capacidad del suelo de un contenedor para soportar la carga estática o dinámica impuesta por la carga máxima o por un equipo rodante utilizado para llenar o vaciar el contenedor.

capacidad de carga nominal; *nominal lifting capacity.*

Indica la capacidad de elevación de una carretilla elevadora hasta una altura de 3.300 mm, con un centro de gravedad de la carga de 610 mm.

capacidad de carga residual; *residual lifting capacity.*

Indica la capacidad de elevación de una carretilla elevadora, con una altura y un centro de gravedad de la carga determinados. El incremento de la altura de elevación o del centro de gravedad disminuye la capacidad residual.

capacidad dedicada; *dedicated capacity.*

Conjunto de actividades productivas de un centro de trabajo destinado a fabricar un único artículo o una limitada cantidad de productos similares.

capacidad requerida; *capacity required.*

Indica la capacidad que posee un sistema o un conjunto de recursos necesarios para la producción de un producto en un determinado período de tiempo.

capacho; *basket.*
Véase **capazo.**

capazo; *basket.*
Cesta o espuerta de goma, esparto, cuero, estopa, junco, palma u otros materiales, provista de dos asas, que se utiliza para el trasiego de áridos, tierra, escombros y otros elementos. En ocasiones se acondiciona sobre un armazón rodante para su desplazamiento.

capitán; *captain.*
1. Máxima autoridad del buque y responsable último de cuanto en él acontece. Posee la doble capacidad, técnica y jurídica, de dirigir la navegación y representar al Estado cuya bandera se muestra en el buque durante la navegación.
2. En la aviación comercial, el piloto que ejerce el mando de una aeronave.

capitanía marítima; *harbour master.*
Organismo de la Administración pública del Estado español con funciones de control sobre la navegación y seguridad marítimas, salvamento marítimo y lucha contra la contaminación del medio marino (ley 27/1992 de Puertos del Estado y de la Marina Mercante).

capitoné; *removal van.*
Caja cerrada de un vehículo de transporte cuyo interior se ha acondicionado especialmente para el transporte de mercancías frágiles o para las mudanzas.

cápsula; *capsule.*
Recipiente de reducidas dimensiones, de gelatina dura o suave, empleado habitualmente para envasar líquidos o dosis de productos farmacéuticos en polvo.

caracteres por pulgada; *characters per inch.*
Medida del tamaño de los caracteres de un texto, también denominada «paso».

característica; *characteristic.*
Factor o signo diferenciador, cualitativo o cuantitativo, inherente a un producto o servicio que permite identificarlo y distinguirlo de cualquier otro. Existen características físicas, funcionales, ergonómicas, sensoriales y temporales, entre otras.

carburante; *fuel.*
Líquido combustible que se utiliza para alimentar los motores de explosión y de combustión interna.

carga; *cargo / load.*
1. *(cargo)* Cantidad o conjunto de mercancía que se transporta en cualquier medio de transporte. Véase **cargamento.**
2. *(load)* Acción y efecto de cargar una determinada mercancía.
2.1. Cantidad física a la cual se pueden atribuir unas unidades; implica masa.
2.2. *Transporte marítimo.* Traslado de la mercancía, en su exportación o expedición, desde el punto en que se encuentre situada en una terminal hasta que se halle suspendida por la grúa en el costado del buque.
2.3. *Contenerización.* Operación de introducir o depositar y acondicionar diferentes mercancías en un contenedor.
3. Unidad de medida que se aplica en algunos productos forestales: una carga de leña, carbón, frutos, etc.

carga a granel; *bulk cargo.*
Mercancía transportada sin envase o embalaje, generalmente referido a minerales, semillas, abonos, líquidos, cementos, etc.

carga aérea; *air cargo.*
La carga aérea se refiere al transporte de cualquier mercancía mediante el modo de transporte aéreo, por lo que abarca cualquier cosa transportada o destinada a ser transportada en una aeronave, incluido el correo. En un sentido estricto, puede no considerarse carga aérea el correo ni cualquier otra mercancía transportada en los términos de una convención postal internacional.

carga completa; *full load / unit load.*
Véase **transporte de carga completa.**

carga consolidada; *consolidated cargo.*
Mercancía que junto con otras se acondicionan como una única unidad física de manipulación y circulación (sobre un palé, en un contenedor, por ejemplo), con el fin de facilitar su expedición y transporte hacia un destino común.

carga contenerizada; *containerized cargo.*
Cualquier tipo de unidad de carga, producto o mercancía a granel que se encuentre depositado o consolidado en un contenedor de transporte.

carga convencional; *conventional cargo.*
Véase **transporte de carga fraccionada.**

carga de exportación; *export cargo.*
Mercancía que se expide legalmente desde un país o Estado hacia otro territorio extranjero.

carga de importación; *import cargo.*
Mercancía que ingresa legalmente en un país o Estado proveniente de otro territorio extranjero.

carga de trabajo; *workload.*
Cantidad sumada del volumen de carga de trabajo que se puede o debe realizar.

carga embalada; *packaged goods.*
Se refiere a mercancías acondicionadas mediante algún sistema o con algún tipo de embalaje. Por lo general, se transporta en cajas o palés dentro de contenedores, cajas móviles o en la caja de los camiones.

carga en tránsito; *transit cargo.*
1. Todo envío de mercancías que se halla en algún punto entre su lugar de partida y su destino final.
2. Carga que desde un aeropuerto de llegada continúa hacia otro de destino en el mismo vuelo, sea en el mismo avión o en otro distinto.

carga en trasbordo; *cargo transfer.*
Carga que alcanza un punto de un trayecto en un medio de transporte y continúa hacia su destino mediante otro medio del mismo transportista o de otro transportista en conexión.

carga explosiva industrial; *industrial explosives charge.*
Objeto que contiene una carga explosiva detonante sin medios propios de activación. Se utiliza para la soldadura, el plaqueado, el conformado u otras operaciones metalúrgicas en las que se emplean explosivos.

carga fraccionada; *partial load / part load.*
Véase **transporte de carga fraccionada.**

carga general; *general cargo.*
1. Carga referida a una mercancía cuya naturaleza no ha sido especificada y que se transporta, almacena o manipula en forma de bulto, en unidades sueltas o en palés no contenerizados. Generalmente, se refiere a productos manufacturados o semielaborados.
2. En transporte aéreo, una expedición que no contenga carga valiosa, a la que se aplican las tarifas generales de carga.

carga húmeda; *wet cargo.*
Mercancía que contenga líquidos o que, por su naturaleza, pueda destilarlos o emitir cantidades considerables de humedad.

carga máxima; *maximum load.*
Véase **masa máxima autorizada.**

carga máxima de seguridad; *maximum load for safety.*
Capacidad de carga o resistencia máximas que puede admitir un dispositivo utilizado para trincar unidades de carga en un elemento o vehículo de transporte.

carga neta; *payload.*
Carga útil o capacidad de carga de un medio de transporte. En transporte por carretera es igual a la diferencia entre la masa máxima autorizada (MMA) y la tara.

carga paletizada; *palletized cargo.*
Mercancía colocada sobre un palé dispuesto para ser trasladado por cualquier elemento mecánico de manutención o medio de transporte.

carga peligrosa; *dangerous cargo.*
Véase **mercancía peligrosa.**

carga perecedera; *perishable cargo.*
Véase **mercancía perecedera.**

carga refrigerada; *reefer cargo.*
Mercancía perecedera que precisa de unas condiciones especiales de mantenimiento y refrigeración a temperatura controlada durante el transporte.

carga rodada; *ro-ro (roll-on/roll-off) cargo.*
Carga constituida por vehículos que se deslizan sobre ruedas, como plataformas, remolques o semirremolques, camiones, vagones, etc., que pueden ser trasladados en una cadena de transporte intermodal albergando mercancía en su interior.

carga segura; *safety load.*
Carga máxima admisible en la cubierta o la bodega de un buque.

carga total; *total air cargo load.*
Peso completo de un avión dispuesto para el despegue en un aeródromo.

carga útil; *payload.*
Véase **carga neta.**

carga valiosa; *valuable cargo.*
En transporte aéreo se refiere a las cargas declaradas expresamente como de elevado valor. Cuentan con una tarifa específica y unas condiciones especiales de control y custodia en origen y destino, así como con un incremento del valor del seguro de transporte en función del valor declarado.

cargador; *consignor / shipper / sender.*
Persona física o jurídica que por sí misma, o por medio de otra cuyo nombre declara (el remitente), hace entrega de las mercancías al medio de transporte, o bien quien solicita el transporte al porteador, figurando así en la carta de porte o documento análogo.

cargamento; *cargo.*
Cantidad o conjunto de mercancía que carga una embarcación o vehículo para su transporte.

cargar; *load (to).*
Recoger y colocar, depositar, embarcar o poner en un medio de transporte las mercancías para transportarlas.

cargo; *charge.*
Cantidad económica que se debe pagar por un servicio de transporte de mercancías.

cargo por peso; *weight charge.*
Penalización económica por exceso de peso de una carga que debe abonar el cargador en el transporte aéreo de mercancías.

cargo por volumen; *volume charge.*
Penalización económica por exceso de volumen que debe abonar el cargador cuando la mercancía que hay que transportar excede de los ratios de equivalencia establecidos.

carguero; *freighter.*
Buque mercante o avión de carga destinados al transporte de todo tipo de mercancías (contenedores, carga general, graneles, etc.).

carnet ATA; *ATA carnet.*
Véase **cuaderno ATA**.

carnet TIF; *TIF carnet.*
Documento relativo a la mercancía que en el transporte ferroviario permite su tránsito a través de países intermedios sin ser revisados por sus autoridades aduaneras.

carnet TIR; *TIR carnet.*
Véase **cuaderno TIR**.

carretera de alta capacidad; *motorway.*
Vía pública de calzadas separadas con al menos dos carriles de circulación en cada sentido de la marcha, como son las autopistas y autovías.

carretera rodante; *rolling road.*
Sistema de transporte combinado carretera-ferrocarril que utiliza vagones de ferrocarril con ruedas de diámetro reducido para el embarque y transporte de los camiones con su carga.

carretilla; *fork lift truck.*
Elemento de manutención usado para el transporte y la estiba de unidades de carga (palés, contenedores, etc.) y de graneles.

carretilla «combi»; *man up turret truck.*
Véase **carretilla trilateral con hombre montado**.

carretilla bilateral; *bi-lateral stacker with telescopic forks.*
Carretilla elevadora dotada de horquillas telescópicas que pueden tomar las cargas situadas a sus lados. No pueden tomar las frontales ni recoger palés situados en el suelo.

carretilla con hombre abajo; *man-down truck.*

Tipo de carretilla elevadora en la que el operador trabaja montado sobre el cuerpo de la máquina, desde donde realiza las maniobras de manutención.

carretilla con pinzas; *clamp lift truck.*

Carretilla elevadora provista de pinzas que pueden sujetar la carga por presión lateral, utilizada para la manutención de mercancías voluminosas sin paletizar.

carretilla contrapesada; *fork lift truck / counterbalanced lift truck.*

Carretilla elevadora de apilado, equipada con horquillas u otros dispositivos, que opera según la ley de la palanca. El punto de apoyo se corresponde con el eje de las ruedas delanteras, de modo que la carga queda equilibrada por el peso de la parte de la máquina que queda detrás de este eje. Puede estar accionada por un motor eléctrico, alimentado por baterías recargables, o bien por un motor térmico, alimentado con gas licuado (GLP), gasoil o gasolina. Puede disponer de un desplazador lateral, que reduce la cantidad de movimientos necesarios para posicionar la carga.

Los mástiles de las carretillas elevadoras pueden ser:

– Mástiles dobles o telescópicos.
– Mástiles dobles con elevación libre total.
– Mástiles triples.

carretilla cuatro vías; *four-way reach truck.*

Carretilla elevadora de tipo retráctil multidireccional en la que sus tres rue-das permiten girar 90° y desplazamientos en sentidos perpendiculares y diagonales. Son adecuadas para cargas largas.

carretilla cuatrocaminos; *four-way truck.*

Carretillla elevadora diseñada de modo que puede circular en cuatro sentidos de marcha: hacia delante, hacia atrás, lateralmente hacia la izquierda y lateralmente hacia la derecha.

carretilla de horquillas retráctiles; *reach truck with pantograph.*

Carretilla elevadora retráctil que para tomar o depositar las cargas utiliza un sistema de pantógrafo que hace avanzar o retroceder las horquillas, accionado con cilindros hidráulicos. Su espacio de maniobra está definido por su radio de giro.

carretilla de mástil retráctil; *reach truck.*

Carretilla elevadora retráctil cuyo mástil se extiende hacia delante o hacia atrás mediante un carro portador con rodillos.

carretilla de pantógrafo; *reach truck with pantograph.*

Véase **carretilla de horquillas retráctiles.**

carretilla de toma lateral; *side loading fork truck.*

Carretilla elevadora cuya configuración de chasis y mástil permite la toma de palés situados a sus lados. El conductor opera desde un nivel bajo. Existen carretillas bilaterales y trilaterales.

carretilla filoguiada; *wire-guided truck.*

Carretilla elevadora sin conductor

guiada mediante un cable subterráneo por el que circula una corriente inductora de un campo magnético que detectan las bobinas del dispositivo de guiado del vehículo.

carretilla interior; *warehouse truck.*

Carretilla diseñada para operar en el interior de almacenes.

carretilla metálica; *metal wheelbarrow.*

Recipiente en forma de prisma provisto de una rueda en su parte anterior y asas y soportales en la posterior, utilizado para el transporte de materiales (grava, cemento, ladrillos, arena, etc.), especialmente en el ramo de la construcción.

carretilla para plataformas; *platform truck.*

Carretilla equipada para atender la manutención de plataformas. No es útil para la toma de palés.

carretilla portátil para camión; *transportable forklift.*

Carretilla elevadora de horquillas para operar como accesorio del camión, con el fin de auxiliar al transportista en las tareas de carga y descarga.

carretilla pórtico; *straddle carrier.*

Carretilla automotora elevadora apiladora diseñada para el movimiento de contenedores entre sus cuatro patas, a horcajadas, bajo su bastidor y brazos portantes, que permite el apilado de los mismos disponiéndolos entre pasillos lo suficientemente anchos como para que pasen las patas de la carretilla.

carretilla remolcada por cadena de arrastre; *towline truck.*

Carretilla que opera a remolque de un transportador de cadena, bien se halle éste dispuesto en el suelo o aéreo.

carretilla retráctil; *reach truck.*

Carretilla elevadora que combina las características de una carretilla contrapesada y las de un apilador. De este modo, puede tomar o dejar cargas trabajando como una carretilla contrapesada, en tanto que, para su desplazamiento, retrae el mástil o el elemento de carga y actúa como un apilador, con mayor capacidad de maniobra en espacios reducidos.

Al acercar el centro de gravedad al centro de la carretilla, aumenta su capacidad de carga y consigue un menor radio de giro. Existen dos tipos de carretillas retráctiles:
- Carretilla de mástil retráctil.
- Carretilla de horquillas retráctiles.

carretilla torre; *man-down turret truck.*

Tipo de carretilla trilateral «con hombre abajo», en la que el operador trabaja montado sobre el cuerpo de la máquina.

carretilla trilateral; *turret truck.*

Carretilla elevadora de toma lateral provista de horquillas que pueden girar 90° a derecha o izquierda. A diferencia de las carretillas bilaterales, éstas pueden tomar la carga lateral y frontalmente, así como recoger palés que se hallen a ras del suelo. Respecto a los cabezales, existen dos tipos, según estén suspendidas las horquillas de un cabezal superior con deslizamiento (cabezal «J»), o bien esté situado en la parte posterior de las horquillas, de forma que no exista limitación a la altura de los palés (cabezal «L»). Las carretillas trilaterales automatizadas pueden operar sin necesidad de cabezales.

carretilla trilateral con hombre montado; *man up turret truck.*
Carretilla elevadora que combina las características de una carretilla trilateral con las de un preparador de pedidos de nivel alto. El conductor se eleva con la carga, montado sobre una especie de cabina junto con el cabezal o con un mástil adicional.

carril bus; *bus lane.*
Vía o carril reservado al transporte público de viajeros o a vehículos de alta ocupación (VAO).

carro chino; *wheelbarrow.*
Recipiente metálico, similar a una carretilla metálica pero de mayor altura; puede ser basculante o no y está provisto de una o dos ruedas, soportales y enganches para su elevación. Se utiliza para transportar materiales en el ramo de la construcción, especialmente morteros.

carro de trasbordo; *transfer car.*
Dispositivo utilizado para el traslado de los transelevadores de un pasillo a otro.

carro filoguiado; *wire-guided truck.*
Véase **carretilla filoguiada.**

carrocería; *body work.*
Estructura de los vehículos automóviles o ferroviarios que se asienta en el bastidor, protege el motor y otros dispositivos mecánicos y en cuyo interior viajan los pasajeros y la carga.

carta de alistamiento; *notice of readiness.*
Véase **certificado de inspección de bodegas.**

carta de crédito; *letter of credit (L/C).*
1. Documento que extiende el banco a petición de su cliente (el comprador) con el fin de garantizar la recepción de una mercancía y su pago en las condiciones que se hayan pactado en una operación de compraventa internacional.
2. Documento que un banco extiende a favor de su cliente, en el que solicita a sus corresponsales en el extranjero que pongan a disposición de dicho cliente los fondos que precise, hasta el límite y el plazo que se indican.

carta de garantía; *letter of guarantee.*
Documento que se emite cuando algunas partidas de una misma mercancía, amparadas por un solo conocimiento de embarque, se deben entregar a diferentes receptores.

carta de pago L-1; *receipt (L1).*
Documento administrativo que justifica el pago de los derechos de aduana e IVA en una importación. Es necesario para deducir el IVA soportado en las declaraciones periódicas.

carta de porte; *waybill.*
Documento mediante el que se formaliza el contrato de transporte de mercancías por carretera entre el expedidor y el transportista. Acompaña a la mercancía y debe ser custodiado por el conductor del vehículo. Es obligatorio en el trans-

porte de carga completa por carretera en España, excepto para mudanzas.

carta de porte aéreo; *air waybill (AWB).*
Véase **conocimiento aéreo.**

carta de porte CIM; *CIM consigment note.*
Véase **carta de porte de transporte ferroviario.**

carta de porte CMR; *CMR consigment note.*
Véase **carta de porte internacional.**

carta de porte de transporte combinado; *combined transport document (CTD).*
Véase **carta de porte de transporte intermodal.**

carta de porte de transporte ferroviario; *railway bill.*
Documento que emite la compañía ferroviaria mediante el que se formaliza el contrato de transporte ferroviario de mercancías. Se emite con carácter nominativo, no es endosable, y ampara las mercancías durante todo el trayecto, aunque en él intervenga más de un ferrocarril.

carta de porte de transporte fluvial; *river waybill.*
Documento mediante el que se formaliza el contrato de transporte de mercancías por el medio fluvial.

carta de porte de transporte intermodal; *combined transport bill of lading.*
Documento que expide el transitario y que formaliza el contrato de transporte internacional de mercancías intermodal entre éste y el cargador, designando a las partes contratantes la mercancía que se debe transportar, el itinerario y el precio del transporte. Puede ser FCT *(forwarding agent certificate transport)* si el modo de transporte principal es el marítimo. Con la cláusula «a la orden» adquiere el valor de título de propiedad de la mercancía y puede ser objeto de negociación por parte de quien lo posee. Está regulado por el Convenio de Ginebra de 1980 y reconocido por la CCI (Cámara de Comercio Internacional).

carta de porte de transporte marítimo; *sea waybill.*
Documento mediante el que se formaliza el contrato de transporte marítimo de mercancías. Es un documento transferible y negociable.

carta de porte internacional; *international consigment note.*
Documento mediante el que se formaliza el contrato de transporte de mercancías internacional por carretera (CMR). Se emite por triplicado; uno de los ejemplares queda en poder del remitente, otro en manos del transportista y el tercero acompaña a la mercancía.

cartera de pedidos; *order backlog.*
Relación de los pedidos pendientes de entregar.

cartón; *cardboard.*
Derivado del papel compuesto de varias hojas superpuestas de pasta de papel y adheridas unas a otras por compresión. Reúne todas las características del papel, de modo que se fabrica en gramajes muy diversos y se puede imprimir, plastificar, troquelar y ensamblar, adaptándose a la forma del producto que debe contener.

El cartón ondulado o corrugado es uno de los materiales más usados para envases y embalajes por su capacidad de proteger, facilidad de impresión y naturaleza reciclable. En su presentación más simple, corrugado de una cara, está formado por una capa lisa y una ondulada, y se presenta en bobinas. Superponiendo nuevas capas lisas y onduladas se forma el corrugado sencillo, el doble corrugado y el triple corrugado.

cartón para bebidas; *milk carton.*

Cartón utilizado para la fabricación de envases para líquidos alimentarios. Está compuesto por láminas superpuestas de polietileno (15-20 % del peso del cartón para bebidas), cartón (75-80 %) y aluminio (en el cartón para productos UHT o de larga duración, 5 %), mediante las que se consigue estanqueidad, rigidez y resistencia, y una barrera frente a la luz, las bacterias y el oxígeno, respectivamente. Un envase para un litro pesa 25-28 g, lo que representa un 3 % del producto envasado. Estos envases conservan su contenido a temperatura ambiente, evitando con ello el consumo de energía que sería necesaria para su refrigeración durante el transporte y almacenamiento. La forma modular de los envases, generalmente rectangular, permite optimizar el espacio de almacenamiento y facilita su transporte. La fabricación de cartón para bebidas representa un consumo energético de una tonelada equivalente de petróleo (TEP) por cada tonelada producida, más elevado que las 0,301 TEP de consumo por cada tonelada de vidrio virgen, o las 0,221 TEP si el vidrio es reciclado, y cuatro veces más agua que la que se utiliza para el vidrio.

casco; *hull.*
1. Cuerpo de una nave o avión sin considerar su aparejo y maquinaria.
2. Superficie externa, revestimiento o envoltura que parte de la quilla de una embarcación y se eleva hasta igualar o superar ligeramente la de la cubierta principal.

caso fortuito; *act of God.*
Véase **fuerza mayor.**

CASS; *CASS.*
Siglas de *cargo account settlement systems,* sistema informático para la gestión de los pagos y cobros que se realizan entre las compañías aéreas y los agentes de carga IATA.

catalizador; *catalytic converter.*
Dispositivo que depura los gases emitidos por los motores de explosión, transformando parte de las emisiones nocivas en otras menos contaminantes.

catálogo; *catalog.*
Soporte físico o digital con información (características, precio, condiciones de venta o envío, aplicaciones y utilidades, etc.) sobre los productos y servicios ofertados por una organización.

catamarán; *catamaran.*
Embarcación, de vela o a motor, formada por dos cascos simétricos, acoplados por el costado.

catenaria; *catenary / overhead cable.*
Tendido eléctrico de suspensión longitudinal, dispuesto en altura sobre las vías, que permite a las unidades ferroviarias de tracción eléctrica la captación de energía a través de un pantógrafo.

caverna; *empty space.*

En la paletización de una carga, espacio vacío creado entre dos embalajes o bultos situados en una cara lateral de la carga.

cd; *cd.*

Símbolo de candela.

CEE; *EEC (European Economic Community).*

Siglas de **Comunidad Económica Europea.**

CEI; *CIS (Commonwealth of Independent States).*

Siglas de «Comunidad de Estados Independientes», constituida en 1991 por doce Estados que anteriormente formaban parte de las quince repúblicas que integraban la Unión Soviética: Federación Rusa, Armenia, Azerbaiján, Bielorrusia, Georgia, Kazajstán, Kirguizia, Moldavia, Tayikistán, Turkmenistán, Ucrania y Uzbekistán.

central de compras; *buying group / purchasing network.*

Organización operativa creada con el fin de llevar a cabo la selección y el agrupamiento de las compras para una organización comercial (establecimientos asociados, franquicias, etc.).

centro consolidador de cargas; *consolidation centre.*

Área logística especialmente habilitada para la recepción de mercancías, procedentes de diferentes orígenes o remitentes, con el fin de agruparlas para su transporte en función de su destino y naturaleza.

centro de carga aérea; *airport cargo centre.*

Plataforma logística aeroportuaria donde, en una zona expresamente delimitada, diferentes operadores ejercen todas las actividades relacionadas con el transporte, la distribución de mercancías y otras actividades logísticas (almacenamiento, manipulación, preparación de pedidos, etc.), tanto para el tránsito nacional como para el internacional. En su interior se concentran diferentes empresas y servicios cuyas actividades tienen lugar en las áreas de 1.ª, 2.ª y 3.ª líneas.

centro de consolidación urbana (CCU); *urban consolidation centre (UCC).*

Plataforma logística próxima al área geográfica (barrio, centro urbano, área metropolitana...) o centro de distribución comercial a la que sirve, destinada a la recepción de mercancías remitidas por fabricantes o mayoristas y la organización de los repartos y otros servicios de valor añadido.

centro de distribución; *distribution centre.*

Véase **almacén central.**

centro de distribución del detallista; *retail distribution centre.*

Almacén en la cadena de suministro del detallista donde las unidades de carga procedentes de proveedores se recepcionan, desconsolidan y almacenan, antes de consolidar las expediciones hacia las tiendas.

centro de distribución del proveedor; *distribution centre of suppliers.*

Punto de la cadena de suministro del fabricante donde se almacenan las unidades de carga de un producto, previamente a su expedición hacia el siguiente punto de la cadena de suministro.

centro de información y distribución de cargas; *freight exchange.*
Véase **bolsa de cargas.**

centro de intercambio modal (CIM); *modal interchange center.*
Instalación ferroviaria con un haz de vías sobre las que se desplaza una grúa pórtico para la carga y descarga de contenedores.

centro de ruptura de carga; *logistics centre for deconsolidation / separating loads.*
Véase **centro desconsolidador de carga.**

centro de transporte; *freight terminal.*
Véase **plataforma logística.**

centro desconsolidador de carga; *logistics centre for deconsolidation / separating loads.*
Área logística especialmente habilitada para la recepción de mercancías, transportadas en una misma expedición, con el fin de separarlas para entregarlas a sus destinos finales.

centro integrado de mercancías (CIM); *logistics platform.*
Véase **plataforma logística.**

cercanías; *local train (network).*
Área y servicio de transporte ferroviario de corta distancia. Se caracteriza por utilizar unidades tractoras ligeras, equipos de vía adecuados para bajas velocidades (inferiores a 160 km/h)

y una circulación de trenes densa, especializada en el transporte de pasajeros.

cercha del contenedor; *roof truss of container.*
Elemento que atraviesa transversalmente la parte superior del contenedor, formando parte de una estructura rígida del techo o soportando una cubierta flexible y desmontable, en cuyo caso la cercha puede ser también desmontable o estar diseñada para deslizarse y permitir la carga del contenedor a través de su parte superior.

cerco; *collar / rim.*
Elemento cuadrangular plegable o desmontable, de paredes macizas o de rejilla, que puede adaptarse a la base de un palé o a otro cerco para disponer la carga en su interior.

cero defectos; *zero defects.*
Filosofía de la producción cuyo objetivo es conseguir la fabricación de productos sin defectos.

cerramiento del contenedor; *plastic or canvas tarpaulin to cover roofless or open-sided container.*
Toldos formados por piezas de lona o plástico, desmontables, utilizados para proporcionar estanquidad a los contenedores sin techo o con paneles laterales y frontales abiertos.

certificación; *certification.*
Reconocimiento documental que formaliza la conformidad de un producto, servicio o empresa, respecto a las exigencias establecidas previamente en un documento normativo.

certificado; *certificate.*
Documento en el que se expresa la veracidad de un hecho.

certificado ADR; *ADR certificate.*
Documento administrativo que acredita el cumplimiento del anexo B del Convenio ADR por parte de un vehículo de transporte de mercancías peligrosas.

certificado ATP; *ATP certificate.*
Certificado expedido por el Ministerio de Industria y Energía (en el caso de España), o por una institución equivalente en cada país, relativo al Acuerdo sobre Transportes Internacionales de Mercancías Perecederas (ATP) y sobre los vehículos especiales utilizados en estos transportes.

certificado DBT; *DBT certificate.*
Documento de importación, extendido por el proveedor extranjero o el importador, que acredita que el producto cumple con la directiva de baja tensión de la UE en cuanto a aislamiento de aparatos eléctricos.

certificado de *agrèment; agrèment certificate.*
Documento que acredita que un vehículo reúne las condiciones de seguridad necesarias para el transporte TIR. Posee una validez de dos años y su número debe figurar en la portada de un cuaderno TIR.

certificado de almacenaje; *forwarding agent warehouse receipt (FWR).*
Certificado de depósito que debe emitir el agente transitario en sus operaciones de almacenaje de mer-

cancías. No es negociable, excepto cuando se extiende con el término «negociable».

certificado de análisis; *analysis certificate.*
Documento que acredita la naturaleza, la composición, el estado, la calidad, etc. de una mercancía.

certificado de arrumazón; *stowage certificate.*
Documento suscrito por quien ha efectuado la estiba de un contenedor acreditando que dicha operación se ha realizado cumpliendo todas las prescripciones aplicables al transporte y, en especial, a la naturaleza de las mercancías arrumadas y afianzadas.

certificado de averías; *survey report.*
Documento expedido por un comisario de averías en el que constata el resultado de su peritaje sobre los daños sufridos por unos bienes asegurados en un caso de siniestro.

certificado de calidad; *quality certificate.*
Documento expedido por un organismo autorizado mediante el cual se acredita que un producto ha sido elaborado de acuerdo con unos criterios de calidad determinados o que ésta coincide con lo estipulado en un contrato de compraventa.

certificado de conductor de país tercero; *drivers certificate for person from a non-EU country.*
Documento que debe llevar obligatoriamente a bordo una persona de nacionalidad no comunitaria cuando conduce en España un vehículo de transporte público o privado.

certificado de contenedores entregados; *container delivery certificate.*

Documento que expide periódicamente un depósito de contenedores para el responsable de la gestión de los mismos, donde se indica los equipamientos recibidos durante un determinado período.

certificado de contenedores recibidos; *container reception certificate.*

Documento que expide periódicamente un depósito de contenedores para el responsable de la gestión de los mismos, donde se indica los contenedores entregados durante un determinado período.

certificado de despacho; *certificate of dispatch.*

Documento expedido por una autoridad aduanera que acredita que una mercancía ha salido del territorio nacional.

certificado de farmacia; *pharmaceutical certificate.*

Documento extendido en España por la Dirección General de Farmacia y Productos Sanitarios para los productos farmacéuticos y los cosméticos, tanto para la exportación como para la importación.

certificado de inspección; *inspection certificate.*

Documento expedido por una compañía certificadora que acredita el examen de las mercancías y su conformidad respecto a lo que se especifica en un contrato de compraventa o una factura proforma.

certificado de inspección de bodegas; *ship's holds inspection certificate.*

Documento que garantiza que las bodegas de un buque reúnen las condiciones adecuadas para recibir la carga a bordo y contenerla de modo seguro.

certificado de libre plática; *free pratique certificate.*

Certificación de la admisión a libre plática expedida a los buques por Sanidad Exterior del Ministerio de Sanidad y Consumo, en España, previa comprobación de sus condiciones sanitarias.

certificado de lista negra; *black list certificate.*

Documento que acredita que ni el barco ni la mercancía que éste transporta están boicoteados por ningún Estado u organismo.

certificado de origen (C/O); *certificate of origin (C/O).*

Documento emitido por una entidad oficial o una cámara de comercio en relación con la procedencia de una mercancía. En comercio internacional, es común para las mercancías procedentes de países que no hayan establecido acuerdos de circulación de mercancías con la UE.

certificado de peso; *certificate of weight.*

Documento en el que se hace constar el peso neto y bruto de cada bulto de una expedición.

certificado de recepción del agente transitario; *forwarding agent certificate receipt (FCR).*

Documento emitido por el transitario, también conocido como FCR, en el que consta la descripción de la carga y acredita que se ha hecho cargo de su transporte, con instrucciones de hacerla llegar al destinatario, o bien que dichas instrucciones se recibirán con posterioridad. El transitario lo entrega al cargador, quien se lo puede quedar o remitir al destinatario. Sea quien fuere su poseedor, el FCR no puede ser nunca objeto de negociación por parte del cargador ni del destinatario. Está reconocido por la CCI (Cámara de Comercio Internacional).

certificado de seguro; *insurance certificate.*

Certificación expedida por una aseguradora en relación con una póliza flotante, mediante la cual acredita la cobertura de una mercancía en un envío determinado. En operaciones de compraventa internacional, se exige en los pagos mediante carta de crédito.

certificado de transporte; *transport certificate.*

Documento que acredita que el transitario se ha hecho cargo de la mercancía al finalizar el transporte, así como de la entrega de la misma conforme a las instrucciones del cargador, que se transcriben en el documento. La entrega de la mercancía se hace efectiva sólo con la presentación de este documento y tiene un papel decisivo en todos los casos de ventas «CIF destino».

certificado fitosanitario; *health certificate / phytosanitary certificate.*

Documento extendido por un organismo oficial dependiente del Ministerio de Agricultura que certifica la buena calidad o el buen estado de un producto.

certificado para el transporte de mercancías peligrosas; *shippers declaration of transport of dangerous goods (SDT).*

Documento de Fiata, también conocido como SDT, mediante el cual el expedidor de un transporte multimodal de mercancía peligrosa certifica a un transitario que su mercancía cumple los requisitos legales aplicables para su transporte. El transitario, por medio del SDT, puede identificar las mercancías y clasificarlas a tenor de los convenios ADR (carretera), IATA (aéreo), RID (ferrocarril) e IMDG/ IMCO (marítimo). Este documento no puede ser objeto de negociación por parte de su poseedor y sirve para determinar la responsabilidad en caso de que la mercancía sufra daños o accidentes.

certificado sanitario; *public health certificate.*

1. Documento expedido por un organismo competente de un país exportador o importador acreditando el estado sanitario de la mercancía analizada, que está exenta de unas determinadas materias o que cumple con la normativa sanitaria vigente.
2. Documento extendido en España por Sanidad Exterior para productos contenidos en el Anexo I de la OM de 20 de enero de 1994, donde se fijan las modalidades de control sanitario a productos de comercio exterior destinados a uso y consumo humanos, cuyo origen o destino se halla en países no miembros de la Unión Europea, y los recintos aduaneros habilitados para llevarlas a cabo.

certificado Soivre; *Soivre certificate.*

Documento extendido en España por el Servicio Oficial de Inspeccción,

Vigilancia y Regulación de las Exportaciones (Soivre), constituido por los centros de Inspección de Comercio Exterior. Entre los fines del Soivre están la inspección de la calidad comercial (productos, envases, etiquetado, etc.), el examen documental y el control de los productos de exportación e importación.

certificado veterinario; *veterinary certificate.*

Documento extendido en España por Sanidad Exterior para dejar constancia de que la mercancía objeto de certificación (habitualmente, carnes y animales vivos) está libre de determinadas materias.

certificados del buque; *certificate of seaworthiness.*

Conjunto de certificados que acreditan ante la Administración que un buque reúne las condiciones necesarias para su navegabilidad.

cesta; *basket.*

Recipiente tejido con material flexible, utilizado para recoger o llevar materiales u objetos.

cestón; *pannier.*

Contenedor apilable, habitualmente construido en madera, utilizado para la recolección de fruta y su posterior almacenamiento en cámaras frigoríficas.

cestón no apilable; *non-stackable basket.*

Cestón dotado de ruedas orientables, utilizado como elemento para enlazar los almacenes con los centros de distribución.

CFC; *CFC.*

Cloro-flúor-carbonos. Gama de productos químicos que en décadas pasadas se utilizaron ampliamente en el envasado, en los gases propulsores *(sprays)* y en los refrigerantes. En la actualidad, su uso está restringido porque se ha demostrado que destruyen la capa de ozono de la atmósfera e inducen el aumento de la temperatura global de la Tierra.

CFR; *CFR.*

Acrónimo del incoterm *cost and freight.* Véase **coste y flete (... puerto de destino convenido).**

CFS; *CFS.*

Siglas de *container freight station* o «punto de carga y descarga de contenedores».

chárter; *charter.*

Véase **servicio chárter.**

chasis portacontenedores; *gooseneck chassis.*

Remolque tipo plataforma, construido en acero, dispuesto sobre un juego de ruedas neumáticas, que se utiliza en las terminales para el transporte de contenedores.

cheque; *check.*

Documento en forma de mandato de pago extendido por un librado que permite al librador cobrar una cantidad determinada de los fondos de los cuales quien lo expide dispone en una entidad financiera concreta.

cheque bancario; *banker's check.*

Documento librado por una entidad de crédito contra sí misma o contra otra entidad corresponsal suya.

ciclo combinado de almacenamiento; *combined storage cycle.*

Conjunto de operaciones de manipulación discontinua de materiales en un almacén donde, tras almacenar una carga en una localización, se evita la vuelta en vacío de un equipo mediante una operación de recuperación de otra carga.

ciclo combinado de almacenamiento automático; *combined cycle of automatic storage.*

Conjunto de desplazamientos y movimientos que efectúa un transelevador para tomar una unidad de carga del sistema de transporte continuo o cabecera del almacén, almacenarla y extraer otra carga de una estantería y situarla en la cabecera.

ciclo de diseño; *design cycle.*

Es la frecuencia con la que las empresas diseñan nuevos productos o rediseñan los actuales.

ciclo de rotación del palé; *pallet return cycle.*

Período que media entre la salida de un palé de un centro de fabricación y su retorno al centro de distribución.

ciclo de vida; *life cycle.*

Período de tiempo durante el cual un producto puede desarrollar la función para la cual fue diseñado. Por ejemplo, la vida útil de un automóvil es de 10-15 años; mientras que para un ordenador es de entre 4 y 6 años.

ciclo simple de almacenamiento automático; *simple cycle of automatic storage.*

Conjunto de desplazamientos y movimientos que un transelevador lleva a cabo para tomar una unidad de carga del sistema de transporte continuo o cabecera del almacén y depositarla en una estantería.

ciclo simple de retirada automática; *simple cycle of automatic retirement.*

Conjunto de movimientos y desplazamientos que efectúa un transelevador para extraer una carga de la estantería y depositarla en la cabecera del almacén o sistema de transporte continuo.

ciclo tecnológico; *technological cycle.*

Período de tiempo durante el cual un producto está en primera línea tecnológica, hasta que surge una nueva tecnología que lo sustituye, lo convierte en obsoleto o lo hace menos deseable.

cielo único europeo; *single european sky.*

Modelo para la gestión integrada del tráfico aéreo en Europa, donde se aplican criterios homogéneos en los sistemas de cada Estado con la finalidad de mejorar la seguridad y optimizar la capacidad del espacio aéreo.

cierre; *closure.*

Dispositivo que se utiliza para cerrar el orificio de un envase o recipiente.

CIF; *CIF.*

Siglas de *cost, insurance and freight.* Véase **coste, seguro y flete (... puerto de destino convenido).**

CIF; *FIC (fiscal identification code).*

Siglas correspondientes a «código de identificación fiscal».

CIM; *CIM.*
1. Siglas de «centro integrado de mercancías». Véase **plataforma logística**.
2. Siglas de centro de intercambio modal.

cinta transportadora; *conveyor belt.*
Sistema de transporte constituido por una banda de plástico, goma, neopreno u otros materiales, como el acero, de superficie lisa o rugosa, tensada entre dos poleas tractoras y conducida sobre una cuna metálica o de pequeños rodillos que hacen de soporte de la banda. Las bandas pueden ser fijas o extensibles.

CIP; *CIP.*
Siglas del incoterm *carriage insurance paid to...* Véase **porte y seguro pagado hasta... (lugar de destino convenido)**.

círculo Antártico; *Antartic circle.*
Línea de latitud 66,5° al sur del Ecuador.

círculo Ártico; *Artic circle.*
Línea de latitud 66,5° al norte del Ecuador.

círculo barrido en curva; *swept turning circle.*
Círculo que describe en curva el extremo más saliente de un vehículo con su carga máxima.

círculo de calidad; *quality circle.*
Equipo formado por entre cuatro y diez trabajadores de una misma área de trabajo, liderado por un mando, que se reúne periódicamente para prevenir y evitar posibles problemas. Su finalidad es la mejora y el desarrollo de la producción, la mejora continua de la calidad, el promover la creatividad y facilitar la comunicación personal en el marco de la empresa.

cisterna; *tank.*
Vehículo o equipo de transporte habilitado como depósito para el transporte a granel de líquidos o gases licuados.

CITES; *CITES.*
Convenio para el Comercio Internacional de Especies Vivas, Fauna Salvaje y Flora, firmado en Washington (EEUU) el 3 de marzo de 1973 y enmendado el 22 de junio de 1979 en Bonn (Alemania). Ver www.cites.org.

clase; *class.*
Conjunto de elementos, productos, procesos o sistemas, con caracteres comunes, un mismo uso funcional o categoría o rango dado.

clasificación ABC; *ABC classification.*
Modelo de gestión basado en la Ley de Pareto que clasifica en orden decreciente, A, B y C, una serie de artículos, siguiendo algún criterio, por ejemplo, su volumen anual de ventas.
El grupo A tiende a acoger entre el 10 y el 20 % de los artículos, de los que resultan del 50 al 70 % de las ventas. El grupo B contiene el 20 % de los artículos y representa el 20 % de las ventas. El grupo C suele contener del 60 al 70 % de los artículos y de los que sólo se obtienen del 10 al 30 % de las ventas. Estos tres grupos pueden segmentarse; sin embargo, tienden a agruparse en sólo dos: A, cuando son económicamente significativos, y C, cuando no lo son, con una frontera marcada por la

rentabilidad del seguimiento que se aplique a los artículos A. El Análisis ABC puede aplicarse a distintas áreas de una organización.

clasificador de cargas; *sorter.*
Sistema de transporte y clasificación automatizada o manual de cargas ligeras (paquetería, valijas...) sobre cintas transportadoras o bandejas abatibles, provistas de dispositivos para la separación de las cargas, su identificación, pesaje y medición, en el que se distinguen las zonas de entrada de las cargas y los puntos de clasificación y salida de las mismas.

cláusula arbitral; *arbitration clause.*
Estipulación que se puede incluir en los contratos comerciales si las partes contratantes desean someter sus posibles divergencias al arbitraje de una entidad mediadora.

cláusulas de carga y descarga; *loading and unloading clauses.*
Pactos que se establecen sobre las operaciones de carga y descarga, en los que se estipula quién asume su ejecución y costes, dónde se produce la recepción y entrega de la mercancía y dónde empieza y termina la obligación de custodiar el cargamento por el fletante.

cláusula de proximidad; *proximate clause.*
Cláusula que puede incluirse en una póliza de fletamento para indicar que el buque puede dirigirse a otro puerto en el caso de que el designado para la carga o descarga resulte inseguro o por presentarse algún obstáculo, por ejemplo que se deba esperar un tiempo excesivo para atracar en el mismo.

cliente; *customer.*
Persona física u organización a quien el fabricante o el distribuidor venden sus mercancías o servicios. Puede ser otro fabricante o bien un minorista, consumidor, usuario final, etc.

cliente consolidado; *consolidated client.*
El que compra los productos o contrata los servicios de la empresa de forma cíclica o reiterada.

cliente externo; *external client.*
El consumidor o usuario que compra los productos o contrata los servicios de la empresa.

cliente interno; *internal client.*
Operarios o profesionales que, con una participación directa en el proceso de producción o de prestación de servicios de la empresa, reciben trabajos de otros eslabones del proceso.

clinker; clinker.
Voz inglesa por la que se conoce la caliza mezclada y cocida con otros elementos como arcilla, alúmina y óxido de hierro, hasta formar unas bolas de color grisáceo. Antes de triturarlo para formar cemento, al *clinker* se le añaden diferentes proporciones de yeso retardante de fraguado y otros aditivos que le confieren distintas propiedades en función del uso al que se destine el cemento.

CMR; *CMR (contract for the international carriage of goods by road).*
Acrónimo de *Convention relative au contrat de transport international de merchandises pour route.* Véase **Convenio CMR.**

CMYK; *CMYK.*
Siglas que corresponden en inglés a los colores cian (azul-verde), magenta, amarillo y negro. Estos colores sirven para crear la matriz del sistema sustractivo de colores impresos.

cobertizo; *shed.*
Espacio cubierto situado cerca del borde del muelle, destinado a preservar de la intemperie las mercancías durante períodos breves de tiempo.

cobertura; *covering.*
Aseguramiento de un posible riesgo con la finalidad de evitar las pérdidas que su acontecimiento produciría.

cobertura adicional; *additional cover.*
Tipo de cobertura de seguros que se agrega de forma accesoria a otro riesgo principal, sin el cual no puede ser contratada.

coche; *car / wagon.*
1. Vehículo automóvil destinado al transporte de personas, con capacidad no superior a nueve plazas.
2. Unidad móvil de transporte ferroviario, sin sistema de propulsión propio, habilitado para el transporte de pasajeros.

COD; *COD.*
Siglas de *cash on delivery* o «pagar a la recepción» que se hacen figurar en la documentación de un envío cuando es contrarreembolso o cuando el flete se abona en destino. Véase **flete debido.**

Código CSS; *CSS Code.*
Código de Prácticas de Seguridad para el Trincaje y la Estiba de la Carga.

código de artículo; *item number.*
Véase **número de artículo.**

código de barras; *bar code.*
Método de codificación de datos en el que éstos se representan mediante una secuencia de barras y espacios verticales que puede ser leída por lectores ópticos. Se utiliza para la identificación de productos o unidades de carga.
Para permitir una lectura rápida y precisa, el código de barras se imprime en lugares visibles y de fácil localización, sobre envases, cajas, embalajes, piezas, etc.

código de comercio; *code of commerce.*
Marco legislativo con el conjunto unitario, ordenado y sistematizado de normas que tienen por objeto regular las operaciones mercantiles en un determinado Estado.

código de dimensión del contenedor; *container size code.*
Codificación para contenedores contenida en la norma ISO 6346. Consiste en dos dígitos alfabéticos o numéricos: el primero indica la longitud externa del contenedor, y el segundo, la anchura externa.

código de país; *country code.*
Representación de los nombres de países según un código numérico de tres dígitos y dos letras, referido en la norma ISO 3166.

código de tipo de carga; *cargo type code.*
Sistema numérico que representa los tipos de carga, unidades de carga y materiales de embalaje en el comercio, el transporte y otras actividades vinculadas al comercio internacional.

código de tipo de contenedor; *container type code.*

Codificación para contenedores contenida en la norma ISO 6346. Consiste en dos dígitos: el primero es alfabético y revela el tipo de contenedor, y el segundo es numérico e indica las características relacionadas con el tipo de contenedor.

código del propietario del contenedor; *container owner code.*

Sistema de codificación de contenedores de transporte constituido por cuatro letras del alfabeto latino, siendo siempre la «U» la última letra, con el significado de «UNIT», con la excepción del contenedor tanque. Las otras tres letras son mayúsculas y forman un código único, registrado en el Bureau Internacional de Contenedores (BIC), directamente o por medio de una organización nacional de registro.

código EAN; *EAN code.*

Véase **numeración europea de artículos.**

código EAN 128; *EAN 128 code.*

Procedimiento logístico que amplía los modelos JIT *(just in time)* y se define como *just in sequence.* Como estándar de codificación de productos es capaz de soportar hasta 128 caracteres. Su función en la cadena de suministro es, además de garantizar que las entregas se realicen en el momento convenido y en la cantidad requerida, alcanzar la sincronización entre los sistemas del distribuidor y el fabricante para que sus flujos de producción respectivos sean coherentes con la secuencia de fabricación del producto final.

código EAN 13; *EAN 13 code.*

Sistema de identificación mediante código EAN *(european article numbering)* de barras continuo, de trece caracteres numéricos, habitualmente utilizado en el sector de la alimentación y los productos de gran consumo.

código electrónico de producto; *electronic product code (EPC).*

Protocolo para la identificación de un producto basado en la identificación de radiofrecuencia (RFID).

Código IBC; *International Bulk Chemical (IBC) Code.*

Código internacional de la OMI para la construcción y el equipamiento de buques que transporten productos químicos peligrosos a granel.

Código IGC; *International Gas Carrier (IGC) Code.*

Código internacional de la OMI para la construcción y el equipo de buques que transporten gases licuados a granel.

Código IMDG; *IMDG (International Maritime Dangerous Goods) Code.*

Código Marítimo Internacional de Mercancías Peligrosas. Se publicó en 1965 en el seno de la OMI. Este código regula el transporte de mercancías peligrosas y previene la contaminación. El Código IMDG agrupa las mercancías peligrosas en: explosivos, gases, líquidos inflamables, sólidos y otras sustancias inflamables, sustancias oxidantes y peróxidos orgánicos, sustancias tóxicas e infecciosas, materiales radiactivos, sustancias corrosivas y sustancias peligrosas varias.

Código PBIP; *ISPS Code.*
Código de Protección de Buques e Instalaciones Portuarias *(International Ship and Port Facility Security),* de ámbito internacional, en vigor desde el 1 de julio de 2004, impulsado por la OMI, para la seguridad para el transporte marítimo de mercancías y pasajeros.

coeficiente de estiba; *stowage factor / loading ratio.*
1. Véase **factor de estiba.**
2. Ratio que incrementa el coste de transporte de las mercancías voluminosas.

coeficiente K; *K factor.*
Unidad de medida de la energía que las paredes de un vehículo intercambian con el exterior. Cuanto menor es el coeficiente K, mayor es el aislamiento térmico del vehículo.

cofabricante; *co-manufacturer.*
Véase **proveedor cofabricante.**

cola; *queue.*
Cantidad de unidades de producto en línea de espera o tareas en espera de ser procesadas en un proceso de fabricación, generalmente motivadas por situaciones de congestión. El tiempo medio de espera y el inventario de trabajo en curso se incrementan o decrecen por el volumen de la cola.

colores sustractivos; *substracting colors.*
Colores producidos por pigmentos que absorben algunos colores de la luz y reflejan otros.

colusión; *collusion.*
Acto contra las normas de la competencia, consistente en un pacto entre diversas personas u organizaciones para dañar a un tercero.

comandante; *command pilot.*
En la aviación comercial, el piloto que ejerce el mando de una aeronave.

combustible búnker; *bunker.*
Aceite combustible o diésel destinado al abastecimiento de los motores de los buques para su funcionamiento.

comercio; *trade.*
Negociación con el resultado de intercambio de bienes entre dos o más partes, mediante unidades de cuenta de tipo monetario o mediante el trueque.

comercio al detall; *retailer.*
Véase **comercio minorista.**

comercio al por mayor; *wholesaler.*
Véase **comercio mayorista.**

comercio colaborativo; *collaborative commerce.*
Conjunto de procesos, tecnologías y normativas que permiten un intercambio de información continuada y automatizada entre socios comerciales, con el fin alcanzar la mayor eficiencia y reducir los costes de la cadena de abastecimiento.

comercio electrónico; *e-commerce.*
Actividades de compraventa de productos o servicios a través de redes telemáticas, en especial de internet. Se puede segmentar en dos tipos: *business to business* (B2B) o comercio electrónico entre empresas y *business to consumer* (B2C) cuando se lleva a cabo con el consumidor final.

comercio exterior; *foreign trade.*

Se refiere a todas aquellas transacciones comerciales realizadas con terceros países, tanto de importación como de exportación.

comercio internacional; *international trade.*

Se refiere a todas aquellas transacciones comerciales efectuadas con países distintos al propio, tanto si pertenecen a nuestro entorno económico, como sin son de otra área económica (terceros países).

comercio mayorista; *wholesaler.*

Actividad de compraventa de productos donde el comprador no es el consumidor final de la mercancía, y efectúa la compra con el fin de venderla a otro comerciante o como materia prima a una empresa manufacturera.

comercio minorista; *retailer.*

Actividad de compraventa de productos acabados o servicios, en el penúltimo eslabón de un canal de distribución, donde un intermediario físico u organización lleva a cabo la venta unitaria o en pequeñas cantidades al cliente o usuario final, situado en la última fase de dicho canal.

comisario de averías; *average surveyor.*

Persona física o jurídica designada por un asegurador de transporte para que perite las averías sufridas por unos bienes asegurados y las circunstancias en que éstas se han producido. Su peritaje se refleja en un «certificado de averías».

comodalidad; *comodality.*

Uso eficiente de los modos de transporte, tanto individualmente como en el marco de la integración multimodal en un sistema de transportes, con el fin de lograr una utilización de recursos óptima y sostenible.

compañía; *company.*

Véase **empresa**.

compañía aérea; *airline company.*

Empresa que realiza el transporte aéreo de pasajeros, mercancías o correo mediante aeronaves propias o alquiladas.

comparación de procedimientos; *benchmarking.*

Técnica de mejora de la calidad consistente en aprender de las mejores experiencias en el desarrollo de procesos, basada en identificar una organización que posea la mejor de las mejores prácticas y compararse con ella con la finalidad de aprender de la misma, incorporarlas a otros modelos de actividad y mejorar su rendimiento.

compass; *compass.*

Procedimiento informático de declaración de los manifiestos marítimos a la aduana y a las autoridades portuarias.

competencia individual; *individual competency.*

Conjunto de características y atributos que determinan la capacidad de una persona para llevar a cabo una tarea determinada o aplicar unos conocimientos y habilidades en el marco de una organización.

componente; *component.*

Producto identificado de manera exclusiva que se considera indivisible para un propósito determinado de planificación, control o producción.

composición; *composition.*
Descripción de los elementos que componen un producto, generalmente referida a las propiedades químicas.

compost; *compost.*
Humus obtenido por biodegradación de una mezcla de residuos vegetales, mezclados en ocasiones con otros materiales orgánicos, con un contenido limitado de minerales.

compostabilidad; *compostability.*
Capacidad de un material para ser biodegradado durante un proceso de compostaje.

compostaje; *composting.*
Proceso aerobio para la elaboración de compost.

compra; *purchase.*
1. Objeto o producto comprado.
2. Acción y efecto de comprar.
3. Operación de seleccionar al proveedor a fin de conseguir el menor coste global posible para el aprovisionamiento de los productos, materiales o servicios que una organización adquiere.

comprador; *purchaser.*
Persona física o jurídica que efectúa una compra.

compresión del palé; *pallet compression.*
Fuerza ejercida sobre la base del palé, sin deformar los envases y embalajes de la parte superior de la unidad de carga.

comprobante; *voucher / receipt.*
Documento emitido por el proveedor que demuestra la prestación de un servicio o la adquisición de un bien, y que incluye indicaciones sobre el pago del mismo.

comprobante de entrega; *delivery note.*
Véase **albarán de entrega**.

Comunidad Económica Europea (CEE); *EEC (European Economic Community).*
Organización internacional creada en 1957 por Bélgica, Francia, Italia, Luxemburgo, Países Bajos y República Federal Alemana, con la finalidad de crear un mercado común europeo. Mediante el Tratado de la Unión Europea (TUE) o Tratado de Maastricht, de 7 de febrero de 1992, adoptó el nombre de Comunidad Europea (CE) y pasó a formar parte de la Unión Europea.

condiciones brutas; *gross terms.*
Cláusulas para el transporte marítimo común en las que el fletante se encarga de ejecutar las operaciones de carga, estiba, enrasado, desestiba, descarga, etc., el coste de las cuales estará comprendido en el flete.
El fletante custodia y asume los riesgos de la carga desde que la recibe al costado del buque en el puerto de carga hasta que la entrega en el muelle en el puerto de descarga.
En la modalidad *fixed price* los fletadores efectúan las operaciones a un precio fijado pagado por el fletante.
Las cláusulas más usuales son:
– Condiciones de línea regular o *liner terms*.

– Costumbres del puerto.
– Condiciones de fletamento *tramp* o *berth terms.*
– Bajo puntal.
– Libre al costado del buque.

condiciones de entrega; *terms of delivery.*

Circunstancias o requisitos que el vendedor o el consignatario de una mercancía deben cumplir en cuanto a su puesta a disposición del comprador o destinatario, de acuerdo con las condiciones del contrato de compraventa.

condiciones de fletamento tramp; *berth terms.*

Cláusula de transporte que se aplica a cargamentos que operen en régimen *tramp,* similar a las condiciones de línea regular.

condiciones de línea regular; *liner terms.*

Cláusula de transporte referida a las condiciones que sean de aplicación en los buques de línea regular o a cargamentos que operen en régimen *tramp.* Una condición habitual consiste en que la carga se recibe y se entrega al costado del buque, y los gastos y riesgos de la misma, así como los derivados de la estiba, desestiba y descarga van a cargo del fletante.

condiciones de pago; *terms of payment.*

Pactos estipulados entre un comprador y un vendedor para el pago de los productos o servicios adquiridos.

condiciones netas; *net terms.*

Cláusulas para el transporte marítimo común en las que el fletante sólo se obliga al transporte marítimo de la mercancía, recibiéndola y entregándola a bordo. El fletador, por su parte, asume todos los gastos y riesgos de llevar a cabo las operaciones de carga y descarga.

Las cláusulas más usuales son:
– FOB.
– FD.
– FIO.
– FIOS.
– FIOST.
– FIOSTLSD.

conductor; *lorry driver.*

Profesional que conduce un vehículo de transporte.

conectividad; *connectivity.*

Capacidad de un territorio para establecer interconexiones con otros y facilitar la movilidad de las personas y el transporte de las mercancías.

conferencia de fletes; *freight conference.*

Véase **conferencia marítima.**

conferencia marítima; *shipping conference.*

Convenio de cooperación entre líneas marítimas regulares, cuya finalidad es optimizar sus recursos y prestar sus servicios mediante tarifas uniformes y competitivas. Mediante la conferencia marítima, las empresas armadoras también consiguen reducir el riesgo que supone el compromiso de que los buques deban partir en las fechas y realizando las escalas que tienen prefijadas, hayan conseguido o no completar su capacidad de carga. En la UE quedaron derogadas el 18 de octubre de 2008 por el Reglamento (CE) 1490/2007 del Parlamento Europeo y del Consejo.

confirmación de pedido; *order confirmation / acknowledgement.*

Proceso de recepción de un pedido por parte del vendedor, que incluye confirmar al comprador las cantidades, las fechas y la forma de entrega, así como cualquier otra condición adicional que se estipule en el pedido.

confirmación de recepción; *acknowledgement of receipt.*

Notificación referente a la recepción de mercancías, mensajes o documentos.

confirmación de reserva de espacio; *slot confirmation.*

Documento que el cargador dirige a la naviera o su agente confirmando la reserva de espacio para el transporte de sus mercancías en un determinado viaje.

congestión vial; *road traffic congestion.*

Situación que se produce cuando la introducción de un vehículo en un flujo de tránsito incrementa el tiempo de circulación del conjunto de vehículos. La congestión se relaciona con la capacidad de la vía por donde se transita, la cantidad de vehículos y el tiempo de circulación. Es un coste social del transporte que incrementa la contaminación ambiental y acústica, produce efecto barrera para los viajeros no motorizados, pérdida de tiempo productivo y consumo adicional de recursos energéticos.

conjunto; *set / kit / assembly.*

Grupo de elementos que han sido preparados o manipulados de manera simultánea o colectiva para configurar una unidad relacional que permita su incorporación en un proceso de producción o ensamblaje.

conjunto de componentes; *kitted material / kit.*

Elementos y piezas que se han extraído del almacén o que llegan de forma directa desde el proveedor, preparados para introducirse en al área de producción y componer un artículo padre.

conjunto de vehículos; *connected vehicles.*

Diversos vehículos que circulan acoplados formando una unidad.

cono; *twistlock.*

Véase **pestillo de anclaje.**

conocimiento aéreo; *air waybill (AWB).*

Documento que emite la compañía aérea mediante el que se formaliza el contrato de transporte aéreo de mercancías. Es un acuse de recibo de las condiciones en que se ha recibido la mercancía para su transporte y una guía de instrucciones para el transportista. Se identifica con las siglas AWB *(air waybill)*. Está reglamentado por la IATA (Asociación de Transporte Aéreo Internacional), es nominativo, no es negociable ni confiere la titularidad de la mercancía y se regula por el Convenio de Varsovia de 1929.

conocimiento de embarque; *bill of lading (BL).*

Documento emitido por el transportista como justificante de la recepción de la mercancía o de que ésta ha sido cargada en el medio de transporte, con destino al punto final que se declara. Constituye el contrato de transporte entre el transportista y el cargador, y permite al tenedor reclamar la entrega de la mercancía. Es un documento transferible y negociable cuando se extiende a la orden o al portador, y no lo es cuando se extiende nominativo. Está regulado por el Convenio de Bruselas de 1924.

conocimiento de embarque a la orden; *order bill of lading.*
Modalidad de conocimiento de embarque, en la que el propietario de la mercancía (el poseedor del documento) puede hacer este documento nominativo (mediante su endoso), ponerlo a la orden de otra firma o dejarlo con el endoso firmado en blanco.

conocimiento de embarque aéreo; *air waybill (AWB).*
Véase **conocimiento aéreo.**

conocimiento de embarque al portador; *bearer bill of lading.*
Modalidad de conocimiento de embarque en la que el poseedor del documento es el propietario de la mercancía.

conocimiento de embarque de transporte directo; *through bill of lading.*
Documento emitido por el transportista como justificante de la recepción de la mercancía o de que ésta ha sido cargada en el medio de transporte, con destino al punto final que se declara.

conocimiento de embarque nominativo; *named bill of lading.*
Modalidad de conocimiento de embarque, no endosable, que se extiende a nombre de una persona determinada, la cual, una vez identificada y tras la presentación de un original del co-

nocimiento de embarque, podrá hacerse cargo de la mercancía.

consejero de seguridad; *ADR safety supervisor.*
Profesional que actúa como responsable del cumplimiento de los convenios ADR o RID en una empresa que transporte o almacene mercancías peligrosas.

consigna; *left-luggage office.*
Lugar acondicionado en las estaciones y terminales de transporte donde los viajeros pueden depositar temporalmente sus equipajes.

consignación; *consignment.*
Véase **expedición.**

consignatario; *ship broker.*
Persona física o jurídica intermediaria que, en nombre y por cuenta del armador o naviera, propietaria del buque, actúa como depositaria de las mercancías mientras éstas se hallan en la terminal portuaria, asumiendo su recepción y entrega, y el cobro de los fletes. Asimismo, presta servicios al buque y a su tripulación (autorizaciones y gestión de entrada y salida del puerto, aprovisionamiento, operaciones de carga y descarga, despachos documentales, gestión de tripulaciones, negociación, gestión y liquidación de fletes, etc.), y realiza las gestiones relacionadas con la presencia del mismo en el puerto. Es habitual que realice la gestión comercial de la línea o las líneas que representa.

consolidación de carga; *consolidation / groupage.*
Véase **grupaje.**

consolidación de contenedores; *container consolidation.*

Operación de llenado de los contenedores para su posterior expedición.

consolidación en tránsito; *merge in transit (MIT).*

Modelo de servicio de transporte de carga fraccionada mediante el que un mismo vehículo transporta diversos envíos y realiza varios movimientos en una misma ruta. Su objetivo es componer las entregas durante el recorrido del vehículo, con el fin de reducir las existencias en el almacén y los viajes de vacío.

consolidador; *consolidator.*
Véase **agente consolidador.**

consorcio de palés; *pallet pool.*
Organización privada o formada por entidades usuarias de palés (fabricantes, operadores logísticos, etc.) con la finalidad de mantener un circuito de intercambio de las mismas, de calidad y dimensiones estandarizadas, mediante el pago por el uso de los palés.

consultor logístico; *logistics consultant.*
Persona física o jurídica que utilizando métodos cualitativos y cuantitativos, analiza las necesidades y los recursos y proyecta soluciones y mejoras para los procesos logísticos.

consumibles; *consumables.*
Véase **material consumible.**

consumo de la previsión; *delivery rate forecast.*
Proceso por el que se confirma una previsión existente mediante los pedidos que se reciben de los clientes u otras formas de demanda real.

contaminación ambiental; *environmental pollution.*
Presencia en el medio ambiente de materias o formas de energía (ruidos, campos electromagnéticos…) que puedan significar algún riesgo, daño o molestia para las personas, los bienes y la naturaleza en general.

contaminación atmosférica; *atmospheric pollution.*
Presencia en el aire de materias que puedan significar algún riesgo, daño o molestia para las personas, los bienes y la naturaleza en general.

contaminación del medio marino; *maritime pollution.*
En la Convención de las Naciones Unidas sobre el Derecho del Mar (UNCLOS), se define como la «Introducción por el ser humano, directa o indirectamente, de sustancias o de energía en el medio marino, incluidos los estuarios, que produzcan o puedan producir efectos nocivos: daños a los recursos vivos y a la vida marina, peligros para la salud humana, obstaculización de las actividades marítimas, incluidos la pesca y otros usos legítimos del mar, deterioro de la calidad del agua del mar para su utilización y menoscabo de los lugares de esparcimiento».

contenedor; *container.*
Equipo de transporte de carácter permanente y capacidad interior no menor de un metro cúbico, capaz de asegurar un uso repetido, sin ruptura de la carga en caso de trasbordo a diferentes modos o

vehículos de transporte. Es apilable y permite la transferencia horizontal o vertical. Existen modelos de contenedor diseñados para cada necesidad del transporte, provistos de dispositivos que permiten un manejo adecuado, particularmente en el traspaso entre modos de transporte, y un fácil llenado y vaciado. Se utilizan cinco tamaños principales: de 45, 40, 30, 20 y 10 pies, con 40, 30, 25, 20 y 10 t, respectivamente. En atención a la composición de la carga, se distinguen dos tipos: FCL *(full container load)*, contenedor completo, y LCL *(less than container load)*, de grupaje.

contenedor aéreo; *aircraft container.*
Contenedor para transporte aéreo de carga cuyas formas se pueden adaptar al fuselaje de las aeronaves. Se fabrica en aluminio.

contenedor aéreo/terrestre; *air/surface container.*
Contenedor intermodal con un volumen interior de 1 m^3 o más, provisto de cantoneras en las esquinas superiores e inferiores y de sistemas de trincaje compatibles con los aéreos, los terrestres y una base que permite la manipulación sobre sistemas de transporte por rodillos.

contenedor aislado; *isolated container / insulated container.*
Contenedor térmico sin ningún dispositivo instalado o elemento de conexión que permita la refrigeración o calefacción adicional.

contenedor almacén; *office container / storage container.*
Contenedor acondicionado con equipamiento eléctrico y elementos de iluminación que puede utilizarse como taller o almacén transportable.

contenedor apilable; *stackable container.*
Contenedor dotado de patas o soportes que permite ser colocado sobre otro de su mismo tipo para formar una pila de almacenamiento. Se fabrican en madera, chapa metálica, plástico o rejilla, entre otros.

contenedor calorífico; *heated container.*
Contenedor isotermo al que se ha adaptado un sistema de calefacción con el fin de mantener o elevar su temperatura interior.

contenedor cerrado; *dry container / box container.*
Es el contenedor de uso más frecuente para cargar mercancía general seca y unitizada mediante palés, cajas, barriles, etc. Es estanco y cerrado, con suelo, techo y paredes laterales y de los extremos rígidos. Está dotado de puertas en el testero y se carga a través de ellas con ayuda de carretillas o transpalés. Se fabrica en acero.

contenedor cisterna; *tank container / ISO tank.*
Se utiliza para transportar graneles líquidos en general (aceite, plásticos, resinas, látex natural y sintético, leche, cerveza, vino, agua mineral, etc.) y algunas sustancias peligrosas, como líquidos tóxicos, corrosivos y altamente inflamables. Se compone de una cisterna de aluminio o acero inoxidable anclada en un bastidor o estructura de soporte con los accesorios necesarios (cantoneras de esquina, etc.) para su

trincaje en los anclajes de buques, vehículos y vagones, o bien para apilarlo sobre otro contenedor. Debe cumplir los requisitos de la norma ISO 1496-3.

contenedor completo; *full container load (FCL).*

Cláusula de transporte marítimo de contenedores, normalmente expresada por las siglas FCL *(full container load),* mediante la cual el embarcador deposita las mercancías en un depósito o almacén dependiente del fletante (habitualmente, una terminal de contenedores) para su transporte en contenedor. El armador o fletante asume la obligación de cargar el contenedor, por su cuenta y riesgo, y transportarlo hasta otro almacén en una terminal de contenedores en el puerto de destino, donde llevará a cabo la operación de desagrupar la carga del contenedor para entregarla al destinatario final.

contenedor con base de bambú; *bamboo floor container.*

Contenedor de 20 o 40' fabricado con criterios ecológicos que dispone de un suelo de bambú. Su utilización contribuye a la protección del medio ambiente porque reduce el consumo de energía en el proceso de fabricación y reciclaje, y minimiza el riesgo de contaminación marítima.

contenedor con carga parcial; *less than container load (LCL).*

Véase **contenedor de grupaje.**

contenedor de automóviles; *car container.*

Contenedor abierto, sin paredes laterales ni techo. Posee barras de acero totalmente desmontables y dispositivos para la sujeción y el transporte de los vehículos a dos niveles.

contenedor de carga general; *general purpose container.*

Véase **contenedor cerrado.**

contenedor de chapa metálica; *metal sheet container.*

Contenedor apilable, generalmente utilizado por industrias de transformados metálicos para el almacenamiento y manutención de pequeñas piezas.

contenedor de costado abierto; *open side container.*

Cuando la mercancía que hay que cargar, debido a su longitud, resulta de difícil manejo a través del testero, se utiliza un contenedor abierto por uno o los dos costados para facilitar la operación. Es especialmente apto para la carga y descarga en las estaciones de ferrocarril. Está construido en acero.

contenedor de gran capacidad; *high cube container.*

Contenedor cerrado de mayor altura que otros tipos de contenedores (2,9 m o más, en lugar de 2,44 m). Se utiliza especialmente para el transporte de mercancías voluminosas y de poco peso. Se fabrica en acero.

contenedor de grupaje; *less than container load (LCL).*

Cláusula de transporte marítimo de contenedores, también conocida como LCL *(less than container load).* Indica que se trata de un transporte puerta a puerta en un contenedor de grupaje. Mediante esta cláusula el embarcador asume la obligación de cargar el contenedor en su almacén, por su cuenta y riesgo, y entregarlo al porteador. Éste lo transporta también por su cuenta y riesgo desde el almacén de origen al de destino, donde lo entrega al receptor, siendo por cuenta y riesgo de este último la operación de desagrupar la carga del contenedor. Una vez descargado el contenedor, lo devuelve a la naviera. Para esta operación dispone de un plazo de siete días, incluidos el de la retirada o descarga y el de la devolución. Pasado este tiempo incurre en una sobretasa diaria. Habitualmente, el exportador corre con los gastos de alquiler del contenedor.

contenedor de la serie 1; *series 1 container.*
Contenedor de carga general, con una altura nominal de 2,1 m (norma UNE 49754).

contenedor de la serie 2; *series 2 container.*
Contenedor de carga general, con una sección de 2,435 × 2,435 m (norma UNE 49753).

contenedor de media altura; *half height container.*
Contenedor silo de 20' y de 1,295 m de altura, cerrado o sin techo, en cuyo caso se suele cubrir con una lona, y paredes cerradas o de jaula. Es adecuado para mercancías muy pesadas y poco voluminosas, como minerales, materiales semielaborados, planchas, barras, raíles, azulejos, etc.

contenedor de rejilla metálica; *metal mesh container.*
Contenedor apilable construido sobre una base de madera o metal, dotado de paredes de rejilla metálica, que se utiliza sobre todo para el almacenamiento y la manutención de pequeñas piezas.

contenedor de temperatura controlada; *controlled temperature container.*
Contenedor térmico dotado de sistemas o equipos de control y registro de la temperatura y la humedad.

contenedor desmontable; *collapsible container.*
Véase **contenedor plegable**.

contenedor eurobox; *eurobox container.*
Contenedor de almacenamiento, apilable, construido en plástico polipropileno y de medidas normalizadas que permiten el apilado entre sí y sobre palés. El interior es liso y sin nervaduras, con gran facilidad de carga y manejo, con resistencia a los impactos, la humedad, los aceites y los productos químicos.

contenedor europalé; *palletwide container.*
Contenedor ISO estándar que permite en su interior la estiba paralela de dos palés de medida europea, de 1.200 × 800 mm.

contenedor frigorífico; *reefer / refrigerated container.*
Contenedor térmico, de aluminio o aluminio y acero inoxidable, capaz de mantener la mercancía a una temperatura de hasta −30 ºC. Cuenta con un dispositivo frigorífico para mantener la temperatura deseada de forma autosuficiente, al mismo tiempo que se puede conectar al buque, al vehículo de transporte o a la terminal para

obtener el suministro de energía que permite su funcionamiento. El tipo *conair* utiliza la refrigeración producida por el buque. Algunos contenedores de esta modalidad también controlan el grado de humedad de su interior. Son idóneos para el transporte de mercancías perecederas: carne, fruta...

contenedor granelero; *dry bulk container.*
Contenedor utilizado para el transporte de carga seca a granel, por ejemplo, productos químicos granulados, cemento, fertilizantes, harina, leche en polvo, azúcar, sal, etc. La mercancía se introduce en el contenedor mediante mangueras conectadas a unas escotillas dispuestas en su parte superior, y se extrae a través de unas compuertas de vaciado situadas en sus puertas. Se fabrican con fibra de vidrio y acero.

contenedor granelero tipo caja; *box-type bulk container.*
Contenedor para graneles sólidos no presurizado, con al menos una puerta de apertura en un panel frontal. Se descarga por inclinación. También puede ser utilizado como contenedor seco para mercancía general.

contenedor hipobárico; *hipobaric container.*
Contenedor empleado en el transporte de productos vegetales altamente perecederos como plantas, flores y fruta. Además de sistema de humidificación dispone de equipos que permiten modificar la concentración de gases en el aire, para conseguir una presión de oxígeno menor que la atmosférica. Su aspecto exterior es muy similar al del contenedor térmico.

contenedor iglú; *igloo container.*
1. Véase **contenedor aéreo**.
2. Contenedor con forma de iglú que se utiliza en la recogida selectiva de residuos urbanos. Tiene una capacidad de 2.500 l y se vacía mediante una grúa montada en el camión que efectúa la recogida.

contenedor ISO; *ISO container.*
Contenedor de dimensiones, capacidad y peso acordes con las normas ISO (International Standart Organization), apto para el transporte intermodal de mercancías.

contenedor isotermo; *insulated container.*
Contenedor que se caracteriza por tener las paredes, las puertas, el suelo y el techo construidos con materiales aislantes, con el fin de disminuir la tasa de transmisión de calor entre el interior y el exterior. Se utiliza para transportar mercancías que precisan mantener una temperatura constante determinada, por ejemplo las plantas vivas o algunas mercancías peligrosas. Debe cumplir los requisitos establecidos por la norma ISO 1496-2.
Puede estar provisto de separadores, mamparas, conductos de ventilación, equipos de modificación y control de la atmósfera interior, y de dispositivos de refrigeración, calefacción y de generación de energía ubicados en el interior o exterior del contenedor.

contenedor jaula; *livestock container.*
Contenedor para el transporte de animales vivos que dispone, como mínimo, de una pared vertical no maciza para favorecer la ventilación. Su diseño

facilita las labores de limpieza y el acceso para la manutención de los animales.

contenedor mixto para graneles sólidos; *box pallet with tap/spigot.*

Palé caja, con sus cuatro paredes y tapa, que se puede vaciar mediante una espita situada en la base o por aspiración a través de una obertura en la tapa. Se utiliza habitualmente para transportar materias en polvo o granulados.

contenedor mixto para líquidos; *box pallet with tap/spigot (usually for liquids and gases).*

Palé caja, con sus cuatro paredes, tapa y un mecanismo vaciador en la base, que se utiliza habitualmente para transportar líquidos y gases.

contenedor no apilable; *roll-tainer.*
Véase **contenedor rodante.**

contenedor no desmontable; *container that can not be taken apart.*

Contenedor cuyas partes estructurales son rígidas y están constituidas por elementos unidos de forma permanente.

contenedor para granel sólido; *dry bulk container.*

Contenedor fabricado en fibra de vidrio y acero, utilizado para el transporte de carga a granel seca, por ejemplo, productos químicos granulados, cemento en polvo, harina, azúcar, sal, etc. La mercancía se introduce en el contenedor mediante mangueras conectadas a unas escotillas dispuestas en su parte superior, y se extrae a través de unas compuertas de vaciado situadas en sus puertas.

contenedor para granel sólido no presurizado; *non-pressurized dry bulk container.*

Contenedor granelero que puede cargarse y descargarse por gravedad.

contenedor para granel sólido presurizado; *pressurized dry bulk container.*

Contenedor granelero que puede cargarse y descargarse por gravedad o por descargas de presión.

contenedor para mercancía específica; *specific cargo container.*

Contenedor especialmente habilitado para transportar un determinado tipo o categoría de mercancía.

contenedor para mercancía general; *general cargo container.*

Contenedor que no ha sido diseñado para el transporte de un tipo particular de carga, sino para mercancías que no requieren ningún cuidado ni consideración especial. No puede utilizarse en el transporte aéreo de carga.

contenedor para pulverulentos; *container for granular and powdery materials.*

Contenedor construido para el transporte a granel de mercancías granulosas o pulverulentas.

contenedor para uso específico; *specific-purpose container.*

Contenedor para mercancía general con alguna característica constructiva (dispositivos de carga y descarga, ventilación, etc.) que lo habilita para una función específica.

contenedor para uso general; *general purpose container.*

Véase **contenedor cerrado.**

contenedor plataforma; *flat container.*
Contenedor formado por una plataforma, sin ninguna otra superestructura, con igual longitud, anchura, requisitos de resistencia y dispositivos de manipulación y seguridad requeridos para los contenedores ISO. Se utiliza cuando las características de los elementos que hay que transportar no encajan con las de ningún otro tipo de contenedor, y es especialmente adecuado para elementos pesados y de gran volumen, como maquinaria, cables, bidones, bobinas y láminas de acero, vehículos pesados y productos forestales. Se fabrica en acero.

contenedor plataforma con fondos fijos; *flat rack with fixed bottom.*
Contenedor de plataforma provisto de fondos (paneles frontales) fijos, que pueden ser de diferentes alturas. Uno de los fondos puede ser tipo pórtico con puertas.

contenedor plataforma con laterales fijos; *flat rack with fixed sides.*
Contenedor de plataforma provisto de estructuras longitudinales permanentes entre los fondos fijos (paneles frontales), que pueden ser de diferentes alturas.

contenedor plataforma jaula; *flat rack.*
Contenedor de plataforma provisto de postes fijos en las esquinas y estructuras longitudinales permanentes entre ellos, que pueden ser de diferentes alturas.

contenedor plataforma plegable; *flat rack / flat-bed container.*
Contenedor de plataforma provisto de fondos (paneles frontales) abatibles, que permiten su apilamiento como si se tratara de bandejas en su retorno de vacío.

contenedor plataforma portabobinas; *flat rack.*
Contenedor de plataforma provisto de fondos o postes en las esquinas, fijos o abatibles, y una base con hendidura en forma de cuña para la colocación de las bobinas.

contenedor plegable; *collapsible container.*
Contenedor cuyas partes estructurales pueden plegarse, para ser transportado sin carga, y volver a montarse en el momento de su utilización.

contenedor refrigerante; *refrigerated container.*
Contenedor térmico dotado de uno o más compartimentos para la carga de un agente frigorígeno mediante el cual, sin medios mecánicos o de absorción, se puede enfriar la temperatura de la caja del contenedor y mantenerla constante. En el transporte de carga aérea se utiliza un sistema de refrigeración con hielo seco.

contenedor rodante; *roll-tainer.*
Contenedor dotado de ruedas orientables, que se utiliza como elemento para enlazar los almacenes con los centros de distribución. Sus dimensiones suelen ser 800 × 1.200 mm, y se construyen con tubos y alambres de acero, con laterales desmontables para encajar unos en otros y almacenarlos cuando están vacíos. Existen modelos isotermos y frigoríficos.

contenedor seco; *dry container / box container.*
Véase **contenedor cerrado.**

contenedor silo; *silo container / hopper container.*

Contenedor para graneles sólidos no presurizado de descarga horizontal, sin puertas de apertura.

contenedor sin techo; *open top container.*

Contenedor sin techo que puede cargarse mediante grúas y cubrirse con una cubierta flexible y móvil, por ejemplo, una lona de plástico reforzado. Es de acero, puede tener puertas en los paneles frontales o laterales, y resulta especialmente útil para grandes cargas, como cristales, mármoles, material de construcción, madera o maquinaria de gran volumen.

contenedor tanque; *tank container.*

Véase **contenedor cisterna.**

contenedor térmico; *thermal container.*

Véase **contenedor isotermo.**

contenedor ventilado; *closed ventilated container.*

Contenedor cerrado que se utiliza para transportar mercancías que precisan una ventilación constante para mantener su estado de conservación. Está dotado de aberturas o dispositivos superiores, intermedios e inferiores para la circulación natural o mecánica del aire.

contenerización; *containerization.*

1. Transporte de carga mediante el uso de contenedores.
2. Operación que consiste en disponer los productos, las mercancías, etc., en un contenedor.
3. Relativo a la construcción y al uso de contenedores.

contenerizar; *containerize (to).*

Véase **contenerización.**

contenido neto; *net weight.*

Cantidad de producto contenido en un envase, expresado habitualmente en la etiqueta o el embalaje del producto.

contradique; *counterdike.*

Dique secundario, construido cerca del primero para reforzar la acción de socaire e impedir la entrada de arena en el puerto.

contramaestre; *boatswain.*

Oficial responsable de dirigir la marinería y las maniobras y faenas a bordo del buque.

contrapeso; *ballast.*

Masa que se fija en la parte posterior del bastidor de una carretilla contrapesada con el fin de equilibrar la carga.

contrato de alquiler de contenedores; *container leasing contract.*

Los contratos de alquiler de contenedores más utilizados son:

1. El modelo *Short term lease* o *Trip lease*, de una duración mínima de treinta días, a su vez puede ser:

a) *One way.*

Tipo de contrato donde se acuerda el alquiler de un contenedor para atender un único trayecto. Éste es alquilado en el local de origen de la carga y devuelto en el local de descarga o en otro lugar donde haya un agente de la empresa de *leasing.*

b) *Round trip.*

Modelo de contrato en el que se especifica que el contenedor es alquilado y devuelto en un mismo puerto después de completar un viaje de ida y vuelta.

2. *Master lease agreement.*

Modelo de contrato muy utilizado en el que se pacta el alquiler de un número mínimo de contenedores, sin especificar su identificación, por un período de tiempo determinado, superior a un año.

3. *Long term agreement.*

Tipo de contrato de alquiler de un número concreto y con numeración de contenedores de largo plazo, en el que la duración generalmente varía de uno a cinco años, a cuyo vencimiento los contenedores deben ser devueltos.

Los contratos deben incluir las siguientes especificaciones:

— Precio del alquiler.
— Duración del contrato.
— Período de tiempo de arriendo.
— Coste de la entrega y devolución de los contenedores.
— Condiciones de pago.
— Condiciones de intercambio de los contenedores con terceras partes *(direct interchange).*
— Condiciones de devolución del equipo por fin de contrato.
— Condiciones para las inspecciones de los contenedores.
— Condiciones de mantenimiento.
— Valor depreciado y pérdida total.

contrato de compraventa; *contract of sale.*

Documento comercial que dos o más partes suscriben como expresión formal de un acuerdo de compraventa. Además de describir las partes compradora y vendedora y los intermedia-rios o agentes que puedan intervenir, así como los bienes o servicios objeto de la transacción, se estipulan con detalle los términos del acuerdo, en particular los plazos o períodos de tiempo a que haya lugar, el importe, las condiciones de pago, el lugar y las condiciones de entrega de los bienes (tipo de transporte, embalaje, etc.) o de prestación del servicio, las responsabilidades que cada firmante asume, así como cualquier otra consideración que las partes deseen expresar en relación con la operación.

contrato de depósito; *deposit contract.*

Tipo de contrato mediante el cual un depositario recibe una cosa mueble de un depositante a cambio de un precio, y que obliga a este último a custodiarla y devolverla cuando le sea reclamada por el primero.

contrato de fianza; *surety bond / guaranty agreement.*

Contrato accesorio de garantía mediante el que una tercera persona (fiador) se compromete a efectuar un pago en caso de no hacerlo el deudor principal, quien contrajo la obligación frente al acreedor.

contrato de fletamento; *chartering contract.*

Contrato para la utilización y explotación por el fletador de un buque de línea no regular o *tramp,* según alguna de estas modalidades:

— Cesión del buque.
— Cesión del espacio y servicio de un buque.
— Transporte marítimo de mercancías.

contrato de hipoteca; *mortgage contract.*

Contrato que se constituye para asegurar el cumplimiento de una obligación, aportando como garantía un bien mueble o inmueble propiedad de quien lo hipoteca.

contrato de seguro; *insurance contract.*

Contrato por el que una persona (asegurador) se obliga, a cambio de una prima, a indemnizar a otra (asegurado) en caso de que se dé uno de los riesgos previstos en dicho contrato y por una suma también determinada en el mismo.

Las características de este contrato son:
— oneroso, dado que se hace a cambio de un incentivo económico;
— de trato sucesivo, al poder prorrogarse temporalmente;
— aleatorio, porque depende del azar; si un riesgo tiene lugar con consecuencias dañosas el asegurador indemnizará al asegurado;
— sinalagmático, pues crea obligaciones recíprocas para las partes;
— es un contrato de empresa, que es la que asume el riesgo;
— y es de indemnización, porque el asegurado persigue con este contrato un resarcimiento económico de los daños sufridos como consecuencia del siniestro.

contrato de seguro de transporte de mercancías; *goods in transit insurance contract.*

Contrato por el que una persona (asegurador) se obliga, a cambio de una prima, a indemnizar a otra (asegurado) en caso de que se dé uno de los riesgos previstos en dicho contrato, causándose daños, pérdidas o retrasos de la mercancía transportada y por una suma también determinada en el mismo. Para el propietario de la mercancía éste es un seguro de daños, mientras que para el porteador es un seguro de responsabilidad civil.

Véase **contrato de seguro.**

contrato de transporte; *transport contract.*

Mediante el contrato de transporte una persona llamada porteador se compromete a transportar una cosa, a la vez que otra, denominada cargador, se compromete a pagar un precio por dicho servicio de transporte. Al existir obligaciones para ambas partes, este tipo de contrato se conoce como bilateral o sinalagmático.

El contrato de transporte establece, entre otras cláusulas, que la mercancía objeto del mismo debe llegar a su destino en el plazo acordado, al precio estipulado y sin daño ni menoscabo en su naturaleza.

control de existencias; *inventory count.*

Acción de contar físicamente las cantidades realmente existentes de cada ítem en un momento determinado.

control de información; *knowledge control.*

Labor de acumulación, validación, análisis, creación y transferencia de la información.

control de la calidad; *quality control.*

Conjunto de técnicas y operaciones destinadas a satisfacer los requisitos y criterios relativos a la calidad en una organización o a verficar la calidad de una producción industrial, especialmente en serie y con sistemas automatizados.

control de planta; *shop floor control.*
Sistema de información utilizado en las organizaciones para gestionar las órdenes de trabajo en diferentes centros de producción.

control de producción; *production control.*
Función de dirigir o regular el flujo de bienes por medio del ciclo de fabricación de un producto, desde el proceso de aprovisionamiento hasta la entrega del producto terminado para su almacenamiento o distribución.

control de *stocks; inventory count.*
Véase **control de existencias.**

control estadístico de proceso; *statistical process control (SPC).*
Método para monitorizar un proceso mediante gráficos de control basados en técnicas estadísticas. Se utiliza especialmente para la detección precoz y prevención de problemas en un proceso productivo. Fue desarrollado por Walter Shewart en la década de 1930 y perfeccionado más tarde por W. Edwards Deming, quien consideraba el control estadístico de proceso una herramienta para distinguir entre causas sistemáticas y especiales que afectan a la calidad de los sistemas.

controlador; *controller / driver.*
Programa informático que envía instrucciones de funcionamiento a un equipo periférico.

conurbación; *conurbation / city network.*
Conjunto formado por distintos núcleos urbanos originariamente independientes, contiguos en sus límites territoriales, que forman una unidad urbana funcional.

Convención de las Naciones Unidas sobre el Derecho del Mar; *United Nations Convention on the Law of the Sea (UNCLOS).*
Convenio internacional sobre derecho marítimo, firmado en Montego Bay (Jamaica) en 1982.

convencional; *conventional cargo.*
Véase **mercancía convencional.**

conveniencia de la línea; *ship's convenience.*
Situación que se da en la modalidad de tráfico marítimo de contenedores puerto a puerto, cuando el armador tiene diferentes expediciones que transportar y, por su propia conveniencia, coloca las mercancías en un contenedor y las embarca, siendo por tanto responsable de los gastos y gestiones resultantes del uso del contenedor, así como de la carga y estiba en el puerto de embarque y de la descarga en el puerto de destino, hasta situar la mercancía a disposición del importador en la zona primaria del puerto.

Convenio ADR; *ADR Convention.*
Convenio Internacional sobre el Transporte de Mercancías Peligrosas por Carretera. Suscrito en Ginebra (Suiza) el 30 de septiembre de 1957, entró en vigor el 29 de enero de 1968, y ha sido enmendado en 1975, 1985 y 2005. Señala las mercancías consideradas especialmente peligrosas y aquellas que, aun siéndolo, pueden transportarse si se tienen en cuenta las indicaciones de los

anexos del convenio. Éstos hacen referencia al etiquetaje y embalaje (Anexo A) y a la construcción, equipamiento y operatividad del vehículo transportador (Anexo B). Estos anexos son modificados bienalmente. Cada país posee una regulación específica, que en España se conoce por las siglas TPC.

Convenio CIM; *CIM Convention.*
El Convenio Internacional sobre Transporte de Mercancías por Ferrocarril (Convenio CIM) es un acuerdo que regula el contrato de transporte internacional de mercancías en este modo de transporte (Berna, 1890). Se halla operativa la convención de 1970.

Convenio CMR; *CMR Convention.*
Convención sobre el Contrato de Transporte Internacional de Mercancías por Carretera. La formalización de dicho contrato se realiza mediante la «carta de porte internacional». Fue firmado en Ginebra el 19 de mayo de 1956 (BOE 109 de 7-5-1974).

Convenio CSC; *CSC Convention.*
Convenio Internacional sobre la Seguridad de los Contenedores o CSC (Convention for Safe Containers), adoptado en 1972 por acuerdo de la Organización Marítima Internacional (OMI) y las Naciones Unidas.

Convenio de Chicago; *Chicago Convention.*
Convenio sobre aviación civil firmado en 1944, en vigor desde 1947, en el que se establecieron las normas de las operaciones internacionales de tráfico aéreo, como los derechos de paso, escala técnica y embarque y desembar-

que de viajeros, correo y carga. Recogía la primera normativa sobre transporte de mercancías peligrosas por vía aérea (Anexo 18). Fue el antecedente de la OACI (Organización de Aviación Civil Internacional).

Convenio de Guadalajara; *Guadalajara Convention.*
Acuerdo internacional sobre aviación civil, formalizado en Guadalajara (México) en 1961, que modificó el Convenio de Varsovia (1929) y el Protocolo de la Haya (1955) en cuanto a la responsabilidad por operaciones entre transportistas.

Convenio de Montreal; *Montreal Convention.*
Convenio internacional sobre aviación civil formalizado el 28 de mayo de 1999 (en aplicación desde el 4 de noviembre de 2003 por la firma de treinta países) sobre la Unificación de Ciertas Reglas para el Transporte Aéreo Internacional. Se complementa con la Decisión del Consejo de la Comunidad Europea (2001/539/CE) de 5 de abril de 2001.

Convenio de Roma; *Rome Convention.*
Convenio internacional sobre aviación civil formalizado el 7 de octubre de 1952. Uno de sus resultados más notables consistió en garantizar la indemnización a terceros en tierra por daños y lesiones causados por aparatos en vuelo, incluyendo las operaciones de despegue y aterrizaje.

Convenio de Shengen; *Schengen Agreement.*
Acuerdo de 14 de junio de 1958 entre los gobiernos de los Estados del Be-

nelux, Alemania y Francia para la supresión gradual de sus fronteras comunes. España forma parte del mismo según el protocolo de adhesión de 25 de junio de 1991 (BOE de 30 de junio de 1991).

Convenio de Tokio; *Tokyo Convention.*
Convenio internacional sobre aviación civil formalizado el 14 de septiembre de 1963. En él se establecieron medidas que hicieran posible la regulación y la actuación en el caso de delitos efectuados a bordo de una aeronave, definiendo la jurisdicción del país según la bandera del avión y las facultades del comandante del aparato, que incluyeron la detención del transgresor.

Convenio de Varsovia; *Warsaw Convention.*
Convenio sobre aviación civil para la unificación de algunas reglas relativas a los títulos de transporte, el límite de la responsabilidad del porteador en los casos en que se declare un valor para el transporte, la inclusión de los detalles técnicos y comerciales del envío, instrucciones para la manipulación de la carga, el derecho a establecer reservas, la descripción de los aeropuertos mediante un código de tres letras y otras disposiciones relacionadas con el transporte aéreo internacional. Fue suscrito en Varsovia (Polonia) el 12-10-1929 y modificado por el Convenio de la Haya de 1955.

Convenio RICO; *RICO Convention.*
Reglamento internacional sobre transporte de contenedores por ferrocarril (Anexo III del Convenio CIM).

Convenio RID; *RID Convention.*
Convenio reflejado en el Anexo I sobre el transporte internacional por ferrocarril de mercancías peligrosas que se encuentra en el COTIF (Convenio sobre el Transporte Internacional por Ferrocarril).

Convenio TIF; *TIF Convention.*
Convenio aduanero firmado en Ginebra en 1952 con objeto de reducir las inspecciones aduaneras en las diferentes fronteras. La inspección física de la mercancía se efectúa en las aduanas de origen y destino. Se utilizan precintos que evitan el acceso a las zonas de carga del vagón y se establece una declaración de garantía TIF que tienen que efectuar las administraciones ferroviarias.

Convenio TIR; *TIR Convention.*
Convenio de ámbito aduanero sobre el transporte internacional de mercancías por carretera, suscrito en Ginebra el 14 de noviembre de 1975 (BOE de 9-2-1983). Permite transportar una carga precintada desde una aduana del país de origen hasta otra del país de destino, pudiendo ser ambas interiores, sin que en las posibles fronteras sucesivas sea necesario ningún otro trámite que el sellado del cuaderno TIR.

conveyor; conveyor.
Sistema de transporte de mercancías mediante elementos mecánicos, por ejemplo, cintas transportadoras, túneles u otros dispositivos automatizados.

convoy; convoy.
Grupo de buques o de vehículos terrestres que navegan o circulan juntos, res-

pectivamente, por un canal o un paso de montaña, por ejemplo.

coordenadas UTM; *UTM coordinates.*

UTM son las siglas de *Universal Transverse Mercator* o «Sistema de Coordenadas Universal Transversal de Mercator», basado en la proyección geográfica transversa de Mercator, pero tangente a un meridiano, en lugar de al Ecuador. Las magnitudes no se expresan en longitud y latitud, sino en metros al nivel del mar.

COP; *COP.*

Siglas de la cláusula de transporte *custom of the port*. Véase **costumbres del puerto.**

córner del contenedor; *corner fitting.*
Véase **cantonera del contenedor.**

corrección estacional; *seasonal correction.*

Modificación efectuada y valorada de la incidencia de la estacionalidad sobre un determinado producto, ya sea para la producción, el almacenamiento, la comercialización, la distribución o cualquier otro proceso.

correo; *postal service / vehicle delivering mail / mail.*

1. *(postal service)* Servicio público o privado de transporte de correspondencia.
2. *(vehicle delivering mail)* Vehículo destinado al transporte de correspondencia.
3. *(mail)* Conjunto de cartas, impresos, etc., que se expiden, transportan o reciben por este servicio.

correo aéreo; *air mail.*
Correspondencia que se transporta por avión.

correo de superficie; *surface mail.*
Correspondencia que se transporta por vehículo de carretera, ferrocarril o buque.

correo electrónico; *e-mail.*

1. Sistema de transmisión de mensajes y documentos a través de redes informáticas utilizando algún instrumento electrónico (computadora, teléfono, etc.).
2. Información que se transmite a través de este sistema.

correspondencia; *correspondence.*

Cambio de una unidad a otra que llevan a cabo los viajeros en un sistema de transporte público, cualquiera que sea el medio de transporte (metro, autobús, tranvía...).

corrimiento de la carga; *shifting cargo.*

Movimiento transversal de una carga estibada. En los graneles se da a causa de asientos o escoras pronunciados.

coste; *cost.*

Conjunto de los recursos tangibles e intangibles que se utilizan o incorporan en la fabricación de un producto, la prestación de un servicio o la consecución, en general, de un objetivo.

coste actual; *current cost.*

Coste de la mano de obra, los materiales y los gastos generales, calculado en el momento previo a la producción, como revisión de los costes estándares anuales.

coste asignado; *absorption costing.*
Valor que se asigna a cada unidad en una valoración de inventarios, tomando el coste variable y una parte del coste fijo. Los costes fijos se dividen, habitualmente, entre las unidades producidas en función de la mano de obra empleada de forma directa, los tiempos de máquina utilizados, los costes de los materiales y otros.

coste de absorción; *absorption costing.*
Véase **coste asignado.**

coste de adquisición; *acquisition cost.*
Forma parte del «coste integral de aprovisionamiento» y se corresponde con el importe que el proveedor factura por el valor del producto.

coste de almacenamiento; *storage costs.*
Forma parte del «coste de existencias» y agrupa los gastos derivados de la ubicación de las existencias y del volumen almacenado: por superficie (metros cuadrados propios o alquilados), por instalaciones (estanterías, etc.), mantenimiento (control de temperaturas, etc.), seguros... El coste de almacenamiento no incluye los gastos relativos a personal de almacén ni a sistemas de movimientos de mercancías, que corresponden a costes de volumen manipulado.

coste de cambio de fabricación; *change-over costs.*
Conjunto de costes que se producen como consecuencia del cambio de una producción.

coste de capital; *cost of capital.*
Coste de mantener una cantidad económica invertida durante un período de tiempo, generalmente un año, y expresado en porcentaje.

coste de distribución comercial; *distribution cost.*
Parte del coste de ventas que se debe imputar al canal de venta o comercialización.

coste de distribución física; *physical distribution costs.*
Conjunto de costes que se generan desde que ha finalizado la producción de un producto hasta que se efectúa la entrega al cliente final.

coste de existencias; *carrying cost.*
Forma parte del «coste integral de aprovisionamiento», es consecuencia de los gastos por las existencias de materiales que tiene la empresa, y consta de dos componentes: el «coste de almacenamiento» y el «coste de capital» invertido en existencias.

coste de fabricación; *processing costs / production costs.*
Conjunto de costes generados por la producción.

coste de la unidad faltante; *unit shortage cost.*
Coste que se deriva de no disponer de una unidad de producto. Se puede interpretar como un coste de oportunidad.

coste de logística; *logistics costs.*
Conjunto de costes relacionados con la logística de las mercancías desde la adquisición de las materias primas hasta la recuperación de residuos después de la entrega del producto o la

prestación del servicio al cliente final. Abarca, por tanto, las áreas de aprovisionamiento, producción y distribución.

coste de oportunidad; *opportunity cost.*
Recurso económico al que se renuncia al optar por una alternativa (comercial, de gestión, etc.) en lugar de otra.

coste de pedido; *ordering cost.*
Parte del «coste integral de aprovisionamiento», equivalente al coste ocasionado por cada entrega que realiza un proveedor, incluyendo los de pedidos y reclamaciones de compras, recepción, control y manipulación de mercancías, pagos, devoluciones, etc.

coste de personal; *labour costs.*
Coste de la mano de obra en cualquier actividad.

coste de ruptura de *stock; stockout cost.*
Coste derivado de la no existencia de un producto solicitado, que puede incluir la pérdida total o parcial de la venta y la posible pérdida de un cliente por falta de suministro. También puede incluir gastos generados por tratar de reponer un producto de forma urgente, con compras y producciones improvisadas.

coste de *stock; carrying cost.*
Véase **coste de existencias.**

coste de transporte de compras; *cost to transport purchases.*
Forma parte del «coste integral de aprovisionamiento» y se refiere a los gastos en que incurre el comprador desde el momento en que el proveedor expide el material hasta que lo recepciona. Incluye, por tanto, el transporte propiamente dicho, los aranceles aduaneros, el alquiler de unidades de carga, etc.

coste de utilización; *special handling and transport costs.*
Parte del «coste integral de aprovisionamiento», equivalente al coste de operaciones como las manipulaciones y los transportes especiales debidos a embalajes delicados, cambios en los útiles de producción, etc., ocasionados por las características de los materiales que intervienen en la fabricación.

coste de venta; *sales costs.*
Conjunto de los gastos generados para conseguir las ventas.

coste directo; *direct cost.*
Coste variable directamente relacionado con el desarrollo de una operación o un trabajo.

coste estándar; *standard cost.*
Coste previsto para un proceso, una operación o un producto, incluyendo los costes de los materiales empleados, los costes de fabricación y los gastos generales.

coste externo del transporte; *external transport cost.*
Coste de la actividad del transporte de mercancías o personas que no se incluye de forma directa en los costes de explotación. Los principales son: la contaminación ambiental y la acústica, los accidentes, la congestión viaria y el cambio climático.

coste fijo; *fixed cost.*

Coste que permanece inalterado aunque varíe el volumen de la producción, como los gastos derivados de alquileres, impuestos, salarios de personal administrativo, etc.

coste indirecto; *indirect cost.*

Coste que no se genera de forma directa al efectuar una operación, como es el caso del consumo de energía por calefacción, luz eléctrica y otros gastos generales.

coste integral; *integral cost.*

Conjunto de los costes relacionados con un producto, desde la compra de materias primas hasta la distribución al cliente final y la posible recuperación de residuos.

coste integral de aprovisionamiento; *full supply cost.*

Conjunto de costes del proceso de aprovisionamiento que se dan hasta el momento en que el área de compras entrega los materiales a la de producción o a la comercial. Se compone de: coste de pedido, coste de adquisición, coste de transporte de compras, coste de *stock*, ahorro de financiación y coste de utilización.

coste marginal; *marginal cost.*

Medida de la variación que experimentan los costes cuando se modifican los niveles de producción.

coste medio unitario; *unitary average cost.*

Valor del coste total dividido por el volumen de actividad.

coste real; *actual cost.*

Coste que se atribuye a un proceso, una operación o un producto, considerando los costes de los materiales empleados, los de fabricación y los gastos generales.

coste, seguro y flete (... puerto de destino convenido); *cost, insurance and freight (CIF).*

El CIF es un incoterm exclusivamente marítimo o fluvial, adecuado para carga general o convencional, y distingue entre el punto de entrega de la mercancía, en el puerto de origen, y el punto en el puerto de destino hasta donde el vendedor debe asumir los costes.

- El vendedor asume todos los costes, incluido el transporte principal y el seguro, hasta el punto convenido del país de destino.
- El coste del seguro del transporte principal, que es obligatorio, debe asumirlo el vendedor.
- La entrega de la mercancía se produce cuando ésta ha sido cargada en el vehículo de transporte principal —en este caso, un barco— en el país de origen. Desde ese momento, la asunción de los riesgos de la mercancía va a cargo del comprador.
- Cualquier gasto que se produzca por la mercancía irá a cargo del comprador, excluidos los gastos normales del transporte y la manipulación de la mercancía en el transporte principal.
- Cada una de las partes asumirá el coste del despacho de aduana de su respectivo país.

coste, seguro y flete desembarcado; *CIF landed.*

Cláusula comercial mediante la que el vendedor se obliga a cumplir los términos del incoterm CIF más la descarga y colocación en tierra de la mercancía.

coste social del transporte; *social cost of transport.*

Conjunto de efectos externos y de costes que un sistema de transporte no incorpora en sus procesos y que, por tanto, no se repercuten de forma directa en el usuario del sistema. Las externalidades engloban la contaminación ambiental y acústica, el uso del espacio público, el efecto barrera para los viajeros no motorizados, el consumo de recursos energéticos no renovables, el impacto sobre el territorio y la biodiversidad, entre otros aspectos. También generan costes sociales la congestión del tráfico, los siniestros, la generación de residuos, los recursos utilizados para la fabricación de los vehículos de transporte y las infraestructuras del transporte.

coste variable; *variable cost.*

Coste operatrivo directo que varía en función del nivel de producción o cantidad de servicio.

coste y flete (... puerto de destino convenido); *cost and freight (CFR).*

En el CFR el vendedor debe asumir todos los costes hasta dejar la mercancía en el punto convenido del país de destino, aunque la entrega se produce cuando la mercancía se embarca en el país de origen, y los riesgos de pérdida o avería de la misma los asume el comprador.

– El CFR es un incoterm que sólo se puede utilizar en el transporte marítimo o fluvial.

– El vendedor asume todos los costes, incluido el transporte principal, hasta el punto convenido del país de destino.

– El coste del seguro del transporte principal debe asumirlo el comprador (no es obligatorio pero sí recomendable).

– La entrega y, por tanto, la asunción de los riesgos de la mercancía van a cargo del comprador, desde que la mercancía está cargada en el vehículo de transporte principal en el país de origen.

– Cualquier gasto que se produzca relacionado con la mercancía, excluidos los normales de transporte y manipulación de la misma en el transporte principal, irán a cargo del comprador.

– Cada una de las partes asumirá el coste del despacho de aduana de su respectivo país.

coste y flete desembarcado; *CFR landed.*
Cláusula comercial mediante la que el vendedor se obliga a cumplir los términos del incoterm CFR más la descarga y colocación en tierra de la mercancía.

costes de manipulación en terminal marítima; *THC (terminal handling charge).*
Cantidad fija que los armadores organizados en una Conferencia Marítima cobran en concepto de manipulación de las mercancías en la terminal portuaria. Los armadores no conferenciados *(outsiders)* establecen igualmente un determinado THC.

costumbres del puerto; *custom of the port (COP).*

Cláusula de transporte referida a los gastos y riesgos sobre la carga, estiba, desestiba, descarga, etc., que debe asumir el fletante, en el sentido que dichas operaciones quedan sometidas a las «costumbres del puerto».

COTIF; *COTIF.*

Acrónimo del Convenio sobre el Transporte Internacional por Ferrocarril de mercancías y pasajeros de la OTIF (Organización Intergubernamental para el Transporte Internacional por Ferrocarril), formalizado en Berna (Suiza), el 9 de mayo de 1980. Entró en vigor el 1 de mayo de 1985.

courier; courier.

1. Transporte urgente «puerta a puerta» de documentos, paquetería y cargas fragmentadas, nacional e internacional. Integra todos los servicios logísticos necesarios para la recogida en el domicilio del expedidor y la entrega en el del destinatario, en los diferentes tramos del transporte, donde se puede emplear más de un modo. Por el carácter urgente del transporte se utiliza preferente el modo aéreo en el tramo principal, con la finalidad de minimizar el plazo de tiempo de todo el proceso.
2. Operador de este sistema de transporte.

CP; *CP.*

Siglas de *charter party.* Véase **póliza de fletamento.**

CPT; *CPT.*

Siglas del incoterm *carriage paid to...* Véase **porte pagado hasta... (lugar de destino convenido).**

creación de surtido; *assortment creation.*

Consolidación de productos con el fin de ofrecer un amplio surtido de productos, que habitualmente tiene lugar en el centro de distribución de un detallista.

crédito; *credit.*

Importe económico (u otro bien) del que puede disponer un beneficiario, el cual se obliga a devolverlo íntegro y a satisfacer un precio por su utilización.

crédito documentario; *documentary credit.*

Forma de pago garantizada en una transacción internacional, mediante la que el importador ordena a su banco que proceda al pago de la operación cuando el banco del exportador presente la documentación acreditativa del envío de la mercancía en los términos acordados.

crédito documentario confirmado; *confirmed documentary credit.*

Forma de pago garantizada en una transacción internacional, mediante la que un tercer banco garantiza el cumplimiento del pago en el supuesto de que el banco del importador no lo hiciera.

cremallera; *rack (railway).*

Mecanismo consistente en un carril dentado que se engrana a una rueda también dentada situada en una locomotora. Se utiliza en pendientes que impiden la suficiente adherencia para efectuar la tracción.

CRP; *CRP.*

Siglas de *continuous replenishment programme* o «programa de reposionamiento continuo», y de *capacity requirements planning* o «planificación de las necesidades de capacidad». Véase **programa de reposicionamiento continuo.**

crucero; *cruise.*
1. Buque destinado al transporte de pasajeros con finalidades turísticas y vacacionales.
2. Viaje vacacional o paseo turístico a bordo de un buque de pasajeros destinado a este fin.

crudo; *crude.*
Mineral viscoso en estado natural, sin purificar, que una vez refinado proporciona el petróleo, el asfalto y otros productos.

CTD; *CTD.*
Siglas de *combined transport document.* Véase **carta de porte de transporte intermodal.**

CTM; *MTC (multimodal transport contract).*
Abreviatura de «contrato de transporte multimodal».

C-TPAT; *C-TPAT.*
Siglas de *customs trade partnership against terrorism,* programa voluntario de seguridad de la cadena de suministro para los importadores con sede en EEUU, promovido por el gobierno de este país con la finalidad de prevenir la actuación de organizaciones terroristas contra sus intereses. Las empresas que se adhieren a dicho programa obtienen ventajas en la reducción de los tiempos de inspección en las aduanas, agilizan los trámites aduaneros e incrementan la seguridad de las mer-

cancías durante el proceso de comercio internacional.

cuaderno ATA; *ATA carnet.*
Documento aduanero que expiden las cámaras de comercio con el fin de facilitar las cuatro operaciones aduaneras de la ida y retorno de un envío de exportación temporal. Permite la libre admisión exenta de derechos de importación de una extensa categoría de mercancías que pueden clasificarse en:
– Mercancías que deben ser presentadas o utilizadas en ferias, exposiciones comerciales y actos similares.
– Muestras comerciales.
– Material profesional.
Fue creado en 1964 por la Organización Mundial de Aduanas, y renovado y perfeccionado en 1990 por la misma agencia.

cuaderno TIR; *TIR carnet.*
Documento necesario para el transporte internacional de mercancías por carretera, de acuerdo con el Convenio TIR. Dispone de una portada y varias hojas para las distintas aduanas de paso.

cuadro de mando integral (CMI); *balanced scorecard (BSC).*
Herramienta de gestión que tiene por objeto medir las actividades de una organización en términos de su visión y su plan estratégico. Permite la implantación de una estrategia a través de una disciplinada definición de los objetivos, de una eficaz relación entre los mismos y de su alineación en función de dicha estrategia. Incluye un conjunto de cuadros con indicadores, personalizados a muchos niveles de la organización, que permiten canalizar iniciati-

vas y comunicar cuáles son las prioridades marcadas por la estrategia y en qué medida se producen desviaciones respecto de los objetivos marcados. Los indicadores miden cuatro áreas: finanzas, servicio al cliente, procesos internos y crecimiento de la organización. Fue presentado en un artículo de la revista *Harvard Business Review* por Robert Kaplan y David Norton en 1992.

cuba; *cask / barrel.*
Unidad de carga, envase o recipiente construida en madera, plástico o chapa metálica, destinada a contener líquidos. Puede ser de forma cilíndrica o de base rectangular, abierta o cerrada en el extremo superior y provista de dispositivos para facilitar el llenado y vaciado.

cubeto; *pail.*
Recipiente o cavidad cuya función es la de retener los productos contenidos en unidades de carga o almacenamiento en caso de vertido o fuga de los mismos.

cubicación; *cubage / measurement.*
1. Determinación del cúbico de un buque o del volumen de la mercancía embarcada.
2. Información del fletador respecto del volumen, número de bultos y peso de la mercancía al porteador.

cubilote; *bucket (concrete).*
Recipiente metálico para transporte de graneles, de dimensiones y capacidad variables, provisto en su parte inferior de una trampilla de apertura manual, para la descarga del material transportado, generalmente hormigón.

cubinoster; *cubinoster.*
Sistema de almacenamiento compacto mediante contenedores movidos horizontal y verticalmente de manera mecánica con el principio de «producto a operador». Se adapta a diferentes tipos de artículos, desde pequeñas piezas a materiales largos, que pueden cargarse y descargarse en uno o diversos puestos de trabajo.

cubo; *bucket.*
Recipiente cilíndrico de fondo plano, apto para el envasado y transporte de substancias líquidas, sólidas y en polvo, construido en plástico, cartón o metal, que puede ir provisto de una tapa de cierre.

cubo basculante; *tilting bucket.*
Cubo metálico, de forma cilíndrica, provisto de un asa basculante, que se utiliza para el trasiego de hormigón mortero, escombros, etc.

cuchara; *spoon / scoop.*
Dispositivo cóncavo y móvil que se sujeta a algunos mecanismos y maquinaria de manutención y que permite arrancar, recoger, trasladar y descargar materiales disgregados.

cuello de botella; *bottleneck.*
Se conoce como «cuello de botella» a cualquier punto de un proceso industrial que dificulte la rapidez o fluidez en la circulación de un producto, o en la logística de un sistema.

culombio; *coulomb.*
Unidad de cantidad de electricidad y carga eléctrica del sistema internacional de unidades de medida, definida

como la cantidad de electricidad transportada en 1 s por una corriente de intensidad 1 A:

$$1 \text{ C} = 1 \text{ A} \cdot 1 \text{ s} = 1 \text{ A} \cdot \text{s}.$$

Su símbolo es «C».

cultura corporativa; *corporate culture.*
Conjunto de valores y normas que adopta una organización y que determina las pautas de comportamiento en sus relaciones con el entorno social y natural, los clientes, los proveedores y los colaboradores, así como la dinámica individual y grupal de sus miembros. La cultura corporativa se identifica con la energía que impulsa a una organización hacia la acción, movilizando a sus elementos en un sentido y dirección determinados.

cuñete; *drum / jerrycan.*
Véase **jerricán.**

curva de Lorenz; *Lorenz curve.*
Forma habitual de representar gráficamente el análisis ABC.

CY; *CY.*
Siglas de *container yard.* Véase **patio de contenedores.**

CY/CY; *CY/CY.*
Siglas de la expresión *container yard/ container yard,* referida a «desde el lugar de recepción de un contenedor hasta el lugar de entrega del mismo en destino», que se suele indicar en los conocimientos de embarque en el transporte de contenedores.

D

DAF; *DAF.*
Siglas del incoterm *delivered at frontier.* Véase **entregada en frontera (... lugar convenido).**

DAFO; *SWOT.*
Siglas de «debilidades, amenazas, fortalezas y oportunidades». Véase **análisis DAFO.**

daño a la mercancía; *damage to goods.*
Perjuicio material que incide directamente sobre el valor económico del bien transportado. Puede tratarse de una pérdida estricta o una avería particular.

daño consecuente; *consequential damage.*
Menoscabo o demérito de una mercancía como consecuencia de retrasos, incluso cuando éstos no sean debidos a fuerza mayor. Este concepto incluye los perjuicios de carácter mediato, como, por ejemplo, la pérdida de mercado.

daño emergente; *costs and expenses / consequential damage.*
Valor de un daño o rotura en una mercancía. Es igual a su pérdida de valor.

dársena; *basin.*
Área resguardada artificialmente que facilita el amarre de buques y la carga y descarga por un costado de éstos.

DBO; *BOD (biological oxygen demand).*
Siglas de «demanda biológica de oxígeno».

DDP; *DDP.*
Siglas del incoterm *delivered duty paid.* Véase **entregada derechos pagados (... lugar de destino convenido).**

DDR; *RDD.*
Siglas de «sistema de depósito, devolución y retorno», relacionado en España con los objetivos de reciclado y valorización de la Ley 11/97 de Envases y Residuos de Envases. Mediante este sistema, los envasadores, comerciantes de productos envasados o, cuando no sea posible identificar a los anteriores, los que comercializan los productos envasados, deben cobrar a sus clientes, hasta el consumidor final, una cantidad por cada envase que se comercialice. Asimismo, deben aceptar la devolución o el retorno de los residuos de envases y envases usados, retornando la cantidad que hubieran percibido anteriormente.

DDU; *DDU.*
Siglas del incoterm *delivered duty unpaid.* Véase **entregada derechos no pagados (... lugar de destino convenido).**

Decisión CE; *EC Decision.*

Normativa de la UE de aplicación directa, pero sólo de alcance parcial para algunos países, sectores, empresas, etc.

declaración de aduana; *customs entry / customs declaration.*

Documento que presenta el importador o su agente de aduanas o transitario para efectuar el despacho de las mercancías.

declaración de interés en la entrega; *declaration of interest in delivery.*

De acuerdo con el Convenio CMR, es la valoración que hace el remitente respecto de las consecuencias que puede tener la demora, el daño o la pérdida de una mercancía (pérdida de pedidos, cliente, etc.) al margen del valor de ésta.

declaración de mercancías peligrosas; *dangerous goods declaration.*

Documento emitido por un expedidor en el que se describen las mercancías o los materiales peligrosos a los efectos del transporte, y donde se indica que han sido embalados y etiquetados según las normativas legales vigentes.

declaración de sobremedidas y sobrepeso; *oversize/over weight permit.*

Relación que elabora el cargador para el transportista con el detalle de las medidas y los pesos que exceden a las normalizadas en los bultos de una expedición.

declaración de tránsito; *transit declaration.*

Documento que ampara una operación de tránsito aduanero, en el que constan los datos e informaciones requeridos para dicha operación.

declaración de valor; *declaration of value.*

Valoración que el remitente hace respecto de una mercancía cuando considera insuficientes los 8,33 DEG por kilogramo que establece el Convenio CMR. La declaración de valor se aplica en el caso de pérdida, roturas, faltas parciales o totales, etc.

declaración sobre temperaturas; *requested temperature setting.*

Especificación que indica el cargador al transportista sobre el margen de temperaturas máximas y mínimas en que debe mantenerse una determinada expedición.

declaración sumaria; *customs summary declaration.*

En España, denominación que recibe la relación de las mercancías que un buque descarga en el muelle de un puerto, con independencia de que salgan del recinto portuario por un medio terrestre (camión o ferrocarril) o marítimo (otro buque).

DEG; *SDR (special drawing rights).*
Siglas de **derecho especial de giro**.

deje de cuenta; *notice of charge / notice of claim.*

Concepto de la legislación española consistente en la facultad que posee el destinatario, si se dan unos determinados supuestos, de rechazar la entrega de una mercancía y reclamar al porteador el valor de la misma.

demanda; *demand.*
1. Pedido, petición, solicitud.
2. Cantidad de mercancías o productos que requiere un mercado o que se

requieren a un proveedor en un período de tiempo determinado.

demanda fija; *base demand.*
Cantidad de la demanda de una empresa, expresada en porcentaje, que proviene de los contratos y clientes fijos.

demanda media; *mean demand.*
Media o promedio de la demanda en un período de tiempo determinado.

demanda *pull; demand pull.*
Véase **sistema de tirar.**

demanda *push; demand push.*
Véase **sistema de empujar.**

demanda real; *actual demand.*
Previsión que se efectúa tras analizar las peticiones de los clientes o las que se han hecho a proveedores para cualquier análisis que incluya una producción planificada.

demora; *delay.*
Véase **retraso.**

densidad de almacenamiento; *storage density.*
Relación entre el espacio volumétrico disponible para el almacenamiento (al margen de los pasillos de acceso y otros espacios auxiliares) y el espacio volumétrico total. Debe ser alta para conseguir el uso eficiente de un sistema, considerando también que una mayor densidad puede significar una menor accesibilidad a las mercancías almacenadas.

densidad del granel; *bulk density.*
Resultado de dividir la masa por la unidad de volumen de un granel sólido,

medida cuando éste se halla suelto, sin compactar.

departamento de tráfico; *traffic departament.*
Organización responsable de diseñar el método y la clasificación de las expediciones de materiales y productos entrantes o salientes de forma que supongan el menor coste posible.

depósito; *depot.*
Área delimitada, abierta o cubierta, en la que se descargan mercancías y se dejan bajo la custodia de una empresa especializada.

depósito aduanero; *bonded warehouse.*
Espacio cerrado, autorizado por la Administración pública del país donde se ubica, destinado a almacenar mercancías en régimen especial, que posteriormente se destinarán a otros regímenes u operaciones aduaneros. El plazo de almacenamiento puede ser ilimitado y pueden autorizarse operaciones de reembalado de bultos, conservación y acondicionamiento de las mercancías.

depósito aduanero privado; *private bonded warehouse.*
Espacio cerrado, autorizado por la Administración pública del país donde se ubica, destinado a almacenar mercancías que son propiedad exclusiva del depositario.

depósito de contenedores; *container depot.*
Área abierta, sin paredes ni techos, ubicada en la terminal de contenedores para el almacén temporal de los mismos. La empresa que gestiona el

depósito, además de su custodia, acostumbra a realizar su limpieza y reparación.

depósito franco; *bonded warehouse.*
Espacio cerrado, autorizado por la Administración pública del país donde se ubica, en el que se considera que las mercancías no se encuentran en su territorio aduanero, con lo que quedan exentas de derechos aduaneros y tributos de importación.

DEQ; *DEQ.*
Siglas del incoterm *delivered ex quay.* Véase **entregada en muelle (... puerto de destino convenido).**

derecho arancelario; *customs duty.*
Gravamen sobre las mercancías en la frontera del país de destino en una operación de comercio internacional. Tiene como objeto proteger los productos internos de la competencia exterior. Existen dos tipos de gravamen: ad valórem o específicos, y compuestos o mixtos.

derecho de aduana; *customs duty.*
Véase **arancel.**

derecho de importación; *import duties.*
Tasa aduanera que la Administración pública hace recaer sobre las importaciones de terceros países, así como los impuestos fiscales y disposiciones complementarias relacionados.

derecho especial de giro (DEG); *special drawing rights (SDR).*
Unidad monetaria del Fondo Monetario Internacional (FMI) en que se expresan los límites máximos de indemnización por las responsabilidades en el transporte internacional de mercancías. Un DEG equivale a 1,2-1,4 €.

derechos de muelle; *quay dues / wharfage.*
Tasas abonadas por el uso de un muelle portuario o los servicios de muelle.

deriva; *drift / let go (to).*
1. Movimiento o desvío de la nave respecto del rumbo establecido causado por el viento, el mar o la corriente en una dirección determinada.
2. Efecto angular del viento dominante sobre el rumbo de una embarcación.

derrame; *spill.*
Escape y pérdida accidental de algún líquido contenido en un recipiente.

DES; *DES.*
Siglas del incoterm *delivered ex ship.* Véase **entregada sobre buque (... puerto de destino convenido).**

desarrollo sostenible; *sustainable development.*
Modelo de desarrollo económico y social donde existe un equilibrio con los recursos medioambientales o naturales. Se propone satisfacer las necesidades de la población sin comprometer las posibilidades de que las generaciones futuras satisfagan las suyas.

descanso; *rest / break.*
Período ininterrumpido durante el cual el conductor de un vehículo de transporte por carretera puede disponer libremente de su tiempo. Acostumbra a ser de una hora.

descarga; *unload.*
1. Acción y efecto de descargar una mercancía.
2. *Transporte marítimo.* Operación de traslado de la mercancía, en el tráfico de importación o introducción, desde que está suspendida por la grúa en el costado del buque hasta que se deposita en un punto de la terminal.

descarga directa; *direct unloading.*
Descarga de las mercancías desde un buque a un ferrocarril o vehículo de carretera para su transporte inmediato desde el área portuaria.

descargar; *unload (to) / discharge (to).*
Operación inversa a la de cargar, es decir, recoger y retirar o desembarcar una mercancía de un medio de transporte.

desconsolidación de cargas; *break bulk.*
Desagrupar una unidad de carga o transporte, con el resultado de disponer separadamente de las unidades que componían la carga consolidada (un palé o un contenedor, por ejemplo).

desconsolidación del contenedor; *unconsolidation of container.*
Operación de extraer la carga consolidada que transporta un contenedor.

desestacionalizar; *deseasonalizing.*
Acción de suprimir de una serie cronológica el factor de la estacionalidad, obteniendo con ello una serie desestacionalizada.

desestiba; *unstowage / shifting.*
1. Operación contraria a la estiba, mediante el movimiento de la mercancía desde su emplazamiento en el medio de transporte, preparándola para su descarga efectiva.
2. *Transporte marítimo.* Operación de movimiento de la mercancía, desde su emplazamiento a bordo del buque hasta que se halla suspendida en el costado del mismo para su descarga.
3. *Almacenamiento.* Accion de retirar un palé de su ubicación.

deshidratantes; *dehydrants.*
Sales tratadas químicamente, en forma de gránulos o polvo, con el fin de absorber la humedad que haya podido quedar en el interior de lugares estancos, o bien la que se pueda formar por condensación como consecuencia de cambios bruscos de temperatura.
Existe otro deshidratante empleado en sectores industriales. Consiste en arcilla activada químicamente, que se utiliza para embalajes no recuperables.

desintegración; *disintegration.*
Separación de los elementos que forman un todo, llegando incluso a la descomposición física de los materiales.

desintermediación; *desintermediation.*
Proceso de eliminación de una fase intermedia en una cadena de suministro.

deslizadera mecánica; *roller conveyor.*
Sistema de carriles que permiten cargar un camión deslizando las cargas a lo largo de su caja, mediante el empuje de unas cargas a otras desde la trasera del camión.

deslocalización de la producción; *deslocalization of production.*
Fenómeno económico facilitado por la globalización del transporte. Consiste

en trasladar centros de trabajo de los países desarrollados a países en vías de desarrollo o subdesarrollados con el fin de reducir costes, especialmente los derivados de la mano de obra.

despacho aduanero de exportación; *export customs clearance.*

En la exportación, declaración firmada del exportador con los datos del destinatario y la naturaleza de las mercancías, elementos en los que va estibada, acompañada de la factura comercial, el documento de transporte y otros, dependiendo de la mercancía.

despacho aduanero de importación; *import customs clearance.*

Conjunto de controles y tramitaciones aduaneras que se deben cumplir para que las mercancías pasen la aduana del país importador. Al solicitar el despacho se cumplimenta del documento único administrativo (DUA). El destino de la mercancía importada puede ser:
– Consumo en el país de destino.
– Tránsito aduanero.
– Regímenes especiales.

despacho de aduanas; *customs clearance.*

Conjunto de tramitaciones y operaciones logísticas que deben realizarse sobre las mercancías en un recinto aduanero para gestionar la entrada o salida física de las mismas.

despacho del buque; *ship clearance.*

Documento que emite la Administración marítima tras comprobar que los buques y las embarcaciones civiles cumplen los requisitos exigidos por la normativa legal para navegar y realizar tráficos.

desplazador; *shifter.*

Mecanismo manual o mecánico que desvía un material desde un punto por el que circula hasta otro en el que se realizará otra operación.

desplazamiento; *journey.*

Itinerario que se sigue para viajar desde un punto de origen a otro de destino. Se recorre en una o varias etapas, en las que se utiliza uno o más medios de transporte.

desplazamiento en carga; *load displacement.*

Peso del volumen de líquido desalojado por un buque con todo a bordo (tripulación, mercancía, armamento, etc.).

destinatario; *consignee.*

Persona física o jurídica a quien van dirigidas las mercancías objeto de un transporte.

destino; *destination.*

Punto de llegada al que se dirige un medio de transporte.

desvanecimiento de los frenos; *fading.*

Pérdida de la eficacia de los frenos en un vehículo de transporte por carretera, motivada por su uso continuado en un breve período a causa del sobrecalentamiento del material de fricción.

desviación autorizada; *authorized deviation.*

Autorización a la planta de producción para que utilice un determinado suministro, a pesar de no cumplir los requisitos especificados al proveedor.

desviación media absoluta; *mean absolute deviation.*

Media aritmética de los valores absolutos de las diferencias entre el valor previsto y el observado realmente.

desviación tipo; *standard deviation.*

Valor de la raíz cuadrada (positiva) de una variancia. Sirve para medir la dispersión de una serie de datos en relación con su media y suele representarse mediante la letra *s* o la letra griega σ (sigma).

detall; *retail.*

Venta de productos acabados o servicios que se efectúa en pequeñas cantidades.

detallista; *retailer.*

Intermediario físico u organización que dentro de un canal de distribución lleva a cabo la venta unitaria o en pequeñas cantidades de productos acabados o servicios al cliente o usuario final, situado en la última fase de dicho canal.

determinación dinámica del volumen del lote; *dynamic batch sizing.*

Procedimiento utilizado para recalcular periódicamente las cantidades de pedido, con el fin de ajustarlas a los cambios en las necesidades.

devolución; *return.*

Retorno de un envío o material desde el cliente al proveedor.

DGR; *DGR.*

1. Siglas de *dangerous goods regulations* o «normas sobre mercancías peligrosas» para el transporte aéreo, editadas por la IATA (International Air Transport Association).
2. Siglas de *dangerous goods request* o «solicitud de mercancías peligrosas». Véase **solicitud de entrada de mercancías peligrosas.**

diagrama causa-efecto; *cause-and-effect diagram.*

Representación gráfica de los efectos (una situación o un problema que se analice) junto a las causas potenciales del mismo (las razones para que se dé una situación). A su vez, las causas por afinidad pueden agruparse en ramas que representan categorías de causas.

diagrama de barras; *bar diagram.*

Representación gráfica de la frecuencia de distribución de datos en un cierto rango.

diagrama de control; *control diagram.*

Herramienta de análisis estadístico que se utiliza para medir las variaciones de un proceso e identificar las tendencias que pueden significar un cambio en el mismo.

diagrama de dispersión; *dispersion diagram.*

Representación gráfica que se utiliza para analizar la existencia de posibles relaciones entre dos variables determinadas.

diagrama de espina de pez; *fishbone chart.*

Véase **diagrama causa-efecto.**

diagrama de flujo; *flowchart.*

Representación gráfica de las diferentes etapas de un proceso.

diagrama de Ishikawa; *Ishikawa diagram.*
Véase **diagrama causa-efecto.**

diagrama de Pareto; *Pareto diagram.*
Representación gráfica del efecto de la ley de Pareto o regla 20/80, la cual afirma que el 80 % de los defectos son producidos por el 20 % de las causas.

diagrama de pluma; *fishbone chart.*
Véase **diagrama causa-efecto.**

diagrama de tendencias; *trend chart.*
Representación gráfica de la evolución de una variable determinada.

diésel; *diesel.*
Véase **motor diésel.**

dígito de control del contenedor; *container check digit.*
Dígito utilizado para validar la exactitud de la transmisión del código del propietario de un contenedor, del identificador de la categoría del equipo y del número de serie de la unidad de carga.

dióxido de nitrógeno; *nitrogen dioxide.*
Gas de color pardo-rojizo, no inflamable, de olor asfixiante, cuatro veces más tóxico que el óxido nítrico (NO) y cuarenta más que el monóxido de carbono (CO). Se produce en la cámara de combustión de los motores de explosión cuando la temperatura es muy elevada.

dique de abrigo; *breakwater.*
Muro o construcción que se ejecuta en la costa para contener las olas y dar abrigo a un puerto.

dirección de logística; *logistics management.*
Función de fijar las estrategias de planificación, la implantación y el control del flujo y almacenaje de las materias primas u otros recursos, de las existencias en proceso, del producto acabado o de los servicios que se deban prestar, así como de la información generada entre el punto de origen y el de consumo o prestación, con el fin de alcanzar los objetivos operativos de una organización.

dirección de operaciones; *operations management.*
Función que se ocupa de la gestión de los procesos mediante los cuales un conjunto de elementos que constituyen entradas a los mismos (capital, materiales, mano de obra, suministros, información, etc.) se transforman en productos que tienen en el mercado un valor superior al que poseían las entradas en el proceso.

directiva comunitaria; *community directive.*
Normativa de la Unión Europea (UE) mediante la que se fija un marco y unos objetivos. No es de aplicación inmediata, pero obliga a los gobiernos a legislar para transponerla, es decir, para dar cumplimiento a la misma.

director de logística; *logistics manager.*
Persona responsable de las funciones del área de logística en una organización.

discrecional; *discretionary transport.*
Véase **transporte discrecional.**

diseño; *design.*

Proceso o conjunto de procesos mediante el cual se formaliza, a partir de unos requisitos, un modelo o prototipo de un producto, servicio, proceso o sistema con unas características específicas. El proceso de diseño incluye la ideación, conceptualización, planificación, proyección y el desarrollo creativo y técnico, con el fin de que el objeto de diseño pueda ser producido, reproducido de manera seriada, servido o difundido por medios industriales.

diseño asistido por ordenador; *computer aided design (CAD).*

Sistema de diseño soportado por un programa informático que realiza los cálculos relacionados con el diseño y el desarrollo de un proyecto, configurando las representaciones gráficas que permitan observar el modelo, efectuando los planos de detalle, las secciones, las perspectivas, etc.

dispensa de garantía; *exemption from deposit/guarantee.*

Documento que autoriza a un operador a realizar tránsitos sin necesidad de presentar fianzas.

dispensador; *dispensing machine.*

Elemento utilizado para la preparación de pedidos de artículos embalados en cajas de pequeñas dimensiones. El sistema consiste en un conjunto de depósitos o tolvas verticales, donde se depositan las cajas de producto, provistos de un dispositivo de retención que actúa como dosificador y que deja caer las referencias en la cantidad que se requieren para formar un pedido. Se utiliza en la industria farmacéutica, entre otras.

dispensador de palés; *pallet dispenser.*

Dispositivo que permite almacenar una determinada cantidad de palés para dispensarlos en líneas de consolidación de unidades de carga automáticas o semiautomáticas.

dispositivo de la unidad de carga; *united load device (ULD).*

Elemento unitario de carga propio del transporte aéreo que comprende palés y contenedores.

dispositivo elevador del eje; *on board axle lift.*

Dispositivo fijado en un vehículo de transporte para reducir o aumentar la carga sobre un eje, según la situación de carga o descarga del vehículo, levantando o no las ruedas del suelo.

distancia de frenado; *braking distance.*

1. Distancia que recorre un vehículo de transporte por carretera desde la aplicación de los frenos partiendo de una velocidad inicial dada, sin considerar el tiempo de reacción del conductor.
2. Distancia necesaria para detener un tren que circula a la velocidad máxima permitida, aplicando una deceleración que no provoque incomodidades o alarma en los viajeros ni movimientos en las mercancías que se transporten.

distribución; *distribution.*

Proceso logístico que abarca las funciones de almacenaje, manipulación de materiales y transporte de productos terminados.

distribución capilar; *fine distribution.*

En el proceso de distribución de mercancías, transporte de diferentes expediciones, de un peso por expedición inferior a la carga útil del vehículo, con destinos relativamente cercanos (el suministro a la distribución detallista o al consumidor final), que mediante el itinerario optimiza la relación entre tiempo invertido, distancia recorrida y entregas efectuadas.

distribución centralizada; *push distribution.*

Sistema de distribución en el que se utiliza un único almacén con existencias comerciales, que recibe y gestiona los pedidos que efectúan los clientes.

distribución comercial; *commercial distribution.*

Actividad de poner a disposición del publico un producto o copias del mismo mediante su venta, alquiler, préstamo u otras modalidades, que lleva a cabo un comerciante minorista a través de sus propios establecimientos comerciales u otros canales de distribución. Para proveerse, las grandes empresas de distribución comercial concentran los productos de los fabricantes o productores en una plataforma de distribución propia, desde donde abastecen a sus establecimientos.

distribución descentralizada; *pull distribution.*

Sistema de distribución en el que se utilizan dos o más almacenes con existencias comerciales para atender distintas áreas geográficas de un territoiro. Cada uno de ellos recibe y gestiona los pedidos que efectúan los clientes del área que tenga asignada.

distribución dirigida; *distribution planning.*

Sistema de distribución centralizada en el que intervienen varios almacenes en red, de modo que el aprovisionamiento se dirige hacia el que más convenga, según la demanda esperada. Se considera un único *stock* comercial, con un número de existencias requerido inferior al de la distribución descentralizada.

distribución en planta; *layout.*

Plano de la distribución de los equipamientos, elementos y centros de actividad económica (máquinaria, puestos de trabajo, zonas de recepción o almacenamiento, etc.) de un área de operaciones determinada.

distribución física; *physical distribution.*

Parte del proceso logístico que abarca el flujo físico de productos terminados desde el lugar de producción hasta el de consumo. En función de la estructura organizativa en la que se integra, puede abarcar otras áreas de la logística como la previsión de ventas, la planificación de la producción, la cadena de transporte, el almacenamiento, el proceso de los pedidos, la distribución capilar, la recuperación de residuos e incluso el servicio de atención al cliente. Normalmente, el transporte de productos se efectúa mediante vehículos de hasta 7.500 MMA, en un ámbito urbano, con distancias inferiores a 50 km.

distribución urbana de mercancías (DUM); *city logistics.*

Transporte de mercacancías que tiene lugar en el ámbito urbano para el aprovisionamiento de establecimientos comerciales, industriales o logísticos o para el abastecimiento directo del consumidor final.

distribuidor; *distributor.*
Persona física o jurídica que establece un acuerdo con el fabricante para llevar a cabo la distribución comercial de los productos fabricados.

divisa; *foreign exchange.*
Medio de pago, instrumento de giro o crédito que estén cifrados en una moneda extranjera a la del país en cuestión.

doble tracción; *double headed / banked (train).*
Composición de un convoy con dos locomotoras, empleada para arrastrar vagones muy pesados y para suministrar energía necesaria para sistemas de calefacción, refrigeración, iluminación, etc.

documento T1; *T1 document.*
La inclusión de la indicación T1 en un documento de tránsito comunitario MRN o en un DUA (documento único administrativo) acredita que la operación de referencia se trata de un tránsito comunitario externo.

documento de transporte multimodal (DTM); *multimodal transport document (MTD).*
Documento que formaliza el contrato y la responsabilidad que asume un único operador de transporte multimodal (OTM) ante el propietario de la carga. Este documento también engloba el cobro de un flete y un seguro únicos, los despachos aduaneros, las tasas y cualquier otro pago o gasto que comprenda el transporte puerta a puerta.

documento único administrativo (DUA); *single administrative document (SAD).*
Documento administrativo que se utiliza en la UE como declaración de importación y exportación, con diferentes ejemplares con distintos usos: aduana, estadística, interesado y levante.

documentos de transporte; *transport documents.*
Documentos administrativos que indican que la mercancía ha sido entregada al transportista, el cual se obliga a llevarla a su destino.
Dependiendo del medio de transporte, se puede distinguir entre el documento de transporte multimodal, la carta de porte aéreo, el BL o conocimiento de embarque marítimo, el CMR o carta de transporte por carretera y el talón de ferrocarril.

dolo; *fraud.*
Voluntad deliberada de una persona de cometer un acto a sabiendas de su ilicitud.

dotación; *crew.*
Conjunto del personal que presta sus servicios en un buque.

DOUE; *OJEU (Official Journal of the European Union).*
Siglas de Diario Oficial de la Unión Europea.

draga; *dredge.*
Embarcación diseñada, construida y provista de equipos para llevar a cabo operaciones de dragado.

dragado; *dredging.*

Operación de excavar y extraer con una draga arena, barro, piedras, limos u otros materiales del fondo de un puerto, del lecho de un río o de un canal, etc., con la finalidad de aumentar su profundidad o calado, aprovechar los materiales, efectuar tareas de limpieza, etc. Existen diferentes procedimientos de dragado, mediante cangilones, chuponas o grúas provistas de cucharas que recogen los sedimentos.

DRP; *DRP.*

Siglas de *distribution requirements planning.* Véase **planificación de las necesidades de distribución.**

DRP II; *DRP II.*

Siglas de *distribution resource planning.* Véase **planificación de los recursos de distribución.**

DUA; *SAD (single administrative document).*

Siglas de **documento único administrativo.**

DUM; *city logistics.*

Siglas de **distribución urbana de mercancías.**

dumper; dumper truck.

Camión basculante muy reforzado y de gran maniobrabilidad, con tracción en todas sus ruedas, diseñado y construido para circular por cualquier tipo de terreno.

dumping; dumping.

Exportación que se realiza por un valor inferior al coste del producto o servicio, mediante subvenciones directas o indirectas de la Adiministración a la entidad exportadora.

E

EAN; *EAN.*
Siglas de la European Article Numbering Association o Asociación Europea de Codificación de Artículos, entidad que gestiona la codificación de artículos mediante el sistema de código de barras.

EAS; *EAS.*
Siglas de *electronic article surveillance.* Véase **vigilancia electrónica de artículo.**

echazón de la carga; *jettison of cargo.*
Echar mercancías al mar con el fin de aligerar la carga del buque o mejorar su estabilidad en situación de emergencia.

economía de escala; *economy of scale.*
Reducción de los costes unitarios de un producto, lograda al distribuir el conjunto de costes fijos entre una mayor cantidad total de productos.

ECR; *ECR.*
Siglas de *efficient consumer response* o «respuesta eficiente al consumidor». Véase **reaprovisionamiento eficiente.**

EDI; *EDI.*
Siglas de *electronic data interchange.* Véase **intercambio electrónico de datos.**

Edifact; *Edifact.*
Acrónimo de *electronic data interchange for administration, commerce and transport,* iniciativa de Naciones Unidas que facilita un formato de comunicación electrónica para la administración, el comercio y el transporte.

EDP; *EDP.*
Siglas de *electronic data processing* o «proceso electrónico de datos», referido a cualquier tipo de proceso informático.

efecto tijera; *jackknifing.*
Situación en que, a causa de una maniobra brusca, la cabina y el semirremolque de un camión quedan formando una pinza.

eficacia; *efficacy.*
Nivel que se alcanza en el desarrollo de las actividades planificadas y la consecución de los resultados previstos.

eficiencia; *efficiency.*
Relación que se establece entre unos resultados obtenidos y las actividades llevadas a cabo y los recursos empleados para conseguirlos.

e-fulfillment; *e-fulfillment.*
Servicio integrado de logística que presta un operador logístico a un fabri-

cante o distribuidor comercial, apoyado en una plataforma electrónica, que abarca la gestión de pedidos, la tramitación de entregas, el seguimiento y control de las expediciones, etc.

eje; *axle.*
Barra horizontal en posición perpendicular a la línea de tracción de un vehículo terrestre en cuyos extremos se fijan las ruedas.

eje desmontable; *detachable shaft.*
Eje sobre el que puede modificarse la carga, sin necesidad de que el eje se haya elevado, mediante el dispositivo elevador del eje.

eje retráctil; *retractable axle.*
Eje que puede levantarse o bajarse mediante el dispositivo elevador del eje.

ejecución y control de inventario; *inventory execution and control.*
Proceso de mantener los niveles de inventario dentro de los parámetros establecidos en su planificación.

elemento reutilizable de transporte; *reusable transport packaging.*
Elemento utilizado para el transporte, el almacenamiento, la manipulación y la exposición de productos y que se devuelve vacío a destino para volver a llenarlo de mercancías. Entre estos elementos se incluyen los palés, las cajas reutilizables de transporte, los palés rodantes, las jaulas, las bandejas, los bidones, etc.

elevador; *elevator.*
Instalación fija utilizada para transportar en sentido vertical o en una acusada pendiente materias o productos a lo largo de trayectos determinados. El movimiento de los materiales se puede efectuar por empuje motorizado, manual o por la acción de la gravedad.

e-logistics; *e-logistics.*
Expresión relativa a la aplicación de las tecnologías de información y comunicación (TIC) a los procesos logísticos.

embalador; *packing company.*
Empresa dedicada a la introducción de mercancías en sus envases, recipientes o embalajes, que prepara los bultos para su transporte.

embalaje; *packing.*
1. Conjunto de acciones que consiguen una cobertura exterior para la mercancía que la proteja y la haga fácilmente manejable e identificable.
2. Resultado de la acción de embalar (caja, saco, contenedor, etc.), con el objetivo fundamental de mantener agrupada y proteger la mercancía en el proceso de transporte.
El embalaje persigue:
— Proteger la mercancía contra los riesgos del transporte.
— Facilitar su manipulación y recepción, de forma que pueda ser manejada con medios normalizados.
— Equilibrar el coste de la protección con la calidad de la misma.
— Permitir a remitente y destinatario la fácil identificación de la mercancía, así como sus características esenciales, siguiendo normas internacionales.
— Facilitar la inspección aduanera mediante cajetines adosados que permitan la toma de muestras, etc.

– Disminuir los riesgos para las personas, evitando desplazamientos interiores mediante los materiales de «calce», eliminando aristas vivas, etc.

embalaje combinado; *combined packaging.*
Combinación de diversos envases dispuestos en un mismo embalaje para su manipulación y transporte.

embalaje compuesto; *composite packaging.*
Elemento constituido por un recipiente interior de plástico, vidrio o material cerámico y por una estructura protectora exterior de metal, madera, contrachapado, cartón, material plástico, etc., formando un conjunto indisociable.

embalaje estanco a los pulverulentos; *powder-tight packaging.*
Embalaje que impide la entrada o salida de materias sólidas y secas, incluidas las que se producen o pueden estar presentes durante el transporte.

embalaje exterior; *outer packaging.*
Recubrimiento externo de papel, cartón, plástico u otros materiales livianos, protectores o absorbentes, con que se recubre y protege a un envase o embalaje.

embalaje intermedio; *intermediate packaging.*
Embalaje que contiene envases interiores u objetos y que, a su vez, está contenido en un embalaje exterior.

embalaje «listo para vender»; *shelf ready packaging (SRP).*
Embalaje secundario que agrupa a varias unidades de consumo (envases primarios), y llega al lineal de un supermercado haciendo las funciones de expositor. Su finalidad es mejorar la eficiencia en la cadena de suministro. Entre sus funciones destacan:
– Mejorar la presentación del producto y facilitar la compra al consumidor.
– Simplificar la reposición y evitar roturas de existencias en los puntos de venta.
– Facilitar la identificación del producto al personal de tienda y al consumidor.
– Adecuar su forma y sus dimensiones al espacio y a la rotación del producto en el punto de venta.
– Simplificar la apertura del embalaje y minimizar sus residuos.
– Facilitar la codificación del embalaje.

embalaje metálico ligero; *light metal packaging.*
Embalaje de sección circular, elíptica, cónica, rectangular o poligonal, o recipiente en forma de balde, de hojalata o de metal ligero, de pared inferior a 0,5 mm de espesor, con fondo plano o abombado, y uno o varios orificios para el llenado o vaciado.

embalaje reacondicionado; *reconditioned packaging.*
Embalaje que ha sido limpiado hasta eliminar cualquier residuo de contenidos, revestimientos externos o etiquetas anteriores, de modo que sus materiales constructivos recuperan su aspecto original. El reacondicionamiento incluye el reemplazo de juntas, cierres o roscas que presenten daños o defectos significativos.

embalaje reconstruido; *reconditioned packaging.*
Embalaje rehabilitado mediante el reemplazo de elementos de su estructura original.

embalaje reutilizado; *reused packaging.*
Embalaje utilizado con anterioridad y que no presenta defectos que puedan afectar a su funcionalidad para contener mercancías y ser almacenado o transportado.

embalaje SRP; *shelf ready packaging (SRP).*
SRP son las siglas de *shelf ready packaging.* Véase **embalaje «listo para vender».**

embalaje tropical; *tropical packaging.*
Según la norma UNE 49001, definición 2326, el embalaje tropical o tropicalizado «es el destinado al transporte de mercancías con destino a los países tropicales y, por consiguiente, concebido y realizado especialmente para que, dotado de la debida resistencia, impermeabilidad y aislamiento térmico, asegure la llegada a su destino en perfecto estado».

embarcación; *craft.*
Véase **barco.**

embargo marítimo; *maritime embargo.*
Derecho que alguien ejerce sobre un buque, su cargamento y fletes, a causa de daños causados, servicios prestados o gastos relacionados con dicho buque.

embargo por flete; *freight embargo.*
Derecho de la naviera a embargar y vender una mercancía por impago de su flete.

embarque; *boarding.*
Acción y efecto de introducir o cargar personas o mercancías en un vehículo de transporte.

emisión; *emission.*
Concepto referido a las sustancias emitidas por la industria a la naturaleza tras utilizarlas en sus procesos. Pueden ser emisiones gaseosas a la atmósfera o de líquidos que se incorporan al ciclo del agua.

empaque; *packaging.*
Procedimiento para acondicionar los productos para su almacenamiento, transporte, distribución y comercialización en condiciones óptimas y al mínimo coste posible. Incluye el sistema de envasado o embalado, el envase y el embalaje físicos, y los materiales complementarios.

empenaje de cola; *empennage.*
Estructura de la cola de las aeronaves que consta normalmente de dos superficies: una horizontal y otra vertical; cada una de ellas con secciones fijas, para proporcionar estabilidad, y móviles, para ayudar a controlar el vuelo del aparato.

empresa; *company.*
Unidad de organización, constituida por una o varias personas físicas o jurídicas, dedicada al desarrollo de actividades industriales, mercantiles o de prestación de servicios con fines lucrativos.

empresario colectivo; *commercial company.*
Sociedad mercantil (anónima, limitada, etc.) constituida por personas (físicas o jurídicas) para conseguir unos be-

neficios individuales de las ganancias obtenidas por esta sociedad.

empresario individual; *sole proprietor / sole trader.*
Empresario mercantil que en el ejercicio de su actividad profesional aporta, además, su capital, y responde ante terceros con sus bienes.

en fábrica (... lugar convenido); *ex works (EXW).*
Este incoterm es el que presenta menos obligaciones para el vendedor. Éste sólo tiene que poner las mercancías a disposición del comprador en el punto acordado, habitualmente en la fábrica o el almacén del vendedor.
- El vendedor debe tener la mercancía preparada, en el lugar convenido (fábrica, almacén...) en la fecha acordada.
- La mercancía debe estar perfectamente embalada y etiquetada para resistir cualquier transporte y las manipulaciones que puedan producirse durante el mismo.
- La carga del vehículo de transporte corre a cargo del comprador.
- El despacho de aduanas de exportación corre a cargo del comprador.
- El vendedor debe facilitar todos los documentos que el comprador necesite para realizar el despacho, tanto el de exportación (país de origen) como el de importación (país de destino).
- La entrega de la mercancía se produce en el muelle de carga de la empresa vendedora.
- A partir de la entrega de la mercancía, todos los gastos van a cargo del comprador.

- El EXW se puede utilizar con cualquier modo de transporte o combinación de modos, ya que es un incoterm polivalente.

encriptar; *encrypt (to).*
Proceso de transformación de datos mediante un algoritmo matemático y una clave a un formato que no permite leer la información encriptada, salvo que se restauren los datos a su formato original utilizando una determinada clave.

encuesta de satisfacción del cliente; *customer satisfaction survey.*
Encuesta que se lleva a cabo para evaluar en qué medida el cliente considera satisfechas sus expectativas respecto a la compra de un producto o la prestación de un servicio.

endoso; *endorsement.*
Acto de ceder a alguien la propiedad de un documento de crédito, haciéndolo constar en su dorso.

enfardadora; *bundling unit.*
Elemento mecánico utilizado para retractilar unidades de carga (palés, cajas, sacos, etc.).

enrasado; *flush.*
Nivelación o paleo de una mercancía dentro de las bodegas para abarrotarlas y colocar la carga en condiciones óptimas para la navegación.

ensamblaje; *assembly.*
Etapa de la produccion en la que los componentes se juntan y ajustan formando o contribuyendo a terminar un producto, según un proceso previsto.

ensamblaje contra pedido; *assemble to order.*

Procedimiento de fabricación en la que los componentes y subensamblajes sólo se montan o configuran cuando se recibe el pedido del cliente.

ensayo; *assays.*

Prueba que se efectúa para conocer las propiedades físicas y químicas de una muestra.

entidades de inspección; *inspection organizations.*

Son las que realizan el análisis y la inspección de diseños, instalaciones, productos, servicios y procesos productivos para certificar el correcto cumplimiento de las exigencias de calidad que les sean aplicables.

entrada; *input.*

Recurso requerido para un proceso, por ejemplo, la entrada de una mercancía en un almacén, o elemento o factor que pasa a formar parte de un proceso productivo, como puede ser el encargo o la materia prima que llega a un centro de producción.

entrega; *delivery.*

Operación de poner un producto a disposición del destinatario.

entrega directa; *direct delivery.*

Método de entrega de productos directamente desde el vendedor al comprador.

entrega directa a tienda; *direct shipment.*

Método de entrega de mercancías desde el proveedor a la tienda, sin pasar por el centro de distribución de un detallista.

entregada derechos no pagados (... lugar de destino convenido); *delivered duty unpaid (DDU).*

En el incoterm DDU, la entrega de la mercancía y el punto de asunción de costes es el mismo y se produce en el país de destino, es decir, en el del comprador; en este caso, en el punto de destino que se pacte.

- En el DDU se puede pactar cualquier punto de entrega de la mercancía y de asunción de los costes por parte del vendedor en el país de destino de la mercancía, lo que le confiere una gran flexibilidad.
- El DDU es un incoterm polivalente.
- El vendedor debe pagar todos los costes hasta dejar la mercancía situada en el punto convenido del país de destino.
- El riesgo de la mercancía también se traspasará en el mismo punto convenido en el país de destino.
- El seguro de la mercancía hasta el punto convenido irá a cargo del vendedor.
- Cada una de las partes asumirá el coste del despacho de aduana de su respectivo país.

entregada derechos pagados (... lugar de destino convenido); *delivered duty paid (DDP).*

En el incoterm DDP, la entrega de la mercancía y el punto de asunción de costes es el mismo y se produce en el país de destino, es decir, en el del comprador; en este caso, en el punto de destino que se pacte.

- En el DDP se puede pactar cualquier punto de entrega de la mercancía, teniendo en cuenta que el vendedor lo paga todo, es decir, absolutamente todos los costes hasta dejar la mercancía en el punto convenido.

– El DDP es un incoterm polivalente.

– El vendedor debe sufragar todos los costes hasta dejar la mercancía situada en el punto convenido en el país de destino.

– El riesgo de la mercancía también se traspasará en el mismo punto convenido en el país de destino del comprador.

– El seguro de la mercancía hasta el punto convenido irá a cargo del vendedor.

– El vendedor debe asumir los costes de despacho de aduana de importación, es decir, la gestión y los impuestos que normalmente constan de arancel y el impuesto interior (IVA), e impuestos especiales si el producto lo requiere.

entregada en frontera (... lugar convenido); *delivered at frontier (DAF).*

En el incoterm DAF, la entrega de la mercancía y el punto de asunción de costes es el mismo y se produce en el país de destino, es decir, en el del comprador. Esta propiedad se ve un tanto alterada justamente en el DAF, ya que en éste el punto de la cesión y de asunción de los costes no se produce habitualmente en el país de destino, sino en un país situado en un punto intermedio entre el del vendedor y el del comprador. Este punto intermedio es normalmente una frontera.

– EL DAF es un incoterm polivalente y se puede utilizar en cualquier tipo de transporte, incluido el marítimo.

– El vendedor debe asumir todos los costes hasta el punto previamente acordado, que habitualmente será un punto situado entre el país del vendedor y el del comprador. A partir de este lugar, el comprador asumirá todos los costes hasta el destino final de la mercancía.

– La entrega de la mercancía se producirá en el mismo punto de traspaso de los costes.

– Cada una de las partes asume la parte del seguro de la mercancía para el transporte que le corresponda. El vendedor desde la fábrica hasta el punto convenido en un país intermedio, y el comprador desde dicho lugar hasta sus instalaciones en el país de destino de la mercancía.

– Cada una de las partes asume los costes de la aduana de su país; el vendedor los de exportación y el comprador los de importación.

entregada en muelle (... puerto de destino convenido); *delivered ex quay (DEQ).*

En el incoterm DEQ, la entrega de la mercancía y el punto de asunción de costes es el mismo y se produce en el país de destino, es decir, en el del comprador; en este caso, una vez descargada en el puerto de destino convenido.

– El DEQ es un incoterm única y exclusivamente marítimo y fluvial.

– El vendedor debe asumir el coste hasta dejar la mercancía en el muelle del puerto de destino.

– El vendedor transmite el riesgo de la mercancía una vez puesta en el muelle del puerto de destino.

– El seguro del transporte principal, que no es obligatorio, va a cargo del vendedor.

– Cada una de las partes debe pagar la aduana de su respectivo país. El vendedor pagará la aduana de exportación y el comprador la aduana y demás impuestos del país de importación.

entregada sobre buque (... puerto de destino convenido); *delivered ex ship (DES).*

En el incoterm DES, la entrega de la mercancía y el punto de asunción de costes es el mismo y se produce en el país de destino, es decir, en el país del comprador; en el caso del DES, en la bodega del barco, cuando éste se encuentra atracado en el puerto de destino.

– El DES es un incoterm que sólo se puede utilizar en el transporte marítimo o fluvial.

– El vendedor asume todos los costes, incluido el transporte principal y el seguro, hasta el punto convenido del país de destino.

– El coste del seguro del transporte principal, que no es obligatorio, debe asumirlo el vendedor.

– La entrega y, por tanto, la asunción de los riesgos de la mercancía van a cargo del comprador desde el momento en que la mercancía se encuentra dentro del barco y éste se halla atracado en el puerto de destino.

– Cualquier gasto posterior va a cargo del comprador.

– Cada una de las partes asumirá el coste del despacho de aduana de su respectivo país.

entréguese; *delivery.*

Documento acreditativo de la titularidad de la mercancía que el agente consignatario entrega al agente de aduanas, una vez satisfechos los gastos de flete y manipulación de la carga. A su vez, éste lo entrega al transportista o importador, ya que es un requisito imprescindible para retirar la mercancía de la terminal.

envase; *packing / container.*

1. Recipiente o vaso en que se conserva una determinada mercancía («en-vaso»). Tiene como función fundamental facilitar la comercialización del producto. Además de la presentación, la identificación y la dosificación, es fundamental la compatibilidad entre el producto y el recipiente. Los diferentes tipos de envase se clasifican en:

– Primario o de venta.

– Secundario o colectivo.

– Terciario, de transporte o expedición.

2. Todo producto fabricado con materiales de cualquier naturaleza y que se utilice para contener, proteger, manipular, distribuir y presentar mercancías, desde materias primas hasta artículos acabados, en cualquier fase de la cadena de aprovisionamiento, fabricación, distribución y consumo. Se considera también envases todos los artículos desechables utilizados con este fin (en España, Ley 11/1997, de 24 de abril, de Envases y Residuos de Envases y Embalajes).

envase colectivo; *grouped packaging / secondary packaging.*

Envase que contiene o agrupa el envase primario otorgándole proteccion y presentación para su distribucion comercial: una caja o un paquete de botellas de agua, por ejemplo.

envase compuesto; *composite container.*
Conjunto ensamblado de un recipiente de plástico, vidrio, porcelana u otros materiales y una protección exterior (metal, madera, cartón, contrachapado, etc.), que constituye un embalaje integral e indisociable que puede llenarse, almacenarse, transportarse y manipularse.

envase de expedición; *transport packaging / distribution packaging.*
Envase que agrupa envases primarios o secundarios (unidad de carga) para la manipulación, el transporte y la distribución comercial: un palé de cajas de botellas de agua, por ejemplo.

envase de la unidad de consumo; *sales packaging.*
Envase que contiene el producto en contacto directo y lo presenta en su forma más simple: una botella de agua o una lata de sardinas, por ejemplo.

envase de transporte; *transport packaging / distribution packaging.*
Véase **envase de expedición.**

envase de venta; *sales packaging.*
Véase **envase de la unidad de consumo.**

envase flexible; *flexible packaging.*
Envase confeccionado con gomas, resinas u otros materiales dúctiles, que le confieren una flexibilidad y resistencia relativas, adoptando la forma de bandeja, tarrina, botella, tubo, etc.

envase interior; *inner packaging.*
Envase que para su transporte precisa de un embalaje exterior.

envase primario; *primary packaging.*
Véase **envase de la unidad de consumo.**

envase reacondicionado; *reconditioned packaging.*
Envase que ha sido limpiado hasta eliminar cualquier residuo de contenidos, corrosión interna y externa, revestimientos externos o etiquetas anteriores, de modo que sus materiales constructivos recuperan su aspecto original. El reacondicionamiento puede incluir la restauración de la forma y el perfil del envase, el enderezamiento de bordes y el reemplazo de juntas de estanqueidad, cierres o roscas que presenten daños o defectos significativos.

envase reconstruido; *reconstructed container.*
Envase rehabilitado para su uso mediante el reemplazo de elementos integrados en su estructura original.

envase reutilizado; *reusable packaging.*
Envase utilizado con anterioridad que no presenta defectos que afecten a su funcionalidad para contener mercancías y ser almacenado o transportado.

envase rígido; *rigid container.*
Envase construido con metal, madera o vidrio, entre otros posibles materiales, que le confieren rigidez y resistencia, adoptando la forma de bote, caja, bandeja, bidón, tarro, botella, etc.

envase secundario; *grouped packaging / secondary packaging.*
Véase **envase colectivo.**

envase semirrígido; *semi-rigid container.*
Envase elaborado con papel o materiales plásticos, entre otros posibles materiales, que le confieren una rigidez y resistencia relativas, adoptando la forma de bandeja, tarrina, botella, tubo, etcétera.

envase terciario; *transport packaging / distribution packaging.*
Véase **envase de expedición.**

envase y embalaje; *packaging.*
Véase **empaque.**

envergadura; *wingspan.*
Distancia máxima entre los extremos de las alas de un avión.

envío; *consignment.*
Véase **expedición.**

envío puente; *bridge shipment.*
Procedimiento de envío donde un operador de transporte recibe una carga de otro transportista y la entrega asimismo a un tercero, lo que supone que no se relaciona directamente con ningún remitente ni destinatario.

EOQ; *EOQ.*
Siglas de *economic order quantity.* Véase **cantidad económica de pedido.**

EPC; *EPC.*
Siglas de *electronic product code.* Véase **código electrónico de producto.**

equipo; *team / equipment.*
1. Grupo reducido de personas con habilidades complementarias, comprometidas con un propósito común: un conjunto de metas que lograr y un enfoque con el que se sienten solidariamente responsables.*
2. Conjunto de utensilios, instrumentos y aparatos especiales que se utilizan para un fin determinado.

equipo de estructura; *structural equipment.*
Elementos de fijación, refuerzo, protección, estabilización y manipulación exteriores o interiores de cisternas y depósitos.

equipo de servicio; *service equipment.*
Dispositivos de llenado, vaciado, seguridad, aireación, descompresión, aislamiento térmico y calefacción de cisternas y depósitos, incluidos los aparatos de medida.

ERP; *ERP.*
Siglas de *enterprise ressource planning,* o **sistema de gestión corporativa.**

ERTMS; *ERTMS.*
Siglas de *european rail traffic management system* o «sistema europeo de gestión del tráfico ferroviario».

escala; *call.*
Cada una de las estancias en un puerto o un aeropuerto de un buque o una aeronave, respectivamente, entre su punto de origen y el de destino.

escáner; *scanner.*
Dispositivo electroóptico periférico de un sistema informático para la lectura del código de barras.

---

* *El trabajo en equipo,* John R. Katzenbach, Editorial Granica, 2000.

esclusa; *sluice.*

Espacio construido entre dos compuertas de entrada y salida en un canal navegable, el cual se llena o se vacía de agua para que las embarcaciones salven dos niveles de altitud diferentes.

escollera; *rip-rap.*

Obra realizada con grandes piedras o bloques de cemento echados al fondo del agua con la finalidad de formar un dique de defensa contra las olas, para servir de fundamento a un muelle o proteger una obra contra la acción de las corrientes, y en la costa para evitar la erosión marina.

escora; *list / heeling.*

Inclinación de una embarcación a una u otra banda, debido a la acción del viento, un peso mayor de la carga sobre un lado, etc., por lo general transitoria.

esfuerzo de tracción; *traction force.*

Esfuerzo acelerador y moderable proporcionado por un vehículo motor para que otro vehículo o conjunto de vehículos inicie su movimiento.

eslinga; *sling.*

Red, cuerda gruesa de fibras sintéticas o vegetales provista de ganchos para elevar grandes pesos, u otros medios para la manipulación de cargas generales.

eslora; *length.*

Longitud del casco de una embarcación.

espaldón; *shell / shoulder.*

Parte del dique construida sobre la escollera, con una sección de para-mento vertical de cara al mar y escalonado hacia tierra que sobresale del mar.

especificación técnica; *technical specification.*

Documento que describe el detalle de las características relativas a un producto o servicio.

esquinera del contenedor; *corner fitting.*
Véase **cantonera del contenedor.**

estabilidad del palé; *pallet stability.*

Respuesta a la inercia que genera el movimiento de una carga paletizada, sin deformación de la verticalidad ni de la composición del mosaico en la fase de paletización, durante su transporte y en su manutención (norma ISO 10531/1992).

estación de clasificación; *marshalling yard.*

Estación ferroviaria destinada a la organización del tráfico de mercancías para optimizar el espacio en los vagones, la utilización de vagones completos y para la formación, descomposición y clasificación de los trenes de mercancías.

estación de paso; *way station.*

Estación intermedia en una línea ferroviaria, donde los trenes entran por un extremo y salen por el otro.

estación de servicio; *filling station.*
Véase **área de servicio.**

estación de transporte de mercancías; *logistics platform.*
Véase **plataforma logística.**

estación marítima; *maritime terminal.*
Instalación portuaria destinada a la recepción de pasajeros y sus equipajes en las operaciones de embarque y desembarque de los buques de crucero.

estación nodal; *node point.*
Centro logístico provisto de infraestructuras y equipamientos para la recogida, la clasificación, el transbordo y la redistribución de mercancías en el ámbito de un área geográfica determinada.

estación término; *terminal station.*
Estación ferroviaria donde los trenes sólo pueden entrar y salir por un extremo, situada generalmente al final de una línea o un trayecto y cuyas vías acaban en toperas.

estacionalidad; *seasonality.*
Propiedad de una serie cronológica que toma durante unos determinados períodos, en anualidades sucesivas, unos valores distintos de su valor medio anual.

estante; *shelf.*
Cada uno de los travesaños riostrados de metal o madera dispuestos horizontalmente en una estantería, donde se colocan las cargas que hay que almacenar.

estantería; *rack.*
Elemento modular articulado para el almacenaje de productos formado por una estructura metálica sustentada por pilares y estantes riostrados. Con ello se construye una retícula tridimensional que permite la colocación de unidades de carga en sus celdas.

Las estanterías pueden ser:
– Convencionales o *racks.*
– En voladizo o *cantilevers.*
– Compactas o *drivers.*

estantería autoportante; *self-supporting rack.*
Estantería que suele utilizarse en almacenes que superan los 10 m de altura. En el almacén autoportante, la estructura constructiva está constituida por las propias estanterías, de modo que la estructura de almacenaje y la del edificio se integran formando un solo elemento.
En ese caso, el edificio puede construirse en torno a las estanterías, que configuran de ese modo su propia estructura.

estantería carrusel horizontal; *horizontal carousel rack.*
Estantería constituida mediante estantes móviles suspendidos, formando un sistema de almacén compacto. Los estantes pueden desplazarse en sentido horizontal hacia un lugar indicado, accionados por un motor eléctrico. Permiten eliminar desplazamientos del personal, operando según el principio de «producto al operador».

estantería carrusel vertical; *vertical carousel rack.*
Sistema de almacén compacto en el que los estantes se mueven verticalmente, a modo de noria. Ofrece sus mayores ventajas en alturas superiores a los 3,5 m. Es adecuado para el almacenamiento de pequeños materiales y, con respecto a su capacidad, precisa una reducida superficie.

estantería compacta *drive-in; drive-in rack*.

Estantería que suele adosarse a una pared y que permite el paso de las carretillas elevadoras por su interior *(drive-in,* «conducir dentro» de los bloques de estanterías) para efectuar la carga-descarga de los palés y situarlos a diferentes niveles. Se relaciona con el concepto *fi-lo* (de *first-in / last-out),* esto es, que las primeras mercancías almacenadas son las últimas en extraerse.

estantería compacta *drive-through; drive-through rack*.

Estantería que suele ubicarse en el centro del almacén y que dispone de un pasillo en cada extremo *(drive-through,* «circular a través de» los bloques de estanterías) para realizar la carga-descarga de forma continuada. Se relaciona con en el concepto *fi-fo* (de *first-in / first-out),* esto es, que las primeras mercancías almacenadas son las primeras en extraerse, lo que contribuye a la máxima rotación de los productos.

estantería dinámica *fi-fo; fi-fo dynamic shelving*.

Estantería situada de modo que dispone de un pasillo en cada extremo. La carga se deposita sobre un sistema de rodillos motorizados o montados sobre un plano inclinado, para facilitar que se deslice desde el extremo de entrada al de salida por la acción de la gravedad. El método *fi-fo* (de *first-in / first-out)* permite que las primeras mercancías almacenadas sean las primeras en extraerse, lo que contribuye a la máxima rotación de los productos.

estantería dinámica *fi-lo; fi-lo dynamic shelving*.

Estantería adosada a una pared y provista de un sistema de rodillos y topes mecánicos, dispuestos sobre un plano inclinado. Requiere de un pasillo frontal para cargar y descargar, y para la maniobra y circulación de las carretillas. En el concepto *fi-lo* (de *first-in / last-out),* las primeras mercancías almacenadas son las últimas en extraerse.

estantería en voladizo; *cantilever rack*.

Estantería para el almacenamiento de cargas largas, por ejemplo, barras metálicas. Está formada por pilares de perfiles laminados, anclados al suelo y arriostrados entre sí, y provistos de ménsulas voladas de forma triangular. En el caso de mercancías ligeras, el almacenamiento y la recuperación pueden efectuarse manualmente; en caso contrario, se utilizan carretillas contrapesadas u otros elementos de manutención.

estantería ligera; *light shelving*.

Estantería con una reducida capacidad de carga por estante, utilizada para productos que se almacenan y recogen manualmente.

estantería móvil; *mobile shelving / movable shelving*.

Sistema de estanterías montadas sobre raíles que les permiten deslizarse para unirse o separarse lateralmente a voluntad, evitando pasillos y abriendo exclusivamente los de trabajo cuando son necesarios. Se accionan manualmente o mediante motores eléctricos instalados en las estanterías o en los raíles y están construidas mediante pilares paralelos, unidos entre sí por largueros de carga, formando unidades independientes.

estantería para cargas ligeras; *shelving for light load.*
Estantería para el almacenamiento manual o automático de cargas de dimensiones reducidas, generalmente no paletizadas, que se disponen en estantes de diferentes alturas.

estantería para paletización compacta; *block rack.*
Estantería dispuesta formando bloques con calles interiores para permitir la circulación de las carretillas y provistas de carriles para el apoyo de los palés. Estas estanterías permiten una utilización del 60-80 % del espacio y se emplean especialmente para cargas homogéneas. Pueden ser de dos tipos: *drive-in* (conducir dentro) y *drive-through* (circular a través de).

estantería para paletización convencional; *shelving for conventional palletization.*
Estantería formada por bastidores laterales, que se anclan al suelo, y vigas transversales, para el almacenamiento de cargas paletizadas o en contenedor, o de cargas destinadas a realizar la preparación de pedidos.

estantería para paletización dinámica por gravedad; *fi-fo dynamic shelving.*
Véase **estantería dinámica** *fi-fo.*

estantería para preparación de pedidos dinámica; *shelving for dynamic picking.*
Estantería dotada de un sistema de rodillos montados sobre un plano incli-

nado. Las mercancías se depositan en la parte superior del plano y, por efecto de la gravedad, se deslizan hasta una altura apropiada para que sean retiradas manualmente.

estantería para preparación de pedidos manual; *shelving for manual picking.*
Estantería ligera que puede ocupar toda la altura disponible de un almacén. Las cargas se depositan y retiran manualmente, y se puede acceder a ellas mediante selectores de pedido, carretillas trilaterales combinadas, transelevadores o pasarelas dispuestas entre una y otra estantería.

estantería portátil; *portable rack.*
Estantería modular formada por una estructura de cuatro pilares desmontables, sujetos a una plataforma, cuyo conjunto puede apilarse sobre otro módulo de idénticas características.

estatuto de la mercancía; *situation of a particular good in terms of customs.*
Situación de una determinada mercancía en relación con la deuda aduanera en la UE.

estereorradián; *steradian.*
Unidad de ángulo sólido del sistema internacional de unidades de medida, definida como el ángulo sólido que, teniendo su vértice en el centro de una esfera, intercepta sobre la superficie de dicha esfera un área igual a la de un cuadrado que tenga por lado el radio de la esfera. Su símbolo es «sr».

estiba; *stowage.*
1. Operación de movimiento de la mercancía, mediante su manipulación,

distribución y colocación adecuadas en un medio de transporte para evitar o minimizar su posible daño, facilitar descargas y proteger a las personas o las cosas.

2. *Transporte marítimo.* Movimiento de la mercancía, desde que se halla suspendida en el costado del buque hasta que se encuentra definitivamente emplazada a bordo del mismo, de manera que no pueda desplazarse ni sufrir daños o deterioros, ocupando el menor espacio posible, y dispuesta para que posteriormente pueda manipularse con facilidad.

3. *Almacenamiento.* Acción de colocar una unidad de carga en su ubicación.

estiba con flejes; *strapped-down load.*
Operación de asegurar la mercancía mediante flejes que se sujetan a dos puntos (superior e inferior) colocados en los laterales del elemento contenedor de la carga.

estiba mediante bolsas de aire; *big bags stowage.*
Operación de estibar utilizando bolsas de aire que se introducen entre la carga con el fin de evitar el desplazamiento de la mercancía.

estibador; *stevedore / docker.*
Persona física o jurídica a cargo directo de la cual se llevan a cabo las operaciones de estiba/desestiba, trincaje, embarque/desembarque, traslado, trasbordo, recepción y entrega de la mercancía en puerto. Puede ser contratada por el fletador o por el armador, según las condiciones del fletamento.

estructura de la distribución; *distribution structure.*
Estructura del conjunto de canales de distribución a través de los cuales un producto o grupo de productos viajan desde el fabricante hasta el cliente final.

estructura del producto; *product structure.*
Véase **lista de materiales.**

ETA; *ETA.*
Siglas de *estimated time of arrival,* u «hora prevista de llegada», y de *expecter time of arrival,* o «fecha prevista de llegada».

ETD; *ETD.*
Siglas de *estimated time of departure,* u «hora prevista de salida».

etiqueta; *label.*
Impreso de reducidas dimensiones que se adhiere o sujeta a un envase o embalaje y que informa mediante textos y símbolos sobre el producto o mercancía que contiene.

etiqueta antihurto; *anti-theft tag.*
Etiqueta que acompaña a un artículo para detectar y evitar el posible hurto del mismo; puede ir oculta en el artículo, integrada en el mismo o fuera de él. Esta etiqueta puede ser acustomagnética, electromagnética, de radiofrecuencia, de tinta o colorante o de microondas.

etiqueta electrónica; *tag.*
Nombre que recibe la etiqueta que se adhiere a los artículos, embalajes o unidades de carga y que está provista de minúsculos chips capaces de guardar

información que puede ser utilizada mediante sistemas de radiofrecuencia.

etiqueta electrónica del contenedor; *electronic container protection label.*
Etiqueta o *tag,* en inglés, que se coloca en el contenedor y lo singulariza, mediante su identificación por radiofrecuencia (RFID), para automatizar los procesos de captura de información, conocer su localización, su estatus de carga y gestionar su uso y ciclo de vida.

EUR-1; *EUR-1.*
Certificado de origen o circulación expedido por la aduana de exportación que permite aplicar en la aduana del país de destino reducciones de aranceles en virtud de los acuerdos bilaterales que existan entre ambos países.

europalé; *europallet.*
Palé de cuatro entradas y de dimensiones 800 × 1.200 mm utilizado generalmente en Europa, recogido en la norma UNE 58-006-94.

Euroviñeta; *Eurovignette Directive.*
Denominación con que se conoce la Directiva 1999/62/CE del Parlamento Europeo y del Consejo, de 17 de junio de 1999, relativa a la aplicación de gravámenes a los vehículos pesados de transporte de mercancías por carretera por la utilización de determinadas infraestructuras. Esta Directiva, de uso opcional en los Estados de la UE, se aplica en algunos países (Alemania, Suiza, Holanda, Francia...) a los impuestos sobre vehículos, a los peajes y a las tasas establecidos sobre los vehículos con una MMA igual o superior a 12 t. Esta norma busca incrementar la eficiencia del transporte de mercancías por carretera mediante el pago por su uso, internalizando los costes directos de las infraestructuras viarias y de operación y tratando de que se asuman los costes externos o externalidades: la contaminación ambiental y la acústica, los accidentes, la congestión viaria y el cambio climático.

evidencia objetiva; *objective evidence.*
Conjunto de informaciones obtenidas mediante observación, ensayo, medición u otros recursos y que amparan la existencia o veracidad de algo.

excelencia cualitativa; *qualitative excellence.*
Consecución y mantenimiento de una posición privilegiada o de liderazgo en un mercado.

existencia; *stock.*
Cantidad disponible de un determinado producto (ítem) almacenado y listo para ser vendido, distribuido o utilizado.

existencia activa; *active stock.*
Existencia de materias primas y productos semielaborados y acabados que serán utilizados o vendidos durante un período determinado.

existencia de maniobra; *maneuver stock.*
1. Volumen de existencias que resultan de un exceso puntual en el aprovisionamiento de la demanda continua de los materiales, causado por la secuencia de los pedidos de compras.
2. Demanda requerida durante el período de exposición al riesgo (plazo de entrega más período de revisión).

existencia de seguridad; *security stock.*
Parte de las existencias destinada a cubrir las diferencias entre la demanda prevista de los clientes y la real y las entregas previstas de los proveedores y las realmente efectuadas. En la previsión de las existencias de seguridad se consideran distintos factores: el nivel de servicio, las fluctuaciones de la demanda y los plazos de entrega.

existencia inicial; *initial stock.*
Situación del inventario tras realizar un recuento real del mismo al final de un período e inicio del siguiente.

existencia máxima; *maximum stock.*
Máxima cantidad de producto que es capaz de contener un determinado almacén. También puede entenderse como la cantidad máxima de producto que debe guardarse en un almacén para que éste sea rentable. No tiene que coincidir necesariamente con la capacidad real del mismo.

existencia mínima; *basic stock.*
Cantidad mínima de producto que debe contener un almacén para dar un servicio adecuado. Si esta existencia se rebasa hacia abajo pueden producirse «roturas de existencias».

existencia real; *actual stock.*
Cantidad de existencias que se pueden inventariar en un determinado momento.

existencia vendible; *active inventory.*
Materias primas y productos semielaborados y acabados que se pueden utilizar o comercializar en un período determinado, sin que exista ningún coste o pérdida adicional.

existencias comprometidas; *available stock.*
Existencias de productos acabados que se han asignado libremente a los pedidos de los clientes.

existencias de desacoplamiento; *decoupling stock / buffer stock.*
Conjunto de existencias que cumplen la función de hacer independientes entre sí, en una medida prevista, dos procesos sucesivos relacionados con un determinado flujo de mercancías. Incluye las existencias de anticipación, capacidad de carga, seguridad y tamaño de lote, así como las existencias en curso, las cíclicas y las estacionales.

existencias en depósito; *consignment stock.*
Mercancías situadas en las instalaciones de un cliente externo que siguen siendo propiedad del proveedor. El traspaso de la propiedad y, por tanto, la exigencia del pago de las mismas sólo se producen cuando son utilizadas o vendidas por el cliente.

expedición; *consignment.*
1. Mercancías remitidas al amparo de un único contrato de transporte por un expedidor.
2. Transacción comercial de compra realizada con proveedores de países que están ubicados en la misma área económica que la del país del comprador.

expedidor; *consignor / shipper / sender.*
Véase **cargador**.

exportación; *export.*
Transacción comercial de venta realizada con clientes de países que pertene-

cen a un área económica distinta a la del país del vendedor (terceros países).

extorno; *rebate.*
Reducción de la prima de una póliza de seguro como consecuencia de una minoración posterior del riesgo inicialmente previsto.

extracción; *picking.*
Fase de la preparación de pedidos consistente en la extracción de los materiales o mercancías desde el lugar donde se almacena en las cantidades solicitadas por los clientes. Puede ser manual o automatizada.

extranet; *extranet.*
Red informática basada en el protocolo IP, utilizada para intercambiar información y transacciones entre organizaciones, proveedores y clientes, etcétera.

EXW; *EXW.*
Acrónimo del incoterm *ex works*. Véase **en fábrica (... lugar convenido).**

eyector de hojas; *push-pull for lift track.*
Dispositivo mecánico que permite introducir o retirar una hoja de papel kraft entre productos apilados sobre un palé o sin él.

F

F; *F.*
Símbolo de **faradio**.

fábrica; *factory.*
Establecimiento provisto de la maquinaria, los utensilios, las herramientas y las instalaciones necesarias para la fabricación de productos o la transformación industrial de una fuente de energía.

fabricabilidad; *manufacturability.*
Análisis o estimación del diseño de un producto o proceso con el fin de valorar la facilidad, consistencia, calidad y sostenibilidad de su consecución.

fabricación; *production / fabrication.*
Operaciones de producción de componentes de manera seriada, generalmente por medios mecánicos, previas a las operaciones de montaje.

fabricación discreta; *discrete manufacturing.*
Método de producción donde los productos se fabrican de una manera no continua, como los automóviles, los aparatos eléctricos, las computadoras y otros.

fabricación en ciclos cortos; *short-cycle manufacturing.*
1. Filosofía de fabricación, enmarcada en el concepto de «calidad total», cuya meta es la reducción de costes y la eliminación de existencias. Su lema sería: «producir justo lo que se necesita, cuando se necesita, en la cantidad adecuada y con el menor coste posible». Su procedimiento logístico se fundamenta en la frecuencia y regularidad de las entregas del proveedor para reducir las existencias en la cadena de suministro.
2. Véase **justo a tiempo**.

factor de carga; *load factor.*
Relación resultante de dividir la cantidad de carga que transporta un vehículo por su capacidad de carga máxima. Dicha cantidad de carga puede medirse en masa (toneladas) o en volumen (litros).

factor de estiba; *stowage factor.*
Relación que existe entre el peso y el volumen de una mercancía que se debe transportar. Es diferente para cada modo de transporte:
Aéreo: 1 t = 6 m^3 / 1 m^3 = 166,66 kg.
Carretera: 1 t = 3 m^3 / 1 m^3 = 333,33 kg.
Ferroviario: 1 t = 4 m^3 / 1 m^3 = 250 kg.
Marítimo: 1 t = 1 m^3 / 1 m^3 = 1.000 kg.

factor de merma; *shrinkage factor.*
Coeficiente porcentual que se incluye en la ficha maestra de artículos y se utiliza para compensar la pérdida previs-

ta durante el ciclo de fabricación de un determinado artículo y sus componentes. Dicha pérdida incrementa las necesidades brutas o hace que la cantidad de producción final sea inferior a la programada.

factor restrictivo del pedido; *maximum and minimum level established for a purchase order.*
Nivel máximo y mínimo que se establece para una orden de compra, según las cantidades económicas acordadas entre el proveedor y el detallista, habitualmente expresadas en palés o en peso.

factoring; factoring.
Servicio de administración de cobros y financiación que ofrecen las entidades financieras, por medio del cual las empresas les ceden la gestión de sus cobros a cambio de un crédito sobre los mismos y el pago de un interés.

factura comercial; *invoice.*
Documento administrativo demostrativo de una operación de compraventa y como justificante de un contrato comercial. La factura describe las condiciones de venta de las mercancías y sus especificaciones. En comercio internacional, se exige para la exportación en el país de origen, para la importación en el país de destino y, en su caso, puede ser utilizada para calcular el pago a las autoridades aduaneras. En una factura deben figurar: la fecha de emisión, los nombres y las direcciones del comprador y del vendedor, la descripción de la mercancía, el valor de la misma, las condiciones de pago, los términos de entrega y cualquier otra

circunstacia relacionada con dicha operación comercial.

factura aduanera; *customs invoice.*
Documento que emite el vendedor por exigencia de la aduana de algunos países, habitualmente con fines estadísticos o informativos.

factura consular; *consular invoice.*
Certificación del valor de la mercancía extendido por un consulado o factura visada por el mismo que algunos países exigen con el fin de evitar fraudes a las aduanas o evasión de divisas en el país de destino.

factura proforma; *pro forma invoice.*
Borrador o propuesta de factura que expide el proveedor al cliente, sin validez legal ni fiscal. En el caso de operaciones de compraventa internacional, la remite el exportador al importador para que éste confeccione la carta de crédito correspondiente.

facultativo; *facultative.*
Servicio de transporte ferroviario de grandes volúmenes de mercancía, en general mediante el arrendamiento de vehículos completos, sin que éstos tengan que servir una determinada zona geográfica ni estén sujetos a frecuencias ni tarifas fijas, ya que los precios quedan supeditados a las oscilaciones del mercado.

falcar; *wedge (to).*
Asegurar una carga con cuñas.

falso flete; *dead freight.*
Indemnización que el fletador abona al armador cuando no proporciona la

carga en la cantidad prevista o cuando ésta no ocupa el espacio reservado a bordo del buque.

falta de existencias; *stock out.*
Imposibilidad de un almacén de servir un determinado producto a causa de haber disminuido sus existencias por debajo del *stock* mínimo necesario.

falta de *stock; stock out.*
Véase **falta de existencias.**

falta náutica; *nautical infraction.*
Faltas cometidas por personal dependiente del porteador en la navegación o el control del buque (artículos 4.2 de las Reglas de la Haya-Visby y 5.4 de las Reglas de la CCI).

faltante; *shortage.*
Diferencia que puede darse entre lo solicitado en un pedido y lo recibido del proveedor.

familia; *family.*
Grupo de artículos cuya similitud de diseño y fabricación facilita que compartan su planificación, se controle de manera conjunta sus ventas y, ocasionalmente, también compartan parte de sus costes.

familia de componentes; *part family.*
Conjunto de componentes que se agrupan para facilitar su gestión en el proceso de producción.

faradio; *farad.*
Unidad de capacidad eléctrica del sistema internacional de unidades de medida, definida como la capacidad de un condensador eléctrico entre cuyas ar-

maduras aparece una diferencia de potencial eléctrico de 1 V, cuando está cargado con una cantidad de electricidad igual a 1 C:
$$1 \text{ F} = 1 \text{ C} / 1 \text{ V}.$$
Su símbolo es «F».

fardo; *bundle.*
Unidad de carga en forma de lío grande de tejidos, ropas u otra mercancía, muy apretado y cubierto con arpillera, plástico u otros materiales flexibles, para facilitar su transporte sin dañar el contenido.

FAS; *FAS.*
Siglas del incoterm *free alongside ship.* Véase **franco al costado del buque (... puerto de carga convenido).**

FBL; *FBL.*
Siglas de *forwarding agent bill of lading* o «conocimiento marítimo de agente transitario», documento que expide el transitario y que formaliza el contrato de transporte internacional de mercancías intermodal entre éste y el cargador, cuando el modo de transporte principal es el marítimo. Sus características y operativa son iguales que las del FCT *(forwarding agent certificate transport).* Si se emite «a la orden» puede ser objeto de negociación por parte de quien lo posee. Las responsabilidades e indemnizaciones asumidas por el transitario en caso de siniestro son las que correspondan al modo de transporte utilizado en el momento del daño o pérdida. Está regulado por el Convenio de Ginebra de 1980 y reconocido por la CCI (Cámara de Comercio Internacional).

FCA; *FCA.*

Acrónimo del incoterm *free carrier*. Véase **franco transportista (... lugar convenido).**

FCL; *FCL.*

Siglas de *full container load*. Véase **contenedor completo.**

FCR; *FCR.*

Siglas de *forwarding agent certificate receip*. Véase **certificado de recepción del agente transitario.**

FCT; *FCT.*

Siglas de *forwarding agent certificate transport*, documento que expide el transitario y que formaliza el contrato de transporte internacional de mercancías intermodal entre éste y el cargador, el cual lo envía al destinatario. Si se emite «a la orden» puede ser objeto de negociación por parte de quien lo posee. Está regulado por el Convenio de Ginebra de 1980 y reconocido por la CCI (Cámara de Comercio Internacional).

FD; *FD.*

Siglas de *free discharge*, cláusula de transporte marítimo mediante la cual el fletador se compromete a asumir los riesgos y la ejecución de las operaciones de desestiba y descarga, abonando sus costes. La obligación de custodia por el fletante finaliza con la entrega de la carga dentro de la bodega del buque en el puerto de descarga.

fecha de entrega; *delivery date.*

Fecha en la que se adquiere un material o en la que el material producido se halla disponible.

fecha de llegada; *arrival date.*

Véase **fecha de entrega.**

fecha límite de expedición; *final date for shipping.*

Fecha tras la cual no puede ser enviado a un cliente un determinado producto o mercancía.

feeder; feeder.

Véase **buque alimentador.**

fe-fo; fe-fo.

Siglas de *first-expires, first-out* o **primero en expirar, primero en salir.**

ferrocarril; *railway.*

Modo de transporte basado en el principio de rodadura sobre un camino fijo de metal, donde los vehículos circulan sobre vías.

ferroutage; piggy-back transport.

Técnica de transporte intermodal por superposición consistente en transferir unidades de carga o vehículos de transporte por carretera a plataformas ferroviarias.

ferroviario/a; *railwayman / railwaywoman / railway worker.*

Persona que desempeña su labor profesional en los ferrocarriles.

FEU; *FEU.*

Unidad de medida para contendores que equivale a 40 pies, del inglés *forty foot equivalent units*. Dado que las capacidades globales de los buques o terminales de contenedores se realizan mediante el TEU (20 pies), se contabiliza un FEU como dos TEU.

FHD; *FHD.*

Siglas de *free house delivery*, opción de transporte puerta a puerta en la que el remitente asume todos los gastos.

fiabilidad; *reliability.*

Probabilidad de que un producto cumpla sin fallos la función para la que ha sido diseñado y fabricado, en las condiciones y durante el período de tiempo preestablecidos.

fiabilidad de la entrega; *delivery reliability.*

Relación entre la cantidad de mercancías efectivamente entregadas en la fecha prevista por el proveedor durante un período de tiempo determinado y el total de mercancías planificadas para entregar en dicho período.

fianza; *bond of indemnity / bail.*
Véase **contrato de fianza.**

ficha de registro de existencias; *stock record card.*

Ficha física o en soporte digital que contiene la situación de inventario de un determinado artículo.

ficha de seguridad; *safety sheet.*

Documento que el expedidor de una mercancía peligrosa entrega al responsable de un medio de transporte o transportista y que éste debe conocer antes de iniciar el viaje. La ficha de seguridad se expide en los idiomas de los países de tránsito, e indica el nombre y la peligrosidad del producto transportado, los teléfonos de emergencia y la forma de actuar en caso de accidente o situación de peligro.

ficha técnica del buque; *vessel technical sheet.*

Documento que contiene el conjunto de datos y características técnicas de un buque, que permanecen invariables a lo largo de un viaje, como el calado, la manga, la eslora, las toneladas de registro bruto, etc.

fi-fo; *fi-fo.*

Abreviatura de *first-in / first-out* o «primero en entrar, primero en salir», sistema de almacenamiento donde las primeras mercancías almacenadas son las primeras en extraerse, lo que contribuye a la máxima rotación de los productos. Véase **último en llegar, último en salir.**

fi-lo; *fi-lo.*

Abreviatura de *last-in / first-out.* Véase **último en llegar, primero en salir.**

FILO; *FILO (free in liner out).*

Siglas de *free in liner out*, cláusula de transporte marítimo mediante la que el fletador asume expresamente los riesgos y la ejecución de las operaciones de carga y estiba en el puerto de carga, abonando sus costes, mientras que el armador o fletante asume los riesgos y la ejecución de la desestiba y descarga en el puerto de destino. La obligación de custodia de la carga por el fletante se inicia a bordo del buque en el puerto de carga, y finaliza con la entrega de la misma en el muelle, al costado del buque, en el puerto de descarga.

FIO; *FIO.*

Siglas de *free in and out*, cláusula de transporte marítimo mediante la que el fletador asume los riesgos y la ejecución de las operaciones de carga, estiba, desestiba y descarga (siempre que así se especifique de forma expresa), abonando sus costes. La obligación de custodia por el fletante se inicia a bordo del buque en el puerto de carga, y finaliza con la entrega de la carga dentro de la bodega del buque en el puerto de descarga.

FIOCOP; *FIOCOP.*

Siglas de *free in and out customs of the port,* cláusula de transporte marítimo, similar a la *fi-lo,* mediante la que el fletador asume los riesgos y la ejecución de las operaciones de carga y estiba en el puerto de carga, abonando sus costes; mientras que el armador o fletante asume los riesgos y la ejecución de la desestiba y descarga en el puerto de destino. La obligación de custodia por el fletante se inicia a bordo del buque en el puerto de carga, y finaliza con la entrega de la carga en el muelle, al costado del buque, en el puerto de descarga.

FIOS; *FIOS.*

Siglas de *free in and out stowed,* cláusula de transporte marítimo mediante la que el fletador asume expresamente los riesgos y la ejecución de las operaciones de carga, estiba, desestiba y descarga, abonando sus costes. La obligación de custodia por el fletante se inicia a bordo del buque en el puerto de carga, y finaliza con la entrega de la carga dentro de la bodega del buque en el puerto de descarga.

FIOST; *FIOST.*

Siglas de *free in and out stowed and trimed* o «libre dentro, libre de estiba, trimado y puesto fuera del buque», cláusula de transporte marítimo mediante

la que el fletador asume expresamente los riesgos y la ejecución de las operaciones de carga, estiba, enrasado, desestiba y descarga, abonando sus costes. La obligación de custodia por el fletante se inicia a bordo del buque en el puerto de carga, y finaliza con la entrega de la carga dentro de la bodega del buque en el puerto de descarga.

firma digital; *digital signature.*

Firma electrónica utilizada para autentificar la identidad del remitente de un mensaje electrónico, mediante una compilación de documentos cifrados, y garantizar que el contenido del mismo se ha enviado sin alteraciones.

flat rate; flat rate.

En transporte aéreo, expresión en inglés referida a una tarifa plana o un precio fijo por kilogramo que se puede ofrecer a partir de determinado peso o volumen.

fleje; *iron strap.*

Tira metálica o plástica utilizada para sujetar, asegurar y reforzar el envase o el embalaje de las unidades de carga.

fletador; *charterer.*

Persona física o jurídica que alquila un buque para su explotación comercial, suscribiendo con el armador o naviero un contrato de fletamento que lo convierte en el transportista efectivo ante el cargador.

fletamento; *affreightment.*

Servicio de transporte marítimo de grandes volúmenes de mercancía, en general mediante el arrendamiento de buques completos, sin que éstos tengan que servir una determinada zona geográfica ni estén sujetos a frecuencias ni tarifas fijas, ya que los precios quedan supeditados a las oscilaciones del mercado.

fletante; *shipper.*
Persona física o jurídica, con capacidad legal suficiente para disponer de un buque, que suscribe un contrato de fletamento, mediante el cual concede su utilización para transportar al fletador, mediante el pago de un flete.

flete; *freight / charter.*
Retribución que el responsable de la explotación del medio de transporte (marítimo, terrestre o aéreo) percibe por el transporte y la entrega de la mercancía, o por el alquiler de un buque o de una parte de éste. La base de cálculo más utilizada es la tonelada, pero se emplea el metro cúbico si el cálculo es por volumen. Puede ser pagado o debido, mediante lo que se establece si el pago se hace en origen o en destino, respectivamente.

flete debido; *freight collect.*
Flete que el transportista cobra en destino, junto con la entrega de la mercancía.

flete pagado; *freight prepaid.*
Flete que el transportista cobra en origen, al margen del momento en que se produzca la entrega de la mercancía en destino.

flexibilidad; *flexible capability.*
Capacidad de los elementos productivos para adaptarse a las necesidades de procesar componentes distintos de manera continuada.

flota; *fleet.*
Conjunto de vehículos, propios o subcontratados, que utiliza una empresa de transporte (marítimo/fluvial, aéreo, por carretera o ferroviario) para prestar sus servicios.

flujo continuo de producción; *continuous flow (production).*
Sistema de producción sin lotes, donde los productos fluyen de una manera continuada.

flujo de mercancías; *goods flow.*
Cantidad de producto que se mueve por un determinado punto por unidad de tiempo. Se aplica a las entradas y salidas de un almacén, así como a las mercancías que se transportan mediante una red o un sistema logístico, especialmente a su dirección y trayectoria, y a la secuencia que ocupan esas mercancías en una cadena de suministro.

flujo logístico; *logistics flow.*
Proceso de movimiento (transporte) y transformación (producción) a que son sometidas las materias primas en el marco de una organización, desde la fase de aprovisionamiento (compras) hasta la entrega de productos y servicios al usuario final (distribución física). En este proceso, los productos pueden estar sometidos a períodos de almacenamiento como materia prima, producto semielaborado y producto final.

flujo nivelado; *balanced flow.*
Sistema de aprovisionamiento de flujo tenso, donde los pedidos son optimizados atendiendo a la nivelación de la carga de trabajo en los almacenes, los centros de venta y la cadena de trans-

porte que configuran los eslabones de una cadena logística.

flujo tenso; *flow-thru* (EEUU) / *flow through* (Reino Unido).
Sistema de reposición de productos a la plataforma final de cliente o punto de venta basado en los sistemas «tirar» *(pull)* y «justo a tiempo» *(just in time)*, sin *stock* de seguridad, a través del cual la demanda genera los pedidos de manera automatizada desde los centros de venta a los centros de almacenaje y distribución, que los suministrarán de acuerdo con los acuerdos y condicionantes de servicio.

FOB; *FOB.*
1. Siglas del incoterm *free on board*. Véase **franco a bordo (... puerto de carga convenido).**
2. Siglas de *free on board*, cláusula de transporte marítimo mediante la que el fletador asume los riesgos y la ejecución de las operaciones de carga y estiba, abonando sus costes. La obligación de custodia por el fletante se inicia cuando la carga se halla dentro de la bodega del buque.

fondeo; *anchorage.*
Véase **anclaje.**

fondo de amortización; *sinking fund.*
Fondo económico creado por una organización con la finalidad de compensar la depreciación de los bienes de equipo.

foreland; foreland.
Expresión en inglés utilizada para definir la zona ultramarina hacia la que se dirigen de manera preferente las actividades comerciales y de tránsito marítimo de un puerto.

fórmula de Wilson; *Wilson formula.*
Fórmula matemática que permite calcular la «cantidad económica de pedido»:
Unidades que hay que pedir o fabricar (EOQ) = sqr (2DP/S), donde:
D = Demanda de unidades prevista para un período N.
P = Coste de pedido.
S = Coste de existencias por unidad durante el período N.
N = Período anual, habitualmente.

fourth party logistics (4PL); *fourth party logistics (4PL).*
Expresión en inglés utilizada para referirse a una empresa de servicios con capacidad para actuar como proveedor de servicios logísticos integradores de una cadena de suministro. Un 4PL aporta recursos, capacidades y tecnologías de su organización que se unen a las que a su vez subcontrata a operadores logísticos especializados (3PL), para planificar, coordinar y gestionar los flujos de productos y sus residuos, la información y la financiación necesarias en la operatividad de una cadena de suministro.

fraccionamiento de carga; *break bulk.*
Véase **desconsolidación de carga.**

franco a bordo (... puerto de carga convenido); *free on board (FOB).*
El FOB es un incoterm especialmente utilizado en operaciones de compraventa cuando se trata de entregar la mercancía en el país de origen.
— El FOB sólo se puede utilizar para el transporte marítimo o fluvial.

- El vendedor asume todos los costes hasta dejar la mercancía colgada de la grúa, en la operación de carga en el puerto de origen.
- La entrega de la mercancía se produce en este mismo punto (colgada de la grúa, pasando la borda del buque en el puerto de origen).
- El coste del despacho de aduanas de exportación va a cargo del vendedor.
- El comprador, aunque no está obligado, es quien debe realizar el seguro del transporte principal.
- Todos los gastos que se produzcan a partir de la entrega de la mercancía van a cargo del comprador.

franco al costado del buque (... puerto de carga convenido); *free alongside slip (FAS).*

En el incoterm FAS el punto de entrega se realiza en el país de origen y el vendedor debe pagar todos los costes hasta dejar la mercancía en el lugar pactado.

- El FAS sólo se puede utilizar para el transporte marítimo o fluvial.
- El vendedor debe asumir los costes hasta dejar la mercancía en el muelle del puerto elegido en el país de origen.
- La entrega se produce cuando el vendedor ha dejado la mercancía en el muelle pactado del puerto elegido.
- El despacho de aduanas de exportación va a cargo del vendedor.
- La carga de la mercancía al barco va a cargo del comprador.

franco de porte; *carriage-paid.*

Expresión utilizada para indicar que el remitente paga el coste del transporte relativo a un determinado envío.

franco de todos los gastos; *all expenses paid.*

Expresión utilizada en el transporte ferroviario para indicar que el remitente paga todos los gastos relativos a un determinado envío.

franco hasta...; *free until...*

Expresión utilizada en el transporte ferroviario para indicar que el remitente paga todos los gastos relativos a un determinado envío, hasta un punto geográfico concreto.

franco por...; *free up to...*

Expresión utilizada en el transporte ferroviario para indicar que el remitente paga todos los gastos relativos a un determinado envío, hasta una cantidad predeterminada.

franco transportista (... lugar convenido); *free carrier (FCA).*

Mediante el incoterm FCA, el vendedor se compromete a entregar y hacerse cargo de los costes de la mercancía hasta situarla en el punto convenido en el país de origen.

- El FCA es un incoterm polivalente.
- La carga de la mercancía en el vehículo que la recoge en fábrica corre por cuenta del vendedor.
- El lugar de entrega se encuentra en un punto convenido del país de origen.
- La aduana de exportación va a cargo del vendedor, en tanto que la aduana de importación es por cuenta del comprador.
- El transporte principal y su seguro van a cargo del comprador (el seguro del transporte principal no es obligatorio, pero sí aconsejable).

– La transmisión del riesgo se produce en el momento de la entrega. El vendedor asume el riesgo de la pérdida o el daño hasta que se haya hecho efectiva la entrega de la mercancía, en cuyo momento es asumido por el comprador.

franqueo obligatorio; *required postage.*
Condición de reembolso previo del flete en el puerto o aeropuerto de partida que las compañías aéreas o navieras pueden aplicar en determinadas rutas.

franquicia; *franchise.*
1. Cantidad limitativa que se estipula para cada garantía amparada por una póliza de seguro, establecida a favor del asegurador, que exige un umbral mínimo de daño para tener derecho a la indemnización o que se deducirá de la indemnización que corresponda en caso de siniestro.
2. Sistema de comercialización mediante el que una empresa (franquiciador) cede, a cambio de una compensación económica, a una persona física o jurídica (franquiciado) el derecho a estar representado por su razón social y su marca, con el fin de vender productos o servicios ofrecidos de una manera específica.
Existen cuatro tipos distintos de franquicia:
a) *Industrial,* en la que el franquiciado produce el producto con la tecnología, marca y asistencia del franquiciador.
b) *De servicios,* en la que se cede el saber hacer, la transmisión de procedimientos y las técnicas.
c) *De producción,* en la que el franquiciador es el fabricante que comercia sus productos a través de franquicias.
d) *De distribución,* en la que los franquiciadores revenden los productos a los franquiciados, ofreciendo adicionalmente su experiencia comercial.

franquiciado; *franchisee.*
Persona física o jurídica que explota un negocio en régimen de franquicia. Remunera al franquiciador mediante un porcentaje sobre las ventas y, generalmente, abona un canon inicial.

franquiciador; *franchisor.*
Persona física o jurídica propietaria de una marca comercial, proveedora de productos o poseedora de procedimientos técnicos y servicios que cede en explotación al franquiciado, a cambio de un porcentaje sobre las ventas y, generalmente, de un canon inicial.

frecuencia; *frequency.*
Cantidad de vehículos que pasan por un punto específico de una ruta durante un período determinado de tiempo, con un mismo destino.

freno; *brake.*
Dispositivo capaz de absorber la energía cinética de un sistema mecánico en movimiento cuya finalidad es reducir o moderar su velocidad, detenerlo o impedir la aceleración.

friabilidad; *friability.*
Propiedad de los áridos y otros materiales para desmenuzarse o disgregarse bajo una presión determinada.

frigorífico; *refrigerated vehicle.*
Véase **vehículo frigorífico.**

FTL; *FTL.*
Siglas de *full truck load.* Véase **transporte de carga completa.**

FTP; *FTP.*
Siglas de *file transfer protocol.* Véase **protocolo de transferencia de archivos.**

fuente; *font.*
Estilo de tipo de letra designado mediante un nombre de familia.

fuerza de trabajo flexible; *flexible work force.*
Fuerza de trabajo capacitada para llevar a cabo distintas tareas y a la que se aplican normas y procedimientos que permiten que cada trabajador asuma funciones diferentes, dependiendo de las necesidades de la producción o de los requerimientos de servicio.

fuerza mayor; *act of God / force majeure.*
1. Acontecimiento imprevisible e inevitable que exime del cumplimiento de alguna obligación.
2. Situación en la que al deudor de una obligación le resulta imposible su cumplimiento por la concurrencia de determinados sucesos, previstos o no (en España, artículo 1.105 del Código Civil).

fuga; *leak.*
Escape de agua, hidrocarburos o cualquier otro líquido de los conductos, las calderas, los tanques, etc., de un buque, o pequeña filtración de agua del mar a causa de una avería en el casco de la nave.

funicular; *funicular railway / cable car.*
Ferrocarril accionado por medio de cables, que se utiliza para superar pendientes cortas y muy pronunciadas.

furgón; *truck.*
1. Véase **camión furgón.**
2. Vagón o departamento acondicionado para transportar equipajes, paquetería, correo y mercancías en general en trenes de viajeros.

furgoneta; *van.*
Véase **camioneta.**

fuselaje; *fuselage.*
El modelo de fuselaje más utilizado, el monocasco, consiste en integrar en un solo cuerpo la estructura de la aeronave y su recubrimiento, lo que permite presurizar el interior para volar a elevadas altitudes. En el inicio de la aviación, el fuselaje consistía en una estructura abierta que soportaba los otros componentes del aparato.

fusión de empresas; *merger (of companies).*
Unión de dos o más personas jurídicamente independientes que deciden juntar sus patrimonios y formar una nueva sociedad.

FWR; *FWR.*
Siglas de *forwarding agent warrant receipt.* Véase **certificado de almacenaje.**

G

g; *g*.

Símbolo de **gramo.**

gabarra; *barge*.

Embarcación mayor que la lancha, generalmente con cubierta, que suele ir remolcada. Se utiliza en las costas, los puertos y las vías navegables para el transporte de mercancías y, eventualmente, personas. También puede ir provista de vela y remo para su manejo. Se considera buque porteador a todos los efectos.

gálibo ferroviario de carga; *rail loading gauge*.

Perfil o sección transversal de referencia para determinar el contorno máximo de la máquina tractora y los vagones remolcados (vagones de carga, plataformas para unidades de transporte intermodal, etc.), con el fin de que ninguna de sus partes entre en contacto con los túneles, puentes, andenes y dispositivos de la vía. Existen cuatro gálibos reconocidos por la UIC (Unión Internacional de Ferrocarriles): internacional, A, B y C. En España, sus medidas son: altura máxima 4.300 mm, anchura máxima 3.300 mm, a partir de 430 mm del plano de rodadura hasta una altura de 3.290 mm.

Galileo; *Galileo*.

Sistema global de navegación por satélite (GNSS) de uso civil desarrollado por la Unión Europea.

galón; *gallon*.

Unidad de medida de capacidad para líquidos, utilizada en Gran Bretaña, donde equivale a 4,546 litros, y en América del Norte y Central, donde equivale a 3,785 litros.

galpón; *warehouse*.

Espacio físico en el que se almacenan y custodian los materiales y productos. Véase **almacén.**

gama de productos; *product range*.

1. Conjunto de productos fabricados por una empresa.
2. Productos relacionados por alguna característica común que permite asociarlos mediante marcas, tipo de envase o utilidades similares.

ganancia; *profit / benefit*.

Beneficio neto o utilidad que resulta de un acuerdo o de una transacción comercial.

garaje; *garage*.

Local o establecimiento destinado al estacionamiento y guarda de vehículos.

garantía; *guarantee.*

Obligación que se contrae, a satisfacción de aduanas, con el objeto de asegurar el pago de derechos de aduana y demás impuestos o el cumplimiento de otras obligaciones adquiridas con ella.

gasero; *gas carrier.*

Véase **buque gasero.**

gasto; *expense / expenditure.*

Adquisición de bienes o servicios que implica la obligación de un pago a un proveedor externo. Concepto opuesto al de ingreso.

gasto financiero; *financial expense / financial charge.*

Gasto relacionado con la estructura y las necesidades de financiación mediante recursos ajenos de una organización.

gateway; gateway.

Véase *hub.*

gato; *jack.*

Aparato de accionamiento mecánico o hidráulico, destinado a levantar grandes pesos a poca altura.

GATT; *GATT.*

Siglas de *General Agreement on Tariffs and Trade* o «Acuerdo General sobre Aranceles y Comercio», suscrito en 1947. Iniciativa de Naciones Unidas cuya finalidad es incrementar los niveles de vida y el pleno empleo; fomentar el desarrollo económico; optimizar los recursos mundiales; incrementar la producción y el intercambio de mercancías, y fomentar la expansión del comercio internacional mediante la reducción o supresión de las barreras aduaneras. El GATT es un acuerdo multilateral, con un código común de conducta en el comercio internacional. Para ello, facilita mecanismos que reduzcan y estabilicen las tarifas arancelarias y la resolución de problemas del comercio internacional.

GCR; *GCR.*

Siglas de *general cargo rates,* referido a las tarifas generales de carga aérea, cuando no son especiales ni de clase.

GCT; *TQM (total quality management).*

Siglas de **gestión de la calidad total.**

geomarketing; geomarketing.

Herramienta de un sistema de información geográfica (SIG) que combina elementos de la mercadotecnia con variables sociodemográficas, utilizado para la planificación de estrategias de desarrollo de mercado y la distribución comercial, entre otras aplicaciones.

gerente de logística; *logistics manager.*

Persona responsable de la gestión operativa del área de logística en una organización.

gestión de inventario; *inventory management.*

Parte de la gestión de la cadena de suministro cuyo fin es poner a disposición de las áreas de producción o comercial una determinada cantidad de producto en el momento preciso, en el lugar oportuno y con el mínimo coste posible.

gestión de la cadena de suministro; *supply chain management (SCM).*

Gestión integrada de los diferentes procesos logísticos de una organización (compra de materiales, producción, almacenaje, distribución...), desde el abastecimiento de materias primas hasta la entrega de productos finales a los consumidores y la recuperación de residuos (flujos de materiales y de información vinculada), y de sus interacciones con otras organizaciones que forman parte de su cadena de suministro.

gestión de la calidad; *quality management.*

Conjunto de actividades para la dirección y el control de la calidad en una organización. Sus ámbitos de actuación son la política y los objetivos de la calidad, la planificación, el control, el aseguramiento y la mejora de la calidad.

gestión de la calidad total (GCT); *total quality management (TQM).*

Abarca todas las actividades que lleva a cabo una organización y tiene por objeto definir y satisfacer las necesidades de los clientes internos y externos con servicios y productos libres de defectos.

Dado que las necesidades de los clientes varían con el tiempo, incorpora el concepto de «mejora continua» como parte de la calidad total.

gestión de la demanda; *demand management.*

Parte de la gestión de la cadena de suministro dedicada al análisis, la planificación y la asignación de los recursos

necesarios para adquirir bienes y servicios, donde intervienen:
– la previsión;
– la entrada de pedidos;
– el compromiso de fechas de entrega;
– las necesidades del centro de distribución;
– las necesidades entre plantas;
– las necesidades de repuestos.

gestión de *stocks*; *stock management.*
Véase **gestión de inventarios.**

gestión del transporte; *transport management.*

Proceso de gestión que incluye la planificación, la selección y el manejo directo o indirecto de los recursos y medios de transporte que intervienen en los flujos de mercancías durante el proceso logístico de distribución.

gestor de consorcio de palés; *pallet pool manager.*

Empresa propietaria de parques de palés que alquila a los fabricantes para que paleticen sus productos y los remitan a sus clientes. Estas empresas llevan a cabo todas las actividades logísticas de recuperación, clasificación y reparación de los palés, así como la gestión de la información inherente a dichas actividades.

gigabyte; *gigabyte.*

Unidad de medida informática equivalente a 1.073.741.824 bytes. Suele abreviarse como «GiB».

globalización; *globalization.*

Fenómeno económico caracterizado por la tendencia de los mercados y de las empresas a ampliar su radio de influencia, alcanzando una dimensión mundial que traspasa las fronteras nacionales. Su desarrollo conlleva procesos similares e importantes desequilibrios en los ámbitos financieros, políticos, culturales y sociales.

GMT; *GMT.*
Siglas de *Greenwich mean time* o «meridiano de Greenwich», en referencia al cual se establecen los horarios mundiales.

GNL; *LNG (liquefied natural gas).*
Siglas de «gas natural licuado».

góndola; *vehicle gondola.*
Véase **vehículo góndola.**

GPL; *LPG (liquefied petrol gas).*
Siglas de «gas de petróleo licuado».

GPS; *GPS.*
Siglas de *global positioning system.* Véase **sistema de posicionamiento global.**

grado centígrado; *degree Celsius / centigrade.*
Unidad de temperatura equivalente a la centésima parte del intervalo térmico entre los puntos de fusión del hielo y de ebullición del agua, a presión normal. Su símbolo es °C.

grafo; *graph.*
Conjunto de elementos en el cual está definida una relación. Su imagen gráfica se consigue representando sus elementos mediante puntos, llamados vértices o «nodos», y las relaciones que los unen por medio de trazos denominados «arcos».

grafo conexo; *connected graph.*
Grafo en el que entre dos vértices distintos cualesquiera existe al menos una «cadena».

grafo fuertemente conexo; *strongly connected graph.*
Grafo en el que entre dos vértices distintos cualesquiera se da al menos un «camino».

gramaje; *grammage.*
Peso de un metro cuadrado de superficie de un determinado papel.

gramo; *gram / gramme.*
Unidad de masa del sistema métrico decimal, equivalente a la de 1 cm^3 de agua a la temperatura de su máxima densidad, es decir, 4 °C. Su símbolo es «g».

granel; *bulk.*
Mercancía sin envase o embalaje, generalmente referido a minerales, semillas, abonos, líquidos, cementos, etc.

granel líquido; *liquid bulk.*
Mercancía en estado líquido que se transporta de manera homogénea, sin envasar, y que se puede manipular de manera continua (productos petrolíferos, gases licuados, agua, aceites, etcétera.).

granel sólido; *solid bulk.*
Mercancía formada por un conjunto de partículas sólidas sueltas, sin envasar, que se transporta de manera homogénea, y que se puede manipular de manera continua (minerales, cereales, cementos, etc.), pudiendo llegar a fluir por gravedad.

granelero; *bulk carrier.*
Véase **buque granelero.**

gray; *gray.*
Unidad de dosis absorbida de radiación ionizante del sistema internacional de unidades de medida, definida como la dosis absorbida en un elemento de materia de masa 1 kg al que las radiaciones ionizantes comunican de manera uniforme una energía de 1 J:
$$1 \text{ Gy} = 1 \text{ J} / 1 \text{ kg}.$$
Su símbolo es «Gy».

grúa; *crane.*
Elemento de elevación compuesto de un aguilón o brazo dispuesto sobre un eje vertical giratorio, y provisto de una o varias poleas, que puede trasladar los pesos que levanta de un punto a otro, dentro del círculo que el brazo pueda describir o de la capacidad de desplazamiento de la grúa.

grúa bandera; *flag crane.*
Grúa formada por un soporte y un brazo giratorio (extensible o no) dispuesto perpendicularmente a éste. Pueden ser:
- Autosoportadas o portátiles.
- Sostenidas por tirante y soporte de pared.
- En voladizo montadas en pared.
- De mástil (con soporte inferior y superior).

Las grúas bandera se utilizan para transportar materiales dentro de una estación de trabajo individual y para transferir materiales de un área de trabajo a otra.

grúa con pescante; *cantilever crane.*
Véase **grúa palomilla.**

grúa *derrick; derrick crane.*
Grúa pluma orientable, en la que la pluma se articula sobre la parte inferior de un puntal vertical apoyado en sus dos extremos.

grúa mafi; *mafi crane.*
Cabeza tractora utilizada para la estiba y desestiba de remolques en los buques de manutención horizontal.

grúa móvil; *mobile crane.*
Grúa pluma, fija u orientable, dispuesta sobre un bastidor provisto de un tren de rodadura (de neumáticos, oruga o mixto) para trasladarse mediante algún sistema de tracción.

grúa multipropósito; *multipurpose crane.*
Grúa giratoria para terminales de contenedores o de carga general, con una gran versatilidad para la carga, descarga y manipulación de distintos tipos de mercancía: graneles, contenedores u otra carga general en función del elemento auxililar que se utilice: cuchara, balancín *(spreader)* o gancho. Pueden estar montadas sobre neumáticos o sobre raíles.

grúa palomilla; *jib crane.*
Grúa pluma cuyo mecanismo de aprehensión se encuentra suspendido de un pescante y fijado rígidamente en éste o bien en un carro que se desplaza a lo largo del pescante.

grúa pluma; *jib crane.*
Grúa cuyo dispositivo de aprehensión está suspendido del mástil o fijado en un carro que se desplaza a lo largo del mismo.

grúa portacontenedores; *lifting crane.*
Grúa puente que se desliza sobre una vía de rodadura en el muelle y se utiliza para las operaciones de buque-tierra en la carga-descarga de contenedores. En función del buque que hay que atender, existen cuatro tipos de grúa:
– *Feeder.*
– *Panamax.*
– *Postpanamax.*
– Super *postpanamax.*

grúa *portainer; portainer crane.*
Véase **grúa portacontenedores.**

grúa pórtico; *portal bridge crane / gantry crane.*
1. Grúa en forma de pórtico, equipada con un balancín *(spreader)* para la carga-descarga y el trasiego de contenedores en las terminales portuarias. Se desliza sobre raíles y el puente de la grúa abarca una gran superficie de almacenamiento. Efectúa los movimientos de traslación y elevación sustentada por sus extremos o patas de apoyo sobre las zonas de maniobra.
2. Grúa en forma de pórtico, construida en acero o aluminio, de cuatro patas, móvil o fija, equipada con guinches para levantar y bajar cargas de hasta 15 t.

grúa puente; *overhead travelling crane.*
Grúa en forma de arco cuadrangular cuyos elementos portadores se apoyan directamente sobre el suelo o un camino de rodadura. Puede ser autosoportada o montada en el techo de una nave donde se instale, de tracción manual o motorizada, disponer de un puente en voladizo o de un sistema telescópico, así como de un guinche u horquilla para asir y, en su caso, apilar las cargas.

grúa semipórtico; *semi-portal bridge crane.*
Grúa cuyos elementos portadores se apoyan sobre un camino de rodadura (viga, riel, etc.), de un lado, y sobre patas provistas de ruedas del otro.

grúa sobre camión; *truck mounted crane.*
Grúa montada detrás de la cabina del camión, entre ésta y la caja o en la propia caja, provista de un gancho donde se sujetan las mercancías para elevarlas y depositarlas sobre la plataforma del camión.

grúa torre; *tower crane.*
Tipo de grúa pluma orientable en cuya estructura la pluma se halla dispuesta en la parte superior de una torre vertical.

grúa *trastainer; trastainer crane.*
Grúa puente utilizada para la clasificación y el apilado en parques de contenedores.

grupaje; *groupage.*
Procedimiento de transporte internacional mediante la expedición de partidas de distintos remitentes, de diferente peso, clase o volumen, que por sí solas no ocuparían un equipo o medio de transporte, y que se acondicionan como una única unidad física de manipulación y circulación, con el fin de facilitar su expedición y transporte hacia un destino común (país, ciudad, puerto, aeropuerto, etc.), generalmente un centro desconsolidador desde donde se reexpiden al destinatario final.

grupaje aéreo; *air groupage.*
Servicio de transporte de mercancías con la modalidad de grupaje que presta un agente de carga aérea.

grupajista; *freight consolidator.*
Operador de transporte que lleva a cabo la consolidación de cargas, agrupando en una misma unidad de carga las mercancías de diferentes remitentes dirigidas a distintos destinatarios.

grupo de ejes; *axle group.*
Conjunto de ejes que forman un bogie. Se denomina «tándem» en el caso de dos ejes y «tándem triaxial» si se trata de tres ejes.

GSA; *GSA.*
Siglas de *general sales agent.* Véase **agente general de ventas.**

GSM; *GSM.*
Siglas de *global system for mobile,* sistema estándar para la comunicación de telefónos digitales móviles o celulares.

GSM-R; *GSM-R.*
Acrónimo de *global system for mobile communications-railways.* Sistema estándar ferroviario europeo de transmisión por radio, basado en la tecnología GSM, mediante frecuencias exclusivas para el ferrocarril.

guinda; *air draft.*
Altura de la parte más alta de una embarcación por encima de la línea de flotación.

Gy; *Gy.*
Símbolo de **gray.**

H

H; *H.*
Símbolo de **henrio.**

habilidad; *ability.*
Capacidad de llevar a cabo una determinada tarea física o mental.

hacer agua; *take in water (to) / leak (to).*
Penetración de agua del mar en una embarcación a causa de una avería en el casco o de una abertura accidental de las escotillas.

hardware; hardware.
Véase **soporte físico.**

haz de vías; *railway beam.*
Conjunto de vías ferroviarias paralelas con un origen común, unidas a una o dos agrupaciones de desvíos que las relacionan con las vías principales o secundarias, denominadas éstas cabezas del haz de vías.

hectárea; *hectare.*
Unidad accesoria del sistema internacional de unidades de medida, equivalente a 10.000 m² o la superficie que ocupa un cuadrado de un hectómetro de lado. Su símbolo es «ha».

henrio; *henry (inductance).*
Unidad de inductancia del sistema internacional de unidades de medida, definida como la inductancia eléctrica de un circuito cerrado en el que se produce una fuerza electromotriz de 1 V cuando la corriente eléctrica que recorre el circuito varía uniformemente a razón de 1 A/s:
$$1 \text{ H} = (1 \text{ V} \cdot 1 \text{ s}) / 1 \text{ A} = \text{Wb} \cdot 1 \text{ A}^{-1}.$$
Su símbolo es «H».

hertz; *hertz.*
Unidad de frecuencia del sistema internacional de unidades de medida, definida como la frecuencia de un fenómeno periódico cuyo período es 1 s:
$$1 \text{ Hz} = 1 \text{ s}^{-1} = 1 / 1 \text{ s}.$$
Su símbolo es «Hz».

heurística; *heuristic.*
Manera de solucionar problemas mediante reglas o métodos determinados por la experiencia o la intuición, sin un procedimiento riguroso de investigación.

hidroaeroplano; *hydroplane.*
Avión provisto de flotadores en el lugar de las ruedas para posarse sobre el agua.

hidroavión; *seaplane.*
Avión provisto de flotadores en el lugar de las ruedas para posarse sobre el agua.

hidrocarburo; *hydrocarbon.*
Compuesto formado por la combinación del carbono con el hidrógeno, utilizado para la combustión que tiene lugar en un motor de explosión.

hidrófuga/o; *water-repellent / water resistant / damp-proof.*
Sustancia o producto que evita o expele la humedad y preserva de filtraciones.

histograma; *histogram.*
Véase **diagrama de barras.**

hoja de ruta; *waybill / route sheet.*
Véase **carta de porte.**

hojalata; *tin.*
Lámina de acero o hierro, estañada por sus dos caras, que se utiliza para la fabricación de envases para productos industriales (aceites, productos sintéticos, etc.) y la conservación de productos alimentarios. El interior de los envases suele tener un recubrimiento plástico para impedir la oxidación.

homologación; *homologation.*
Reconocimiento realizado por un organismo de la Administración pública. Se fundamenta en una reglamentación de ámbito estatal o de un área económica (la Unión Europea, por ejemplo), respecto de un determinado producto, con el fin de autorizar o no su distribución y uso.

horeca; *horeca.*
Acrónimo utilizado para identificar al sector de la hostelería, la restauración y los servicios de comida preparada.

horizonte de planificación; *planning horizon.*
Período de tiempo que abarca un plan maestro de producción.

hormigonera; *cement mixer vehicle.*
Véase **vehículo hormigonera.**

horquilla; *forklift.*
Elemento metálico usado por las carretillas y otros elementos de manutención. Tras introducirlo entre los huecos de los patines del palé permite recogerlo para su transporte.

http; *http.*
Siglas de *hypertext transfer protocol* o **protocolo de transferencia de hipertexto.**

huacal; *crate.*
Cesta o jaula que en numerosos lugares de América Latina y Canarias se construye con varillas de madera y se utiliza para el transporte de productos que precisan una especial protección, como frutas, loza o cristal, entre otros. En América Central, el huacal o jícaro es un árbol de fruto leñoso del cual se hace una vasija que recibe su mismo nombre.

hub; *hub.*
Referido a un aeropuerto o puerto en el que se concentran las salidas o llegadas internacionales de pasajeros y los flujos de mercancías de una determinada región o área geográfica.

huella ecológica; *ecological footprint.*
Medición del consumo de recursos naturales que generan las actividades humanas. La huella ecológica muestra la cantidad de tierra y agua productivas que se utilizan para producir todos los

recursos que se consumen y para absorber todos los desechos que se generan.

humedad de almacenamiento; *storage humidity.*
Temperaturas máxima y mínima autorizadas durante el proceso y período de almacenamiento.

hurto; *theft.*
Acción de apropiarse de bienes ajenos contra la voluntad de su propietario, sin intimidar a las personas ni ejercer fuerza en las cosas.

hz; *Hz.*
Símbolo de **hertz.**

I

I + D; *R&D (research and development).*
Acrónimo del concepto «investigación y desarrollo», relativo al conjunto de actividades relacionadas con la investigación aplicada y su implantación en el marco de una organización.

I + D + I; *R+D+I.*
Acrónimo de «investigación, desarrollo e innovación», relativo al conjunto de actividades y programas relacionados con la investigación aplicada, su implantación y la incorporación de tecnologías, encaminados a incrementar la competitividad de una organización.

IAE; *tax on economic activities / trading tax.*
Siglas de **impuesto de actividades económicas.**

IBI; *property tax.*
Siglas de **impuesto sobre bienes inmuebles.**

identificación por radiofrecuencia; *radio frequency identification data (RFID).*
Sistema de almacenamiento y recuperación de datos remoto que usa etiquetas *(tags)* provistas de receptores-emisores que permiten responder a peticiones por radiofrecuencia desde un emisor-receptor. En su aplicación en la distribución comercial, la etiqueta RFID, con los datos de identificación del producto o EPC (electronic product code) al que se ha adherido, emite una señal que puede ser captada por un lector que la transfiere, a su vez, a la aplicación o al dispositivo que debe utilizarla.

ignífuga/o; *fireproof / fire resistant.*
Sustancia o producto que protege contra el fuego.

imbornal; *scupper.*
Orificio o registro destinado a dar salida al agua que se deposita o embarca en la cubierta o la bañera de un buque.

impacto medioambiental; *environmental impact.*
Efecto que provoca sobre el medio ambiente una acción determinada, por ejemplo, las constructivas, productivas o de prestación de servicios.

importación; *import.*
Transacción comercial de compra realizada con proveedores localizados en países que pertenecen a un área económica distinta de la del comprador (terceros países).

importación temporal; *temporary admission.*
En la Unión Europea, procedimiento aduanero que permite introducir en un

país determinadas mercancías para su posterior reexpedición al extranjero o a un puerto, zona o depósito franco. Este régimen de importación queda cancelado cuando se exportan las mercancías fuera de la Unión Europea, cuando acceden a un depósito franco o aduanero, o si se despachan para distribuirse en el mercado.

importador; *importer.*
Persona física o jurídica que compra mercancías extranjeras o contrata servicios suministrados desde el extranjero.

impuesto de actividades económicas (IAE); *tax on economic activities / trading tax.*
Impuesto obligatorio en España para la puesta en marcha de una empresa o para llevar a cabo una actividad económica.

impuesto de circulación; *road tax.*
Impuesto anual que se aplica a los vehículos de tracción mecánica, aptos para circular por la vía pública.

impuesto de transmisiones patrimoniales (ITP); *tax on patrimonial transmissions (TPT) / transfer tax.*
Impuesto directo sobre transmisiones patrimoniales onerosas, que paga el adquirente sobre la base del valor de la transmisión menos las cargas deducibles.

impuesto sobre actos jurídicos documentados; *stamp duty / legal documentation tax.*
Gravamen que se aplica sobre los documentos notariales y mercantiles.

impuesto sobre bienes inmuebles (IBI); *property tax.*
Gravamen que aplican los ayuntamientos o municipalidades sobre los bienes inmuebles.

impuesto sobre el valor añadido (IVA); *value added tax (VAT).*
Impuesto de naturaleza indirecta que recae sobre el consumo y que se aplica en la entrega de bienes, la prestación de servicios, las importaciones y las adquisiciones intracomunitarias de la Unión Europea.

impuesto sobre la renta de las las personas físicas (IRPF); *income tax.*
Impuesto de naturaleza directa, que grava la renta (la totalidad de los rendimientos, ganancias y variaciones patrimoniales) según sean las circunstancias familiares y personales del ciudadano.

impuesto sobre sociedades; *corporation tax / trade tax.*
Impuesto directo que grava la renta o los ingresos obtenidos anualmente por las personas jurídicas, como son las sociedades limitadas o anónimas.

incoterms; *incoterms.*
Acrónimo de *International Commerce Terms,* términos comerciales fijados por la CCI (Cámara de Comercio Internacional). Expresan las obligaciones y los derechos que aceptan las partes compradora y vendedora en una operación de comercio internacional en cuanto a las distintas fases del proceso de transporte elegido y las condiciones para la entrega de las mercancías. Están constituidos por trece modalidades distintas:
– EXW.
– FCA.

- FAS.
- FOB.
- CFR.
- CIF.
- CPT.
- CIP.
- DAF.
- DES.
- DEQ.
- DDU.
- DDP.

indicador de gestión; *business metrics.*
Herramienta de apoyo a la gestión de organizaciones que permite obtener información cuantitativa sobre un proceso que se ha definido y registrado, relacionado con estándares o variables conocidos.

indicadores logísticos; *logistics key performance indicators.*
Conjunto de medidas estandarizadas y normalizadas que, expresadas en forma de ratios, informan sobre la evolución de los planes logísticos y las funciones relacionadas con la gestión del flujo de materiales (*marketing*/ventas, producción y logística). Estos indicadores permiten identificar la necesidad de estudiar alternativas y aplicar acciones correctoras cuando se produce una desviación respecto a la planificación.

índice de carga; *load index.*
Porcentaje que expresa la relación entre la carga de un vehículo y su capacidad de transporte real.

índice de rotación bajo; *low turnover ratio.*
En distribución física, una mercancía posee un bajo índice de rotación cuando el número de pedidos por cliente y mes que se producen es inferior al 10 % de los pedidos que dicho cliente efectúa durante ese período.

índice de rotación de existencias; *stock turnover rate.*
Fracción resultante del número de veces que se ha movido un *stock* durante un determinado período de tiempo.

índice estacional; *seasonal index.*
Valor relativo tomado durante un período por una variable respecto al valor medio de la misma durante un año.

inflación; *inflation.*
Fenómeno económico que se da cuando aumenta la cantidad de dinero en circulación; con una oferta de bienes constante, los precios y los salarios aumentan y se reduce el poder adquisitivo del dinero.

infoestructura; *infostructure.*
Conjunto de los equipos, sistemas y conocimientos operativos acumulados (*software*) que constituyen la infraestructura de la información y las comunicaciones en una organización.

información de residuos; *waste data booklet.*
Relación exigible de los residuos generados a bordo de un buque (aguas fecales, aceites, residuos orgánicos...), junto con información del último puerto donde vaciaron los tanques de combustible. Su finalidad es evitar la contaminación marina y programar por la autoridad portuaria la máxima reciclabilidad de dichos residuos.

informática; *computer system.*

Conjunto de conocimientos científicos y técnicas relacionados con el tratamiento automático y sistematizado de la información mediante ordenadores.

informe de daños en la terminal; *terminal damage report.*

Documento que expide una terminal de contenedores para su cliente, en el que se indican las incidencias producidas en sus contenedores durante la operativa en dicho punto de intercambio modal.

informe sobre el estado de los contenedores; *container status report.*

Documento que expide periódicamente un depósito de contenedores para el responsable de la gestión de los mismos, en el que se indica el estado de cada contenedor, con la relación de daños que se aprecian.

infraestructura; *infrastructure.*

Conjunto de elementos físicos, instalaciones y equipos, o de servicios que se consideran necesarios para la creación y el funcionamiento de una organización.

ingrediente; *ingredient.*

Materia prima o componente de una mezcla en un proceso industrial.

inspección; *inspection.*

Examen, reconocimiento y valoración del cumplimiento de un requisito, apoyado en los casos necesarios en análisis, mediciones, comparaciones, pruebas, ensayos, o cualquier otro procedimiento de evaluación.

inspección periódica; *periodic inspection.*

Inspección o prueba posterior a la puesta en servicio de aparatos o equipos que lleva a cabo una organización u organismo de control.

instalaciones; *facilities.*

Conjunto formado por la planta física, el equipo, las herramientas, los materiales, los suministros, los instrumentos, los vehículos, las infraestructuras y otros recursos necesarios para la elaboración de un producto o la prestación de un servicio.

instrucción de entrega; *delivery instruction.*

Documento que remite el comprador al vendedor o al consignatario de una mercancía con las circunstancias y los requisitos que se deben cumplir en cuanto a la entrega de las mercancías solicitadas, de acuerdo con las condiciones del contrato de compraventa.

instrucciones de embarque; *shipping instructions.*

Documento que facilita el agente transitario a la empresa consignataria con la información necesaria para confeccionar el conocimiento de embarque.

insumo; *input / raw material / intermediate good.*

Véase **bienes de equipo.**

integrador; *courier company.*

Véase **courier.**

intercambiador; *interchanger.*

Estación ferroviaria en la que confluyen otros medios de transporte y que facilita la conectividad de un territorio.

intercambio electrónico de datos; *electronic data interchange (EDI).*
Sistema de transferencia de datos utilizando medios electrónicos mediante protocolos preestablecidos, formando conjuntos de mensajes, entre organizaciones de una misma cadena de suministro o entre unidades físicamente separadas de una organización.

interés asegurado; *insured property.*
Bien que se quiere proteger mediante la contratación de una póliza de seguro.

interfaz; *interface.*
1. Lugar de transición entre el mar y la tierra firme, habitualmente acondicionado como zona portuaria.
2. En el ámbito de las TIC, es un elemento que permite la interconexión de dos procesos diferenciados con un propósito común. Reune un conjunto de comandos y métodos que permiten la interconexión de un programa informático con cualquier otro programa o elemento. Existen diferentes estándares de interfaz con determinadas especificaciones técnicas (USB, IDE, SCSI, etc.).

intermodal; *intermodal.*
Véase **transporte intermodal.**

intralogística; *internal logistics.*
Conjunto de operaciones relacionadas con el desarrollo, la gestión y el control del proceso logístico que se lleva a cabo en el interior de una organización. Abarca los materiales y la información.

intranet; *intranet.*
Red de comunicaciones interna y privada utilizada por las personas de una organización para tener acceso a información e intercambiar archivos de una manera similar a como se hace en internet.

intrastat; *intrastat.*
Nombre con que se conoce el documento informativo que desde 1993 están obligadas a presentar las empresas de la Unión Europea que superan un determinado volumen anual de ventas o compras. Su función es actualizar de forma sistemática y permanente la estadística del comercio exterior.

introducción; *regional purchase.*
Transacción comercial de compra realizada con proveedores localizados en países que pertenecen a la misma área económica que la del comprador.

inventario; *inventory.*
1. Existencias o ítems usados como recurso en la producción, las actividades y los servicios. Además de las materias primas, el inventario comprende los productos en proceso, los terminados y en tránsito, los materiales, los repuestos y los accesorios necesarios para la producción de bienes o la prestación de servicios, los envases y los embalajes.
2. Relación ordenada de las existencias o los ítems, con indicación de la cantidad disponible y valoración de cada una de ellas a coste de adquisición.
3. Proceso de recuento y verificación del material almacenado.

inventario de productos terminados; *finished product stock.*
Inventario disponible para suministrar al mercado. Incluye los artículos

que se deben suministrar, pero que todavía no están facturados, y excluye los que ya se han facturado al cliente.

inventario de seguridad; *security stock.*
Véase **existencia de seguridad.**

inventario disponible; *available inventory.*
Inventario físico final, una vez aplicadas las asignaciones, las reservas, los descubiertos y las retenciones por defectos de calidad.

inventario económico; *economic stock.*
Inventario acumulado por una organización. Se considera el conjunto de las existencias más los pedidos de productos que todavía no se han recibido, menos los productos vendidos que todavía no se han entregado.

inventario en fábrica; *factory stock.*
Inventario global de los materiales, componentes y trabajos en curso en una fábrica. Excluye los productos terminados.

inventario en proceso; *inventory in process.*
Véase **trabajo en curso.**

inventario físico; *physical inventory.*
1. Proceso de recuento y verificación del material almacenado.
2. Inventario de un momento dado en sí mismo.

inventario inicial; *initial inventory.*
Situación del inventario tras realizar un

recuento real del mismo al final de un período e inicio del siguiente.

inventario neto; *net inventory.*
Véase **inventario disponible.**

inventario permanente; *perpetual inventory.*
1. Método de mantenimiento del inventario en el que se registra cada entrada y salida, y se calculan de nuevo las existencias resultantes.
2. Sistema de inventario físico permanente, en el que el recuento y las comprobaciones sobre las existencias se llevan a cabo a lo largo de todo el ejercicio y no en un período concreto y limitado de tiempo.

inventario perpetuo; *perpetual inventory.*
Véase **inventario permanente.**

IRPF; *income tax.*
Siglas de **impuesto sobre la renta de las personas físicas.**

isotermo; *insulated vehicle.*
Véase **vehículo isotermo.**

ítem; *item.*
Cualquier material, producto, artículo o subconjunto de ellos producido o comprado.

itinerario; *itinerary.*
Ruta que recorre un vehículo para trasladar pasajeros, incluyendo las paradas previstas, o efectuar la entrega de la mercancía que transporta, caracterizada por los puntos de parada predefinidos a la salida y a la llegada del recorrido.

itinerario troncal ferroviario; *main railway line.*

Línea o parte de una línea de ferrocarril que presta servicio a múltiples relaciones de origen y destino y, por tanto, a un número significativo de usuarios.

ITP; *TPT (tax of patrimonial transmissions).*

Siglas de **impuesto de transmisiones patrimoniales.**

ITS; *ITS.*

Siglas de *intelligent transport system.* Véase **sistemas inteligentes de transporte.**

ITV; *MOT (motor vehicle test).*

Siglas de «inspección técnica de vehículos».

IVA; *VAT (value added tax).*

Siglas de **impuesto sobre el valor añadido.**

J

J; *J.*
Símbolo de **julio.**

JAT; *JIT (just in time).*
Siglas de **justo a tiempo.**

jaula; *livestock vehicle.*
Véase **vehículo jaula.**

jaulón de embalaje; *crate.*
Embalaje exterior construido mediante paredes de tablillas separadas.

jefe de circulación; *station master.*
Persona que dirige la circulación ferroviaria en una estación o un centro de control de tráfico, y que está al mando del personal relacionado con dicha circulación.

jerarquía; *hierarchy.*
Estructura de una clasificación donde ésta se ordena por niveles o categorías, desde el nivel más amplio hasta el nivel con mayor detalle.

jerarquía de la categoría; *category hierarchy.*
Clasificación estructurada de productos según su departamento de referencia, categoría y subcategoría.

jerarquía organizacional; *organizational hierarchy.*
Relación que se establece entre unidades subordinadas y unidades superiores en el ámbito de una organización.

jerricán; *drum / jerrycan.*
Unidad de carga o envase en forma de cuba o barril pequeño, de madera, metal o plástico, de sección rectangular o poligonal, que puede estar provisto de uno o varios orificios para el llenado y vaciado, con cierres con o sin dosificador.

JIT; *JIT.*
Siglas de *just in time.* Véase **justo a tiempo.**

julio; *july.*
Unidad de energía, trabajo o cantidad de calor del sistema internacional de unidades de medida, definida como el trabajo producido por una fuerza equivalente a 1 N, cuyo punto de aplicación se desplaza 1 m en la dirección de la fuerza:
$$1 \text{ J} = 1 \text{ N} \cdot 1 \text{ m.}$$
Su símbolo es «J».

julio por kelvin; *july multiplied by kelvin.*
Unidad de entropía del sistema internacional de unidades de medida, definida como el aumento de entropía de un sistema que recibe una cantidad de calor

de 1 J, a la temperatura termodinámica constante de 1 K, siempre que en el sistema no tenga lugar ninguna transformación irreversible:

$$1 \text{ J/K} = 1 \text{ J} / 1 \text{ K}.$$

Su símbolo es «J/K» o «J·K^{-1}».

julio por kilogramo kelvin; *july by kilogram kelvin.*

Unidad de capacidad térmica másica y entropía másica del sistema internacional de unidades de medida, definida como la capacidad térmica másica de un cuerpo homogéneo de una masa de 1 kg, en el que el aporte de una cantidad de calor de 1 J produce una elevación de temperatura termodinámica de 1 K:

$$1 \text{ J} / (\text{kg} \cdot \text{K}) = 1 \text{ J} / (1 \text{ kg} \cdot 1 \text{ K}).$$

Su símbolo es «J / (kg · K)» o «J · kg^{-1} · K^{-1}».

junta arbitral de transporte; *transportation arbitration board.*

En España, institución creada por la LOTT (Ley de Ordenación de los Transportes Terrestres; arts. 37 y 38) con el fin de solucionar los conflictos y las reclamaciones derivadas del transporte terrestre (por carretera, ferrocarril y cable), de forma sencilla, ágil y gratuita, sin necesidad de acudir a los juzgados ni tribunales ordinarios. Cumple también funciones informativas y de asesoramiento, de depósito de mercancías en situaciones especiales, peritaciones y otras.

jurisdicción estatal; *state jurisdiction.*

Capacidad de un Estado para gobernar personas y propiedades mediante su propio derecho interno, el cual incluye la facultad de dictar normas jurídicas y la posibilidad de implantarlas y aplicarlas.

justo a tiempo (JAT); *just in time (JIT).*

Filosofía de fabricación, enmarcada en el concepto de «calidad total», cuya meta es la reducción de costes y la eliminación de existencias. El lema de esta filosofía sería: «producir justo lo que se necesita, cuando se necesita, en la cantidad adecuada y al menor coste posible». Su procedimiento logístico se fundamenta en la frecuencia y regularidad de las entregas del proveedor para reducir las existencias en la cadena de suministro.

K

K; *K.*
Símbolo de **kelvin**.

kaizen; kaizen.
Término japonés utilizado para designar la mejora continuada en todos los ámbitos de la empresa enfocada hacia la «calidad total».

kanban; kanban.
Sistema de información automatizado para la programación, la dirección y el control del flujo de materiales a lo largo de un proceso de producción, utilizado en los modelos JIT *(just in time)*. Su denominación proviene del significado de la palabra tarjeta en japonés, *kanban*, dado que en él se utilizan fichas de cartón introducidas en sobres plásticos.

kanban **de producción;** *production kanban.*
Modelo de *kanban* que ofrece información sobre la cantidad que hay que producir por el proceso anterior del sistema.

kanban **de transporte;** *transport kanban.*
Modelo de *kanban* que ofrece información sobre la cantidad que hay que recoger por el proceso posterior del sistema.

kelvin; *kelvin.*
Unidad básica de temperatura termodinámica del sistema internacional de unidades de medida, definida como la fracción 1/273,16 de la temperatura termodinámica del punto triple del agua. Su símbolo es «K».

kg; *kg.*
Símbolo de **kilogramo.**

kilogramo; *kilogram.*
Unidad básica del sistema internacional de unidades de medida, definido como la masa del Kilogramo Patrón, cilindro compuesto de una aleación de platino iridiado que se conserva en la Oficina Internacional de Pesos y Medidas en Sèvres, en las proximidades de París. Su símbolo es «kg».

kilogramo por metro cúbico; *kilogram multiplied by cubic meter.*
Unidad de masa en volumen del sistema internacional de unidades de medida, definida como la masa en volumen de un cuerpo homogéneo cuya masa es de 1 kg y el volumen de 1 m^3:
$$1 \text{ kg/m}^3 = 1 \text{ kg} / 1 \text{ m}^3.$$
Su símbolo es «kg/m^3» o «kg · m^3».

kilogramo por segundo; *kilogram multiplied by second.*
Unidad de caudal másico del sistema

internacional de unidades de medida, definida como el caudal másico de una corriente uniforme tal que una sustancia de 1 kg de masa atraviesa una sección determinada en 1 s:

1 kg/s = 1 kg / 1 s.

Su símbolo es «kg/s » o «kg · s⁻¹».

kilómetro; *kilometer* (EEUU) / *kilometre* (Reino Unido).

Unidad de longitud del sistema internacional de unidades de medida, que equivale a 1.000 metros. Su símbolo es «km».

kilómetro de oro; *last mille.*

Área céntrica o emblemática de una conurbación caracterizada por un alto valor de los inmuebles. Este hecho se halla motivado por la elevada demanda de espacios para la instalación de representaciones corporativas de empresas líderes y establecimientos comerciales, en especial de los sectores relacionados con la moda y los productos de consumo de alto valor añadido.

kingpin; kingpin.

Voz inglesa que designa el soporte fijo situado en el semirremolque que permite formar un conjunto articulado por medio del enganche de la «quinta rueda» de la cabeza tractora.

km; *km.*

Símbolo de **kilómetro.**

L

l; *l.*
Símbolo de **litro**.

L/C; *L/C.*
Siglas de *letter of credit.* Véase **carta de crédito**.

laboratorio de ensayo; *research laboratory.*
Centro acreditado donde se analizan y verifican las cualidades de un producto o proceso mediante un procedimiento normalizado.

lanzadera; *shuttle.*
Denominación de un servicio de transporte (autobús, tren, etc.) que realiza de manera continuada un mismo trayecto de ida y vuelta entre dos terminales o puntos extremos de una ruta.

lanzadera de almacén; *warehouse shuttle.*
Elemento de manutención automatizado en forma de carro montado sobre guías, utilizado para el transporte continuo dirigido de una o más unidades, simultáneamente, de palés, cajas o cubetas entre dos o más puntos de un almacén.

larguero; *beam.*
Elemento horizontal propio de las estanterías de un sistema de almacén convencional que, encajado en los bastidores mediante las grapas, permite el apoyo de los palés. Los patines de los palés se apoyan transversalmente a los largueros.

largueros del contenedor; *container beams.*
Elementos estructurales transversales o longitudinales que unen las cantoneras y los postes de las esquinas del conetenedor, sobre los que se sujetan los paneles del techo y las paredes, así como las puertas.

LASH; *LASH ship.*
Acrónimo de *lighter aboard ship.* Véase **buque portabarcazas**.

lata; *tin / can.*
Envase de forma cilíndrica o de base rectangular hecho de hojalata, de entre 0,09 y 0,49 mm de espesor, que puede contener los más diversos productos: pinturas, aceites, dulces, bebidas, etc. Puede cerrarse mediante una tapa o disponer de uno o más orificios para su llenado y vaciado.

LCL; *LCL.*
Siglas de *less than container load* o «contenedor con carga parcial», cláusula de transporte marítimo de contenedores que indica que se trata de un transporte puerta a puerta. Mediante esta cláu-

sula el embarcador asume la obligación de cargar el contenedor en su almacén, por su cuenta y riesgo, y entregarlo al porteador. Éste lo transporta por su cuenta y riesgo desde el almacén de origen al de destino, y lo entrega al receptor, quien finalmente, también por su cuenta y riesgo, desagrupa la carga del contenedor. El receptor debe devolver el contenedor descargado a la naviera en un plazo máximo de siete días, incluidos el de la retirada o descarga y el de la devolución. Transcurrido este tiempo incurre en una sobretasa diaria. Habitualmente, el exportador corre con los gastos de alquiler del contenedor.

lean management; lean management.
Expresión en inglés acuñada por James Womack, para designar una filosofía de gestión que incorpora conceptos para mejorar la competitividad de las organizaciones: estrategia empresarial, desarrollo del cambio cultural, y estrategia de la cadena de valor o cadena de suministro (www.institutolean.org).

lector de códigos de barras; *wand (bar code).*
Instrumento de lectura que se conecta a un aparato identificador de códigos de barras.

lector RFID; *RFID reader.*
Dispositivo que se comunica mediante ondas radioeléctricas con las etiquetas RFID y entrega información digitalizada a un sistema informático.

lectura óptica; *optical scanning.*
Técnica utilizada para el reconocimiento automatizado de signos a través de su imagen.

letra de cambio; *bill of exchange.*
Título de crédito endosable mediante el cual el librado (aceptante) se obliga a pagar al librador (emisor) o a un beneficiario (tenedor) del efecto un importe concreto en una fecha de vencimiento que se indica.

levante; *customs release (note).*
Copia 9 de un documento único administrativo (DUA) o documento telemático similar mediante la cual la aduana autoriza la salida o entrada de una mercancía del puerto.

ley de Pareto; *Pareto's law.*
Véase **clasificación ABC**.

ley 20/80; *80-20 rule.*
Véase **clasificación ABC**.

libre al costado del buque; *free alongside ship (FAS).*
Cláusula de transporte similar a «bajo puntal», en la que se deja constancia de que la obligación del embarcador finaliza cuando la carga ha sido entregada debajo de los puntales del buque (o de la grúa, si se emplea grúa de tierra). Cualquier coste posterior a cargar y estibar corre a cargo del armador.

libre plática; *free practique.*
Autorización de la autoridad sanitaria para que una nave, aeronave u otro vehículo de transporte realice las operaciones de embarque y desembarque.

licencia de actividad; *business licence.*
Licencia municipal que autoriza la implantación, modificación o ampliación

de actividades e instalaciones de una industria, un comercio, un taller, una oficina, etc.

licencia de apertura; *opening licence.*
Licencia municipal que acredita que las instalaciones de un centro de trabajo reúnen las condiciones exigidas por las normativas técnicas, urbanísticas y de seguridad.

licencia de exportación; *export licence.*
Licencia que la Administración de algunos países exige a las empresas exportadoras, en especial para la exportación de mercancías peligrosas y productos que pueden destinarse a fines ilícitos.

licencia de importación; *import licence.*
Licencia que la Administración de algunos países exige a las empresas importadoras para poder importar determinadas mercancías contingentadas, peligrosas y productos que pueden destinarse a fines ilícitos.

liderazgo; *leadership.*
1. Proceso de influir en las actividades que lleva a cabo una persona, un colectivo o una organización para alcanzar un objetivo.
2. Situación de superioridad en que se halla una organización, un producto o un sector económico, en un ámbito determinado.

li-fo; *li-fo.*
Abreviatura de *last-in / first-out.* Véase **último en llegar, primero en salir.**

lifo; *lifo.*
Siglas de *liner in free out,* cláusula de transporte marítimo, opuesta a la

FILO, mediante la que el armador o fletante asume expresamente los riesgos y la ejecución de las operaciones de carga y estiba en el puerto de carga, abonando sus costes, mientras que el fletador asume los riesgos y la ejecución de la desestiba y descarga en el puerto de destino. La obligación de custodia por el fletante se inicia con la recepción de la carga en el muelle, al costado del buque, en el puerto de carga, y finaliza con la entrega de la carga a bordo del buque en el puerto de descarga.

li-lo; *li-lo.*
Abreviatura de *last-in / last-out* o «último en llegar, último en salir». Véase **fifo** y **último en llegar, último en salir.**

límite de responsabilidad; *limit of liability.*
Cantidad económica máxima que el transportista debe pagar al cargador con motivo de algún daño o pérdida sobre la carga de la cual es responsable de acuerdo con el contrato de transporte. Esta cantidad puede fijarse por acuerdo entres ambas partes o según la reglamentación vigente.

limpieza; *housekeeping.*
Actividad productiva que define y mantiene un entorno ordenado con el fin de evitar errores y prevenir la contaminación en el proceso de producción.

línea de flotación; *waterline.*
Línea imaginaria, indicada por la intersección del costado del buque con la superficie del agua, que separa la parte sumergida de una embarcación de la que no lo está, y que varía en función de la carga del buque y de la

temperatura del agua, entre otros factores.

línea ferroviaria; *railway line.*
Infraestructura ferroviaria que une dos puntos de un territorio, compuesta por la plataforma de la vía, la superestructura (carriles, contrarraíles, traviesas y material de sujeción), las obras civiles (puentes, túneles y pasos superiores) y las instalaciones y los equipos de electrificación, señalización, telecomunicaciones, seguridad y alumbrado.

línea ferroviaria de tráfico exclusivo; *passenger rail line.*
Línea ferroviaria de alta velocidad diseñada exclusivamente para el tráfico de viajeros, lo cual permite unas pendientes máximas que imposibilitan su eventual utilización por trenes de mercancías.

línea ferroviaria de tráfico mixto; *mixed rail line.*
Línea ferroviaria de alta velocidad diseñada para el tráfico de viajeros y mercancías.

línea regular; *regular line / scheduled service.*
Servicio de transporte general de volúmenes de carga pequeños, medianos o grandes, que incluye la posibilidad de un vehículo o unidad de carga completos, hacia zonas geográficas servidas por el operador de transporte, con una frecuencia, un itinerario y unas tarifas preestablecidas.
En transporte por carretera se aplica sólo al transporte de viajeros, considerándose siempre discrecional el de mercancías.

lineal; *rack.*
1. Superficie que en el punto de venta se dedica a la exposición y venta de los productos.
2. Perímetro formado por los frontales de las estanterías, las góndolas y los muebles de presentación de un establecimiento comercial. La profundidad estándar es de 400 y 600 mm, excepto en los lineales de perfumería, que tienen una profundidad mínima de 300 mm. La anchura estándar es de 900 y 1.300 mm.

líquido; *liquid.*
Fluido de volumen constante, en condiciones de temperatura y presión constantes, en el que las moléculas tienen tan poca cohesión que se adaptan a la forma de su contenedor y tienden a ponerse a nivel. Es uno de los tres estados de agregación de la materia.

líquido inestable; *unstable liquid.*
Líquido que puede polimerizarse, descomponerse, condensarse o reaccionar violentamente a un choque o un cambio brusco de presión o temperatura cuando no se almacena en condiciones o con inhibidores adecuados.

lista de bultos; *packing list.*
Véase **lista de contenido.**

lista de capacidad; *bill of capacity.*
Relación de la capacidad y los recursos requeridos para fabricar una unidad de un artículo.

lista de carga; *loading list.*
Documento que emite el consignatario o responsable del transporte marí-

timo para la estibadora o terminal de carga marítima, con el detalle de las mercancías que deben embarcarse en un determinado buque.

lista de carga del contenedor; *container manifest / unit packing list.*
Documento que emite la empresa responsable de agrupar las mercancías en un contenedor (el NVOCC en el transporte marítimo), indicando la relación de mercancías estibadas en el mismo.

lista de chequeo; *check-list.*
Procedimiento numérico o estadístico útil para el seguimiento de la naturaleza y la frecuencia con que sucede un proceso.

lista de componentes; *list of components.*
Relación de los componentes y subconjuntos que forman un conjunto determinado en un proceso de producción.

lista de contenido; *packing list.*
Documento emitido por el remitente que incluye una relación detallada de las mercancías que se envían en una expedición, bien sea por medio de un vehículo de transporte o introducidas en un contenedor para su consolidación. Se especifica el número de bultos, sus marcas, sus especies, su numeración, el contenido de cada uno de ellos, las unidades envasadas, el tipo de embalaje, el peso neto y bruto, etc., con objeto de verificar la correcta recepción de las mercancías en el lugar donde se realice la entrega o desconsolidación de la unidad de carga o transporte.

lista de embalajes; *packing list.*
Véase **lista de contenido**.

lista de embarque; *cargo list.*
Véase **lista de carga**.

lista de lotes; *bill of batches.*
Relación ordenada del conjunto de lotes que se deben fabricar, con indicación de la referencia de todos los componentes que hay que utilizar.

lista de materiales; *bill of materials.*
En un sistema MRP, relación del conjunto de materias primas, materiales, piezas y componentes, con la mayor concreción y detalle que sean posibles, que intervienen en la fabricación de los productos de la empresa, con indicación precisa de las cantidades de dichos materiales.

lista de procesos; *bill of process.*
Lista de los procesos, los materiales, los recursos, las herramientas, la energía y los tiempos necesarios para la fabricación de un producto.

lista de recogida; *picking list.*
Listado de materiales y cantidades que deben recogerse en la preparación de un pedido, ordenados de manera que se realice el mínimo número de recorridos posible.

lista de recursos; *bill of resources.*
Lista de las capacidades requeridas y los índices de recursos necesarios para fabricar una unidad de un artículo o familia determinados.

lista de tripulantes; *crew list.*
Relación de los tripulantes de un buque que se debe presentar ante la au-

toridad portuaria con antelación a la entrada o salida de un buque del puerto. Sirve para controlar que el buque cuenta con la tripulación mínima necesaria para su navegabilidad, y con la aprobación de los departamentos de inmigración y seguridad, entre otros.

listado de contenedores y precintos; *list of containers and seals.*
Relación que elabora la empresa estibadora tomando la información del listado numérico y que entrega al *confronta* portuario.

listado de preparación de pedidos; *picking list.*
Véase **lista de recogida**.

listado numérico; *numerical list.*
Listado de los contenedores que se deben cargar o descargar, con indicación de su contenido y del número de precinto, elaborado por el agente consignatario para un determinado buque, a partir de la información remitida por el armador en el caso de la descarga. Este listado es entregado a la empresa estibadora junto con el plano de carga.

litro; *liter* (EEUU) / *litre* (Reino Unido).
Unidad de capacidad del Sistema Métrico Decimal, definida como el volumen de un decímetro cúbico. Su símbolo es «l».

lm; *lm.*
Símbolo de **lumen**.

localización; *location.*
Lugar, punto o área identificable por alguna referencia, tal como una dirección, unas coordenadas geográficas u otras.

locomotora; *engine.*
Vehículo para el transporte ferroviario destinado a remolcar otros vehículos. Según la fuente de energía que utilice puede ser de vapor, diésel o eléctrica.

logista; *logistics coordinator.*
Profesional especializado en métodos de organización, especialmente en cuanto a la gestión logística.

logística; *logistics.*
Proceso de planificación, gestión y control de los flujos de materiales y productos, informaciones y servicios relacionados. Distingue los procesos de aprovisionamiento, producción y distribución, e incluye los movimientos internos y externos, así como las operaciones de importación y exportación.

logística comercial; *commercial logistics.*
Véase **distribución física**.

logística de aprovisionamiento; *supply logistics.*
Parte del proceso logístico referida a las actividades de compra, recepción, almacenamiento y distribución interna de insumos de productos, tendentes a posicionarlos en el momento, la cantidad y el lugar donde se necesitan.

logística de distribución; *distribution logistics.*
Véase **distribución física**.

logística de entrada; *entrance logistics.*
Engloba las actividades asociadas a la recepción, el almacenamiento y la distribución interna de insumos del producto.

logística de producción; *manufacturing logistics.*
Parte del proceso logístico relacionada con la optimización de los procesos de movimiento físico de materiales dentro de las instalaciones de un centro de producción.

logística de salida; *exit logistics.*
Véase **distribución física.**

logística industrial; *industrial logistics.*
Parte del proceso logístico que engloba desde la compra de las materias primas (logística de aprovisionamiento) hasta la fabricación del producto acabado, incluyendo la logística de producción, es decir, la gestión y optimización de los procesos de movimiento físico de materiales en las instalaciones del centro de producción. Normalmente, el transporte de productos se efectúa mediante vehículos de más de 3.500 MMA, con distancias superiores a 50 km, en ámbitos regionales e internacionales.

logística integral; *integral logistics.*
Véase **logística.**

logística interna; *internal logistics.*
Actividades u operaciones logísticas dedicadas a la compra, la recepción, el almacenaje y la distribución de los productos utilizados en los procesos internos de una organización.

logística inversa; *reverse logistics.*
1. Proceso de planificación, implantación y control del flujo efectivo de costes y almacenaje de materiales, inventarios en curso y productos terminados, así como de la información relacionada, desde el punto de consumo al punto de origen, con el fin de recuperar valor o asegurar su correcta eliminación (Consejo Ejecutivo de Logística Inversa).
2. Conjunto de actividades logísticas de recogida, selección, desmontaje y procesado de productos usados, partes de productos o materiales con vistas a maximizar el aprovechamiento de su valor y, en general, su uso sostenible.

logística urbana; *city logistics.*
Conjunto de procesos logísticos que tienen lugar en el ámbito urbano relacionados con:
- El aprovisionamiento de establecimientos comerciales, industriales o logísticos.
- El abastecimiento directo del consumidor final.
- La movilidad de las personas por medio del transporte público o privado.
- Las infraestructuras logísticas.
- Gestión de residuos sólidos urbanos.

logotipo; *logotype.*
Símbolo gráfico que representa y distingue a una identidad corporativa (empresa, producto, marca, etc.).

lo-lo; *lo-lo.*
Contracción de la expresión inglesa *lift-on / lift-out.* Véase **buque de carga vertical.**

longitud del palé; *pallet length.*
Dimensión del piso superior de un palé, paralela al sentido de introducción de las horquillas elevadoras. Al enunciar las medidas de un palé, la longitud debe figurar en primer lugar. En los

palés de cuatro entradas la longitud corresponde a la medida del lado menor.

lote; *lot / batch.*
Conjunto de artículos producidos en una única ejecución, que comparten los costes de fabricación e idénticas características.

lote de trabajo; *job lot.*
Cantidad determinada de un componente o artículo que se fabrica de una sola vez.

lote económico de fabricación; *económic order quantity (EOQ).*
1. Véase **cantidad económica de pedido.**
2. Procedimiento de compra que permite calcular la cantidad económica de pedido.

lote piloto; *pilot lot.*
Pedido preliminar de escasa significación de un artículo, con el objetivo de comprobar el diseño del producto y su relación con la eficiencia del proceso de fabricación.

LOTT; *LOTT.*
En España, Ley de Ordenación del Transporte Terrestre (Ley 16/1987, de 30 de julio; BOE 182, de 31 de julio de 1987, pág. 23.451).

LPEMM; *LPEMM.*
En España, siglas de la Ley 27/1992 de Puertos del Estado y de la Marina Mercante, de 24 de noviembre de 1992, modificada por la Ley 62/1997, de 26 de diciembre de ese mismo año.

lucro cesante; *lost profits / business interruption.*
Beneficio que se deja de obtener a causa del incumplimiento de una obligación, de la infracción de un deber o de un sacrificio patrimonial legítimo, como en el caso de una mercancía extraviada o averiada.

lumen; *lumen.*
Unidad de flujo luminoso del sistema internacional de unidades de medida, definida como el flujo luminoso emitido en un ángulo sólido de un estereorradián por una fuente puntual uniforme que, situada en el vértice del ángulo sólido, tiene una intensidad luminosa de 1 candela:
$$1 \text{ lm} = 1 \text{ cd} \cdot 1 \text{ sr.}$$
Su símbolo es «lm».

lux; *lux.*
Unidad de iluminancia del sistema internacional de unidades de medida, definida como la iluminancia de una superficie que recibe un flujo luminoso de 1 lm, uniformemente repartido sobre 1 m² de la superficie:
$$1 \text{ lx} = 1 \text{ lm} / 1 \text{ m}^2.$$
Su símbolo es «lx».

lx; *lx.*
Símbolo de **lux.**

M

m; *m.*
Símbolo de **metro**.

MAD; *MAD.*
Siglas de *mean absolute desviation* o «desviación media absoluta».

madera; *wood.*
Parte sólida de los árboles con múltiples aplicaciones en la fabricación de envases y embalajes de todo tipo. La madera virgen se utiliza para confeccionar estuches, cajas, jaulas, palés y como embalaje para grandes volúmenes, entre otras aplicaciones. El tablero de madera aglomerada (procedente de las astillas, el serrín y las virutas de la industria de la madera) se emplea para la construcción de cajas que deban contener envases o elementos que precisen una especial protección.

madera de estiba; *dunnage.*
Embalaje de madera empleado para asegurar o sostener la carga, pero que no permanece con el producto que se transporta.

madera en bruto; *virgin wood.*
Madera que no ha sido procesada ni tratada.

madera en rolla; *log.*
Tronco de madera, sin aserrar.

Magreb; *Maghrib.*
Región del norte de África que comprende Argelia, Libia, Marruecos, Mauritania, Sahara Occidental o República Árabe Saharaui Democrática (ocupado desde 1976 por Marruecos) y Túnez. Dichos países, excepto la RASD, forman la Unión del Magreb Árabe (UMA), un acuerdo de interacción comercial firmado el 17 de febrero de 1989 en Marrakech (Marruecos).

mallazo; *mesh.*
Elemento de protección usado generalmente para proteger a las personas de eventuales caídas de productos en los pasillos de circulación de un almacén.

mamparo; *screen.*
Tabique formado por tablas o planchas de hierro que divide en compartimentos el interior de un buque.

mandante; *principal.*
Persona física o jurídica que encarga a un tercero que efectúe determinadas actuaciones.

manga; *beam / breadth.*
Anchura mayor de una embarcación.

manifiesto; *manifest.*
Relación descriptiva de toda la mercancía que se halla a bordo del buque, así como de sus materiales y de las perte-

nencias de la tripulación. Obra en poder del capitán, quien lo entrega al resguardo para que lo remita a la aduana. Posteriormente, en presencia del agente consignatario del buque, se coteja el manifiesto con el premanifiesto para elaborar el manifiesto definitivo, documento a partir del cual se liquidarán los despachos efectuados. Debe actualizarse en cada puerto donde se produce una carga o descarga de mercancías.

manifiesto de carga; *cargo manifest.*
En España, denominación que recibe la **relación de mercancías embarcadas.**

manifiesto de mercancías peligrosas; *dangerous cargo manifest.*
Relación con información sobre la posición exacta que ocupan las mercancías peligrosas, contenerizadas o no, a bordo de un buque. Debe actualizarse en cada puerto donde se produce una carga o descarga de mercancías.

manifiesto general del buque; *manifest.*
Véase **manifiesto.**

manual de calidad; *quality guidelines.*
Documento que contiene la información relativa al sistema de calidad de una organización.

manutención; *material handling.*
Operaciones de manipulación física y almacenamiento de mercancías dispuestas en unidades de carga que se llevan a cabo mediante carretillas, elevadores u otros medios mecánicos. Las más comunes son:
– Acarreo desde el vehículo de transporte exterior a la zona de ubicación de la carga en estantería.
– Traslado desde la zona de ubicación a la de preparación de pedidos o a un vehículo de transporte exterior.
– Consolidación y desconsolidación de palés para la preparación de pedidos.
– Consolidación y desconsolidación de contenedores.

maquinista; *engine driver.*
Conductor de una unidad tractora de transporte ferroviario, al mando del personal del tren y responsable del cumplimiento de las órdenes de las señales y las normas del Reglamento General de Circulación.

marca; *brand name.*
Denominación formada por una palabra, combinación de palabras, siglas o cualquier otro modo de expresión escrita o gráfica que sirven para identificar un producto y diferenciarlo de cualquier otro.

marca de conformidad; *certification of conformity.*
Elemento gráfico que simboliza el cumplimiento de determinadas normas o particularidades técnicas por parte de un producto o servicio.

marca de francobordo; *Plimsoll line.*
Indicativo representado en el centro del casco de los buques para indicar el máximo nivel de carga que puede transportar sin correr peligro de hundimiento, en función de la naturaleza del agua (salada o dulce, en verano o invierno...) y de su densidad respecto al buque.

marca Plimsoll; *Plimsoll line / Plimsoll disc.*
Véase **marca de francobordo.**

marca registrada; *trade mark.*
Marca que su propietario ha registrado ante los organismos nacionales o internacionales que se ocupan de proteger la propiedad de las marcas, con el fin de evitar su uso ilícito o indebido por terceros.

margen bruto; *gross margin.*
Resultado de restar a las ventas totales los costes de fabricación, tanto los fijos como los variables.

margen de contribución; *contribution margin.*
Diferencia que resulta de restar los costes variables a los ingresos por ventas.

marketing; marketing.
Véase **mercadotecnia.**

marketing mix; marketing mix.
Acepción en inglés referida a las cuatro variables de la gestión que existen en mercadotecnia: producto, distribución, precio y promoción.

Marpol 73/78; *Marpol 73/78.*
Convenio internacional para prevenir. la contaminación por los buques, aprobado por la Conferencia Internacional sobre Contaminación del Mar, en 1973, y modificado por el protocolo aprobado por la Conferencia Internacional sobre Seguridad de los Buques Tanque y Prevención de la Contaminación, de 1978.

masa; *mass.*
Magnitud física o medida que expresa la cantidad de materia que contiene un cuerpo, representada por un número positivo invariable. Su unidad en el sistema internacional de unidades de medida es el kilogramo (kg).

masa en carga; *gross weight.*
Resultado de sumar la masa de un vehículo, de la carga que transporte, del personal de servicio y de los pasajeros.

masa máxima autorizada (MMA); *maximum authorized mass (MAM).*
Limitación legal estipulada para la circulación de un vehículo con carga por una vía pública, de modo que su masa en carga no debe superar nunca su masa máxima autorizada. Es igual a la suma de la carga útil más la tara del vehículo.

masa máxima técnicamente admisible; *maximum load.*
Masa máxima de un vehículo indicada por el fabricante de acuerdo con las características constructivas del mismo.

masa por eje; *axis load.*
Masa que gravita sobre el suelo y transmite el conjunto de ruedas acopladas a un determinado eje de un vehículo.

materia explosiva; *explosives.*
Material líquido, sólido o una mezcla de ambos, que a causa de una reacción química puede desprender gases a una temperatura, presión y velocidad capaces de provocar daños en su entorno.

materia pirotécnica; *pyrotechnical material.*
Material o mezcla de materiales destinado a producir un efecto calorífico, sonoro, luminoso, gaseoso, fumígeno o una combinación de dichos efectos, como consecuencia de reacciones quí-

micas exotérmicas autosostenidas no detonantes.

materia prima; *raw material.*
Elemento básico transformable sobre el cual se realizan los procesos productivos hasta conseguir un producto terminado o semielaborado.

material asignado; *allocated material.*
Conjunto de materiales que se están utilizando o que se han reservado para una futura producción o un pedido de un cliente.

material auxiliar; *ancillary material.*
Véase **material consumible.**

material comprometido; *reserved material.*
Véase **material asignado.**

material consumible; *consumable material.*
Conjunto de materiales que se utilizan o consumen regularmente en los procesos de producción o ventas, pero que no se emplean en el propio producto, por ejemplo, el aceite de engrasar, las varillas de soldar, el material de mantenimiento, los materiales de limpieza, los combustibles, etc., y que precisan de un aprovisionamiento periódico.

material dispuesto; *obligated material.*
Véase **material asignado.**

material ferroviario; *railway equipments.*
Conjunto de vehículos motores o remolcados que utiliza el ferrocarril para la composición de los trenes.

material indirecto; *indirect material.*
Véase **material consumible.**

material marcado; *ear-marked material.*
Material físico disponible que ha sido reservado y que, después, se ha identificado físicamente, en un registro de inventario.

material motor; *motorized carriage.*
Vehículos ferroviarios motorizados, como son las locomotoras, los automotores, los tractores, las vagonetas, etcétera.

material remolcado; *railway carriage / wagon.*
Vehículos ferroviarios sin motorizar, como son los coches para transporte de viajeros y los diversos tipos de vagones para mercancías.

material rodante; *rolling stock.*
Conjunto de vehículos ferroviarios, con o sin motor.

matricular; *register a vehicle (to).*
Obtención del documento que autoriza la circulación de un vehículo y acredita la titularidad del mismo.

MAWB; *MAWB.*
Siglas de *master air waybill,* documento de embarque principal para distintos grupajes.

mayorista; *wholesaler.*
Agente intermediario del canal de distribución de productos o servicios. Los recibe directamente del fabricante o de otro intermediario, y actúa como almacenista o distribuidor para el usuario final.

MDL; *transport license for light public transport vehicle.*
Siglas de «mercancías discrecional ligero», con que se identifica la tarjeta de transporte de un vehículo ligero de transporte público.

MDP; *transport license for heavy public transport vehicle.*
Siglas de «mercancías discrecional pesado», con que se identifica la tarjeta de transporte de un vehículo pesado de transporte público.

media; *mean.*
Véase **media aritmética.**

media aritmética; *arithmetic mean.*
Resultado de dividir la suma de los valores de los elementos de una serie por el número de dichos elementos. Suele representarse mediante la letra griega μ (mu) o por la letra «m».

media móvil; *moving average.*
Media aritmética de un número «n» de las observaciones de una serie. Cuando se añade una nueva observación a la serie, se incorpora a su vez a los valores que hay que considerar para el cálculo de la media móvil, y no se toma en cuenta el más antiguo de los valores utilizados para el cálculo anterior. La media móvil tiende a suavizar las posibles variaciones en un conjunto de observaciones, por lo que en el análisis de series temporales se utiliza para eliminar fluctuaciones aleatorias, estacionales o cíclicas.

medidas de calidad del servicio; *service quality measurement.*
Medidas y procedimientos que tienen como objetivo valorar el grado de eficacia con que los procesos logísticos prestados cumplen los requisitos de los clientes.

medidas de productividad; *productivity measures.*
Medidas y procedimientos que tienen como objetivo evaluar el grado de eficiencia de los procesos logísticos prestados de acuerdo con los requisitos de los clientes.

medidor de gestión; *business metrics.*
Véase **indicador de gestión.**

medio ambiente; *environment.*
Entorno natural y conjunto de circunstancias culturales, económicas y sociales en que viven las personas.

medio de transporte; *means of transport.*
1. Conjunto de técnicas, instrumentos y dispositivos que se utilizan para el traslado de personas o mercancías de un lugar a otro, incluida la marcha a pie.
2. Tipo de vehículo utilizado para el transporte.
Cada modo de transporte dispone de una tipología específica.
– Transporte aéreo: avión, helicóptero...
– Transporte por carretera: camión, furgoneta...
– Transporte ferroviario: ferrocarril.
– Transporte marítimo y fluvial: buque, barco, barcaza...
– Transporte por tubería: tuberías.

medio natural; *natural environment.*
Concepto que abarca a todo cuanto se relaciona con la naturaleza, incluyendo aspectos tales como la biodiversidad de las especies vegetales y animales, la atmósfera, el mar, etc.

medio palé; *half pallet.*

Palé no normalizado de dimensiones 600 × 800 mm, equivalentes a las de medio europalé.

mejora continua; *continuous improvement.*

Proceso constante para incrementar la calidad de los productos o servicios de la empresa, que incorpora asimismo la optimización de los recursos productivos, organizativos y administrativos.

mejora de la calidad; *quality improvement measures.*

Conjunto de acciones encaminadas a incrementar la capacidad de cumplir los requisitos de la calidad.

mensaje; *action message.*

Información final que ofrece un sistema para identificar las necesidades y el tipo de acción que se debe ejecutar para actuar frente a un problema actual o potencial.

mensajería; *messenger service / messenger company.*

1. Servicio de recogida, transporte y reparto urgentes de correspondencia y paquetería, de ámbitos urbano, nacional o internacional, realizado por un operador logístico especializado.
2. Operador de transporte que lleva a cabo este servicio.

mensajero; *messenger.*

Profesional que ejecuta la recogida, el transporte y la entrega de correspondencia y paquetería propios de un servicio de mensajería.

mercadeo; *marketing.*

Véase **mercadotecnia**.

mercadología; *marketing.*

Véase **mercadotecnia**.

mercadotecnia; *marketing.*

Conjunto de funciones y recursos que una organización utiliza para atender y satisfacer las necesidades de sus clientes y conseguir con ello la mayor rentabilidad. La gestión de mercadotecnia se lleva a cabo conjugando cuatro variables: el producto, la distribución, el precio y la promoción.

mercancía; *goods / merchandise / commodity.*

1. Elemento o producto objeto del transporte, susceptible de ser trasladado, movido o enviado.
2. Bien material cuya producción, transformación, distribución, uso o posesión es objeto de actividad y trato mercantil.
3. Producto que se ubica en un área de almacenamiento.

mercancía cilíndrica; *cylindrical goods.*

Mercancía que se maneja arrollada mediante un mandril, una estructura metálica o de madera, o directamente, conformando una bobina. Son mercancías cilíndricas las bobinas de papel y cartón, las de chapa, las de cable y los rollos de alambrón.

mercancía convencional; *conventional goods.*

Toda mercancía que no esté contemplada como mercancía contenerizada, ni considerada como graneles líquidos ni sólidos.

mercancía de rotación alta; *high rotation products.*

1. *Almacenamiento.* Suele configurar pedidos de frecuencia alta y en pequeña cantidad. Generalmente, precisa de una gran accesibilidad en el almacén y de una gran rapidez de extracción y expedición.

2. *Distribución.* Suele referirse a cuando está presente en más del 50 % del total de pedidos que un cliente realiza durante un período de tiempo determinado.

mercancía de rotación baja; *low rotation products.*

1. *Almacenamiento.* Suele configurar pedidos de grandes volúmenes que, habitualmente, se solicitan en pocas ocasiones. Por lo general, no precisa de una gran accesibilidad en el almacén, pero sí de un amplio espacio.

2. *Distribución.* Suele referirse a cuando el número de pedidos que se producen por cliente y período de tiempo es inferior al 10 % del total de pedidos que dicho cliente realiza durante el mismo período.

mercancía de rotación media; *medium rotation products.*

1. *Almacenamiento.* Suele configurar pedidos de frecuencia y cantidad medias. Generalmente, precisa de una gran accesibilidad en el almacén y de una rapidez media de extracción y expedición.

2. *Distribución.* Suele referirse a cuando el número de pedidos que se producen por cliente y período de tiempo es superior al 10 % e inferior al 50 % del total de pedidos que dicho cliente realiza durante el mismo período.

mercancía disponible; *available goods.*
Mercancía dispuesta en su ubicación en un almacén.

mercancía en tránsito; *goods in transit.*
Véase **carga en tránsito.**

mercancía húmeda; *wet goods.*
Mercancía que contiene líquidos o que por su naturaleza puede producirlos y que no está sujeta a la reglamentación de mercancías peligrosas.

mercancía laminar; *laminated goods.*
Mercancía formada por láminas de materiales que pueden ser rígidos o flexibles, frágiles o resistentes.
Son mercancías laminares las láminas de chapa metálica, las de plástico, las de vidrio o las de amianto.

mercancía no disponible; *unavailable goods.*
Mercancía que ha sido extraída de su ubicación en un almacén.

mercancía peligrosa; *dangerous goods.*
Material o sustancia nocivo o perjudicial, embalado, a granel o en embalajes para graneles, que durante su transporte puede generar o desprender residuos, humos, gases, vapores o polvos de naturaleza peligrosa, ya sea explosiva, inflamable, tóxica, infecciosa, radiactiva, corrosiva o irritante.
Particularmente, debe considerarse mercancía peligrosa la incluida en las reglamentaciones internacionales:
– Código IBC.
– Código IGC.
– Código IMDG.
– Convenio Marpol 73/78.

Se deben incluir los embalajes sin limpiar que hayan contenido mercancías peligrosas.

Las mercancías peligrosas constituyen un riesgo importante para la salud, la seguridad y la propiedad.

mercancía perecedera; *perishable goods.*
Cualquier tipo de mercancía que pueda deteriorarse después de un período de tiempo determinado, o por estar expuesta a temperaturas diversas, humedades u otras condiciones adversas. Las mercancías perecederas pueden ser productos sanitarios, alimentarios e incluso de uso industrial que precisan de unas condiciones especiales, de un control técnico determinado y de unos parámetros de salubridad y de temperatura regulada para su conservación, almacenamiento, transporte, carga y descarga. Su transporte internacional se regula por el Acuerdo ATP.

mercancía tubular; *tubular goods.*
Mercancía formada por tubos de diferente extensión y diámetro, que pueden estar fabricados con materiales rígidos (metálicos o de hormigón) o semirrígidos (plástico duro).

Mercosur; *Mercosur.*
Acrónimo con que se conoce al Mercado Común del Sur, acuerdo de libre comercio suscrito en 1991, mediante el Tratado de Asunción, por la República Argentina, la República Federativa de Brasil, la República del Paraguay y la República Oriental del Uruguay.

merma; *ullage.*
Parte que queda sin llenar en un tanque para evitar una posible explosión o un reventón por eventuales cambios de presión o temperatura.

mermas; *shrinkage.*
Diferencia entre la cantidad de mercancía enviada y la recibida. Esta diferencia puede deberse a la naturaleza misma de la mercancía, o ser consecuencia de unas inadecuadas condiciones de transporte, almacenamiento o entrega, de roturas o de una manipulación incorrecta.

MES; *MES.*
Siglas de *manufacturing execution systems* o «sistemas de gestión de la fabricación».

mesa transferidora; *transference table / transfer.*
Elemento de manutención horizontal en forma de mesa utilizado para trasladar unidades de carga desde un sistema de transporte de rodillos a otro de cadenas o viceversa, manteniendo la orientación pero modificando la dirección de la carga 90º, o para efectuar un cambio de carril en un sistema de transporte.

método; *method.*
Modo ordenado y sistemático de decir o proceder para alcanzar un objetivo, resolver un problema o una cuestión.

método de Brown; *Brown method.*
Sistema de previsión de series temporales, basado en el alisado exponencial, que se utiliza cuando existe una tendencia. Hay un sistema para la tendencia lineal y otro para la cuadrática.

método de Harrison; *Harrison method.*
Véase **alisado armónico.**

método de Holt-Winters; *Holt-Winters method.*
Sistema de previsión de series temporales, basado en el alisado exponencial, que se utiliza cuando existe una tendencia lineal. A diferencia del método de Brown, éste utiliza dos constantes de alisado.

método de hueco caótico; *chaotic storage method / unordered storage.*
Método de almacenamiento en el que la asignación de lugares o huecos para las mercancías se realiza sin atender a ningún orden concreto, conforme la mercancía se recepciona y se atiende la necesidad de colocarla en algún lugar. Se utiliza habitualmente para existencias de reserva.

método de hueco libre; *chaotic storage method.*
Véase **método de hueco caótico.**

método de localización; *fixed location storage.*
Véase **almacenamiento ordenado.**

metodología de las 5 S; *5 S methodology.*
Metodología impulsada inicialmente por empresas japonesas destinada a mejorar y mantener las condiciones de organización, orden y limpieza en el lugar de trabajo. Las 5S son las iniciales de cinco palabras japonesas que designan a las fases de la metodología:
– *Seiri.* Organización.
– *Seiton.* Orden.
– *Seiso.* Limpieza.
– *Seiketsu.* Control visual.
– *Shitsuke.* Disciplina y hábito.

metro; *meter* (EEUU) / *metre* (Reino Unido).
Unidad básica del sistema internacional de unidades de medida, definida como la distancia que viaja la luz en el vacío en 1/299.792.458 segundos. Esta norma se adoptó en 1983, cuando la velocidad de la luz en el vacío fue definida como de 299.792.458 m/s. Su símbolo es «m».

metro a la potencia menos uno; *meter to the power of (minus one).*
Unidad de número de ondas del sistema internacional de unidades de medida, definida como el número de ondas de una radiación monocromática cuya longitud de onda es igual a 1 m.
$$1 \text{ m}^{-1} = 1 / 1 \text{ m.}$$
Su símbolo es «m^{-1}».

metro cuadrado; *square metre.*
Unidad de superficie del sistema internacional de unidades de medida, definida como el área de un cuadrado de 1 m de lado ($1\text{m}^2 = 1 \text{ m} \cdot 1 \text{ m}$). Su símbolo es «$\text{m}^2$».

metro cúbico; *cubic meter.*
Unidad de volumen del sistema internacional de unidades de medida, definida como el volumen de un cubo de 1 m de lado ($1 \text{ m}^3 = 1 \text{ m} \cdot 1 \text{ m} \cdot 1 \text{ m}$). Su símbolo es «$\text{m}^3$».

metro cúbico por segundo; *cubic metre per second.*
Unidad de caudal en volumen del sistema internacional de unidades de medida, definida como el caudal en volumen de una corriente uniforme tal que una sustancia de 1 m^3 de volumen atraviesa una sección determinada en 1 s.
$$1 \text{ m}^3/\text{s} = 1 \text{ m}^3 / 1 \text{ s.}$$
Su símbolo es «m^3/s» o «$\text{m}^3 \cdot \text{s}^{-1}$».

metro por segundo; *metre per second.*

Unidad de velocidad del sistema internacional de unidades de medida, definida como la velocidad de un cuerpo que, con movimiento uniforme, recorre una longitud de 1 m en 1 s:

$$1 \text{ m/s} = 1 \text{ m} / 1 \text{ s.}$$

Su símbolo es «m/s» o «m · s^{-1}».

metro por segundo cuadrado; *metre per second squared.*

Unidad de aceleración del sistema internacional de unidades de medida, definida como la aceleración de un cuerpo, animado de movimiento uniformemente variado, cuya velocidad varía 1 m/s cada segundo.

$$1 \text{ m/s}^2 = 1 \text{ m/s} / 1 \text{ s.}$$

Su símbolo es «m/s^2» o «m · s^{-2}».

micra; *micron.*

Unidad de longitud equivalente a la millonésima parte de un metro (10^{-6}) o, lo que es lo mismo, la milésima parte de un milímetro. Su símbolo es «µm».

micro *load; micro load.*

Sistema de almacenamiento automatizado y compacto formado por una estantería, atendida por un transelevador de pequeñas dimensiones, que extrae el material que está depositado en cajas o bandejas con una capacidad de carga que no sobrepasa los 50 kg.

microbús; *minibus.*

Autobús de menor tamaño y capacidad que uno convencional, con un máximo de diecisiete plazas.

micrómetro; *micron.*

Véase **micra.**

milla de oro; *last mille.*

Véase **kilómetro de oro.**

milla náutica; *nautical mile.*

Unidad de longitud equivalente a 1.852 m. Su abreviatura es «M», en el ámbito marítimo, o «NM» en el de la aviación.

mineralero; *bulk-ore carrier.*

Véase **buque mineralero.**

mini *load; mini load.*

Sistema de almacenamiento automatizado y compacto formado por una estantería, atendida por un transelevador de pequeñas dimensiones, que extrae el material que está depositado en cajas o bandejas de reducida capacidad de carga. Permite un gran aprovechamiento del espacio, un inventario permanente, una elevada productividad, unos bajos costes de mantenimiento y aporta seguridad a la carga.

minorista; *retailer.*

Agente intermediario del canal de distribución de productos o servicios. Recibe éstos directamente del fabricante o del mayorista y los vende también directamente al consumidor final.

MIT; *MIT.*

Siglas de *merge in transit.* Véase **consolidación en tránsito.**

MMA; *MAM (maximum authorized mass).*

Siglas de **masa máxima autorizada.**

mochila ecológica; *ecological backpack.*

Conjunto de materiales usados de forma directa o indirecta durante todo el ciclo de vida de un producto. Proporciona indicativos del impacto que el uso de productos y materiales provoca en el entorno.

moda; *mode.*
Uso, modo o costumbre que se presenta con más frecuencia durante algún tiempo, o en un determinado ámbito, especialmente en relación con el sector de la confección textil y la decoración.

modelo; *model.*
Representación de un proceso o sistema que relaciona sus variables más significativas, de manera que el análisis del modelo permita comprender el conjunto del sistema y prever el resultado de alguna actividad.

modo de transporte; *mode of transport.*
Modalidad o tipo de transporte. Para el transporte de mercancías, existen cinco modos distintos:
– Transporte aéreo.
– Transporte por carretera.
– Transporte ferroviario.
– Transporte marítimo o fluvial.
– Transporte por tubería.

módulo; *module.*
Dimensión que, por convención, se toma como unidad de medida y referencia, norma o regla de un sistema relacionado.

módulo ISO 3394; *ISO 3394 module.*
Módulo internacional de embalaje y de los componentes de los sistemas de distribución que se basa en la medida de referencia 400 × 600 mm, y que se halla recogido en la norma ISO 3394.

Sus múltiplos más comunes son 1.200 × 800 mm (4 módulos) y 800 × 600 mm (2 módulos).

módulo patrón; *module pattern.*
Véase **módulo ISO 3394.**

mol; *mole (unit).*
Unidad básica de cantidad de sustancia del sistema internacional de unidades de medida, definida como la cantidad de sustancia de un sistema que contiene tantas entidades elementales como átomos hay en 0,012 kg de carbono 12 no ligados, en reposo y en su estado fundamental. Su símbolo es «mol».

moneda; *coin / currency.*
Pieza de metal que representa dinero de curso legal.

moneda de cambio; *currency.*
Moneda o divisa utilizada en un determinado país o la que se toma como referencia al cumplimentar un documento.

monorriel; *monorail.*
Sistema de manutención utilizado para levantar y desplazar materiales a lo largo de una trayectoria fija, prestar servicio a máquinas individuales o bancos de máquinas, y transportar materiales a centros de trabajo. Generalmente, dispone de un guinche para levantar y bajar las cargas.

monóxido de carbono (CO); *carbon monoxide.*
Gas tóxico incoloro, inodoro e insípido que se produce como resultado de la combustión de productos derivados del petróleo.

montaje; *assembly.*
Acción de ensamblar o elaborar un conjunto partiendo de elementos o piezas individuales, subconjuntos o pre-ensamblajes.

montante; *pallet stanchion.*
Elemento fijo o desmontable que se coloca verticalmente sobre un palé, con el fin de facilitar el apilamiento sobre él de otro palé de características similares.

morro; *molehead / pierhead.*
Véase **testero.**

mosaico aéreo; *aerial mosaic.*
Conjunto de fotografías aéreas que se imbrican entre sí. Se utiliza a menudo como base para la creación de mapas.

motocicleta; *motorcycle.*
Vehículo automóvil de dos ruedas, provisto de un motor de combustión interna de dos o cuatro tiempos, acondicionado para transportar uno o dos pasajeros. Puede llevar acoplado un sidecar para uno o dos pasajeros adicionales.

motor diésel; *diesel engine.*
Motor de combustión interna cuyo funcionamiento se basa en comprimir el aire en el interior del cilindro hasta alcanzar una presión y una temperatura elevadas para que pueda poner en ignición el combustible de aceite pesado (diésel) que se inyecta en el mismo cilindro.

motor eléctrico; *electric engine.*
Dispositivo rotativo en el que la energía mecánica se obtiene al aprovechar las fuerzas producidas por campos magnéticos sobre conductores que transportan corriente eléctrica. El motor eléctrico puede igualmente transformar energía mecánica en eléctrica, actuando como generador o dinamo.

movilidad; *mobility.*
Conjunto de desplazamientos que las personas llevan a cabo por sus propios medios o utilizando algún sistema de transporte privado o público, por motivos de residencia, profesionales, sociales, formativos, sanitarios, culturales o comerciales, entre otros. Incluye el traslado de bienes y mercancías mediante cualquier medio de transporte, y se aplica especialmente en entornos urbanos y metropolitanos.

movilidad no obligada; *non-work related journeys.*
Desplazamientos que las personas efectúan con destinos diferentes a los del trabajo y la formación, como los que llevan a cabo por motivos sociales, compras, servicios, actos culturales, ocio, etc. Se caracterizan por no tener una frecuencia diaria ni un destino fijo.

movilidad obligada; *work journeys.*
Desplazamientos diarios que las personas efectúan desde su lugar de residencia hasta el de trabajo o formación y viceversa una o más veces durante una jornada. Incluye los desplazamientos que tienen origen y destino en el lugar de trabajo.

movilidad sostenible; *sustainable mobility.*
Sistema integral de movilidad donde el tiempo y el coste de los desplazamientos o traslados mantienen una relación equilibrada, sustentada en

criterios de eficacia y eficiencia, y de mínimos efectos negativos sobre el entorno y la calidad de vida de las personas.

movimiento de mercancías; *goods movement.*
Flujo de mercancías de un producto o grupo de productos expresado en términos cuantitativos o económicos.

MPC; *transport license (private).*
Siglas de «mercancías privado complementario». Véase **tarjeta MPC.**

MPS; *MPS.*
Siglas de *master production schedule.* Véase **plan maestro de producción.**

MRP I; *MRP I.*
Siglas del sistema de programación y control de la producción *material requirements planning.* Véase **planificación de las necesidades de materiales.**

MRP II; *MRP II.*
Siglas del sistema *manufacturing resources planning.* Véase **planificación de recursos de fabricación.**

muelle; *quay.*
1. *Puerto.* Obra construida en la orilla del mar o de un río para facilitar el atraque de los barcos y el embarque o desembarque de mercancías y pasajeros.
2. *Transporte ferroviario.* Andén alto dedicado a la carga y descarga de mercancías en las estaciones y las terminales ferroviarias.
3. *Transporte carretera.* Andén alto dedicado a la carga y descarga de mercancías en los almacenes, centros de transporte y distribución.

muelle de carga-descarga; *loading-unloading bay.*
Equipamiento construido en almacenes y centros de distribución para facilitar la carga y descarga de vehículos y el acceso de las mercancías a la zona de almacenamiento. Habitualmente, el muelle de carga-descarga se sitúa al nivel del almacén, por encima de la altura de las ruedas traseras del camión, y puede colocarse de modo que:
– quede unido al almacén y disponga de puerta de acceso, o bien,
– se separe del almacén mediante un andén.

muestra; *sample.*
Mercancía sin valor comercial que tiene por finalidad exclusiva demostrar sus características o prestaciones.

muestreo de trabajo; *work sampling.*
Operación de seleccionar aleatoriamente muestras con el fin de determinar la frecuencia con que se llevan a cabo determinadas actividades.

multimodal; *multimodal.*
Véase **transporte multimodal.**

multimodalidad; *multimodality.*
Sistema de organización del transporte mediante la utilización de diferentes modos en un mismo itinerario o en una zona geográfica determinada.

multipropósito; *multipurpose.*
Véanse **buque multipropósito** y **terminal multipropósito.**

MVT; *MVT.*
Siglas de *multi vessel tank* o «buque con varios tanques».

N

N; *N.*
Símbolo de **newton**.

NAFTA; *NAFTA.*
Siglas de North American Free Trade Agreement, o Tratado de Libre Comercio de América del Norte, vigente desde el 1 de enero de 1994, que establece una zona de libre comercio para el bloque comercial formado por Canadá, Estados Unidos y México.

nave; *vessel.*
Embarcación con cubierta, provista de velas y sin remos.

navegación de cabotaje; *coastal shipping.*
1. Véase **cabotaje marítimo**.
2. En el transporte aéreo de carga, tráfico entre dos puntos distintos dentro de un mismo país.

navegación *tramp; tramp shipping.*
Servicio de transporte marítimo sin ruta fija ni fletes uniformes, llevado a cabo por buques que no prestan servicios regulares o conferenciados, con el fin de transportar mercancías entre diferentes puertos, según la demanda del cargador. Es el sistema más utilizado para transportar mercancías a granel (minerales, cereales, etc.). Los fletes en los tráficos *tramp* no acostumbran a incluir los costes de carga-descarga y estiba-desestiba. Los servicios *tramp* pueden contratarse en las modalidades de arrendamiento a casco desnudo, fletamiento a tiempo y fletamiento por viaje.

navegar; *navigate.*
1. Trasladar las mercancías de un lugar a otro a través del agua mediante buques acondicionados para este fin.
2. Viajar a bordo de un buque u otro tipo de embarcación.

naviera/o; *shipping company / shipowner.*
Persona física o jurídica propietaria del buque, encargada de la ejecución física del transporte marítimo, responsable de su avituallamiento y de aportar los recursos necesarios para su mantenimiento.
En los tráficos *tramp* éste es en la mayoría de los casos su único cometido, pues incluso las operaciones de estiba/desestiba y carga/descarga suelen ser por cuenta del cargador. El servicio ofertado es «puerto a puerto» o en «flete FIOS», que es la condición más habitual en los tráficos *tramp* de fletamentos por viaje.
En los tráficos de línea regular, la compañía naviera es generalmente la propietaria de los buques y de los contenedores. Puede comercializar sus bodegas

directamente, por medio de agencias locales propias o delegaciones; o indirectamente, a través de transitarios.

navío; *ship.*

Ingenio de navegación marítima compuesto por un casco y un sistema de autopropulsión, acondicionado para el transporte de tripulantes, pasajeros y mercancías. Dispone de puentes, entrepuentes y bodegas, a las que se accede a través de las escotillas. Está dotado de estatuto jurídico, con nombre, domicilio y nacionalidad, representado por su capitán, y constituye una unidad económica propiedad del armador.

NCTS; *NCTS.*

Siglas de *new computerized transit system* o «nuevo sistema de tránsito telemático», para el tránsito comunitario externo, publicado en el Reglamento CE 2787/2000.

NCV; *NCV.*

Siglas de *no customs value.* Véase **ningún valor declarado para la aduana.**

negociación de precios de mercado; *negotiation of market prices.*

Procedimiento que se utiliza en la gestión de compras para fijar los precios con los proveedores, considerando que:
- El precio de venta de un material o producto es independiente de su precio de coste.
- Al negociar se establecen precios de mercado o de venta, no precios de coste.

Entre los recursos utilizados por el comprador se encuentran la «táctica del cajón», la «táctica del fantasma», la «táctica de la escalera» y la «negociación por parejas».

negociación por parejas; *good guy / bad guy negotiation technique.*

Recurso utilizado por el comprador en la gestión de compras. Por parte de éste intervienen dos representantes, uno de ellos representa el papel del «bueno» y el otro el del «malo» de la negociación.

newton; *newton.*

Unidad de fuerza del sistema internacional de unidades de medida, definida como la fuerza que, aplicada a un cuerpo que tiene una masa de 1 kg, le comunica una aceleración de 1 m por segundo cuadrado.
$$1 \text{ N} = 1 \text{ kg} \cdot \text{m/s}^2.$$
Su símbolo es «N».

NIF; *NIF (spanish fiscal identification number).*

Siglas de «número de identificación fiscal».

NIL; *NIL.*

Expresión en inglés que significa «nada», que se suele incluir en la casilla destinada para declarar algún valor para la aduana de destino en los conocimientos aéreos, con el fin de indicar «ningún valor».

ningún valor declarado para la aduana; *no customs value (NCV).*

Indicación que se suele incluir en los conocimientos aéreos, en la casilla destinada para declarar algún valor para la aduana de destino, cuando el expedidor no desea declarar ningún valor para el transporte.

nivel de calidad; *quality level.*
Conjunto ponderado de determinados criterios de calidad, evaluable mediante un análisis cualitativo.

nivel de servicio; *level of service.*
Medida de la capacidad de disponer de las existencias necesarias cuando hay demanda de las mismas, dentro del margen de tiempo acordado con el cliente.

nivel de servicio de los servicios; *service level of services.*
Conjunto de prestaciones relacionadas con la adquisición de un servicio (financiero, de consultoría, comercial, turístico, etc.). Abarca las dos dimensiones que conforman un servicio: la prestación deseada y la experiencia vivida durante la misma.

nodo central; *central node / nodal station.*
Véase **estación nodal.**

nodo logístico; *logistics node.*
Enclave donde se concentran infraestructuras, equipamientos y servicios logísticos, habitualmente complementarios e intermodales, que actúa como referente de la oferta y las actividades logísticas en un área geográfica determinada.

nombre del dominio; *domain name.*
En el ámbito de internet, texto breve que identifica una dirección o un grupo de direcciones IP.

noray; *bollard.*
Elemento de hierro fijado en un espacio próximo al cantil del muelle para el amarre de los barcos.

norma; *rule.*
Especificación técnica no obligatoria, aprobada por una organización dedicada a actividades de normalización. Se puede aplicar de forma repetitiva o continua.

norma ISO; *ISO regulation.*
Norma emitida por la ISO (International Standardization Organization).

norma UNE; *UNE regulation.*
Las normas tecnológicas UNE (Una Norma Española) están creadas por los Comités Técnicos de Normalización (CTN), integrados por Aenor y fabricantes, consumidores, usuarios, la Administración pública y centros de investigación, entre otros.

normalización; *normalization.*
Elaboración y aplicación de reglas, normativas y especificaciones técnicas que establezcan criterios comunes de actuación, faciliten la comunicación en materias o campos de acción específicos, y permitan optimizar recursos.

nota de cierre; *shipping note.*
Documento que se emite al inicio de la contratación de un transporte marítimo y que acredita una reserva de un espacio en firme, con sus condiciones específicas: fechas, flete convenido, cantidad y naturaleza de la mercancía, etc.

nota de consignación; *consignment note.*
Documento que declara en qué condiciones se transportan unas mercancías.

nota de embarque; *shipping order.*
Documento que se utiliza para la entrada de la mercancía en el puerto de

embarque. Contiene la declaración completa de la mercancía que hay que embarcar, y puede incluir los detalles del conocimiento de embarque que amparará la carga del buque.

notificar a...; *notify...*

Cláusula que figura en el conocimiento de embarque, con el fin de indicar a quién se debe avisar cuando el buque arribe a su destino. Esta cláusula no confiere ningún derecho sobre las mercancías a la persona designada para ser avisada.

NRD; *MRN (movement reference number).*

Siglas de «número de referencia del documento», el cual proporciona información sobre un movimiento en una operación de tránsito comunitario de mercancías.

nudo; *knot.*

Unidad de medida de velocidad utilizada en la navegación marítima y aérea, y en meteorología para medir la velocidad de los vientos. Equivale a una milla náutica por hora, es decir, 1,852 km/h.

nudo ferroviario; *railway junction.*

Estación en la que confluyen dos o más líneas ferroviarias, con dependencias técnicas y equipos para gestionar la circulación de trenes de viajeros y mercancías, la ordenación y formación de trenes y el trasbordo de viajeros, entre otras operaciones.

numeración; *equipment number.*

Código numérico que se asigna a cada unidad del material rodante de una empresa ferroviaria y que constituye la matrícula del vehículo.

numeración europea de artículos; *european article numbering (EAN).*

Sistema de codificación de artículos mediante código de barras impulsado por la EAN (European Article Numbering Association o Asociación Europea de Codificación de Artículos), representada en España por AECOC (Asociación Española de Codificación Comercial).

número de artículo; *item number / part number.*

Entidad alfanumérica que designa un artículo determinado. Es inherente al artículo y lo diferencia de cualquier otro.

número de cliente; *client number.*

Número único utilizado para identificar a un cliente.

número de existencia; *stock number.*

Véase **número de artículo**.

número de lote; *lot number.*

Dígitos de identificación de un grupo de artículos fabricados en una única ejecución o que configuran un único envío de un proveedor.

número de operación; *operation number.*

Número que indica la secuencia en que se deben realizar las operaciones en la ruta de fabricación de un artículo.

número de pedido; *order number.*

Número correlativo único con el que se identifica a cada pedido en el proceso administrativo interno de una organización y en la comunicación con el proveedor.

número de producto; *item number / part number.*
Véase **número de artículo.**

número de proveedor; *supplier number.*
Número único utilizado para identificar a un proveedor.

número de serie; *serial number.*
Número único asignado habitualmente por el fabricante, o en su defecto por el distribuidor o mayorista, para identificar una sola pieza o un solo producto.

número de serie del contenedor; *container number.*
Sistema de codificación para contenedores de transporte constituido por seis algoritmos arábigos. Si no llegan a seis, se anteponen tantos ceros como sean necesarios hasta completar la serie.

número de *stock; stock number.*
Véase **número de artículo.**

NVD; *NVD.*
Siglas de *no value declared* o «ningún valor declarado». Véase **ningún valor declarado para la aduana.**

NVOCC; *NVOCC.*
Siglas de *non-vessel-operating common carrier* u «operador de transporte marítimo sin buque propio», utilizadas para designar a los operadores de grupaje o consolidación marítimos, agentes transitarios que ofrecen sus servicios a otros transitarios, que a su vez los comercializan al cliente final, receptor o expedidor de las mercancías.

O

objetivo de ventas; *sales target.*

Objetivo determinado por el departamento de ventas, en función del plan de *marketing* de la empresa, que se expresa en las previsiones de ventas y con el que se prepara el plan maestro de producción.

objeto; *object.*

Algo que es perceptible o cencebible, como materiales, productos, procesos, sistemas, personas...

obsolescencia; *obsolescence.*

Pérdida o menoscabo del valor de un producto a causa de un cambio de modelo, estilo o desarrollo tecnológico.

octeto; *byte.*

Unidad de información que consta de ocho bits.

oferta; *offer.*

1. Conjunto de mercancías o servicios que se ponen a disposición del mercado, con un precio y en un momento determinados.

2. Comunicación del vendedor al comprador, con el detalle y características del producto que se ofrece, precio, condiciones de pago y entrega, entre otras, con la finalidad de formalizar un contrato vinculante si el comprador la acepta.

oferta en firme; *firm offer.*

Ofrecimiento verbal o escrito para comprar o vender productos o servicios en unas condiciones que se describen y durante un período de tiempo estipulado.

ohmnio; *ohm.*

Unidad de resistencia eléctrica y de impedancia del sistema internacional de unidades de medida, definida como la resistencia eléctrica que existe entre dos puntos de un conductor cuando una diferencia de potencial constante de 1 V aplicada entre estos dos puntos produce, en dicho conductor, una corriente de intensidad 1 A, cuando no haya fuerza electromotriz en el conductor.

$$1\ \Omega = 1\ \text{V} / 1\text{A}.$$

Su símbolo es «Ω».

oleoducto; *pipeline / oil pipeline.*

Canalización o tubería provista de equipos de bombeo y otros aparatos para el transporte de productos del petróleo.

OM; *ministerial order (Spain).*

Siglas de «orden ministerial» (España).

opción de compra; *call option.*

Modalidad contractual que ofrece a su poseedor el derecho, no la obligación, de adquirir un bien durante un plazo de tiempo o al vencimiento del contrato.

operaciones; *operations.*

Se utiliza esta acepción para referirse a las actividades que transforman los insumos en la forma que tendrán finalmente los productos entregados a los clientes, tales como la fabricación, el ensamblaje, el embalaje, el mantenimiento de los equipos, el control de calidad, etc.

operador de logística inversa; *reverse logistics operator.*

Operador logístico cuyas funciones básicas son la proyectación y el seguimiento de la red logística; la gestión de inventarios, devoluciones y residuos; la gestión del transporte y el procesamiento de pedidos. Entre sus funciones de apoyo se encuentran el almacenaje, la manipulación de mercancías, la gestión de embalajes y contenedores, el aprovisionamiento y la recogida, la programación de entregas y la gestión de la información.

operador de terminal; *terminal operator.*

Propietario de una terminal o cualquier organización o persona en la que el propietario haya delegado la responsabilidad de las operaciones que se lleven a cabo en la misma: carga y descarga, embarque y desembarque, almacenamiento, servicios auxiliares del transporte, tránsito, aduana, manutención, fraccionamiento y grupaje, etiquetaje, embalaje y preparación de cargas, etc.

operador de transporte (OT); *transport operator / carrier.*

Persona física o jurídica que intermedia entre cargadores y porteadores en la contratación del transporte de mercancías. Contrata como porteador con el usuario y como cargador con el transportista. Puede actuar con una misma autorización, conocida como OT, en las modalidades de agencia de transportes, transitario y almacenista-distribuidor.

operador de transporte multimodal (OTM); *multimodal transport operator (MTO).*

Persona física o jurídica que asume la responsabilidad de las condiciones de un contrato de transporte multimodal (CTM), actuando como principal, no como agente o intermediario del destinatario o de los transportistas de las operaciones de transporte multimodal. Ofrece un servicio de transporte «puerta a puerta» y emite un documento de transporte único. Responde ante el cargador tanto de las mercancías como de la correcta ejecución del transporte, con la obligación de alcanzar un óptimo resultado.

operador de transporte por carretera; *carrier.*

Responsable de la ejecución física del transporte de mercancías por carretera por cuenta ajena, para lo que cuenta con una flota propia, o subcontratada en muchos casos, de vehículos de carretera. Responde de la carga ante el cargador.

operador económico autorizado (OEA); *authorized economic operator (AEO).*

Figura profesional desarrollada por el Código Aduanero Comunitario de la UE, provista de una certificación que le autoriza a efectuar actividades regu-

ladas por la legislación aduanera. Existen tres posibles certificaciones:
- OEA Simplificaciones Aduaneras.
- OEA Seguridad y Protección.
- OEA Simplificaciones y Seguridad.

operador ferroviario; *railway operator.*
Operador responsable de la ejecución física del transporte ferroviario, para lo cual dispone de los medios necesarios: elementos de tracción, vagones o plataformas, etc. En la Unión Europea, abona un canon a un ente gestor de las infraestructuras ferroviarias, dependiente de la Administración del Estado de cada país.

operador logístico; *logistics operator.*
Es el operador de ámbito nacional o internacional cuya oferta de servicios puede abarcar las operaciones de transporte en cualquier medio de transporte, el almacenamiento y la manutención, los servicios auxiliares del transporte, el tránsito, los trámites aduanales, las funciones de distribución física, el fraccionamiento de las cargas, el grupaje, la gestión de existencias, la preparación de pedidos, el embalaje y etiquetaje, la organización de los sistemas de información y la gestión de los flujos de mercancías, además de operaciones de carácter comercial como la facturación, el fletamento y otros servicios de ingeniería logística.

operativa del buque; *port operations.*
Conjunto de movimientos y operaciones logísticas que un buque lleva a cabo durante su permanencia en un puerto, como son el atraque, el fondeo, la carga y descarga de mercancías y el avituallamiento, entre otras.

OPT; *OPT.*
Siglas del sistema de planificación de la producción *optimized production technology.* Véase **tecnología de producción optimizada.**

ORC; *ORC.*
Siglas de *origin receiving charges,* con que se denomina en China a los «cargos por manipulación» o THC *(terminal handling charge)* de la mercancía en un puerto (estiba, desestiba, movimientos internos...).

orden de carga; *load order.*
Documento administrativo emitido por un transitario mediante el cual da instrucciones a un transportista para que recoja una carga determinada, cuyo origen o destino suele ser el propio almacén del transitario.

orden de compra; *purchase order.*
Documento comercial que extiende y remite el cliente para formalizar una transacción de compra con un proveedor, por lo que debe contener los enunciados necesarios para expresar el pedido. Véase **pedido.**

orden de confirmación; *purchase order.*
Orden de compra que se remite a un proveedor en la que se describen y confirman los términos de un pedido que se ha realizado verbalmente o mediante otro sistema.

orden de ejecución; *run order.*
Véase **orden de fabricación.**

orden de entrega de la mercancía; *delivery order.*
1. Documento administrativo emitido por un transitario mediante el cual da instrucciones a un transportista para que entregue una carga determinada, cuyo origen o destino suele ser el propio almacén del transitario.
2. Documento que extiende el responsable del transporte marítimo a favor del transportista con el fin de que éste pueda retirar una determinada mercancía de una terminal marítima.

orden de entrega del contenedor vacío; *empty container delivery order.*
Documento que extiende el responsable de la gestión de un contenedor vacío a favor de un transportista, mediante el que le autoriza a retirarlo de un depósito de contenedores.

orden de fabricación; *fabrication order.*
Instrucción que autoriza a un departamento de producción la fabricación de las partes de un componente, definiendo las características del mismo, la cantidad y el método de fabricación.

orden de pago documentaria; *documentary payment order.*
Orden de pago que el importador transmite a un banco emisor, para que éste pague un determinado importe a un tercero (beneficiario/exportador) contra la presentación de los documentos correspondientes a una operación de compraventa internacional.

orden de transporte; *transport order.*
Documento que elabora el cargador para la empresa de transporte terrestre, donde se recogen las instrucciones que se deben tener en cuenta para el manejo y transporte de una determinada carga.

organigrama; *organization chart.*
Representación gráfica esquematizada de la estructura relacional de una organización.

organización; *organization.*
Conjunto de personas vinculadas por unos determinados fines. Está regulada por unas normas, presenta una disposición ordenada de responsabilidades, y está dotada de unos recursos e instalaciones. Puede tener un carácter público o privado.

OT; *TO (transport operator).*
Abreviatura de «operador de transporte». Se refiere a cualquier persona física o jurídica que asume la responsabilidad de las condiciones de un contrato de transporte de mercancías y que dispone de la correspondiente tarjeta o autorización, también denominada OT.

OTM; *MTO (multimodal transport operator).*
Siglas de **operador de transporte multimodal.**

output; *output.*
Expresión en inglés referida a la cantidad de bienes producidos o suministrados mediante un proceso.

óxido nítrico (NO); *nitric oxide.*
Gas incoloro, inodoro e insípido que se produce como resultado de la combustión de productos derivados del petróleo, diez veces más tóxico que el monóxido de carbono (CO).

P

Pa; *Pa.*
Símbolo de **pascal.**

pabellón; *flag.*
Véase **bandera.**

pabellón de conveniencia; *flags of convenience.*
Véase **bandera de conveniencia.**

PAC; *CAP (common agricultural policy).*
Siglas de «política agrícola comunitaria»de la Unión Europea.

Pacto Andino; *Andean Group.*
Acuerdo de integración subregional andina suscrito en 1969 por Bolivia, Colombia, Ecuador, Perú y Venezuela, cuyo objetivo es promover el desarrollo equilibrado y común de los países miembros, abogando especialmente por la supresión de las barreras comerciales.

pagaré; *promissory note.*
Compromiso escrito de una persona sobre una cantidad de dinero que ha de pagar en una fecha determinada.

pago; *payment.*
Acción de abonar un importe, económico o en especie, correspondiente a un gasto, en concepto de contraprestación por la adquisición de un producto o servicio. Término contrario al de cobro.

pago contra documentos; *cash against documents (CAD).*
Modo de pago en operaciones de compraventa internacional mediante un sistema de carta de crédito simplificada, no tan segura como una carta de crédito convencional, donde el banco entrega los documentos al importador en el momento en que éste paga el importe de la mercancía. Se identifica con las siglas CAD.

palé; *pallet.*
Elemento portátil para la constitución de cargas unitarias, formado por una plataforma horizontal, con entrada para las horquillas de las carretillas u otros aparatos de manutención. Puede ser de madera, metal, plástico, cartón, y ser reciclable o no. Los formatos de palé más comunes son:
– ISO (1.000 × 1.200 mm).
– Europalé (EUR) (800 × 1.200 mm).
– 600 × 800 (medio palé).
– 1.200 × 1.800 (palé marítimo).
Tipos de palé:
– Dos entradas, doble cara reversible.
– Dos entradas, doble cara no reversible.
– Dos entradas, cara única no reversible.

- Cuatro entradas, doble cara reversible.
- Cuatro entradas, doble cara no reversible.

Otras características:
- Reversibles. Las partes superior e inferior del palé son iguales y las mercancías pueden colocarse, indistintamente, sobre cualquiera de las dos caras.
- No reversibles. Cuando las partes superior e inferior del palé son desiguales.
- Con pestañas. Pueden tener salientes para fines diversos: la colocación del fleje, la sujeción de una película plástica estirable, etc.
- Sin pestañas. Sin salientes.

palé caja; *box pallet.*
Palé generalmente apilable, con al menos tres paredes verticales enterizas o caladas, fijas, plegables o desmontables, provisto o no de cubierta.

palé con montantes; *post pallet.*
Palé provisto de pilares en sus esquinas, fijos o desmontables, formando un armazón. En su parte inferior, dispone de unos anclajes que pueden introducirse en sendos alojamientos de la parte superior del palé que se coloca debajo para el apilado a una altura razonable. Suelen ser metálicos y pueden estar provistos de una base de tablero de madera aglomerada.

palé con pilares; *post pallet.*
Véase **palé con montantes.**

palé contenedor; *container pallet.*
Palé que combina elementos de los palés con pilares y los convertibles y permite ser apilado sin que la carga soporte el peso de los palés superiores. Se utiliza para paletizar cargas no autoapilables o inestables.

palé convertible; *convertible pallet.*
Palé al que puede añadirse una armadura metálica, consistente en cuatro pilares unidos de a dos, que sirve como soporte del palé que se coloca encima. Sin armadura, pueden utilizarse como palé convencional para cargas estables o, con ella, para unitizar cargas inestables o poco resistentes.

palé de cuatro entradas; *four-way pallet.*
Palé cuyo diseño permite el paso de las horquillas de los elementos de manipulación por sus cuatro lados.

palé de dos entradas; *two-way pallet.*
Palé cuyo diseño sólo permite el paso de las horquillas de los elementos de manipulación por dos lados opuestos.

palé de plástico; *plastic pallet.*
Palé construido en plástico inyectado. Sus características son:
- Pesa aproximadamente la mitad que uno de madera.
- En general, es de fácil limpieza, si bien los palés que poseen rincones de difícil acceso precisan una limpieza mecanizada y exhaustiva. Resulta especialmente útil para la industria alimentaria.
- Es posible darle color y personalizarlo para facilitar su control y localización.
- Ofrece mayor durabilidad frente a las agresiones químicas y los impactos.
- Puede sufrir deformaciones como consecuencia de un exceso de carga.

– Tiene un precio más elevado.
– Presenta dificultades de manejo por ser susceptible de deslizamiento.

palé de un solo uso; *disposable pallet.*
Véase **palé desechable.**

palé desechable; *disposable pallet.*
Palé de un solo uso que se suele construir con materiales de bajo coste y escasa resistencia, como espuma moldeada de plástico, polietileno moldeado al vacío, aglomerado de cartón o plástico.

palé EUR; *EUR pallet.*
Véase **europalé.**

palé no reversible; *non-reversible pallet.*
Palé cuyas partes superior e inferior son desiguales, de modo que la mercancía sólo puede depositarse en la superior.

palé para carga aérea; *plain pallet / flat pallet.*
1. Palé sin ningún tipo de superestructura. En el transporte aéreo de carga se utilizan tres tipos de palé que permiten fijar la mercancía con redes que se sujetan en los bordes del mismo.
2. Véase **palé plano.**

palé parcial de cuatro entradas; *partial four-way pallet.*
Palé con entalladura en los largueros, cuyo diseño permite dos entradas para las horquillas de los transpalés y cuatro entradas para las horquillas de las carretillas elevadoras.

palé perdido; *disposable pallet.*
Véase **palé desechable.**

palé plano; *plain pallet / flat pallet.*
Palé sin ningún tipo de superestructura. En el transporte aéreo de carga se utilizan tres tipos de palé que permiten fijar la mercancía con redes que se sujetan en los bordes del palé.

palé reversible; *reversible pallet.*
Palé cuyas partes superior e inferior son iguales, de modo que las mercancías pueden colocarse, indistintamente, sobre cualquiera de las dos caras.

palé rodante; *roll pallet.*
Palé fabricado con perfiles y alambres de acero, provisto de una estructura sobre ruedas que permite arrastrarlo a modo de remolque, pero que también puede ser tomado por las carretillas elevadoras. Puede disponer de varios niveles o estar formado por los soportes laterales. Se utiliza especialmente cuando las mercancías se han de entregar o recoger en lugares que no disponen de recursos mecánicos de carga-descarga.

palé silo; *silo pallet.*
Véase **contenedor mixto para graneles sólidos.**

palé sobre ruedas; *roll pallet.*
Véase **palé rodante.**

palé tanque; *tank pallet.*
Véase **contenedor mixto para líquidos.**

paletización; *unitization.*
1. Conjunto de sistemas de almacenaje para palés.
2. Reunión de uno o más paquetes, bultos, cajas, etc., acondicionados sobre un palé. La carga va fijada a éste mediante flejes, cartón, madera, retracti-

lado plástico o cualquier otro sistema de sujeción, con la finalidad de incrementar su seguridad, evitando desplazamientos internos, robos o averías.

paletizador; *automatic palletizer.*
Mecanismo robotizado que permite la consolidación automatizada del mosaico de un palé con unidades de carga (cajas, sacos...) sin la intervención de ningún operario. Existen dos tipos de paletizador: el de ejes cartesianos y el de brazo antropomórfico, es decir, que imita el movimiento de un brazo humano.

paletizar; *palletize (to).*
Reunir uno o más paquetes, bultos, cajas, etc., acondicionados sobre un palé, fijando la carga a éste mediante flejes, cartón, madera, retractilado plástico o cualquier otro sistema de sujeción, con la finalidad de incrementar su seguridad, evitando desplazamientos internos, robos o averías.

panamax; panamax.
Véase **buque panamax.**

paneles de mensaje variable; *variable message signs (VMS).*
Sistema de señalización vial que permite prescribir, advertir o informar de eventos viales mediante una gestión centralizada y en tiempo real en el ámbito de un territorio determinado.

pantalán; *pier.*
Muelle construido sobre estacas o pilones que avanza dentro del mar o en el interior de las aguas portuarias.

pañol; *bunker.*
Cada uno de los compartimentos de la bodega de una embarcación destinados a guardar los pertrechos, los víveres, las herramientas, etc.

papel; *paper.*
Lámina plana constituida fundamentalmente por fibras de celulosa, afieltradas, entrelazadas de forma irregular y fuertemente unidas entre sí. Las características que definen un determinado papel son su composición (celulosa, algodón, reciclado...), su gramaje (peso por metro cuadrado de superficie) y su acabado (alisado, satinado, estucado, brillante, mate...). El papel se fabrica en bobinas pero también se comercializa cortado en resmas (500 hojas de una dimensión determinada). Posee una elevada imprimabilidad y puede recibir acabados especiales, como barnices, plastificados, etc. Es sumamente reciclable y el producto más utilizado para la elaboración de envases y embalajes y en sistemas de etiquetaje.

papel de aluminio; *aluminium paper.*
Aluminio cuyo acabado se presenta en forma de una fina lámina enrollada de entre 20 y 6,5 µm de grosor. Se utiliza como embalaje flexible, protector y aislante térmico, lumínico y bactericida de los alimentos, cosméticos y productos químicos, solo o laminado con plástico o papel. Por su elevada conductibilidad eléctrica, también se emplea en la fabricación de cables y condensadores eléctricos.

papel de caña; *kraft paper.*
Papel especialmente utilizado para embalar, resistente, satinado por una cara y verjurado.

papel de plata; *aluminium paper.*
Véase **papel de aluminio.**

papel encerado; *wax(ed) paper.*
Papel utilizado para embalar, resistente y encerado por una o dos caras, que protege de líquidos y vapores.

paquebote; *packet-boat.*
Buque de propulsión mecánica construido para el transporte de correo y pasajeros.

paquete; *parcel.*
Unidad de carga básica y primera del orden de las unidades de carga. Puede coincidir el formato de caja y paquete.

par motor; *torque.*
Fuerza de torsión que se ejerce por o sobre un elemento rotativo, como un motor. En el motor de los automóviles, es la fuerza de los pistones que actúan sobre el cigüeñal y se utiliza para la propulsión del vehículo. Acostum-bra a desarrollar su par máximo al girar a una velocidad de entre la mitad y los dos tercios de su límite de revoluciones.

parada; *stop.*
Lugar del itinerario que es utilizado para el embarque y desembarque de viajeros y mercancías de un medio de transporte.

paralización; *demurrage.*
Derecho que se atribuye a un transportista por carretera a ser indemnizado si se le obliga a esperar más de dos horas para la carga o descarga de una mercancía.

pared lateral del contenedor; *side wall.*
Estructura de cierre lateral del contenedor, delimitada por una cantonera superior, una inferior y un pilar, montante o travesaño vertical.

parque industrial; *industrial park.*
Área de concentración de empresas que favorece su interrelación y el suministro de productos en la modalidad de «justo a tiempo».

parque tecnológico; *technological park.*
Área de concentración de empresas tecnológicamente innovadoras, con el fin de beneficiarse de ventajas económicas, de comunicaciones, de proximidad a centros universitarios, logísticos u otros.

parte interesada; *stakeholder.*
Persona, grupo o sector social relacionado con el quehacer de una organización. Se utiliza especialmente para referirse a los afectados presentes o futuros por la actividad u operaciones de una organización.

parte constituyente; *constituent part.*
Producto único o ensamblado que se incorpora y pasa a formar parte de un artículo de nivel superior.

partida; *entry.*
1. Conjunto de existencias de uno o diversos artículos que se venden y trasladan como lote, generalmente por tanto alzado.
2. Cada uno de los artículos y cantidades parciales que se detallan en una cuenta.

pascal; *pascal.*
Unidad de presión o tensión del sistema internacional de unidades de medida, definida como la presión o ten-

sión uniforme que, actuando sobre una superficie plana de 1 m², ejerce perpendicularmente a esta superficie una fuerza total de 1 N:
$$1\ \text{Pa} = 1\ \text{N} / 1\ \text{m}^2.$$
Su símbolo es «Pa».

pascal por segundo; *pascal-second.*
Unidad de viscosidad dinámica del sistema internacional de unidades de medida, definida como la viscosidad dinámica de un fluido homogéneo en el cual el movimiento rectilíneo y uniforme de una superficie plana de 1 m² da lugar a una fuerza retardatriz de 1 N, cuando hay una diferencia de velocidad de 1 m/s entre dos planos paralelos separados por 1 m de distancia:
$$1\ \text{Pa} \cdot \text{s} = (1\ \text{Pa} \cdot 1\ \text{m}) / 1\ \text{m/s}.$$
Su símbolo es «Pa · s».

pasillo; *passage.*
En la paletización de una carga, espacio vacío creado entre dos hileras de embalajes que atraviesan la carga de un lado a otro.

paso a nivel; *level crossing.*
Punto de cruce a la misma cota de una vía de ferrocarril y una carretera, con la instalación adecuada para garantizar la seguridad de la circulación para los vehículos de ambos modos de transporte.

patente de invención; *patent.*
Documento oficial mediante el que se le reconoce a su titular una invención y los derechos que de ella se derivan, como los de fabricación, explotación, venta o uso por un período determinado.

paternóster; *paternoster.*
Véase **estantería carrusel vertical.**

patines; *skids.*
Accesorio que se coloca bajo las cargas unificadas para permitir que pueda introducirse un elemento mecánico, como las horquillas de las carretillas elevadoras o los transpalés, y facilitar así su manipulación.

patio de contenedores; *container yard (CY).*
Espacio acondicionado en una terminal de contenedores para el depósito de los mismos, a la espera de su expedición hacia su destino por cualquier medio de transporte o de su reparto a los destinatarios del área geográfica cercana.

PCH; *HCP (human consumer products).*
Siglas de «productos de consumo humano».

peaje; *toll.*
Derecho de tránsito establecido por el uso de una infraestructura.

pedido; *order.*
Encargo o solicitud formal, habitualmente mediante un documento físico o digital (orden de compra), de una cantidad de productos, artículos, materiales o servicios, de una calidad y características que se describen o han sido previamente determinadas, que un cliente interno o externo efectúa a un fabricante o distribuidor (el proveedor). El pedido debe especificar de manera fehaciente los términos que se hayan acordado para la operación de compraventa, particularmente el plazo que se fija para la entrega, el precio y los posibles descuentos, las condiciones de pago, el lugar y las condiciones de entrega (tipo de transporte, embalaje, etc.), así como cualquier otra consideración que el cliente desee expresar en

relación con la operación. El contrato mercantil se origina con el pedido.

pedido aceptado; *accepted order.*
Compromiso expresado por el fabricante o distribuidor al cliente respecto a su conformidad con el encargo.

pedido pendiente; *back order / order backlog.*
Pedido recibido por el fabricante o distribuidor pero no remitido al cliente.

pelícano; *skimmer.*
Embarcación con la proa provista de un equipo para limpiar las aguas portuarias y las litorales de plásticos y desechos flotantes.

peralte; *slope.*
Pendiente trasversal o mayor elevación de la parte exterior de una curva, con respecto a la interior, cuyo fin es evitar que los vehículos sean expelidos hacia dicha parte exterior por efecto de la fuerza centrífuga.

pérdida de la mercancía; *loss of goods.*
Se considera pérdida de una mercancía cuando resulta afectada toda o una parte o cantidad de la misma, bien por destrucción, robo, hurto, entrega equivocada, etc., o por decisión del destinatario, que vencidos los plazos legales reclama su importe al porteador. La pérdida implica que el producto dañado no puede emplearse para el propósito que se pretendía ni ser subastado para recuperar parte de su valor.

pérdida total constructiva; *constructive total loss.*
Se considera pérdida total constructiva cuando la avería es de tal índole que resulta más razonable abandonar el buque que repararlo.

pérdida total física; *total loss.*
Se considera pérdida total física cuando el asegurado queda privado del uso del buque por causas como el naufragio, la piratería u otras.

período A; *A period.*
En el sistema de planificación ABC, período de tiempo que abarca el primer cuatrimestre del año.

período B; *B period.*
En el sistema de planificación ABC, período de tiempo que abarca el segundo cuatrimestre del año.

período C; *C period.*
En el sistema de planificación ABC, período de tiempo que abarca el tercer cuatrimestre del año.

período de inmovilización; *down time.*
Período de tiempo durante el cual una estación de trabajo o un vehículo no están disponibles para la producción o el transporte debido a un fallo funcional o una avería.

período de vida en fecha de entrega; *sell by / display until date.*
Período de tiempo garantizado por el fabricante para el ciclo de vida de un producto, antes de su fecha de caducidad, en un punto determinado de la cadena de suministro.

período de vida en fecha de producción; *open dating.*
Período de tiempo garantizado por el fabricante para el ciclo de vida de un producto, antes de su fecha de caduci-

dad, considerado desde su fecha de fabricación.

permiso de circulación; *registration book.*
Documento en forma de tarjeta obligatorio para los vehículos automóviles y remolques o semirremolques con un peso máximo superior a 750 kg. Contiene los caracteres de la matrícula del vehículo, el domicilio del titular, el número de plazas en los vehículos de viajeros y la masa máxima autorizada en los de mercancías.

permiso de descarga; *discharge licence.*
Certificado que acredita que las grúas del buque pueden trabajar sin dificultad hasta alcanzar una determinada carga.

persona con movilidad reducida (PMR); *person with reduced mobility.*
Individuo cuya movilidad está reducida a efectos de la utilización de un medio de transporte a causa de una deficiencia física (sensorial o de locomoción, permanente o temporal) o mental, a su edad o a cualquier discapacidad que haga necesaria una atención especial y la adaptación a sus necesidades de los medios y servicios de transporte público o privado.

persona física; *natural person.*
Individuo que actúa a título personal, con capacidad jurídica para comprar bienes, contratar servicios, y contraer derechos y obligaciones.

persona jurídica; *legal entity.*
Organización constituida por individuos o individuos y bienes (sociedades mercantiles, asociaciones, institutos, fundaciones, etc.), con personalidad jurídica propia, independiente de quienes la constituyen, con capacidad jurídica para comprar bienes, contratar servicios, y contraer derechos y obligaciones.

personalización masiva; *mass customization.*
Estrategia empresarial basada en la personalización y la adaptación de los productos y servicios que se ofrecen al mercado, con el objetivo de satisfacer las necesidades del consumidor final mediante sistemas y procedimientos centrados en la atención al cliente, la innovación, la producción, la logística y la sostenibilidad de los procesos.

PERT; *PERT.*
Siglas de *program evaluation and review technique* o «técnica de evaluación y revisión de programas», sistema que proporciona información para la gestión de proyectos donde se expone la «ruta crítica» del mismo, relacionada con las actividades que limitan la duración de dicho proyecto.

peso bruto; *gross weight.*
1. Masa de un vehículo incluyendo la carga que transporte, el conductor, la provisión máxima de carburante y, si lo hubiere, el semirremolque.
2. Masa total de un determinado producto o conjunto de ellos, incluyendo su embalaje (caja, papel, palé, etc.).

peso de la unidad de carga; *unit load weight.*
Masa de un producto o conjunto de ellos, expresada en kilogramos, que se halla contenida en una unidad de carga (palé, contenedor, caja, bidón, fardo, etc.), incluyendo la masa del embalaje terciario.

peso en carga; *gross weight.*
Véase **peso bruto.**

peso máximo apilable; *maximum stacking weight.*
Peso máximo admisible en el apilamiento de un determinado producto, indicado habitualmente en el embalaje por el fabricante.

peso neto; *net weight.*
Cantidad de producto que se transporta una vez deducida la tara, es decir, restando al peso bruto el de los envases y embalajes.

peso neto escurrido; *net weight.*
Peso neto de un artículo exento de líquido.

peso por eje; *weight per axle.*
Masa que gravita sobre el suelo y que transmite el conjunto de ruedas acopladas a un determinado eje de un vehículo.

pestillo de anclaje; *twistlock.*
Dispositivo metálico giratotio que permite fijar los contenedores unos con otros en sus esquinas, tanto lateralmente como apilados o dispuestos sobre cualquier superficie o plataforma del medio de transporte, sin necesidad de utilizar ningún otro dispositivo de trincaje, como cable o correa.

petrolero; *oil tanker / crude carrier.*
Véase **buque petrolero.**

pick to light; *pick to light.*
Expresión inglesa utilizada para designar el sistema de preparación de pedidos basado en indicadores tipo *led* o pantallas que guían a los operarios que llevan a cabo la recogida de artículos. El sistema de gestión del almacén indica las ubicaciones y las cantidades que se deben recoger e incorpora un procedimiento que permite validar el proceso.

picking; *picking.*
Voz inglesa que designa la acción y el efecto de «picotear». Véase **extracción.**

pick-pack; *pick-pack.*
Expresión en inglés referida a la preparación de pedidos en que se coloca la mercancía directamente en el embalaje de expedición.

pictogramas para envases y embalajes; *packaging pictogram.*
Símbolos de sencilla comprensión que se utilizan para identificar las unidades de carga y facilitar la manipulación de los envases y embalajes, de acuerdo con la norma ISO 780.

pictogramas para mercancías peligrosas; *dangerous goods pictogram.*
Símbolos que se emplean para identificar las unidades de carga que contienen mercancías peligrosas, con del fin de incrementar la seguridad del transporte y facilitar la manipulación de las mercancías. Son resultado del Acuerdo Europeo sobre el Transporte Internacional de Mercancías Peligrosas por Carretera (ADR); se especifica en su parte 5, relativa a los Procedimientos de Expedición.

pie; *foot.*
Unidad de medida utilizada en el sistema anglosajón, equivalente a 30,48 cm o a 12 pulgadas. Como unidad de lon-

gitud antropométrica, equivalía a la longitud del pie humano. Su nomenclatura puede sustituirse por una comilla simple ('), de manera que veinte pies puede representarse por 20'.

PIF; *BIP (border inspection post).*
Siglas de **puesto de inspección fronterizo.**

pila; *pile.*
Montón o cúmulo de objetos que se hace poniéndolos uno sobre otro de forma ordenada o regular.

pilar del contenedor; *corner post.*
Estructura constituida por una cantonera superior, una inferior y el pilar, montante o travesaño vertical.

piloto; *pilot.*
1. *Transporte marítimo.* Primer oficial de puente de un navío, quien debe sustituir al capitán, en caso de incapacidad de éste, salvo nombramiento distinto por parte de la compañía naviera. Es el responsable del manejo técnico y la seguridad interior del buque.
2. *Transporte aéreo.* Persona que maniobra y dirige una aeronave.

piratería aérea; *aircraft hijacking.*
Acto ilegal de violencia, detención o depredación cometido con un propósito personal por la tripulación o los pasajeros de una aeronave privada, dirigido contra personas o bienes.

piratería marítima; *maritime piracy.*
Acción ilegal de robar o apresar una embarcación, atracada o durante la navegación, mediante el uso de la fuerza o la amenaza de fuerza dirigida a la persona o propiedad, para el beneficio personal de quienes perpetran dicha acción delictiva.

plan; *plan.*
1. Véase **programa.**
2. Parte más ancha del fondo de un buque, en la bodega.

plan de calidad; *quality plan.*
Es uno de los documentos donde se expone la planificación de la calidad, con la especificación de los procedimientos, los recursos, las responsabilidades y la periodificación de un proyecto, producto o proceso, o de una actividad determinada.

plan de calidad concertada; *agreed quality plan.*
Convenio que se establece de común acuerdo entre la empresa y sus proveedores con el objetivo de favorecer sinergias y mejorar los procesos de la calidad.

plan de contingencia; *contingency measures plan.*
Programa de actuaciones de carácter predictivo, preventivo y reactivo, con una estructura estratégica y operativa, desarrollado por una industria o un agente de la cadena del transporte, para afrontar y controlar una emergencia que se produzca durante el manejo, transporte y almacenamiento de mercancías, especialmente las peligrosas. La finalidad del mismo es minimizar las consecuencias y reducir los riesgos de agravamiento de la situación o las acciones inadecuadas, así como evitar consecuencias negativas, en especial para las personas y el medio ambiente.

plan de emergencia; *emergency plan.*
Programa de actuaciones con los medios humanos y materiales disponibles para garantizar la intervención inmediata ante la existencia de una emergencia que se produzca durante el manejo, transporte y almacenamiento de mercancías, especialmente las peligrosas.

plan de empresa; *business plan.*
Elemento fundamental de la planificación estratégica de una organización, del cual derivan el plan financiero, el plan de *marketing*, el plan de ventas, el plan maestro de producción, etc.

plan de entrega; *delivery plan.*
Programa previsto de envíos en función de los pedidos recibidos, el número de existencias y los medios de transporte disponibles.

plan de estiba; *stowage plan / bay plan.*
Programación referida a los contenedores que se embarcan o desembarcan de un buque. El plan de estiba dispone de tantos apartados como celdas tenga el buque, donde se detalla la información básica referida a cada contenedor: identificación, puertos de embarque y desembarque, peso bruto, localización en el buque, etc.

plan de *marketing; marketing plan.*
Plan estratégico de una organización en el que se establecen las directrices que hay que seguir y las actividades que se deben llevar a cabo. Abarca desde las previsiones financieras hasta las de ventas y los medios que hay que utilizar para obtenerlas. Se relaciona con el plan maestro de producción.

plan de producción; *production plan.*
Véase **plan maestro de producción.**

plan de ventas; *sales plan.*
Previsión de ventas efectuada en el plan de *marketing* que indica las cantidades de productos que deben considerarse en el plan maestro de producción.

plan financiero; *financial plan.*
Valoración económica y análisis de viabilidad del plan de empresa. Afecta a todas las áreas de una organización, mediante presupuestos periodificados y análisis de las desviaciones, y se puede segmentar en diferentes apartados, con centros y clases de coste.

plan logístico; *logistics plan.*
Planificación del proceso logístico con el objetivo de reducir al máximo los recursos humanos y materiales necesarios para llevarlo a cabo, haciéndolo lo más rápido, sencillo, cómodo y barato posible.

plan maestro; *master plan.*
Planificación estratégica de una actividad que se debe llevar a cabo.

plan maestro de producción; *master production schedule (MPS).*
Como resultado de un proceso de planificación de la producción, reúne toda la información necesaria sobre lo que se debe producir, y cómo y cuándo producirlo.

planificación; *planning.*
Proceso de definir los objetivos, a corto, medio o largo plazo, y decidir las estrategias y las tareas necesarias para llevarlos a cabo.

planificación ABC; *ABC planning.*
Sistema de planificación anual de la producción que segmenta el año en tres períodos de cuatro meses de duración: A, B y C.

planificación de inventario; *inventory requirements.*
Proceso de definir los requerimientos de inventario, en unidades monetarias y físicas, tomando en consideración las posibles restricciones que puedan darse, por ejemplo, la capacidad financiera y de producción, o los niveles de servicio requeridos por los clientes.

planificación de la calidad; *quality planning.*
Actividad dirigida a establecer los objetivos de la calidad en una organización, y a definir los procesos operativos y los recursos necesarios para alcanzar dichos objetivos.

planificación de la producción; *production planning.*
Proceso dedicado a satisfacer la demanda de acuerdo con los recursos de la empresa para un período de tiempo determinado, asignando las tareas de producción y los niveles de existencias con criterios de calidad y eficiencia.

planificación de las necesidades de capacidad; *capacity requirements planning (CRP).*
Véase **programa de reposicionamiento continuo.**

planificación de las necesidades de distribución; *distribution requirements planning (DRP).*
Sistema de programación y control de la distribución de la red de almacenes y depósitos de una organización, integrable con un sistema MRP. Se trata de una técnica de reaprovisionamiento de inventarios que deriva las demandas hacia los puntos de *stock*, mientras se estipulan plazos de entrega y necesidades multinivel.

planificación de las necesidades de materiales; *material requirements planning (MRP I).*
Sistema de programación y control de la producción que integra los módulos del programa maestro de producción, la lista de materiales y el estado de los inventarios, para generar las necesidades de materiales de los elementos que intervienen en la fabricación, y fijar el calendario de órdenes de suministro, internas y externas.

planificación de los recursos de distribución; *distribution resource planning (DRP II).*
Técnica de reaprovisionamiento de inventarios y planificación de la distribución que agrega la planificación de los principales recursos de un sistema de distribución (espacio de almacén, vehículos de transporte, recursos humanos y financieros) a la planificación de las necesidades de distribución.

planificación de recursos de fabricación; *manufacturing resources planning (MRP II).*
Sistema de programación y control de la producción que mejora el MRP y permite considerar las consecuencias de la limitación de la capacidad de producción existente.

planificacion hacia atrás; *back scheduling.*

Método de planificación de la producción yendo hacia atrás desde la fecha de entrega requerida, con el fin de predecir la fecha de inicio más adecuada para llegar a la fecha prevista comprometida.

planimetría; *planimetry.*

Medición de la diferencia de cotas en una solera o losa. En condiciones normales, no debe superar diferencias de ±10 mm.

plano de carga; *load plan / bay plan.*

Relación o esquema con información sobre la posición exacta que ocupan las mercancías, contenerizadas o no, a bordo de un buque. Debe actualizarse en cada puerto donde se produce una carga o descarga de mercancías.

planta; *plant.*

Instalación industrial dedicada a la fabricación.

plástico; *plastic.*

Polímero de síntesis derivado del petróleo, con múltiples variedades en su fabricación y con aplicaciones muy diversas en todos los sectores industriales. Ocupa un lugar destacado en la producción de envases primarios y secundarios: botellas, bolsas, sacos, cajas, etc., en embalajes, como palés y el plástico utilizado para retractilar, y en etiquetaje. Sus características fundamentales son estanqueidad, inocuidad, ligereza, plasticidad, resistencia y transparencia.

plataforma; *flat vehicle.*

Véase **vehículo plataforma**.

plataforma de distribución; *distribution centre.*

Centro de operaciones logísticas de una organización habilitado con áreas específicas para recibir expediciones consolidadas de productos y efectuar las operaciones necesarias para su manipulación y distribución a un territorio determinado.

plataforma elevadora; *lifting carriage.*

Elemento mecánico, fijo o móvil, de superficie plana con capacidad para recibir unidades de carga y elevarlas. Su función es superar los desniveles de altura que pueda haber entre diferentes plantas, el piso y la carrocería del camión, etc.

plataforma góndola; *low loader.*

Plataforma de acero montada sobre un juego de ruedas pequeñas y macizas utilizada para el transporte de cargas voluminosas y pesadas, como contenedores, maquinaria, equipos, etc.

plataforma logística; *logistics platform.*

Zona especialmente delimitada en la que ejercen actividades diferentes operadores del transporte, la logística y la distribución de mercancías, tanto para tráficos nacionales como internacionales. Se caracteriza por:

a) Permitirse realizar en ella una ruptura en la cadena de transporte.

b) Permitirse consolidar o desconsolidar la mercancía en ella.

c) Ser un punto de conexión o hallarse próxima a las redes de los distintos modos de transporte.

d) Estar en un *hinterland,* zona de desarrollo industrial y consumo para facilitar la distribución y el aprovisionamiento de las mercancías.

e) Poseer los suficientes servicios para la mercancía, los transportistas u otros usuarios de la plataforma.

Los usuarios disponen habitualmente de servicios comunes, tales como almacenes generales, contratación de cargas, empresas de servicios y de soporte a la gestión (gestorías, asesorías, talleres, etc.).

plataforma petrolífera autoelevable; *jack-up rig.*

Plataforma móvil impulsada por propulsión propia o mediante remolcadores, constituida por una balsa con una estructura de apoyo que se sumerge hasta el fondo del mar, accionada de manera mecánica o hidráulica. La plataforma se eleva sobre el nivel del agua, por encima del oleaje. Se utiliza en los yacimientos localizados en láminas de agua de entre 5 y 130 m de profundidad.

plataforma petrolífera fija; *fixed oil platform.*

Estructura modular de acero que se instala sobre pilotes hincados en el fondo marino para sostener los equipos de perforación, almacenamiento de materiales, alojamiento del personal y las instalaciones necesarias para la producción de pozos petrolíferos. Se utiliza en yacimientos localizados en láminas de agua de hasta 200 m de profundidad.

plataforma petrolífera semisumergible; *semi-submersible oil platform.*

Estructura para la extracción petrolífera provista de una o más cubiertas apoyada en flotadores sumergidos, que puede estar dotada de algún mecanismo de propulsión propia, y situada dentro de un círculo con radio de tolerancia determinado por los equipos de extracción situados bajo la superficie del mar. Para mantener su posición y contrarrestar el efecto del oleaje, los vientos y las corrientes marinas, se emplea un sistema de anclaje compuesto de 8 a 12 anclas y cables o cadenas que actúan como resortes, o bien un sistema de posicionamiento dinámico. En este último, donde no existe una conexión física entre la plataforma y el lecho del mar, excepto la de los equipos de perforación, unos sensores determinan la deriva y unos propulsores situados en el casco restauran la posición de la plataforma.

playa; *yard.*
Área delimitada que se dedica al aparcamiento de vehículos.

playa de contenedores; *container yard (CY).*
Véase **patio de contenedores.**

plazo de confirmación; *confirmation lead time.*
Período de tiempo que media desde el momento en que se efectúa un pedido al proveedor hasta que se recibe su confirmación.

plazo de entrega; *delivery lead time.*
Período de tiempo del plazo de reacción que media desde que el proveedor recibe el pedido del cliente hasta que hace entrega del encargo (normalmente expresado en días).

plazo de pedido; *order period.*
Período de tiempo que media desde que se toma la decisión de hacer un pedido hasta que el proveedor lo recibe.

plazo de reacción; *reaction period.*
Período de tiempo que media desde que se toma la decisión de hacer un pedido hasta que el material está disponible. Se compone de **plazo de pedido, plazo de entrega** y **retraso interno de mercancías.**

pluma; *crane mast.*
Mástil de una grúa.

PNB; *GNP (gross national product).*
Siglas de **producto nacional bruto.**

PNCH; *products not for human consumption.*
Siglas de «productos de no consumo humano».

poka-yoke; mistake-proof.
Nombre que, en japonés, recibe la técnica de prevención de errores que puedan ocasionar defectos en la producción. Véase **sistema antierror.**

polipasto; *hoist.*
Equipo de elevación de configuración autónoma, de accionamiento manual o mediante motor eléctrico, que precisa sustentarse sobre una viga guía o algún sistema de sujeción similar.

política de calidad; *quality policy.*
Objetivos y estrategia generales de una organización en relación con la calidad, aprobados y expresados formalmente por su dirección, como parte de su política general.

póliza a precio convenido; *forfait policy.*
Póliza de seguro de transporte que cubre un capital referido a los bienes designados objeto de la cobertura, independientemente del número de viajes efectuados y sin que el asegurado tenga la obligación de informar al asegurador de los sucesivos transportes que realice durante el período de tiempo previsto en la póliza.

póliza a prima fija; *fixed premium policy.*
Póliza de seguro de transporte donde la prima se determina mediante un porcentaje en función del riesgo.

póliza abierta; *open policy.*
Póliza de seguro de transporte que cubre una cantidad alzada, correspondiente a una operación de transporte de mercancías que se efectuará en varias expediciones con las mismas condiciones para cada una de ellas, y con una prima que debe abonarse al principio o con cada expedición.
La cantidad asegurada es susceptible de reajuste y la duración de la póliza se inicia con la primera expedición y concluye con la última.

póliza «buque y mercancías»; *ships and goods policy.*
Póliza de seguro de transporte desarrollada por el Institute of London Underwriters (ILU), que puede considerarse la póliza madre del seguro de transporte, cuya estructura se aplica con diferentes adaptaciones en todos los modos de transporte.

póliza de abono; *floating policy.*
Véase **póliza flotante.**

póliza de fletamento; *charter party (CP).*
Contrato para la utilización y explotación por el fletador de un buque de

línea no regular o *tramp,* según alguna de estas modalidades:
- Cesión del buque.
- Cesión del espacio y servicio de un buque.
- Transporte marítimo de mercancías.
En determinados casos, el fletador puede emitir sus propios conocimientos de embarque (B/L), sometidos a las condiciones del contrato original de la póliza.

póliza de seguro; *insurance policy.*
Documento suscrito por el asegurador y el asegurado en el que consignan todas las condiciones del contrato de seguro.

póliza de seguros mutuos; *mutual insurance policy.*
Póliza de seguro de transporte en la que el asegurado, por formar parte de una mutualidad, es a su vez asegurador. La prima se fija en función de los resultados de la mutualidad, como es el caso de TT Club, por ejemplo.

póliza especial; *special policy.*
Véase **póliza por viaje.**

póliza flotante; *floating policy.*
Póliza de seguro de transporte donde al inicio del período que abarca se negocian los términos de la misma (clase de mercancías que hay que asegurar, viajes que cubrir y primas que percibir), los cuales se irán modificando posteriormente conforme se lleven a cabo las operaciones comerciales. Se considera que existe un valor asegurado que puede ser incrementado. Normalmente, se abona una prima inferior a la que resultaría de cubrir los riesgos de forma individual. El asegurado debe extender un boletín de aplicación antes de iniciar cada viaje.

póliza por viaje; *single voyage policy.*
Póliza de seguro de transporte que cubre exclusivamente el riesgo de un viaje, debiéndose incluir en la misma eventuales transbordos, escalas intermedias o la utilización de distintos medios de transporte.

popa; *stern.*
Parte posterior del casco de una embarcación.

portacontenedor; *container-carrier.*
Véase **vehículo portacontenedores.**

portainer; portainer.
Véase **grúa portacontenedores.**

portal de internet; *anchor site / internet portal.*
Sitio de internet caracterizado por ofrecer al usuario servicios relacionados con una determinada temática, sector profesional, actividad social, etc. Entre estos servicios suele haber buscadores, tiendas y comunidades virtuales, noticias, chats, etc.

portavehículos; *car carrier.*
Vehículo o medio de transporte diseñado y construido para transportar, a su vez, uno o más vehículos.

porte; *carriage / vessel size.*
1. *(carriage)* Véase **flete.**
2. *(vessel size)* Tamaño o capacidad de una embarcación u otro vehículo de transporte.

porte debido; *freight collect.*
Véase **flete debido.**

porte pagado; *prepaid.*
Véase **flete pagado.**

porte pagado hasta... (lugar de destino convenido); *carriage paid to... (CPT).*
En el CPT, el vendedor debe asumir todos los costes hasta dejar la mercancía en el punto convenido del país de destino, aunque la entrega se produce cuando la mercancía se embarca en el país de origen, y los riesgos de pérdida o avería de la misma los asume el comprador.
- El CPT es un incoterm polivalente; se puede emplear en cualquier tipo de transporte y en la combinación de sus diferentes modos: aéreo, carretera, ferroviario y marítimo (transporte multimodal o combinado).
- El vendedor asume todos los costes, incluido el transporte principal, hasta el punto convenido del país de destino.
- El coste del seguro del transporte principal debe asumirlo el comprador; no es obligatorio, pero sí recomendable.
- La entrega y, por tanto, la asunción de los riesgos de la mercancía van a cargo del comprador desde que la mercancía ha sido cargada en el vehículo de transporte principal en el país de origen.
- Cualquier gasto que se produzca debido a la mercancía irá a cargo del comprador, excluidos los normales del transporte y manipulación de la mercancía en el transporte principal.
- Cada una de las partes asumirá el coste del despacho de aduana de su respectivo país.

porte y seguro pagado hasta... (lugar de destino convenido); *carriage insurance paid to... (CIP).*
En el CIP, el vendedor debe asumir todos los costes hasta dejar la mercancía en el punto convenido del país de destino, aunque la entrega se produce cuando la mercancía se embarca en el país de origen, y los riesgos de pérdida o avería de la misma los asume el comprador.
- El CIP es un incoterm polivalente; se puede emplear en cualquier tipo de transporte y en la combinación de sus diferentes modos: aéreo, carretera, ferroviario y marítimo (transporte multimodal o combinado).
- El vendedor asume todos los costes, incluido el transporte principal y el seguro, hasta el punto convenido del país de destino.
- El coste del seguro del transporte principal, que es obligatorio, debe asumirlo el vendedor.
- La entrega y, por tanto, la asunción de los riesgos de la mercancía por parte del comprador se producen cuando la mercancía ha sido cargada en el vehículo de transporte principal en el país de origen.
- Cualquier gasto que se produzca debido a la mercancía irá a cargo del comprador, excluidos los normales del transporte y manipulación de la mercancía en el transporte principal.
- Cada una de las partes asumirá el coste del despacho de aduana de su respectivo país.

porteador; *carrier.*
1. Aquel que asume en nombre propio la obligación de transportar una mercancía, pudiendo ejercer la función

de transportista físico o bien subcontratar dicha función.

2. Nombre que recibe en transporte por carretera el **transportista contractual.**

pórtico; *gantry crane.*
Véase **grúa pórtico.**

pórtico marino; *mariner gantry crane.*
Grúa pórtico equipada con elementos de sujeción para levantar y bajar embarcaciones de hasta 1.000 t y una eslora máxima de 100 m. Se desliza sobre ruedas neumáticas que le confieren una gran movilidad.

portulano; *compass chart / portolano.*
Conjunto de mapas náuticos encuadernado en forma de atlas que recoge la situación geográfica de los puntos más significativos de uno o varios puertos.

posición de precio; *price point.*
Posición relativa de precio en la que un producto accederá a un determinado mercado, en relación con los precios de otros productos competidores directos e indirectos. La posición de precio, en los rangos posibles, puede clasificarse como alta, media o baja.

posposición; *postponment.*
Retraso planificado de las actividades posteriores a la producción de los elementos fundamentales de un producto, como el ensamblaje, los acabados, el empaque, etc., hasta el momento más lejano posible en el canal de distribución.

poste del contenedor; *corner post.*
Estructura constituida por una cantonera superior, una inferior y el pilar, montante o travesaño vertical.

postpanamax; *postpanamax.*
Véase **buque postpanamax.**

practicaje; *pilotage.*
Labor de asistencia y guía a los buques en su entrada o salida del puerto y en las maniobras de atraque y desatraque. Su ejecución es responsabilidad de los miembros de la corporación de prácticos de cada puerto.

práctico; *pilot.*
Agente privado que desarrolla la labor de asistencia y guía al capitán del buque en su entrada o salida del puerto y en las maniobras de atraque y desatraque.

preaviso de movimientos en puerta; *movement clearance.*
Comunicación del transportista o responsable del transporte terrestre a una terminal de carga, donde indica la previsión de entregas o recogidas de mercancías, con el fin de optimizar los recursos y la operativa de dicha terminal.

precinto; *seal.*
Elemento o dispositivo con que se sella y cierra un envase, embalaje o mecanismo de apertura, con el fin de que sólo pueda abrirse por un destinatario legítimo o una persona a la que corresponda. Entre las formas más habituales de precinto se encuentran cintas adhesivas plásticas, cuerdas, correas, tirantes, lacres, flejes, etc.

precinto aduanero; *customs seal.*
Fleje o elemento análogo que hace las veces de precinto; finaliza en un sello o marchamo que permite a la autoridad aduanera controlar la seguridad del contenido de una unidad de carga.

precinto anilla de polipropileno; *polypropylene ringseal.*

Precinto tipo anilla de polipropileno en una sola pieza para contenedores. Su identificación consiste en una numeración correlativa, un código de barras y un logotipo.

precinto de anilla; *ringseal.*

Precinto metálico tipo anilla de alta seguridad para contenedores. Suele ser de acero y se graba a presión.

precinto de barrera; *barrier seal.*

Precinto para contenedores compuesto de un eje de acero acompañado por un dispositivo de color en uno de sus extremos.

precinto de brida ajustable; *adjustable seal.*

Precinto para contenedores consistente en un cable de acero trenzado o plástico, muy adecuado para el transporte de cisternas.

precinto del contenedor; *container seal.*

Dispositivo de protección y seguridad que se coloca en la puerta del contenedor con el fin de impedir su apertura por personal no autorizado. Está diseñado de manera que se pueda identificar visualmente cualquier intento malintencionado de desmontarlo o montarlo con herramientas comunes.

precio; *price.*

1. Valor monetario de un bien.
2. Compensación económica que recibe el operador logístico por prestar su servicio: transporte de una mercancía, almacenamiento, manipulados, control u otros.

precio de venta unitario; *unit selling price.*

Precio de venta de cada unidad de producto.

predicción de la demanda; *demand prediction.*

Estimación intuitiva o subjetiva de la demanda atendiendo a cambios o nuevos factores en el mercado.

preeslinga; *sling.*

Eslinga que se halla incorporada en una unidad de carga para facilitar su manipulación por medios mecánicos.

prelingado; *unit load.*

Véase **paletización**.

premanifiesto; *pre-manifest.*

Documento normalizado que el agente consignatario elabora con anterioridad a la llegada del buque, tomando la información sobre la carga que ha remitido el armador o naviero y que presenta en la aduana como paso previo al proceso de despacho de la mercancía.

Premio Deming; *Deming Prize.*

Premio a la calidad instituido en 1951 por el JUSE (Japanese Union of Scientits and Engineers), que lo dedicó al profesor Deming como reconocimiento a su aportación a la industria japonesa. El premio Deming dedica especial atención al uso de la metodología estadística en todos los aspectos de la calidad total, otorgando tantos galardones como participantes alcanzan el estándar previsto por la organización.

Premio EFQM; *EFQM Prize.*

Premio europeo a la calidad, European Quality Award, instituido en 1992 por la European Fundation for Quality Management (EFQM). El modelo EFQM de excelencia define un marco de actuación basado en nueve criterios con los que puede evaluarse el progreso de una organización hacia la excelencia.

Premio Malcon Baldrige; *Malcon Baldrige Prize.*

Pemio anual a la calidad otorgado por el Gobierno de Estados Unidos y administrado por el NIST (National Institute of Standars and Technology). Se creó en 1988 y toma su nombre del que fue secretario de Comercio de ese país desde 1981 hasta su muerte en 1987. El premio Baldrige entrega dos galardones por categoría. En éstas se hace poco énfasis en las técnicas estadísticas, valorándose especialmente el factor «cliente» y los elementos necesarios para asegurar la calidad.

preparación consolidada de pedidos; *pick by line.*

Proceso de preparación de pedidos individuales de tiendas (el proveedor desconoce al destinatario-tienda final de la mercancía) que se agrupan separadamente para conformar un bulto de reposición de pedido en el centro de distribución del proveedor. Las unidades de cargas terciarias, formadas con pedidos de reposición, se descomponen en unidades secundarias en el centro de distribución del detallista y se reasignan a tiendas individuales para consolidar una nueva expedición.

preparación consolidada por tienda; *pick by store.*

Proceso de preparación de pedidos individuales de tiendas (el proveedor conoce al destinatario-tienda final de la mercancía) que se agrupan en el centro de distribución del proveedor. Los pedidos se remiten al centro de distribución del detallista, se manipulan en él como unidad de carga terciaria y se asignan a una tienda para consolidar la expedición.

preparación de pedido a bajo nivel; *low level order picking.*

Pedido que se prepara tomando los materiales ubicados en estanterías, bien sean de almacenamiento general o de preparación de pedidos, situadas a niveles intermedios (3,5 o 4 m de altura).

preparación de pedido a medio nivel; *medium level order picking.*

Pedido que se prepara a un nivel superior al del suelo. Puede realizarlo un operario en pie o subido a la parte más elevada del cuerpo de un transpalé autopropulsado.

preparación de pedido a nivel del suelo; *floor level order picking.*

Pedido que se prepara mediante la colocación de una serie de cargas completas en el suelo de un área acondicionada, en una o varias filas o formando una U.

preparación de pedidos; *order picking.*

Actividad que define el conjunto de acciones relacionadas con las fases de recogida, reunión y combinación de las cargas no unitarias (productos, materiales, etc.) que conforman un pedido para proceder a su expedición y transporte hacia el destinatario del mismo. Estas acciones son, principalmente: la extracción, el pesado, el embalado, el etiquetado, la consolidación del pedido, el traslado a la zona de expedición, la agrupación por destinos y la verificación de acuerdo con la información generada sobre el pedido.

preparación de pedidos agrupada; *batch picking.*

Método de preparación de pedidos donde se agrupan varios pedidos para su confección simultánea, de manera que se aprovechan y rentabilizan al máximo los recursos y las operaciones del almacén.

preparación de pedidos automatizada; *automated order picking.*

Operación que se realiza mediante una máquina elevadora, en la que va montado un operario mientras recorre los pasillos del almacén, tomando de las estanterías los materiales que componen los pedidos cuya expedición prepara.

preparación de pedidos inversa; *pack to light order picking.*

Proceso de preparación de pedidos que utiliza sistemas del tipo *put to light* y complementa sistemas de almacenamiento conocidos como «producto al hombre», donde la mercancía que se debe extraer se presenta ante el operario y éste la coloca en el pedido en preparación. Este método permite preparar simultáneamente diferentes pedidos, reduciéndose así el número de ciclos necesarios para preparar una misma cantidad de líneas de pedidos.

preparación de pedidos manual; *manual order picking.*

Operación que se realiza utilizando escaleras u otros recursos, provistos de ruedas o no, que el operario traslada manualmente por el almacén, para alcanzar los materiales situados hasta un nivel medio de las estanterías y componer los pedidos cuya expedición prepara.

preparación de pedidos mecánica; *mechanical order picking.*

Véase **preparación de pedidos automatizada.**

preparación de pedidos por lotes; *wave order picking.*

Método de selección para la preparación de pedidos. Se procede formando grupos, con el fin de minimizar los tiempos de espera.

preparación de pedidos por zonas; *order picking by zone.*

Método de preparación de pedidos que está en función de las áreas en que se organice el almacén.

preparación de pedidos sin papeles; *paperless picking.*

Sistema informático que engloba los sistemas de preparación de pedidos en los que el operario no utiliza documentos en papel. El sistema transmite y recibe órdenes mediante procedimientos electrónicos, como los conocidos por *put to light, pick to light, pick by voice* o la gestión por radiofrecuencia.

preparación por línea; *line order picking.*

Método de preparación de pedidos por el que éstos se agrupan y luego se «rompen» por líneas.

preparación por pedido; *picking by order.*

Método de preparación de pedidos por el que el preparador recoge uno o varios pedidos completos de uno o más clientes y coloca los productos sobre un palé o contenedor.

preparación y empaquetado; *pick and pack.*

Proceso de preparación de pedidos donde la mercancía se presenta como envase primario, secundario o terciario (un palé, por ejemplo), preparada con su embalaje de expedición, para ser remitida desde el proveedor al destinatario final (tienda).

preparador de pedidos de nivel alto; *high level order picker.*

Elemento de manutención accionado por baterías, diseñado para la preparación de pedidos a niveles altos, es decir, la que se realiza en estanterías con alturas de extracción de hasta 9-10 m. Está formado por un cuerpo que alberga el motor de tracción, la bomba hidráulica, la batería y los órganos de control de la máquina. A este chasis se une un mástil por el cual discurre una cabina que acoge al operador. Esta cabina-plataforma generalmente lleva adosado un segundo mástil que eleva un tablero o carro portador con dos horquillas o mesa de carga.

preparador de pedidos de nivel bajo; *low level order picker.*

Transpalé con conductor montado sobre una pequeña plataforma, utilizado para la recogida de pedidos, hasta una altura aproximada de 1,70 m. Esta plataforma puede estar dotada de un sistema de elevación electrohidráulico.

preparador de pedidos de nivel medio; *medium level order picker.*

Elemento de manutención accionado por baterías, diseñado para la preparación de pedidos a medio nivel, es decir, la que se realiza en estanterías de alturas inferiores a 4 m. Está formado por un cuerpo que alberga el motor de tracción, la bomba hidráulica, la batería y los órganos de control de la máquina.

presión tributaria; *tributary pressure.*

Indicador que mide la relación entre los ingresos tributarios y el PIB de un determinado país o región económica.

presupuesto; *budget.*

1. Cómputo previo del coste de un servicio, producto u obra.

2. Expresión, en términos monetarios, de los recursos que una organización necesita para llevar a cabo sus planes de acción durante un período determinado y alcanzar los objetivos planificados. Se utiliza como modelo o guía para controlar sus actividades en dicho período. Entre los tipos de presupuesto más usuales se encuentran los de ventas, gastos, financieros, de producción, de existencias, etc.

presupuesto de producción; *production budget.*

Previsión de los recursos necesarios para alcanzar el número de existencias establecido en el presupuesto de ventas. Incluye determinar las cantidades y los plazos de disponibilidad de los productos y sus costes, fijos y variables.

presupuesto de ventas; *sales budget.*
Previsión de la cifra de ventas que se espera conseguir durante un período determinado, tomando en consideración el período anterior, las condiciones del mercado, las de la empresa y la posible evolución de estos factores.

preventa; *presale.*
Sistema de distribución comercial en el que el pedido y la venta se producen con anterioridad al momento en que el cliente recibe la mercancía de manos del distribuidor.

previsión agregada; *agregate forecast.*
Apreciación periodificada de ventas futuras, segmentada por productos o familias de productos y valorada en unidades físicas y monetarias, destinada a planificar su producción.

previsión de la demanda; *forecast.*
Proceso sistemático de predecir la demanda por medio de una proyección objetiva del pasado hacia el futuro, basándose en los antecedentes y en los factores que determinan el mercado.

prima de seguro; *insurance premium.*
Precio que paga el tomador del seguro al asegurador como contraprestación por la cobertura de los riesgos que éste asume con una póliza de seguro.

primero en expirar, primero en salir; *first-expires, first-out (fe-fo).*
Método de almacenamiento donde los productos con fecha de vencimiento más antigua se entregan, venden o consumen primero.

proa; *bow.*
Parte anterior del casco de un buque. Su punto más alto se conoce como «castillo de proa».

procedimiento; *procedure.*
1. Conjunto de procesos u operaciones que se desarrollan de forma coordinada y coherente para alcanzar un resultado.
2. Método o manera específica de llevar a cabo una acción.

proceso; *process.*
Conjunto planificado y ordenado de actividades relacionadas que recibe una o más entradas de factores de producción o servicio *(inputs)* y las transforma en un producto o prestación de valor para un cliente o usuario.

proceso comercial; *business strategy.*
Conjunto de actividades con todos los sistemas, procedimientos y métodos para llevar a cabo un objetivo comercial.

proceso de transformación; *transformation process.*
Conjunto ordenado de actividades que modifican la forma, el carácter, el aspecto o la disposición de una entrada.

proceso del pedido; *order processing.*
Conjunto de actividades necesarias para el cumplimiento del pedido efectuado por el cliente. Destacan: el registro del pedido, la aclaración de posibles dudas, la confirmación del pedido, la preparación, el envío y la facturación.

proceso eficaz; *effective logistics process.*
Proceso logístico caracterizado por proveer la calidad de servicio requerida por

los clientes o usuarios cumpliendo los objetivos de servicio previstos.

proceso eficiente; *efficient logistics process.*
Proceso logístico caracterizado por proveer la calidad de servicio requerida por los clientes o usuarios con los mínimos costes posibles.

proceso logístico; *logistics process.*
Véase **logística.**

proceso por lotes; *batch processing.*
Trabajo que debe llevarse a cabo y que se acumula durante un período de tiempo para ser resuelto de manera conjunta.

producción; *production.*
Parte del proceso de un sistema logístico integral que abarca desde el consumo y la transformación de los materiales, el montaje de las piezas y los elementos, hasta las existencias de productos acabados, excepto su almacenamiento y manipulación.

producción cíclica; *cyclical production.*
Proceso de producción donde la fabricación de productos sigue una secuencia fija, repetida con una determinada regularidad.

producción contra pedido; *made-to-order product.*
Procedimiento de producción por el que todos los componentes que deben emplearse en el montaje, acabado o embalaje del producto se planifican y almacenan para atender un pedido de un cliente.

producción masiva; *mass production.*
Estrategia empresarial fundamentada en el desarrollo, la producción y la co-mercialización de productos a costes lo suficientemente bajos para facilitar su consumo de la forma más amplia y masiva posible.

productividad; *productivity.*
1. Capacidad o nivel de producción por unidad de trabajo, equipo, planta, etc.
2. Relación entre lo que se produce o los servicios que se prestan y los factores de producción empleados durante un período de tiempo determinado.

producto; *product.*
1. Mercancía o bien mueble tangible, objeto de una transacción comercial. Según su naturaleza, entre las principales tipologías en que pueden agruparse los productos se encuentran:
– Alimentarios.
– Perecederos.
– Frágiles.
– Tóxicos.
– Industriales.
– Inflamables.
– De fusión rápida.
– Magnéticos.
– Radiactivos.
– Higroscópicos.
– Explosivos.
– Corrosivos.
2. Resultado de uno o más procesos.

producto acabado; *finished product.*
Producto que ha culminado todos los procesos de producción y puede ser expedido y utilizado. Es el nivel más alto (nivel 0) en la lista de materiales.

producto de consumo de gran demanda; *fast moving consumer goods.*
Producto de consumo sujeto a una alta rotación de inventarios.

producto de gran demanda; *fast mover.*
Producto entregado o usado con una alta frecuencia o durante un elevado número de períodos.

producto defectuoso; *defective product.*
Producto que incumple alguno de los requisitos para los que ha sido previsto o que el proveedor ha especificado en las instrucciones de funcionamiento o mantenimiento.

producto duradero; *durable good / consumer durable.*
Tipo de producto cuya capacidad de uso continuado o de inalterabilidad es probable que se mantenga durante largos años.

producto estándar; *standard product.*
Producto que se comercializa empaquetado o sin posibilidad de ser modificado o personalizado. Habitualmente, puede ser suministrado por más de un proveedor y sus factores competitivos son el precio y la proximidad al cliente.

producto largo; *long product.*
Cualquier mercancía que presente unas dimensiones extremas en su longitud, como perfiles metálicos, varilla corrugada, chapa, alambrón y otros.

producto líder; *leader product.*
Producto que por sus características y prestaciones posee cualidades óptimas para el consumidor en general y un precio de venta muy competitivo, gracias a los costes alcanzados en sus procesos de elaboración y suministro, a pesar de que existan en el mercado competidores y sustitutos.

producto nacional bruto (PNB); *gross national product (GNP).*
Conjunto de la inversión privada y pública y del consumo público y privado que tiene lugar en un país durante un año.

producto perecedero; *perishable goods.*
Véase **mercancía perecedera.**

producto semielaborado; *semi-manufactured good.*
Producto que ha sido transformado partiendo de una materia prima, pero que necesita posteriores transformaciones antes de poder ser utilizado o puesto en el mercado como producto terminado.

producto terminado; *finished product.*
Véase **producto acabado.**

productos fin de vida; *write-off / end-of-life products.*
Se refiere a productos que el usuario ha desechado, no porque sean defectuosos, sino porque han llegado al final de su vida útil (vehículos, electrodomésticos, computadores, etc.).

programa; *schedule.*
1. Proyecto, previsión, planificación.
2. Modelo sistemático elaborado con anticipación para dirigir y gestionar una actuación pública o privada.

programa de producción; *scheduling.*
Véase **plan maestro de producción.**

programa de reposicionamiento continuo; *continuous replenishment programme (CRP).*
Determinación de los recursos de mano de obra y de tiempo de máquina que

son necesarios para realizar una determinada tarea de producción, es decir, el proceso de establecer, medir y ajustar niveles de capacidad productiva.

programa de salidas; *time schedules.*
Tabla o relación con la previsión de salidas de buques de una misma línea marítima entre dos o más puertos, utilizada para la planificación de los envíos.

programa informático; *software.*
Elemento inmaterial de un sistema informático, por ejemplo, el sistema operativo, las aplicaciones informáticas o cualquier otro soporte lógico que se ejecute en el mismo, incluyendo la información que se procese.

propietario/a; *owner.*
Persona física o jurídica que tiene derecho de propiedad sobre un bien (mercancía, inmueble, vehículo, etc.).

protección económica; *economic compensation.*
Compensación monetaria por un perjuicio sufrido. Se obtiene por medio de un sistema protector constituido por una póliza de seguro.

protección jurídica; *legal protection.*
Exigencia de una responsabilidad sobre un daño derivada de la formalización de un contrato de transporte.

Protocolo de Guatemala; *Guatemala Protocol.*
Acuerdo internacional sobre aviación civil, formalizado el 8 de marzo de 1971. Modificó el Convenio de Varsovia (1929) en cuestiones relativas al transporte de pasajeros, principalmente, e incidió en el de mercancías.

Protocolo de la Haya; *The Hague Protocol.*
Acuerdo internacional sobre aviación civil, formalizado el 28 de septiembre de 1955. Modificó el Convenio de Varsovia (1929) en cuanto a la ampliación de la responsabilidad del transportista.

protocolo de transferencia de archivos; *file transfer protocol.*
Método estandarizado de transferencia de archivos entre sistemas conectados a una red TCP, utilizado entre usuarios de internet para transferir informaciones desde un ordenador a otro, expresado por las siglas «FTP».

protocolo de transferencia de hipertexto; *hypertext transfer protocol (http).*
Método estandarizado de transferencia de sitios web en internet, expresado por las siglas «http».

protocolo simple de transferencia de correo; *simple mail transfer protocol.*
Método estandarizado de transferencia de correo entre computadoras y otros dispositivos electrónicos que utilizan internet, expresado por las siglas SMTP.

proveedor; *supplier.*
Persona física u organización que suministra una materia, producto, servicio, etc. Puede ser un productor, distribuidor, minorista, etc. En función de la mayor o menor integración con el cliente, el proveedor puede ser normal, colaborador o asociado y cofabricante.

proveedor asociado; *co-packer / co-maker.*

Véase **proveedor colaborador.**

proveedor certificado; *official supplier.*
Estatus que un cliente otorga a un proveedor que mantiene unos niveles de calidad, costes y envíos ajustados a sus requerimientos.

proveedor cofabricante; *co-manufacturer.*
Proveedor asociado que, adicionalmente, aporta su colaboración en el desarrollo de nuevos productos y tecnologías, con inversiones en I + D e intercambios sistematizados de información con el fin de conseguir el máximo nivel de integración.

proveedor colaborador; *co-packer / co-maker.*
Proveedor con un nivel de integración superior al del proveedor normal, que garantiza y autocertifica la calidad de sus prestaciones (calidad concertada), lo que permite suministrar directamente sus productos o servicios a las unidades operativas.
En la relación con un proveedor colaborador se valora especialmente:
– La capacidad para llevar a cabo los procesos.
– Los sistemas de aseguramiento de la calidad.
– El nivel tecnológico.
– La flexibilidad en las prestaciones.
– La capacidad de I + D y tendencia de mejora.

provisiones consumibles; *consumable supplies.*
Véase **material consumible.**

proyección de Mercator; *Mercator projection.*
Proyección geográfica ideada por Gerardus Mercator en 1569, de tipo cilíndrico, utilizada antiguamente en la confección de mapas de navegación.

proyecto; *project.*
Proceso de carácter singular que se lleva a cabo durante un período de tiempo y con unos recursos determinados, en el que se coordina un conjunto de actividades planificadas, relacionadas con unos requisitos, para alcanzar un objetivo específico. Un proyecto puede tener como finalidad la consecución de un bien material, un producto, o de un bien intangible, un servicio.

prueba de cumplimiento; *quality control check.*
Prueba que se realiza para evaluar el grado de cumplimiento de unos productos o servicios. Suele ser del tipo aprueba/reprueba, que también proporciona los criterios y actuaciones que deben seguirse si el producto o servicio no cumple con los estándares previstos.

PSI; *PSI.*
Siglas de *pre shipment inspection* o «inspección previa al embarque», que el comprador puede encargar que se realice sobre la mercancía a una compañía especializada para asegurar la calidad de la misma.

puerta a puerta; *door-to-door / house-to-house (H/H).*
Véase **transporte puerta a puerta.**

puerta a puerto; *house to pier.*
Modalidad de tráfico marítimo de con-

tenedores en la que el exportador es responsable de la carga y estiba, en tanto el transportador lo es de la descarga y desestiba en el puerto de destino, así como de poner el contenedor a disposición del consignatario. El importador transporta el contenedor desde el puerto hasta el lugar de depósito de las mercancías, descarga el contenedor y lo devuelve a la naviera. Para esta operación dispone de un plazo de siete días, incluidos el de la retirada o descarga y el de la devolución. Pasado este tiempo incurre en una sobretasa diaria. Habitualmente, el exportador corre con los gastos de alquiler del contenedor.

puerto; *port.*

Conjunto de espacios terrestres, aguas marinas e instalaciones, situados a la orilla del mar o de las rías, ya sean construidos o naturales, cuya función principal es el refugio de los buques y la realización de las operaciones de entrada, salida, atraque, desatraque y reparación de buques, así como las de trasbordo entre buques o de éstos a tierra y a los medios de transporte de mercancías, pasajeros, pesca, así como el almacenamiento temporal y la manipulación de dichas mercancías. Su concepción evoluciona de acuerdo con el incremento progresivo de las funciones portuarias, ya que los puertos se han constituido en centros logísticos y enclaves intermodales producto de la globalización económica.

puerto a puerta; *pier to house.*

Modalidad de tráfico marítimo de contenedores en la que el transportador es responsable de la carga y estiba del contenedor, en tanto que la descarga y desestiba lo son del importador.

El importador transporta el contenedor desde el puerto hasta el lugar de depósito de las mercancías, descarga el contenedor y lo devuelve a la naviera. Para esta operación dispone de un plazo de siete días, incluidos el de la retirada o descarga y el de la devolución. Pasado este tiempo incurre en una sobretasa diaria. Habitualmente, el exportador corre con los gastos de alquiler del contenedor.

puerto a puerto; *pier to pier.*

Modalidad de tráfico marítimo de contenedores en la que el transportador recibe la mercancía y realiza la carga y estiba del contenedoren en la zona primaria del puerto de embarque. En el puerto de destino el transportador también es responsable de la descarga, situando la mercancía a disposición del importador en la zona primaria del puerto. Este sistema suele utilizarse por conveniencia del armador, denominándose entonces *ship's convenience.* Sucede cuando el armador tiene diferentes expediciones para transportar y, por su propia conveniencia, coloca las mercancías en un contenedor y las embarca, siendo por tanto responsable de los gastos resultantes del uso del contenedor.

puerto concentrador; *hub port.*

Puerto en el que se concentran las salidas o llegadas internacionales de pasajeros y mercancías de una determinada región o área geográfica. La carga de los buques transoceánicos se transborda a buques interoceánicos para su distribución mediante servicios de cabotaje a puertos de menor dimensión *(feeder).*

puerto de carga; *port of loading.*
Puerto donde se carga en el buque la mercancía que se va a transportar.

puerto de descarga; *port of discharge.*
Puerto en el que se ha previsto descargar del buque la mercancía que se transporta y donde se realiza dicha operación.

puerto franco; *free harbour.*
Puerto y territorio colindante que goza de exenciones y bonificaciones aduaneras sobre las mercancías objeto de tráfico.

puerto *hub; hub port.*
Véase **puerto concentrador.**

puerto seco; *dry port.*
Instalaciones no costeras de uso público, con disponibilidad de servicios intermodales destinados al agrupamiento de mercancías (recepción y expedición, carga y descarga de contenedores, almacenamiento, transbordo y manipulación), generalmente contenerizadas, para su transporte por ferrocarril desde el interior de un territorio, hacia una terminal marítima o en sentido inverso.

puerto seguro; *safe port.*
Concepto náutico que figura como cláusula de la póliza de fletamento y que designa un puerto al que debe llegar el buque con seguridad y a flote.

puesto de inspección fronterizo (PIF); *border inspection post (BIP).*
Los puestos de inspección fronterizos son los únicos puntos de entrada en la UE de determinadas mercancías procedentes de terceros países. Para ello, disponen de dependencias para los inspectores, cámaras frigoríficas, laboratorios, salas de inspección y de almacenamiento, que les facultan, entre otros cometidos, para inspeccionar y conceder dictámenes de los productos de origen animal, tanto de consumo humano (PCH) como de no consumo humano (PNCH), los animales vivos (AVI) y los vegetales sometidos a inspección fitosanitaria, por parte de los servicios correspondientes.

pulgada; *inch.*
Unidad de medida equivalente a 25,40 mm (sistema imperial británico, 1958). Como unidad de longitud antropométrica, equivalía a la longitud de la primera falange de un pulgar. Su nomenclatura puede sustituirse por comillas (”), de manera que veinte pulgadas puede representarse por 20”.

pulmón; *bank / buffer.*
Conjunto de materiales (materias primas o semielaborados) en espera de ser tratados en el siguiente proceso de producción. También es aplicable a trabajos pendientes de ejecución en puntos intermedios del proceso.

puntal de carga; *cargo boom / derrick crane.*
Véase **grúa** *derrick.*

punto de equilibrio; *break-even point.*
Volumen de ventas que una organización debe alcanzar para no tener pérdidas ni beneficios, es decir, para que el total de ingresos se iguale con el de gastos.

punto de inflamación de un líquido; *flame point.*

Temperatura más baja a la que los vapores de un líquido se combinan con el aire formando una mezcla inflamable.

punto de parada; *stop point.*

Lugar en que se interrumpe un determinado trayecto.

punto de pedido; *order point.*

Véase **factor restrictivo del pedido.**

punto de recuento; *count point.*

Punto en una cadena de suministro, en la salida de un centro de trabajo, al final de una línea o en espacios de transferencia entre departamentos, desde donde salen físicamente las unidades almacenadas, tras haber sido registradas y dadas de baja.

punto de rocío; *dew point.*

Véase **temperatura de rocío.**

punto de venta; *point of sale.*

Lugar donde el cliente adquiere el producto físico en el proceso final de distribución comercial.

punto muerto; *break-even point.*

Véase **punto de equilibrio.**

punto verde; *green dot.*

Logotipo identificativo utilizado en Alemania, Francia, Bélgica, Luxemburgo, Austria, Portugal y España, que debe figurar en los envases comercializados y cuyo significado es que se ha abonado una cantidad de dinero para que el envase que lo ostenta sea convenientemente separado y entregado a recicladores.

put to light; *put to light.*

Expresión utilizada para designar el sistema de preparación de pedidos basado en indicadores tipo *led* o pantallas que guían a los operarios en tareas de agrupación o consolidación de los distintos productos de un pedido. Es recomendable cuando la preparación de pedidos se lleva a cabo de manera agrupada.

pyme; *SME (small and medium enterprise).*

Siglas de «pequeña y mediana empresa».

Q

QFD; *QFD.*
Siglas de *quality function deployment* o «despliegue de la calidad demandada y planificada», metodología de origen japonés que aporta disciplina y rigor al proceso de creación de la estrategia de servicio. El QFD relaciona los requerimientos de los clientes con el diseño de las características de un producto o un proceso.

quilla; *keel.*
Pieza de madera o hierro, que se extiende de popa a proa por la parte inferior de una embarcación, en la que se asienta toda su armazón.

quimiquero; *chemical tanker.*
Véase **buque quimiquero.**

quinta rueda; *fifth wheel.*
Elemento deslizante de enganche construido en las cabezas tractoras para arrastrar el semirremolque mediante un soporte fijo conocido como *piggyback.*

quintal métrico; *metric quintal.*
Unidad de medida del sistema métrico decimal, equivalente a 100 kg.

R

rack; *pipe rack / casing rack.*
Haz de tuberías que transportan fluidos (agua, gas, petróleo, etc.) entre unas instalaciones portuarias de carga-descarga y las industrias químicas o energéticas de un área industrial próxima.

rack* móvil; *mobile rack.
Estructura desmontable que permite apilar palés o mercancías no paletizadas y su manutención individual, sin necesidad de retirar o manipular lo dispuesto en planos superiores.

rad; *rad.*
Símbolo de **radián**.

radián; *radian.*
Unidad de ángulo plano del sistema internacional de unidades de medida, definida como el ángulo plano comprendido entre dos radios de un círculo que, sobre la circunferencia de dicho círculo, interceptan un arco de longitud igual a la del radio. Su símbolo es «rad».

radián por segundo; *radian per second.*
Unidad de velocidad angular del sistema internacional de unidades de medida, definida como la velocidad angular de un cuerpo que, con una rotación uniforme alrededor de un eje fijo, gira en 1 s, 1 rad:
$$1 \text{ rad/s} = 1 \text{ rad} / 1 \text{ s.}$$
Su símbolo es «rad/s» o «rad $\cdot$ s^{-1}».

radián por segundo cuadrado; *radian per second squared.*
Unidad de aceleración angular del sistema internacional de unidades de medida, definida como la aceleración angular de un cuerpo, animado de una rotación uniformemente variada alrededor de un eje fijo, cuya velocidad angular varía 1 rad/s, en 1 s:
$$1 \text{ rad/s}^2 = 1 \text{ rad/s} / 1 \text{ s.}$$
Su símbolo es «rad/s^2» o «rad $\cdot$ s^{-2}».

radio de acción; *action radius.*
Alcance de un medio de transporte que tiene que regresar a su lugar de partida sin repostar combustible. El radio de acción es igual a la mitad de la autonomía del vehículo.

radiofrecuencia; *radio frequency.*
Sistema de transmisión de datos por ondas de radio. En un almacén, está conformado por una o varias estaciones de radio, los terminales de radio instalados en los elementos de manutención (carretillas, máquinas recogepedidos, etc.), y los terminales portátiles personales. Sus aplicaciones permiten comunicar por radio el siste-

ma de gestión del almacén con los elementos de manutención e intercambiar información en tiempo real sobre la operativa del almacén. Asimismo, permite optimizar el espacio de almacenamiento utilizando el método de almacenaje caótico, reduce los movimientos de los equipos de manutención y de los operarios y facilita el inventario inmediato y perpetuo.

raíl; *rail line.*
Carril de acero que configura la vía sobre la que circula el material rodante ferroviario.

rampa; *ramp.*
1. Plano inclinado que se utiliza para eliminar y superar las alturas.
2. Instalación en forma de tobogán para el traslado de elementos o cargas desde una altura superior a otra inferior. Se utiliza en sistemas de llenado automatizado o en el suministro para el empaquetado manual. Se puede construir en chapa o mediante varillas metálicas.

rampa adosada; *loading ramp.*
Construcción de ladrillo u hormigón adosada al muelle de un almacén por medio de la cual las carretillas elevadoras acceden a la parte trasera del camión para efectuar la carga-descarga.

rampa modular; *modular ramp.*
Estructura metálica provista de una superficie de rodadura antideslizante por medio de la cual las carretillas elevadoras pueden acceder a la parte trasera del camión para llevar a cabo la carga-descarga.

ratio; *ratio.*
Proporción entre dos magnitudes que mantienen entre sí una determinada relación.

ratio de equivalencia; *bulkiness / equivalence ratio.*
Relación de equivalencia establecida entre kilogramos que se deben transportar por metro cúbico. En el transporte aéreo, el ratio de equivalencia es de 6.000 kg por 1 m³. En transporte de carga fraccionada por carretera, en España, se utiliza un ratio que oscila entre los 270 y los 333 kg/m³.

reacción peligrosa; *dangerous reaction.*
Se consideran peligrosas, entre otras, las reacciones que producen:
– Combustión o considerable producción de calor.
– Emanación de gases inflamables, asfixiantes, comburentes o tóxicos.
– Materias líquidas o sólidas corrosivas.
– Materias inestables.
– En las cisternas, una elevación peligrosa de la presión.

reaprovisionamiento; *replenishment.*
Proceso de restituir existencias desde un centro de almacenamiento a una ubicación destinada a la distribución.

reaprovisionamiento eficiente; *efficient consumer response (ECR).*
Técnicas y procedimientos referidos a la colaboración sincronizada entre proveedores y distribuidores, basada en que el inventario se reemplaza por el flujo de información, con el fin de atender eficientemente a la demanda y a sus cambios, con el mínimo posible de existencias.

reaseguro; *reinsurance.*

Contrato mediante el cual un asegurador se protege por medio de otro asegurador contra el riesgo de que su patrimonio pueda verse afectado por una siniestralidad superior a la prevista o a la que técnicamente pueda soportar.

rebose; *overflow.*

Escape accidental de líquido de un tanque o cisterna que se ha llenado en exceso al no interrumpirse a tiempo el bombeo.

recalar; *reach.*

Llegar un buque, después de una navegación, a un puerto u otro punto de la costa, para continuar posteriormente su navegación hacia otro destino.

recargo de combustible; *bunker adjustment factor (BAF) / fuel surcharge.*

1. *(BAF)* Ajuste en las tarifas que aplican las navieras por el incremento o descenso del precio del combustible, según el día en el que se efectúa la carga, expresado en porcentaje o como importe fijo por TEU transportado.
2. *(fuel surcharge)* Recargo que aplican las compañías de transporte aéreo sobre la tarifa por kilogramo transportado cuando se produce un incremento del precio del combustible.

recepción; *receipt.*

1. Acto de transferencia material de la disponibilidad de una mercancía o ítem, situándola de tal manera que el destinatario (propietario, consignatario, operador logístico, transportista, etc.) tenga acceso a ella para ejecutar con resultado efectivo su custodia y disposición.

2. Tramitación administrativa a que da lugar la aceptación de la entrada de una mercancía o ítem.

recibida para embarque; *received for shipment / received to be shipped.*

Cláusula que se incluye en el conocimiento de embarque para indicar que la mercancía ha sido recibida por el transportista para ser embarcada, pero no cargada. El exportador debe recibir un comprobante de «recibido para embarque», mientras las mercancías permanezcan en el puerto o en los almacenes del operador de transporte.

recibo de almacén; *warehouse receipt.*

Documento negociable y transmisible mediante endoso, emitido por un almacén general de depósito, en el que éste manifiesta haber recibido unas determinadas mercancías para su custodia.

recibo de transitario; *forwarding agent receipt.*

Certificado acreditativo de la recepción de una mercancía por la compañía transitaria.

reciclaje; *recycling.*

Reaprovechamiento o recuperación de materiales para ser utilizados de nuevo como materia prima en un proceso de fabricación.

recipiente; *container.*

Habitáculo, cavidad, recinto de retención, embalaje o envase destinado a recibir o contener materiales, elementos u objetos. Puede estar provisto de elementos de cierre y dosificación.

recipiente criogénico; *cryogenic receptacle.*
Recipiente aislado térmicamente utilizado para el transporte de gases licuados refrigerados.

recipiente enterrado; *buried container.*
Recipiente que ha sido cubierto totalmente de tierra u otro material específico, bajo el nivel del suelo, o la combinación de ambos elementos.

recipiente flexible; *pliable shipping package.*
Recipiente que pierde su forma original en función de que contenga o no alguna sustancia. Se deforma por las presiones normales de un proceso de transporte o manipulación, por lo que habitualmente precisa de cierres, embalajes rígidos o alguna cobertura exterior.

recipiente interior; *inner container / inner receptacle.*
Recipiente que para su función de recinto de retención precisa necesariamente de un embalaje exterior.

recipiente no tamizante; *impermeable shipping box.*
Recipiente impermeable a un contenido seco.

recipiente rígido; *rigid recipient.*
Recipiente que, lleno o vacío, conserva su forma original, sin cierres y sin apoyo de una cobertura exterior, aunque reciba las presiones normales de un proceso de transporte o manipulación.

recipiente semirrígido; *semi-rigid container.*
Recipiente que conserva su forma original cuando está vacío y no recibe ninguna presión.

recogepedidos de nivel alto; *high level order picker.*
Véase **preparador de pedidos de nivel alto.**

recogepedidos de nivel bajo; *low level order picker.*
Véase **preparador de pedidos de nivel bajo.**

recogepedidos de nivel medio; *medium level order picker.*
Véase **preparador de pedidos de nivel medio.**

recogida diaria; *milk run.*
Véase **consolidación en tránsito.**

recta corregida; *corrected straight line.*
Cálculo aproximado de la distancia entre dos puntos de un mapa consistente en medir la distancia en línea recta y multiplicarla por un coeficiente de 1,2, un 20 %, con el fin de compensar los incrementos en la distancia debidos a la orografía.

recuento cíclico; *cycle counting.*
Procedimiento para verificar el inventario donde se cuentan las existencias según un programa cíclico, diferente del período anual.

recuento físico; *physical inventory.*
Véase **control de existencias.**

recuento físico permanente; *permanent physical inventory.*
Procedimiento de control de existencias donde diariamente, por muestreo aleatorio, se realizan recuentos físicos de algunos ítems.

recurso; *resource.*
Elemento físico o inmaterial que añade valor a un producto o servicio en su proceso de creación, producción, distribución y uso o consumo.

red de distribución física; *distribution network structure.*
Estructura organizativa de uno o más niveles que configura los canales de distribución de los productos desde uno o más centros de origen a los de distribución o almacenes.

red ferroviaria; *rail network.*
Conjunto de líneas ferroviarias que facilitan la conectividad en un territorio, explotadas por uno o más operadores ferroviarios.

red logística; *logistics network.*
Sistema de nodos logísticos y rutas de transporte mediante el que se gestionan los flujos de mercancías en la cadena de suministro.

red rate; *red rate.*
Expresión en inglés utilizada para referirse a una tarifa confidencial pactada entre una línea aérea y un agente IATA, la cual constituye para este último su tarifa de coste o compra con dicha línea.

reexportacion; *re-export.*
Exportación de mercancías que habían sido importadas de manera temporal con anterioridad.

referencia; *item.*
Unidad de artículo no repetible en un *stock.*

referencia A; *A item.*
Pequeño grupo de referencias de material o producto que, de acuerdo con una clasificacion ABC, representa la proporción más significativa del total del valor utilizado, del de producción, del de rotación o de las existencias.

referencia B; *B item.*
Referencia de material o producto que, de acuerdo con una clasificación ABC, agrupa un conjunto de artículos que representan la segunda parte más significativa del total del valor utilizado, del de producción, del de rotación o de las existencias.

referencia C; *C item.*
Referencia de material o producto que, de acuerdo con una clasificación ABC, agrupa un conjunto de artículos, el más extenso, que representan una parte del total del valor utilizado, del de producción, del de rotación o de las existencias.

refrigerante; *refrigerated vehicle.*
Véase **vehículo refrigerante.**

régimen TIR; *TIR system.*
Véase **Convenio TIR.**

registro mercantil; *business register.*
Oficina pública dependiente, en España, del Ministerio de Justicia mediante la que las sociedades mercantiles adquieren personalidad jurídica. Este registro es obligatorio y deben inscribirse en él las sociedades anónimas, las limitadas, las colectivas, las comanditarias y sus variantes, así como los navieros, siendo voluntario para los empresarios individuales.

reglamento; *regulations*.
Documento de carácter obligatorio, con disposiciones legislativas, normativas o administrativas, que ha sido adoptado y publicado por un organismo legal y con autoridad suficiente sobre la materia de que se trate.

reglamento CE; *EC regulation*.
Normativa de la Unión Europea (UE) mediante la que se obliga a todos los ciudadanos de los Estados miembros tal cual se publica.

Reglas de Hamburgo; *Hamburg Rules*.
Convenio de Naciones Unidas sobre el Transporte de Mercancías por Mar, de 31 de marzo de 1978, con vigencia internacional desde el 1 de noviembre de 1992, transcurrido un año desde la ratificación del vigésimo país firmante (Zambia, el 7 de octubre de 1991).

Reglas de la Haya; *The Hague Rules*.
Convenio Internacional para la Unificación de Ciertas Reglas en materia de Conocimiento de Embarque, suscrito en Bruselas en agosto de 1924 por veintiséis países. A principios del siglo XXI contaba con setenta y dos Estados.

Reglas de Visby; *Visby Rules*.
Protocolo que modifica el Convenio de Bruselas, suscrito en Visby (Suecia) el 23-6-1968. Su función fue mejorar la definición de propiedad o dominio, adoptando un sistema de limitación de la reparación.

Reglas de York y Amberes; *York & Amberes Rules*.
Reglamento que regula las averías gruesas aprobado en Amsterdam en 1950. Estas reglas sólo son aplicables si las partes se han sometido voluntariamente a ellas, haciendo mención expresa en el contrato de fletamento o conocimiento de embarque.

reimportacion; *reimport*.
Importación de mercancías que habían sido exportadas de manera temporal con anterioridad.

reingeniería de procesos; *business process re-engineering*.
Revisión sistemática de las actividades que se llevan a cabo en una organización, analizando la gestión de cada proceso, siempre que añada valor al producto o servicio final, sin entrar en el detalle de las áreas funcionales, con el fin de suprimir las actividades que no añaden valor y reducir los costes y los tiempos de los procesos.

relación de contenido; *packing list*.
Listado con el detalle del contenido y números de bultos de una expedición, cuando sean más de uno, que exigen las aduanas a efectos de posibles inspecciones o reconocimientos físicos de la mercancía.

relación de mercancías desembarcadas; *unloading list*.
Relación de las mercancías que un buque descarga en el muelle de un puerto, con independencia de que salgan del recinto portuario por un medio terrestre (camión o ferrocarril) o marítimo (otro buque).

relación de mercancías embarcadas; *cargo manifest*.
Documento donde se relacionan las

mercancías cargadas por un buque en el muelle de un puerto en un viaje determinado, con independencia de que provengan de un medio terrestre (camión o ferrocarril) o marítimo (otro buque).

relación de partidas por contenedor; *container manifest / unit packing list.*
Véase **lista de carga del contenedor.**

remanufactura; *remanufacturing.*
Proceso mediante el que un gran número de productos similares son desmontados en una instalación central e inspeccionados para su posible reparación y reutilización.

remesa; *consignment.*
Véase **expedición.**

remitente; *sender / consignor.*
Persona física o jurídica que por sí misma, o por mediación de otra cuyo nombre declara (remitente), hace entrega de las mercancías al medio de transporte, figurando así en la carta de porte o documento análogo.

remolcador; *tugboat.*
Navío cuya función consiste en trasladar a otros buques que no se pueden propulsar por su propia fuerza motriz. Se utiliza en las operaciones de entrada y salida de los puertos, especialmente para remolcar aquellos buques que no poseen hélices en la proa y que, por tanto, tienen menor maniobrabilidad. También se emplea en el tráfico fluvial.

remolcar; *tow (to).*
Operación de llevar una embarcación (remolcador) a otra, tirando de ella mediante algún sistema de sujeción.

remolque; *trailer.*
Elemento móvil sin motor, arrastrado por otra unidad que hace de tractor de arrastre, utilizado en el transporte horizontal de cargas. La unidad tractora puede arrastrar varios remolques enganchados entre sí.

remolque ligero; *light trailer.*
Remolque de masa máxima autorizada inferior a 750 kg.

remolque pesado; *heavy trailer.*
Remolque de masa máxima autorizada superior a 750 kg.

rentabilidad; *profitability.*
Relación porcentual prevista u obtenida entre el capital invertido y los rendimientos netos de la inversión.

renting; renting.
Arrendamiento de un bien en la modalidad de *leasing* que incluye el mantenimiento del mismo, por lo que resulta especialmente utilizado en el arrendamiento de vehículos industriales.

reparación; *repair.*
Operación mediante la que se produce un reacondicionamiento y una mejora de la calidad del producto para devolverle su aptitud al uso y ampliar su vida útil.

reparto modal; *modal share / modal quota.*
Participación absoluta o porcentual de cada modo de transporte (aéreo, por carretera, ferroviario, marítimo y por tuberías) sobre el conjunto de la demanda de transporte de viajeros o mercancías.

reposición; *replacement.*

1. Sustitución por uno nuevo de un producto o material que se ha vendido, deteriorado, o que resulta obsoleto por alguna circunstancia.

2. Envío de una segunda expedición al mismo destinatario al que fue entregada una primera expedición.

reposición continua; *continuous replenishment.*

Procedimiento por el que el cliente notifica al proveedor las ventas reales o los envíos de almacén y este último repone los productos sin roturas de existencias y sin necesidad de recibir pedidos de reposición.

requisito; *requirement.*

Circunstancia necesaria, condición o expectativa que se especifica o que es habitualmente obligatoria, implícita o práctica común en el marco de una organización. Puede complementarse con otros términos para describir diferentes requisitos, por ejemplo, requisito de un servicio, de un proveedor, de un proceso...

reserva de divisas; *currency reserves.*

Conjunto de las divisas y los depósitos en oro de que dispone un Estado para hacer frente a las importaciones de bienes y servicios que necesite para su desenvolvimiento económico.

reserva de dominio; *title retention.*

Cláusula opcional en un contrato de compraventa mediante el que las partes pactan retrasar la transmisión de la propiedad de una mercancía hasta que el comprador haya pagado la totalidad del valor acordado.

reserva de espacio para embarque; *booking note.*

Documento que el cargador dirige a la naviera o a su agente, mediante el cual expresa su intención de transportar una cantidad de mercancías en un determinado viaje, a la espera de confirmación, para lo que solicita una reserva de espacio en el buque.

residuo; *residue.*

Componente sólido o líquido que resulta de los procesos industriales y que no posee utilidad posterior para el proceso que los genera.

residuo inerte; *inert residue.*

Residuo que no es peligroso y que no experimenta transformaciones físicas, químicas ni biológicas significativas.

residuo peligroso; *dangerous residue.*

Residuo de un proceso industrial, que no posee utilidad posterior para el proceso que lo genera. Por sus características corrosivas, tóxicas, venenosas, reactivas, explosivas, inflamables, biológicas, oxidantes, nocivas, cancerígenas, infecciosas o irritantes representa un peligro para los seres humanos y un riesgo para el equilibrio ecológico y el medio ambiente cuando entra en contacto con ellos.

resma; *ream.*

Quinientas hojas de papel, cortadas con unas dimensiones determinadas.

resolución; *resolution.*

Número de puntos por pulgada (ppp) utilizados para representar una imagen sobre un soporte físico o digital.

responsabilidad civil; *public liability.*
Obligación de una persona física o jurídica de reponer la propiedad de otra cuando aquélla es la responsable del daño o menoscabo sufrido por una propiedad de esta última.

responsabilidad social corporativa (RSC); *corporative social responsibility (CSR).*
Conjunto de obligaciones y compromisos, legales y éticos, nacionales e internacionales, que se derivan de las acciones de una corporación o empresa y de los impactos que su actividad pueden producir en el ámbito social, laboral, medioambiental y de los derechos humanos.

respuesta eficiente al consumidor; *efficient consumer response (ECR).*
Véase **reaprovisionamiento eficiente.**

respuesta rápida; *quick response.*
Procedimiento destinado a reducir el inventario en la cadena logística y el período de tiempo de distribución y venta de un producto. La necesidad de aprovisionamiento del punto de venta se transmite electrónicamente desde éste al proveedor responsable de su suministro. Véase **reaprovisionamiento eficiente.**

restricción; *constraint.*
Factor de carácter intangible o elemento físico que impide a un sistema lograr el grado de rendimiento deseado en relación con una función o un objetivo determinado.

retenedor de hojas; *push-pull for lift track.*
Véase **eyector de hojas.**

Retim; *Retim.*
Siglas del Registro de Empresas Transportistas Internacionales de Mercancías, en España, para vehículos pesados de transporte público.

retorno; *backhauling.*
Véase **viaje de retorno.**

retorno en vacío; *deadhead.*
Viaje de retorno de un medio de transporte sin carga tras haber prestado un servicio.

retractilar; *shrink wrapping.*
Acción de envolver un envase o una unidad de carga mediante un material retráctil con el fin de conferirle una mayor protección. En ocasiones, el retractilado sirve para unitizar diversas cargas en una unidad de carga mayor. Habitualmente, se utiliza lámina de plástico en bobina o en forma de bolsa que se contrae al contacto con un chorro de aire caliente. El retractilado proporciona cierta seguridad contra las sustracciones, los impactos accidentales, las inclemencias del tiempo, las mojaduras y las humedades.

retraso; *delay.*
Período posterior al horario previsto o publicado para la llegada o salida de un medio de transporte en una ruta.

retraso en la entrega; *delivery delay.*
Se considera retraso, demora o mora de una mercancía cuando se da un incumplimiento temporal por parte del porteador, es decir, cuando llega tarde respecto a lo pactado o a los plazos razonables para un determinado recorrido. El retraso en la entrega de las mer-

cancías puede ser la causa primaria o secundaria de un daño.

retraso interno de mercancías; *internal goods delay.*
Elemento del «plazo de reacción» que cuantifica el tiempo que transcurre desde que el proveedor entrega los materiales hasta que están disponibles para su uso.

retroalimentación; *feedback.*
Acción de enviar información a un nivel o a una función anterior, como reacción a otra información remitida por ésta en una fase anterior.

retrologística; *reverse logistics.*
Véase **logística inversa.**

reutilización; *reutilisation.*
Proceso de recuperación de un producto para otorgarle un nuevo uso dentro de su ciclo de vida (rellenados, viajes, rotaciones, etc.). Es una forma de logística inversa limitada a determinados tipos de productos, que produce menor impacto en el entorno (excepto cuando se utilizan tecnologías consumidoras de mucha energía o muy contaminantes).

revaluación; *revaluation.*
Incremento de valor de una divisa, en relación con otras monedas extranjeras, determinada por una decisión de la Administración pública o el gobierno de un determinado país.

revestimiento interior; *interior coating.*
Medio o producto que cubre y protege la superficie interior de un recipiente, aislándola del contenido del mismo e impidiendo su posible interacción.

revisión; *audit.*
Examen cuya finalidad es asegurar la conveniencia, utilidad, eficacia, eficiencia o el ajuste de algo para alcanzar unos objetivos trazados o una función determinada. El objeto de revisión puede ser un bien material, un producto, o intangible, un servicio, un sistema, etc.

revisión periódica; *frequent review.*
Véase **inspección periódica.**

RFDI; *RFDI.*
Siglas de *radio frequency identification data.* Véase **identificación por radiofrecuencia.**

RGB; *RGB.*
Siglas correspondientes, en inglés, a los colores rojo, verde y azul. Estos colores se utilizan para crear la matriz aditiva de los colores de pantalla, mediante los fósforos irradiados por el cañón de electrones del monitor de un ordenador.

RID; *RID.*
Siglas del Anexo I sobre el transporte internacional por ferrocarril de mercancías peligrosas. Véase **Convenio RID.**

riesgo; *risk.*
1. Posible ocurrencia de un acontecimiento que produzca un daño o siniestro y genere una subsiguiente necesidad económica para repararlo o reducir sus efectos.
2. Cada una de las contingencias que pueden ser objeto de un contrato de seguro, suscrito entre un asegurador y el asegurado. Debe ser incierto, posible, fortuito, lícito y que cause una necesidad económica.

rigidez del contenedor; *rigidity of container.*
Capacidad de un contenedor para soportar fuerzas de desescuadre transversales o longitudinales del anclaje de la carga provocadas por los movimientos del buque durante su travesía.

riostra; *strut.*
Pieza que, dispuesta oblicuamente, asegura la rigidez e invariabilidad de la forma de una estructura o armazón.

robo; *theft.*
Acción delictiva de apropiarse de bienes muebles ajenos contra la voluntad de su propietario, utilizando violencia o intimidación hacia las personas o ejerciendo fuerza en las cosas.

ROI; *ROI.*
Siglas de *return on investment* o «tiempo de retorno de la inversión».

rolltrailer; roll-trailer.
Remolque accionado por un tractor configurando una plataforma de baja altura que puede mover cargas pesadas como bloques de hormigón, contenedores, chapas de acero, perfiles, etc.

ro-lo; ro-lo ship.
Véase **buque** *ro-lo.*

rompeolas; *breakwater.*
Dique avanzado en el mar, construido para defender un puerto, una rada o una ribera del embate de las olas.

ro-ro; ro-ro (roll-on/roll-off).
Contracción de la expresión inglesa *roll-on / roll-of.* Véase **buque de carga horizontal.**

rotación de existencias; *inventory turnover.*
Capacidad de un almacén de reponer un artículo en una determinada unidad de tiempo. La rotación se mide generalmente por su valor económico. Una forma habitual de calcularla consiste en dividir las existencias medias anuales por el coste de las ventas efectuadas. Un almacén tiene una rotación de tres unidades anuales cuando el valor económico de los productos almacenados se ha repuesto tres veces.

rotación de las ventas; *sales turnover.*
Número de renovaciones del *stock* motivadas por las ventas efectuadas durante un período de tiempo determinado.

rotación del *stock; inventory turnover.*
Véase **rotación de existencias.**

ROTT; *ROTT.*
En España, Reglamento de la Ley de Ordenación del Transporte. (Real Decreto 1.211/1990, de 28 de septiembre; BOE 241, de 8 de octubre de 1990, pág. 29.406.)

rotura de existencias; *stock out.*
Véase **falta de existencias.**

rotura de *stock; stock out.*
Véase **falta de existencias.**

RSC; *CSR (corporative social responsibility).*
Siglas de **responsabilidad social corporativa.**

RSE; *CSR.*
Siglas de «responsabilidad social empresarial». Véase **responsabilidad social corporativa.**

RSU; *USR (urban solid residue).*
Siglas de «residuos sólidos urbanos».

rumbo; *heading.*
Dirección horizontal de la proa de un buque considerada en el plano del horizonte, en un momento dado, medida en grados a partir del norte, en el sentido de las agujas del reloj.

ruptura de carga; *breaking bull.*
Acción y efecto de separar las cargas contenidas en una unidad de carga superior (en un contenedor, por ejemplo), en un punto determinado de la cadena de transporte, con el fin de enviarlas a sus distintos destinos finales.

ruta; *routing.*
1. *Transporte.* Itinerario que recorre un vehículo para trasladar pasajeros, incluyendo las paradas previstas, o efectuar la entrega de la mercancía que transporta, caracterizado por los puntos de parada predefinidos a la salida y a la llegada.
2. *Producción.* Conjunto de informaciones relativa al método de producción de un producto:
– Operaciones que deben realizarse y su secuencia.
– Centros de trabajo involucrados.
– Maquinaria.
– Otras informaciones sobre herramientas, útiles, cualificación de los operarios, comprobaciones de calidad, etc.

ruta diaria; *daily round.*
Itinerario que se fija diariamente para un vehículo, en función de la demanda de servicio, para trasladar pasajeros o efectuar la entrega de la mercancía que transporta.

ruta fija; *fixed round.*
Itinerario invariable que recorre un vehículo durante un ciclo (semanal, mensual, trimestral, etc.) para trasladar pasajeros o efectuar la entrega de la mercancía que transporta.

ruta lazo; *restricted round.*
Itinerario que recorre un vehículo para trasladar pasajeros o efectuar la entrega de la mercancía que transporta en un área restringida para atender un número reducido de clientes o servicios.

ruta periódica; *frequent round.*
Itinerario que recorre un vehículo durante un ciclo periódico para trasladar pasajeros o efectuar la entrega de la mercancía que transporta con el fin de satisfacer unas determinadas exigencias de servicio.

ruta vertebral; *principal round.*
Ordenación simple de las rutas de transporte, que se hacen coincidir con los principales ejes viarios del área de distribución.

S

s; *s.*
Símbolo de **siemens.**

S; S.
Símbolo de **segundo.**

saco; *sack.*
Unidad de carga o embalaje flexible en forma de receptáculo de plástico, arpillera, tela, papel, etc., por lo general de forma rectangular o cilíndrica, abierto por uno de sus lados.

SAD; *ADS (automated dispensing system).*
Siglas de «sistema automatizado de dispensación».

salario; *wage / salary / pay.*
Remuneración regular, en dinero o en especie, que percibe un trabajador por cuenta ajena como pago por el trabajo que aporta a un proceso productivo.

salida; *disbursement.*
Emisión de mercancías y de su documentación desde un almacén.

salida indirecta de mercancías; *indirect goods clearance.*
Embarque o salida hacia el extranjero desde un territorio aduanero, cuando la salida tiene lugar por una aduana distinta de la que efectuó el despacho.

SAR; *SAR.*
Siglas de la expresión en inglés *search and rescue*, o «búsqueda y salvamento» en el ámbito marítimo.

satisfacción del cliente; *customer satisfaction.*
Percepción o consideración del cliente sobre el grado de cumplimiento de sus expectativas o requisitos respecto a la compra de un producto o la prestación de un servicio.

SCM; *SCM.*
Siglas de *supply chain management.* Véase **gestión de la cadena de suministro.**

SCR; *SCR.*
Siglas de *specific commodity rates,* tarifa especial destinada a incentivar el transporte aéreo de determinadas mercancías.

SDDG; *SDDG.*
Siglas de *shippers declaration for dangerous goods,* documento de formato estandarizado, auxiliar del conocimiento aéreo, en el que se consignan todos los detalles identificativos de la mercancía de que se trate, así como instrucciones especiales relativas a su manipulación y transporte.

SDT; *SDT.*
Siglas de *shippers declaration of transport of dangerous goods*. Véase **certificado para el transporte de mercancías peligrosas.**

segundo; *second.*
Unidad básica del sistema internacional de unidades de medida, definido desde 1967 como el tiempo requerido por 9.192.631.770 ciclos de la radiación correspondiente a la transición entre los dos niveles hiperfinos del estado fundamental del átomo de cesio 133. Su símbolo es «s».

seguro; *insurance.*
El seguro es una actividad de servicios con carácter económico-financiero que permite transformar los riesgos a que están sometidos las personas, los materiales, las empresas y los bienes en general, en un gasto periódico que sea soportado con facilidad por éstos.

El seguro se formaliza con un contrato por medio del cual una persona (asegurador) se obliga, a cambio de una prima, a indemnizar a otra (asegurado) en caso de que se dé uno de los riesgos previstos en dicho contrato, causándose daños, pérdidas o retrasos de la mercancía transportada y por una suma también determinada en el mismo.

Las características de este contrato son:
a) Oneroso, dado que se hace a cambio de un incentivo económico.
b) De tracto sucesivo, al poder prorrogarse temporalmente.
c) Aleatorio, porque depende del azar; si un riesgo tiene lugar con consecuencias dañosas el asegurador indemnizará al asegurado.
d) Sinalagmático, pues crea obligaciones recíprocas en las partes.
e) Es un contrato de empresa, que es la que asume el riesgo.
f) También es un contrato de indemnización, porque el asegurado persigue con el mismo un resarcimiento económico de los daños sufridos como consecuencia del siniestro.

seguro contra robo; *anti-theft insurance.*
Modalidad de seguro que cubre los daños que se deriven de una sustracción ilegítima, por parte de terceros, de los bienes asegurados y los daños que se produzcan como consecuencia de la comisión del delito.

seguro de cambio; *exchange rate hedging / exchange risk insurance.*
Modalidad de seguro que cubre el riesgo de la fluctuación en el cambio de las monedas, para evitar los riesgos derivados de las oscilaciones que registran las divisas en relación con la moneda nacional.

seguro de carga aérea; *air cargo insurance.*
Modalidad de seguro para el transporte aéreo de mercancías. En esta área, la póliza más utilizada es la ICC Air, cuya extensión de cobertura es similar a la ICC-A, con algunas diferencias derivadas del transporte aéreo, como la inclusión de la «voltereta» o de plazos de cobertura distintos.

seguro de cascos; *hull insurance.*
Modalidad de seguro para el transporte aéreo, marítimo y terrestre que cubre la responsabilidad civil (daños a terceros) del propietario/armador del

medio de transporte y los riesgos de daños propios (incluyendo maquinaria, aparejos, equipos, pertrechos, combustible, etc.) durante el viaje, parado y en las situaciones en que el vehículo se encuentre inmovilizado. Son significativos algunos factores, como las características del vehículo, la experiencia de quien lo conduzca y los límites geográficos de uso, entre otros.

seguro de caución; *secured insurance.*
Modalidad de seguro mediante la que el asegurador se obliga a indemnizar al asegurado, en el supuesto de que el tomador incumpla sus obligaciones de pago ante él. El acreedor es el asegurado y beneficiario, y cualquier pago que el asegurador haga al asegurado deberá serle reembolsado finalmente por el tomador del seguro.

seguro de crédito; *credit insurance.*
Modalidad de seguro que protege al asegurado frente a una posible insolvencia causada por las pérdidas netas en el caso de que sus clientes compradores a crédito no atiendan sus obligaciones de pago.

seguro de la carga; *insurance of goods in transit.*
Véase **contrato de seguro de transporte de mercancías.**

seguro de responsabilidad civil; *public liability insurance.*
Modalidad de seguro mediante la que el asegurador se compromete a indemnizar todo lo que el asegurado deba pagar a un tercero por algo de lo que sea civilmente responsable, al ser el causante del siniestro.

seguro en condiciones CMR; *CMR insurance.*
Póliza de seguro de transporte terrestre que incluye una cláusula por la que se protege las mercancías transportadas de acuerdo con el Convenio CMR. El lugar de expedición y el de entrega deben estar en dos países distintos y al menos uno de ellos debe ser firmante del citado convenio. Quedan excluidos los transportes postales, los funerarios y las mudanzas.

seguro obligatorio de automóviles; *compulsory motor insurance.*
Modalidad de seguro de responsabilidad civil, de carácter obligatorio para el propietario de un vehículo de motor.

seis sigma; *six sigma.*
Sistema de gestión que tiene como objetivo reducir al mínimo los defectos en los procesos, hasta alcanzar 3-4 defectos por millón de oportunidades o productos. Centra su atención en incrementar los niveles de satisfacción y en crear valor para el cliente. Es un sistema proactivo que estimula la participación de todos los escalafones de una organización.

semana; *week.*
Período de tiempo comprendido entre las cero horas de un lunes y las veinticuatro horas del domingo siguiente.

semielaborado; *work in process.*
Véase **producto semielaborado.**

semirremolque; *semi-trailer.*
Caja o remolque formado por una plataforma o un conjunto carrozado, sin sistema de tracción propia, que es arras-

trado por una unidad tractora en la que se ensambla y reposa parcialmente, y que le transmite una parte significativa de su masa y carga. No tiene eje delantero, y puede disponer de uno (monoeje), dos (tándem o doble) o tres (trídem o triple) ejes traseros.

semirremolque bimodal; *bimodal semitrailer.*

Semirremolque que puede transformarse en vagón mediante la ayuda de bogies ferroviarios.

sensor; *detector.*

Dispositivo electrónico que responde a un determinado estímulo físico (elevación de la temperatura o recepción de luz, entre otros) produciendo una señal electrónica. Los sensores forman parte de las etiquetas RFID para detectar un estímulo en una localización identificable.

sentina; *bilge.*

Cavidad inferior de una embarcación, sobre la quilla, donde se acumula el agua procedente de la limpieza de las bodegas o la que entra por las cubiertas, los costados, etc., de donde es expulsada con bombas.

señal de socorro para embarcaciones; *distress signal.*

Objeto que contiene materias pirotécnicas diseñado para emitir señales luminosas, sonoras, fumígeneas o cualquier combinación de las mismas y facilitar la localización del punto de emisión.

serie cronológica; *base serie.*

Sucesión de datos ordenados según el período de tiempo en que ocurrió el suceso al cual se refieren.

serie desestacionalizada; *deseasonalized series.*

Serie cronológica en la que se ha suprimido el factor de la estacionalidad.

servicio; *service.*

Prestación o actividad que lleva a cabo una persona física o una organización para satisfacer una demanda del mercado o una necesidad social generalmente de carácter intangible, en la que no se producen bienes materiales, y que puede ser el resultado de uno o más procesos.

servicio a domicilio; *home delivery.*

Sistema de distribución dirigido al cliente final en el que, tras la compra por medio de una llamada telefónica, de modo presencial en el establecimiento, a través de internet, etc., la entrega de los productos se efectúa directamente en el domicilio que el cliente indique.

servicio al cliente; *customer service.*

1. Capacidad que una empresa desarrolla para satisfacer las necesidades, demandas y comunicaciones solicitadas por los clientes.
2. Medida del cumplimiento del plazo de entrega de un producto o de prestación de un servicio contratado por el cliente.

servicio chárter; *charter service.*

Servicio de transporte aéreo de pasajeros o de grandes volúmenes de mercancía, en general mediante el arrendamiento de aeronaves completas para un recorrido determinado *(spot charter)* o una serie de viajes *(contract charter)*, sin que éstas tengan que servir una determinada zona geográfica ni estén sujetas a frecuencias ni tarifas fijas, ya que los precios quedan supeditados a las oscilaciones del mercado.

servicio complementario; *accessorial service.*

Servicio de carácter adicional facilitado por un operador de transporte, como realizar una parada en el trayecto para completar una carga o para una descarga parcial, para refrigerar o almacenar mercancías transportadas, por ejemplo.

servicio de alimentación por superficie; *road feeder service (RFS).*

Servicio de transporte por carretera que presta una compañía aérea, mediante medios propios o subcontratados, para trasladar hasta su terminal o aeronave una mercancía. En este servicio intermodal la carga tiene que estar documentada como de tráfico aéreo, es decir, debe disponer de su contrato de transporte aéreo y manifiesto de vuelo.

servicio de entrega; *delivery service.*

Parte del proceso de venta, desde que el cliente formaliza el pedido hasta que el producto se entrega. Intervienen:
- La disponibilidad efectiva del producto.
- El plazo de entrega acordado con el cliente.
- La documentación que se emita y las comunicaciones que se lleven a cabo.

servicio de manipulación; *handling service.*

En transporte aéreo de carga, operación que abarca la recepción de la carga en el aeropuerto y su preparación para su posterior embarque y vuelo. Se distingue entre manipulación en la terminal y en la rampa. La primera se ocupa de la recepción y preparación de la mercancía y la segunda del transporte al avión y del embarque.

servicio de producto; *post-sales service.*

Servicio relacionado con la adquisición de un producto (máquina, herramienta, vehículo, etc.), el cual reúne las prestaciones que sean necesarias para obtener el rendimiento óptimo durante la vida útil del mismo.

servicio defectuoso; *deficient service.*

Servicio que incumple alguno de los requisitos para los que ha sido previsto o que el proveedor ha especificado en su oferta.

servicio estándar; *standard service.*

Servicio que se comercializa de manera uniforme o sin posibilidad de ser modificado o personalizado. Habitualmente, puede ser suministrado por más de un proveedor y sus factores competitivos son el precio y la proximidad al cliente.

servicio líder; *leader service.*

Servicio que por sus características y prestaciones posee cualidades óptimas para el consumidor en general y un precio de venta muy competitivo, gracias a los costes alcanzados en sus procesos de elaboración y suministro, a pesar de que existan competidores y sustitutos en el mercado.

servicio postventa; *after-sales service.*

Servicio que una organización presta al cliente con posterioridad a la venta de un producto: el mantenimiento, la reparación y, en particular, las prestaciones que indique el certificado de garantía del producto.

servicio regular; *regular service.*
Servicio de transporte de pasajeros y carga, de manera conjunta o por separado, incluido en el tráfico programado de un operador de transporte, con horarios y tarifas anunciados.

servicios de inspección en frontera; *border inspection services.*
Servicios de la Administración pública relacionados con el control fronterizo de las exportaciones e importaciones en aspectos como la calidad, la sanidad, etc.

SGA; *WMS (warehouse management system).*
Siglas de **sistema de gestión del almacén.**

SIA; *AIS (automatic identification system).*
Véase **sistema de identificación automática de buques.**

siemens; *siemens.*
Unidad de conductancia eléctrica del sistema internacional de unidades de medida, definida como la conductancia de un conductor que tiene una resistencia eléctrica de $1\ \Omega$.
$$1\ S = 1\ /\ 1\ \Omega = 1\ A\ /\ 1\ V.$$
Su símbolo es «S».

siempre a flote; *always afloat.*
Cláusula de la póliza de fletamento que obliga al fletador a designar un puerto seguro.

sievert; *sievert.*
Unidad de dosis equivalente de radiación del sistema internacional de unidades de medida, equivalente a un julio por kilogramo.
$$1\ Sv = 1\ J\ /\ 1\ kg.$$
Su símbolo es «Sv».

SIG; *IMS (integrated management system) / GIS (geographic information system).*
Acrónimo de **sistema integrado de gestión de residuos de envases** y siglas de **sistema de integración geográfica.**

sigla; *acronym.*
Palabra formada por un conjunto de letras iniciales que se toman de una expresión compleja, como un nombre, una frase, etc.

silo; *silo / hopper vehicle.*
1. *(silo)* Estructura metálica o de hormigón armado destinada al almacenamiento y la conservación de cereales, piensos, minerales y otros materiales a granel. Puede tener forma de torre cilíndrica, bolsa, cubo, ortoedro, etc., y se carga por la parte superior del depósito y se descarga por la inferior.
2. *(hopper vehicle)* Véase **vehículo tolva.**

símbolo; *symbol.*
1. Imagen o representación perceptible que se toma como signo figurativo de una realidad por convención cultural o porque se establece una analogía entre ambas.
2. Abreviación de significado científico o técnico, formada por una o más letras u otros signos, aceptada por convención nacional o internacional. A diferencia de las abreviaturas, los sím-

bolos no se escriben con punto final: «m», «€», «s» y «kg» son símbolos de metro, euro, segundo y kilogramo, respectivamente.

sin gobierno; *not undercommand.*
Situación de una embarcación que no puede maniobrar, por circunstancias excepcionales, con arreglo al reglamento internacional de prevención de abordajes.

singladura; *day's work.*
Distancia recorrida por una embarcación en 24 h, que generalmente se cuentan desde el mediodía.

siniestro; *accident / disaster.*
Materialización física de un riesgo, es decir, del evento para el cual se ha concebido una póliza de seguro.

sistema; *system.*
Conjunto de elementos materiales o inmateriales que contribuyen a determinado objeto, operación, finalidad, etc. Dichos elementos están relacionados entre sí de una manera ordenada o racional que los hace interdependientes y constitutivos de un todo orgánico, por lo general sujeto a determinados principios, normas o reglas.

sistema antierror; *mistake-proof.*
Técnica de prevención de errores en actividades de fabricación o preparación de maquinaria que puedan ocasionar defectos en la producción. Detiene automáticamente el proceso de producción si se origina un error y facilita que las maniobras de la maquinaria puedan llevarlas a cabo personal con formación básica. En japonés, se conoce como *poka-yoke,* «a toda prueba».

sistema armonizado; *harmonized system.*
Sistema Armonizado para la Designación y Codificación de Mercancías de acuerdo con los criterios de clasificación de las materias primas y la producción de los productos. Entró en vigor el 1 de enero de 1988, fue adoptado por el Consejo de Cooperación Aduanera y tiene como finalidad facilitar las operaciones de las autoridades aduaneras, los importadores y los exportadores.

sistema Baroti; *Baroti system.*
Sistema internacional que se utiliza para configurar el plan de estiba de un buque portacontenedores. Está formado por tres coordenadas, mediante las que se define la posición de un contenedor en el barco.

sistema comercial; *commercial system.*
Sistema cuyo objetivo es obtener beneficios satisfaciendo la demanda de los clientes. Los sistemas comerciales pueden tratar todo tipo de bienes, materiales o inmateriales y, por tanto, productos y servicios.

sistema de calidad; *quality system.*
Modelo de gestión que implica el organigrama organizativo de la empresa, los métodos y los recursos necesarios para cumplir los objetivos marcados en un plan de calidad.

sistema de cantidad fija de pedido; *fixed order quantity system.*
Método de gestión de existencias donde es constante el tamaño del pedido y es variable el intervalo de tiempo, en función de la demanda de cada momento. Los pedidos se llevan a cabo

cuando el nivel de existencias es inferior a un valor predeterminado.

sistema de empujar; *push system.*
1. Sistema de programación de la producción en el que cada uno de sus procesos está dirigido (empujar, *push)* por el anterior. De este modo, por ejemplo, las existencias empujan a las ventas y éstas dependerán fundamentalmente de la existencia o no de los productos, sin que la demanda real afecte a la planificación de la producción, ya que ésta se planifica por adelantado.
2. Sistema centralizado de reposición de existencias en la que ésta se decide desde una fábrica o almacén central.
3. Sistema de gestión de materiales en el que éstos se retiran y utilizan en el orden y tiempo previstos.

sistema de extensión de responsabilidad; *switchback.*
Sistema de responsabilidad en el transporte multimodal en el que el operador de transporte multimodal (OTM) asume la responsabilidad por la ejecución del transporte de mercancías efectuado por más de un modo de transporte, en un servicio «puerta a puerta». En este sistema se amplían los principios que rigen un modo de transporte a los demás modos.

sistema de formulación de pedido doble; *double order point system.*
Sistema de gestión de inventario que incluye dos puntos de pedido. El menor es igual al punto de formulación de pedido original, que cubre el plazo de entrega de reaprovisionamiento. El segundo punto de pedido es la suma del primer punto más el uso normal durante el plazo de entrega de la fabricación.

sistema de gestión corporativa; *enterprise resource planning (ERP).*
Sistema de gestión mediante paquetes informáticos modulares que permiten gestionar todos los procesos de una organización a través de toda su estructura, incluida la fabricación y sus asociados.

sistema de gestión de la calidad; *quality management system (QMS).*
Modelo de gestión que implica el organigrama organizativo de la empresa, los métodos y los recursos necesarios para cumplir los objetivos marcados en un plan de calidad.

sistema de gestión del almacén (SGA); *warehouse management system (WMS).*
1. Conjunto de normas de funcionamiento de un almacén, cuya finalidad es conseguir la mayor agilidad en la disponibilidad de los productos almacenados. Fundamentalmente, se centran en la simulación de procesos, las existencias de productos, los recursos humanos, los equipos y los sistemas informáticos.
2. Sistema informático que incluye el tratamiento de la información sobre recepción de mercancías, referencias, almacenamiento, inventarios, movimientos, lotes, fechas de caducidad, condiciones del producto, embalajes, etc., que puede ser en tiempo real mediante radiofrecuencia.

sistema de gestión y control del tránsito; *urban traffic management control (UTMC).*
Sistema destinado a mejorar la fluidez del tránsito y garantizar la seguridad viaria, mediante recursos como los sistemas de control del tránsito urbano, los paneles de mensaje variable (VMS),

los sensores de disponibilidad de aparcamientos o la medición del tiempo de trayecto mediante el reconocimiento automático de las matrículas.

sistema de identificación automática de buques (SIA); *automatic identification system (AIS).*

Sistema de comunicación que permite transmitir datos dinámicos: la posición; el rumbo y la velocidad sobre fondo; el estado de navegación y de la travesía, donde figura el calado del buque, el tipo de carga, el destino y la hora estimada de llegada; cuestiones relativas a la seguridad y otros, mediante un canal de radio VHF común. También se transmite información estática de manera automática, como número IMO, nombre, eslora y manga, tipo de buque, etc. El SIA está reglamentado por la OMI y puede actuar de «buque a buque», de «buque a autoridades» y de «buque a centro de control» o gestión de tráfico.

sistema de identificación de contenedores; *containers identification system.*

Sistema para la identificación de contenedores de transporte de mercancías compuesto por:
– Código del propietario: tres letras.
– Identificador de la categoría del equipo: una letra.
– Número de serie del contenedor: seis cifras.
– Dígito de control: una cifra.

sistema de información; *information system.*

Procedimiento para gestionar el flujo de informaciones de los procesos de administración mediante ordenadores en red.

sistema de información geográfica (SIG); *geographic information system (GIS).*

Sistema integral de captura, almacenamiento, procesamiento, análisis y representación de información geográficamente referenciada mediante coordenadas terrestres, que tiene como finalidad satisfacer unas necesidades de información determinadas y resolver situaciones complejas de planificación y gestión, con aplicaciones en la mercadotecnia, el urbanismo, el transporte, la prevención de riesgos naturales, etc., entre muchos otros ámbitos.

sistema de mínimos-máximos; *min-max system.*

Método de gestión de existencias basado en el «sistema de cantidad fija de pedido», con la diferencia de que el tamaño del pedido no es constante, sino que se incrementa con la diferencia entre las existencias disponibles y el mínimo preestablecido.

sistema de posicionamiento global; *global positioning system (GPS).*

Sistema gestionado por medio de satélites orbitales que transmite señales utilizadas para indicar el posicionamiento y la localización de un elemento fijo o móvil en cualquier lugar del globo terrestre, para fines de navegación y transporte o relacionados con actividades ganaderas, agrícolas, geodésicas, hidrográficas e investigaciones sobre el medio ambiente, entre muchas otras.

sistema de punto de pedido con intervalos fijos; *fixed interval reorder system.*

Método de gestión de existencias donde el intervalo de revisión es fijo y el tamaño de los pedidos se establece por la diferencia entre el nivel máximo prefijado y las existencias disponibles al llevar a cabo la revisión.

sistema de red; *network system.*

Sistema de responsabilidad en el transporte multimodal en el que el operador de transporte multimodal (OTM) asume la responsabilidad por la ejecución del transporte de mercancías efectuado por más de un modo de transporte, en un servicio «puerta a puerta». Dicha responsabilidad abarca la pérdida, el daño o el retraso en la entrega de las mercancías. Si se conoce en qué fase del transporte ocurrió la avería, su responsabilidad tendrá la misma extensión que la del subcontratante que lo ejecutó.

sistema de reexpedición; *cross docking.*

Sistema de distribución para almacenes y centros de distribución fundamentado en la recepción, la clasificación y el envío de los productos sin el recurso de las existencias de un centro de almacenaje, ya que los productos recepcionados se preparan inmediatamente para ser reexpedidos a las tiendas detallistas.

sistema de reposición; *replacement system.*

Sistema de entregas de productos en respuesta a pedidos de suministros, establecido en función de las ventas, las existencias y su ubicación, así como de los plazos de entrega al cliente.

sistema de tirar; *pull system.*

1. Sistema de programación de la producción desarrollado por la distribución comercial en el que cada uno de sus procesos está dirigido (tirar, *pull)*

por el anterior. De este modo, por ejemplo, la demanda real tira de las existencias y éstas, a su vez, actúan sobre la planificación de la producción.
2. Sistema de reposición de existencias en la que ésta se decide desde cada almacén, centro de distribución o punto de venta, sin instrucciones de un centro de producción o un almacén central.
3. Sistema de gestión de materiales en el que éstos sólo se retiran cuando son requeridos.

sistema de transporte; *mode of transport.*

Conjunto de procesos de planificación, gestión y control de los transportes de cargas, informaciones y servicios relacionados, incluyendo los medios de transporte que se utilicen.

sistema de tuberías; *pipeline system.*

Conjunto de tuberías, bridas, válvulas, juntas, elementos de sujeción y demás accesorios destinados al transporte de un fluido.

sistema de venteo y alivio de presión; *pressure control valve / pressure relief systems.*

Conjunto de elementos y dispositivos destinados a prevenir los efectos de las alteraciones de la presión interna que pueden producirse en un recipiente de almacenamiento.

sistema financiero; *financial system.*

Conjunto de regulaciones, normativas, organismos, instrumentos, prácticas y personas que constituyen el mercado monetario y el de capitales de un país.

sistema global de navegación por satélite; *global positioning system (GPS).*
Véase **sistema de posicionamiento global.**

sistema integrado de gestión de residuos de envases (SIG); *integrated management system (IMS).*
Sistema promovido por Ecoembes, entidad sin ánimo de lucro que lleva a cabo la gestión de la recuperación de envases usados para su tratamiento y valorización. Los envases incluidos en los SIG se identifican mediante el símbolo «punto verde». Las empresas adheridas a un SIG aportan una cantidad económica en función del número y tipo de envases que ponen en el mercado, mediante la cual se financia la recogida selectiva de residuos que realizan los ayuntamientos, de acuerdo con los objetivos de reciclado y valorización establecidos en España por la Ley 11/97.

sistema logístico; *logistics system.*
Conjunto de procesos de planificación, gestión y control de los flujos de materiales y productos, informaciones y servicios relacionados. Se subdivide en los procesos de aprovisionamiento, producción y distribución, e incluye los movimientos internos y externos, así como las operaciones de importación y exportación.

sistema modular; *modular system.*
Sistema constituido por elementos relacionados con un módulo de referencia.

sistema monetario; *monetary system.*
Conjunto de las relaciones que se dan entre los diferentes tipos de dinero, tanto en el ámbito de un país como a escala internacional. En su base se encuentra uno de los dos tipos de dinero patrón: el bimetalismo (plata y oro) o el monometalismo (oro o plata).

sistema monetario intenacional; *international monetary system.*
Conjunto de prácticas relacionadas con el Fondo Monetario Internacional (FMI), destinadas a facilitar el intercambio de bienes, servicios y capital entre los países, como base de su crecimiento económico.

sistema operativo; *operating system.*
Programa informático que controla la puesta en marcha, ejecución o elaboración del resto de programas en un sistema informático.

sistema reticular; *network system.*
Véase **sistema de red.**

sistema UFR; *UFR system.*
Técnica de transporte multimodal donde se transporta un semirremolque en el interior de un vagón de ferrocarril. Para no exceder los gálibos, los semirremolques deben tener una altura menor de la habitual.

sistema unitario; *unitary system.*
Sistema de responsabilidad en el transporte multimodal en el que el operador de transporte multimodal (OTM) asume la responsabilidad por la ejecución del transporte de mercancías efectuado por más de un modo de transporte, en un servicio «puerta a puerta». Dicha responsabilidad abarca la pérdida, el daño o el retraso en la entrega de las mercancías solamente hasta un de-

terminado nivel estipulado en la convención aplicable, con la posibilidad de recurrir a las limitaciones de responsabilidad que ésta prevea, y al margen del modo de transporte en el cual ocurrió la avería.

sistemas de almacenamiento; *storage systems.*
De mayor a menor aprovechamiento del espacio, los sistemas de almacenamiento pueden clasificarse en:
1. Bloque compacto.
2. Bloque sobre estanterías.
3. Bloque mediante estanterías móviles.
4. Con pasillos, usando transelevadores.
5. Con pasillos, usando carretillas trilaterales.
6. Con pasillos, usando carretillas elevadoras retráctiles.
7. Con pasillos, usando apiladores con conductor sentado.
8. Con pasillos, usando apiladores con conductor acompañante.
9. Con pasillos, usando carretillas elevadoras contrapesadas.

sistemas inteligentes de transporte; *intelligent transport system (ITS).*
Conjunto de tecnologías de la información y comunicación aplicables al proceso y las operaciones de transporte de mercancías que llevan a cabo los operadores de transporte, que engloban los sistemas de gestión de flotas, y la gestión del tránsito en áreas urbanas efectuada por gestores públicos.

sitio web; *web site.*
Espacio ocupado en internet por una dirección (URL) específica, relacionada con una persona física u organización. Puede constar de una sola página de presentación o de innumerables páginas y archivos enlazados.

SKU; *SKU.*
Siglas de *stock keeping unit.* Véase **unidad de mantenimiento de existencias.**

SLOI; *SLOI.*
Siglas de *shippers letter of instructions,* documento de formato estandarizado, auxiliar del conocimiento aéreo, en el que se consignan todos los datos referentes a la mercancía para que la compañía aérea o el agente IATA cumplimente el conocimiento aéreo definitivo.

slot; slot.
Expresión en inglés referida a los derechos de aterrizaje y despegue en un aeropuerto en un lapso específico, habitualmente concedidos a las compañías aéreas.

SMED; *SMED.*
Siglas de *single minute exchange of dies.* Véase **cambio rápido de útiles.**

SMSSM; *GMDSS.*
Siglas de «Sistema Mundial de Socorro y Seguridad Marítimos» o Global Maritime Distress and Safety System.

SMTP; *SMTP.*
Siglas de *simple mail transfer protocol.* Véase **protocolo simple de transferencia de correo.**

sobrecargar; *overload.*
Exceder un vehículo la carga máxima que está autorizado o que debe transportar.

sobrecargo; *supervisor.*

1. Profesional a cargo del control de las mercancías cargadas en un buque.
2. En la aviación comercial, tripulante que tiene a su cargo la supervisión de funciones auxiliares, con responsabilidad sobre otros miembros de la tripulación de la cabina de pasajeros.

sobreembalaje; *main packing box.*

Envoltura utilizada por un expedidor para contener varios bultos y conseguir una unidad de carga de más fácil manipulación y estiba. Pueden ser sobreembalajes una caja, un jaulón o un palé, entre otros.

sobreprima; *extra premium.*

Prima adicional de una póliza de seguro que se paga para garantizar la cobertura de riesgos específicos (guerras, huelgas y otros).

sobrestadía; *demurrage.*

Coste abonado por retrasos en la carga, la descarga o por ocupar un espacio portuario o de almacenamiento durante más tiempo del previamente especificado.

sociedad de clasificación; *classification society.*

Organización que vela por la seguridad de la vida humana y de las propiedades (buques y plataformas *offshore),* así como por la protección del entorno natural marino, mediante reglas de clasificación. Las sociedades de clasificación emiten certificados relativos a si el diseño y la construcción de los buques cumplen con dichas reglas, y efectúan inspecciones periódicas para confirmar su cumpliendo. La primera fue fundada por Edward Lloyd en el último tercio del siglo XVII, en Londres.

socio comercial; *business partner.*

Una de las partes de una transacción de productos o servicios en la cadena de aprovisionamiento, como ser un proveedor (vendedor) o un cliente (comprador).

software; software.

Véase **programa informático.**

SOLAS; *SOLAS.*

Siglas de International Convention on Safety of Life at Sea o «Convención Internacional para la Seguridad de la Vida Humana en el Mar».

solera; *floor.*

Pavimento o suelo del almacén, generalmente de hormigón armado, sobre el que se sustentan las estanterías y sobre el que circulan los elementos de manutención.

solicitud de actuaciones previas al despacho; *customs goods clearing authorization.*

Documento por el que la aduana autoriza la apertura de un contenedor, la manipulación de la mercancía que contiene y la extracción de muestras para su análisis por los servicios de inspección. En dicho documento se indica el servicio que ha solicitado la extracción y se describen las muestras extraídas.

solicitud de entrada de mercancías peligrosas; *dangerous goods request (DGR).*

Documento que el responsable de la entrada de determinadas mercancías peligrosas en un puerto dirige a la administración del mismo solicitando autorización para el acceso de dichas mercancías al recinto portuario.

solicitud de escala; *slot request (SR).*
Documento mediante el que se solicita autorización para el atraque o fondeo de un buque en un puerto, durante un período de tiempo y con una finalidad determinados.

sólido inflamable; *inflammable solid.*
Se considera sólido inflamable a todo tipo de:
— Sustancia sólida susceptible de encenderse con facilidad o por fricción durante el transporte.
— Sustancia autorreactiva o similar que pueda experimentar una fuerte reacción exotérmica.
— Explosivo insensibilizado que pueda explotar si no está suficientemente diluido.

soporte contenedor; *container support.*
Elemento metálico que, apoyado en los largueros, permite estibar los contenedores metálicos en estanterías convencionales de paletización.

soporte físico; *hardware.*
En informática, todo elemento físico relativo a los ordenadores y sus periféricos.

soporte lógico; *software.*
Véase **programa informático.**

sotavento; *leeward.*
Lado opuesto a la parte de donde viene el viento, respecto a un punto o lugar determinado.

sourcing; sourcing.
Voz inglesa referida a los procesos de localización de proveedores, negociación y compra de productos o materias primas.

SPC; *SPC.*
Siglas de *statistical process control* o **control estadístico de proceso.**

SRC; *ARS (automated replacement system).*
Siglas de «sistema de reposición automatizada».

STC; *STC.*
Siglas de la expresión, en inglés, *said to contain...,* y que significa «dice contener...». Se utiliza habitualmente como indicativo en una carta de porte o conocimiento de embarque, mediante la cual el transportista declara el contenido de los bultos tal como se lo ha transmitido el expedidor, pero sin afirmar que se corresponda con lo declarado por éste.

stock; stock.
Véase **existencia.**

stock **activo;** *active stock.*
Véase **existencia activa.**

stock **comprometido;** *available stock.*
Véase **existencias comprometidas.**

stock **contra pedido;** *stock order.*
Pedido de reposición de existencias que se efectúa para un producto y un cliente determinados.

stock **de desacoplamiento;** *decoupling stock / buffer stock.*
Véase **existencias de desacoplamiento.**

stock de maniobra; *maneuver stock.*
Véase **existencia de maniobra.**

stock de seguridad; *safety stock.*
Véase **existencia de seguridad.**

stock en depósito; *consignment stock.*
Véase **existencias en depósito.**

stock inicial; *beginning inventory / initial stock.*
Véase **existencia inicial.**

stock máximo; *maximum stock.*
Véase **existencia máxima.**

stock mínimo; *basic stock.*
Véase **existencia mínima.**

stock real; *actual stock.*
Véase **existencia real.**

stock vendible; *active inventory.*
Véase **existencia vendible.**

subcontratación; *outsourcing.*
Sistema de producción que se da cuando la producción o el servicio total o parcial de una empresa se lleva a término con la prescripción técnica de la empresa cliente.

subcontratación logística; *logistics outsourcing.*
Subcontratación de la gestión de una o más funciones logísticas o de un conjunto de actividades logísticas a un tercero, en unas condiciones técnicas y económicas y por un período de tiempo contractualmente definidos.

subcontratista de transporte; *transport subcontractor.*
Tercera parte a la que un operador de transporte ha encargado la ejecución del mismo, en su totalidad o sólo un segmento de la cadena de transporte.

subpanamax; subpanamax.
Véase **buque subpanamax.**

suelo del contenedor; *container floor.*
Elemento que soporta la carga del contenedor, compuesto de planchas o paneles metálicos, de madera o bambú. En los contenedores térmicos, los componentes del suelo pueden estar diseñados para permitir el paso del aire o gas por debajo de la carga.

suma asegurada; *insured sum.*
Valoración del interés asegurado por una póliza de seguro, es decir, el límite máximo de indemnización que se debe pagar por cada concepto asegurado, en caso de acaecer un siniestro.

superficie de almacenamiento; *storage surface.*
Superficie de un almacén que se destina en exclusiva para ser utilizada como área para el depósito de mercancías.

superficie de sustentación; *surface lift.*
Parte de la superficie de las alas sobre la que se ejerce la resistencia del aire que sustenta la aeronave.

suspensión neumática; *pneumatic suspension.*
Suspensión en la que un mínimo del 75 % del efecto elástico es el resultado de un dispositivo neumático.

suspiro de un tanque; *tanker overflow.*
Tubo que comunica el tanque con la cubierta principal. Su misión es conducir el aire que contiene el tanque

hacia el exterior cuando se lastra y facilitar los deslastres o achiques de los tanques. En las operaciones de lastrado sirve para indicar que el tanque está lleno cuando el suspiro rebosa.

sustancia comburente; *comburent substance.*
Sustancia que, sin ser necesariamente combustible, puede liberar oxígeno y estimular la combustión y la velocidad de un incendio en otro material.

sustancia corrosiva; *corrosive substance.*
Sustancia cuya acción química causa lesiones en los tejidos vivos con los que entre en contacto, o daños en otras mercancías y en los medios de transporte.

sustancia explosiva; *explosive substance.*
Sustancia sólida o líquida, o mezcla de ambas, cuya reacción química espontánea puede desprender gases a una temperatura, presión y velocidad que causen daños en sus proximidades.

sustancia infecciosa; *infectious substance.*
Sustancia que contiene microorganismos viables, como bacterias, virus, parásitos, hongos y rickettsias, o un recombinante, híbrido o mutante, causante de enfermedades en las personas o los animales.

sustancia pirotécnica; *pyrotechnic substance.*
Sustancia destinada a producir efectos de calor, luz, sonido, gas o humo, o alguna combinación de éstos, como resultado de reacciones químicas exotérmicas autosostenidas, no detonantes.

sustancia tóxica; *toxic substance.*
Sustancia que puede causar la muerte o lesiones graves o que puede ser nociva para la salud humana, cuando se ingiere, inhala o entra en contacto con la piel.

Sv; *Sv.*
Símbolo de sievert.

SWIFT; *SWIFT.*
Siglas de *society for worldwide interbank fnancial telecomunication,* término en inglés referido a los mensajes de intercambio electrónico de datos entre entidades bancarias.

T

T; *T.*
Símbolo de **tesla**.

tacógrafo; *tachograph.*
Aparato analógico o digital utilizado en los vehículos de transporte por carretera para registrar de forma automática diversos datos sobre la marcha de los mismos, inclusive sobre su conductor o conductores. Los datos que registra son:
– Distancia recorrida y velocidad del vehículo.
– Tiempos de conducción, disponibilidad y otras actividades.
– Tiempos de descanso e interrupciones de la marcha.
Las unidades de tracción ferroviaria también utilizan el tacógrafo para registrar la velocidad de desplazamiento y las paradas de un tren.

tacómetro; *tachometer.*
Instrumento para medir la velocidad de rotación del motor de un vehículo.

táctica de la escalera; *stair negotiation tactic.*
Método de negociación de precios que consiste en emitir señales al proveedor que ha hecho la oferta más desventajosa, con el fin de que supere a la mejor situada. Se pretende repetir la operación con otro proveedor hasta alcanzar el precio deseado, sin cerrar ningún trato pevio.

táctica del cajón; *drawer negotiation tactic.*
Método de negociación de precios que consiste en no iniciar la negociación de la oferta más favorable hasta que otro proveedor la haya mejorado.

táctica del fantasma; *ghost negotiation tactic.*
Método de negociación de precios que consiste en simular una oferta inexistente y transmitirla a un proveedor real con el fin de que la mejore.

Talgo; *Talgo (train).*
Siglas de «Tren Articulado Ligero Goicoechea Oriol», tren compuesto por remolques apoyados sobre un juego de dos ruedas común a dos remolques consecutivos, donde el bogie y el eje montado han sido sustituidos por ruedas independientes.

talón de ferrocarril; *rail consigment note.*
Véase **carta de porte de transporte ferroviario**.

TAM; *MAT (moving annual total).*
Siglas de **total anual móvil**.

tamaño de lote económico; *economic lot size.*
Véase **cantidad económica de pedido.**

tamaño del lote; *lot size.*
Véase **cantidad de pedido.**

tambor; *drum.*
Unidad de carga o envase generalmente cilíndrico, de fondo plano o combado, de metal, cartón, plástico, contrachapado u otro material apropiado, utilizado normalmente para almacenar productos a granel que deben almacenarse, transportarse o distribuirse de modo comercial.

tara; *tare.*
1. Peso de un vehículo en vacío, con sus dotaciones de recambios, combustible, accesorios y herramientas necesarias para su operatividad, sin personal de servicio ni carga.
2. Peso que corresponde al continente de un producto.

tara del contenedor; *container tare.*
Masa de un contenedor vacío, incluyendo los dispositivos para la trinca y el apuntalamiento de la carga y los equipos asociados a cada contenedor en condiciones de prestar servicio.

Taric; *Taric (integrated community tariff).*
Acrónimo de **tarifa integrada comunitaria.**

tarifa *commodity; commodity rate.*
Tarifa especial destinada a incentivar el transporte aéreo de determinadas mercancías, en función del país de origen y del trayecto que se debe recorrer.

tarifa exterior común; *common customs tariff.*
Véase **arancel aduanero común.**

tarifa general GCR; *general cargo rate (GCR).*
Tarifa de transporte aéreo que se fija ad valórem, con una tasa fija y una variable, decreciente en función del peso de la mercancía o con sobrecargos para bultos de menor peso, ajustadas a la naturaleza de la mercancía, a su fragilidad, etc.

tarifa integrada comunitaria (Taric); *integrated community tariff.*
Arancel integrado destinado a facilitar las liquidaciones de los derechos arancelarios en la UE.

tarifa neta; *net rate.*
Tarifa de compra o tarifa de coste.

tarifa *over pivot; over pivot rate.*
Tarifa de transporte aéreo de carga aplicable al exceso sobre el peso pactado en tarifas *pivot* para cada unidad de carga (ULD).

tarifa *pivot; pivot weight.*
Tarifa de transporte aéreo fijada a tanto alzado para cada unidad de carga (ULD), con un precio fijo mínimo para un determinado número de kilogramos.

tarifa por unidad de carga; *ULD (united load device) rate.*
Tarifa de transporte aéreo para mercancías paletizadas o contenerizadas, fijada en función de la unidad de carga (ULD). Está compuesta por un precio fijo mínimo para un determinado número de kilogramos (tarifa *pivot)* más

una tarifa complementaria (tarifa *over pivot)* que se aplica a los kilogramos restantes.

tarifa puerta a puerta; *door-to-door tariff.*
Flete que se cobra por el transporte de una carga desde la puerta del remitente hasta la del consignatario o destinatario final, en el que están incluidas todas las operaciones intermedias.

tarifa *quantity; quantity rate.*
Tarifa que en la carga aérea se aplica habitualmente para envíos de más de 45 kg.

tarifa de clase; *class rate.*
Incremento o descuento sobre las tarifas que puede aplicarse para el transporte aéreo de determinadas mercancías (prensa, animales vivos, restos humanos, equipajes, etc.).

tarifa de compra; *buying rate.*
Precio al que un transitario compra o paga los fletes.

tarifas portuarias; *port tariffs.*
Precios oficiales establecidos por la autoridad portuaria por la prestación de servicios portuarios.

tarjeta de embarque; *boarding pass.*
Documento acreditativo que debe poseer un pasajero al embarcar en un vehículo de transporte.

tarjeta de lote; *batch card.*
Véase **orden de fabricación.**

tarjeta de transporte; *transport card.*
Autorización que habilita para su función a los vehículos de transporte, re-

gulada en España por la OM 18.543 de 24 de agosto de 1999 (BOE de 7 de septiembre de 1999), y el RD 1.830/1999 publicado en el BOE de 18 de diciembre de 1999. Según estas normas, las tarjetas pueden ser específicas para transporte público o privado, vehículo pesado o ligero y para el ámbito geográfico donde se desarrolle la actividad. Se conceden con carácter indefinido, pero cada dos años debe renovarse su visado.

tarjeta MDL; *transport license for light public transport vehicle.*
Tarjeta de transporte de un vehículo ligero de transporte público.

tarjeta MDP; *transport license for heavy public transport vehicle.*
Tarjeta de transporte de un vehículo pesado de transporte público.

tarjeta MPC; *transport license (private).*
MPC son las siglas de «mercancías privado complementario», con que se identifica en España la tarjeta de transporte de un vehículo de transporte privado de una empresa cuya actividad principal es distinta de la de transporte de mercancías.

tasa; *fee.*
Importe económico que se paga por percibir algún servicio público o por concesión del Estado por algo que afecta o beneficia a un sujeto pasivo en particular.

tasa de abastecimiento; *delivery check list.*
Porcentaje de productos despachados o recibidos sobre la cantidad total en una orden de compra u órdenes de compra durante un determinado período.

tasa de alquiler del contenedor; *container rental rate.*

Importe que se abona por el alquiler y la manipulación de un contenedor. Las tasas más usuales son:

1. Tasa diaria *(per diem).*
   Tasa en concepto de alquiler de un contenedor por un determinado período de tiempo.
2. Tasa de manipulación *(handling charge).*
   Tasa por el movimiento de un contenedor en el patio de la empresa que lo alquila. Comprende la operación de carga-descarga del contenedor vacío en el vehículo que lo retira o retorna.
3. Tasa de recepción *(pick-up charge).*
   Tasa que se cobra en el momento en que el arrendador recibe el contenedor.
4. Tasa de devolución *(drop off charge).*
   Tasa por la devolución de un contenedor a la terminal de la compañía de alquiler. Es más elevada cuando el contenedor se devuelve en áreas donde existe acumulación de contenedores.
5. Tasa por retraso *(detention).*
   Tasa por el retraso en la devolución de los contenedores.

tasa de carga; *load rate.*

Relación entre la cantidad de mercancías (en masa o unidades) o el número total de pasajeros y la capacidad de una unidad de transporte.

tasa de cobertura; *coverage rate.*

Volumen de importaciones, valoradas porcentualmente, que pueden pagarse con las exportaciones efectuadas durante un mismo período de tiempo en un determinado país.

tasa interna de rentabilidad (TIR); *internal rate of return (IRR).*

Tasa de actualización que permite que el valor actual neto de una inversión sea igual a 0, y que expresa el porcentaje de rentabilidad de dicha inversión.

TCP/IP; *TCP/IP.*

Siglas de *transfer control protocol / internet protocol,* expresión en inglés del estándar de comunicación del enlace en red sobre el que se basa internet.

techo de vuelo; *maximum flying altitude.*

Altura máxima hasta la que puede ascender una aeronave.

tecnología de producción optimizada; *optimized production technology (OPT).*

Sistema de planificación de la producción que incide en la identificación de las operaciones críticas y no críticas de la fabricación, e indica los aspectos que requieren una inversión o mejora en el funcionamiento operativo para fijar prioridades de actuación (flexibilidad de maquinaria, preparación, ajuste y mantenimiento, entre otras).

tejido vegetal; *vegetable fabric.*

Los materiales textiles de origen vegetal, del cáñamo o el algodón, por ejemplo, se utilizan para la fabricación de envases primarios, como bolsas y sacos, principalmente, y como embalaje de muy diversos productos.

teleférico; *cableway.*

Sistema de transporte para el traslado de personas o mercancías mediante vehículos suspendidos de uno o más cables aéreos que ejercen la tracción. Se emplea especialmente para salvar grandes desniveles, cuando no es posible la construcción de una carretera o de un trazado ferroviario.

telemática; *telematics.*
Tecnología que reúne las aplicaciones de la telecomunicación y de la informática para la transmisión de información computarizada.

telémetro; *telemeter.*
Instrumento óptico de medición que permite determinar la distancia que media desde un punto de observación a un objeto determinado.

telémetro laser; *laser telemeter.*
Telémetro provisto de un emisor-receptor de rayos láser que permite conocer la distancia que separa al punto de emisión del de refracción. Se aplica a los sistemas automatizados de manutención y almacenamiento (transelevadores, lanzaderas, carretillas AGV, etc.), para determinar y gestionar la ubicación exacta de cada elemento en posición de traslación, elevación, etc.

telero; *side protection bar.*
Poste o estaca que se coloca en las barandas de los vehículos plataforma o descubiertos como elemento de sujeción de la carga y para evitar que ésta se deslice fuera del vehículo.

temperatura de almacenamiento; *storage temperature.*
Grado de temperatura máxima y mínima, expresado en porcentaje, autorizadas durante el proceso y período de almacenamiento.

temperatura de entrega al centro de distribución; *required carrying temperature settings.*
Temperaturas máxima y mínima autorizadas durante el transporte de un artículo hacia un centro de distribución.

temperatura de entrega al mercado; *required delivery temperature settings.*
Temperaturas máxima y mínima autorizadas en el momento de la entrega de un artículo al cliente final.

temperatura de rocío; *dew point.*
Temperatura a partir de la cual se empieza a condensar el vapor de agua presente en el aire, produciendo neblina o rocío. Si la temperatura es inferior a 0 ºC, el rocío adoptará la forma de escarcha. Si la temperatura del punto de rocío es superior a la de la superficie de una carga, se producirá la exudación de la misma, y la mercancía podría resultar perjudicada.

tendencia; *trend.*
1. Desarrollo que sigue el valor de un indicador de gestión en el curso del tiempo.
2. Pendiente de la resta de ajuste de los datos de una serie cronológica.

tensor puente; *bridge fitting.*
Elemento metálico que se sitúa en la parte superior de los contenedores para la fijación transversal de unos a otros con el fin de evitar desplazamientos durante su transporte a bordo de un buque.

teorema de Bayes; *Bayes theorem.*
Establecimiento inductivo de la probabilidad de una hipótesis a partir de algunas observaciones. Según Thomas Bayes, la probabilidad establecida des-

pués de hacer unas observaciones es igual a una constante, multiplicada por la verosimilitud o posibilidad de la hipótesis (definida como la probabilidad de observar unos acontecimientos determinados si la hipótesis que se considera fuera cierta) y por la probabilidad anterior de la hipótesis.

teoría de colas; *queuing theory.*
En matemáticas, especialidad dedicada al estudio de la congestión motivada por la interrupción de un flujo normalizado o un proceso dinámico y la espera que la misma conlleva.

teoría de grafos; *graph theory.*
Herramienta utilizada en el estudio de problemas de carácter combinatorio que se basa en el estudio de los grafos.

teoría de la probabilidad; *probability theory.*
En matemáticas, teoría que modela los fenómenos aleatorios, entendidos éstos como aquellos que, a pesar de tener lugar en unas mismas condiciones, ofrecen como resultados posibles un conjunto de alternativas.

teoría de las restricciones; *theory of constraints (TOC).*
Fue desarrollada por el físico Eliyahu Goldratt en su obra *La meta*. Se trata de una filosofía de gestión encaminada a localizar los problemas significativos de una organización, diseñar soluciones efectivas y trazar planes operativos para su implantación.

teoría de líneas de espera; *waiting line theory.*
Véase **teoría de colas.**

TEP; *TOE (ton of oil equivalent).*
Siglas de «tonelada equivalente de petróleo», o la energía en calorías que contiene una tonelada de petróleo.

terabyte; *terabyte.*
Unidad de medida informática equivalente a 1.073.741.824 bytes. Suele abreviarse como TB.

tercerización; *outsourcing.*
Véase **subcontratación.**

tercerización logística; *logistics outsourcing.*
Véase **subcontratación logística.**

terceros países; *third countries.*
Se refiere a aquellos países cuyas fronteras y aduanas es necesario pasar para poder llevar a cabo una compra o venta internacional.

terminal; *terminal.*
Instalación fija, flotante o móvil utilizada para la carga o el embarque y la descarga o el desembarque de mercancías y personas, dotada de infraestructuras y equipamientos para llevar a cabo dichas operaciones. Puede, asimismo, disponer de infraestructuras y servicios intermodales, ser de titularidad pública, privada o mixta, y estar o no concesionada.
En el transporte público de viajeros es el punto de destino final de un itinerario.

terminal aérea; *air hub.*
Espacio aeroportuario donde un operador logístico lleva a cabo la recepción, la clasificación, el intercambio y la preparación de los envíos.

terminal de contenedores; *container terminal.*

Terminal dotada de infraestructuras, equipamientos para realizar las actividades de recepción, almacenamiento, manipulación, aduana, servicios auxiliares del transporte y carga y descarga de contenedores para el traslado a su destino mediante algún modo de transporte.

terminal interior de carga; *dry port.*

Véase **puerto seco.**

terminal multimodal; *multimodal terminal.*

Terminal dotada de infraestructuras, equipamientos y servicios para realizar actividades destinadas al fraccionamiento y grupaje de mercancías, contenerizadas o a granel, para su traslado mediante cualquier modo de transporte, el almacenamiento, los servicios auxiliares del transporte, el tránsito, los trámites aduaneros, la manutención, el etiquetaje, el embalaje y la preparación de cargas, etc.

terminal multipropósito; *multipurposer terminal.*

Terminal portuaria destinada a la recepción y expedición de cargas de tipología y naturaleza diversa: graneles líquidos y secos, carga rodada, grandes piezas, palés, contenedores, carga general, carga perecedera, etc.

territorio aduanero; *customs territory.*

Espacio geográfico dotado de una legislación aduanera única frente al exterior, en el que las mercancías circulan sin limitaciones aduaneras.

tesla; *tesla.*

Unidad de inducción magnética y densidad de flujo magnético del sistema internacional de unidades de medida, definida como la inducción magnética uniforme que, repartida normalmente sobre una superficie de 1 m², produce a través de esta superficie un flujo magnético total de 1 Wb.

$$1\ T = 1\ Wb\ /\ 1\ m^2.$$

Su símbolo es «T».

testero; *molehead / pierhead.*

Extremidad de un dique situada dentro del mar.

TEU; *TEU.*

Unidad de medida para contenedores que equivale a 20 pies (6,10 m), del inglés *twenty foot equivalent units.* Las capacidades globales de buques o terminales de contenedores se realizan mediante el TEU.

TGS; *GST (general systems theory).*

Siglas de «teoría general de sistemas», concepto desarrollado en las décadas de 1950-1960 sobre los estudios de Bertalanffy. La TGS propone formular ideas conceptuales que permitan una aplicación práctica en cada uno de los casos en que se requieran.

THC; *THC.*

Siglas de *terminal handling charge,* o «cargos por manipulación» de la mercancía (estiba, desestiba, movimientos internos...) en un puerto o una terminal aérea.

third party logistics (3PL); *3PL.*

Expresión en inglés utilizada para designar al operador logístico especializado en servicios de almacenaje, manipulación y distribución de mercancías.

TIC; *ICT (information and communication technologies).*
Siglas de «tecnologías de la información y comunicación».

tiempo de carga; *loading time / time allowed for loading.*
Período de tiempo que resulta necesario para efectuar la carga de un vehículo de transporte.

tiempo de descarga; *period of discharge / time allowed for unloading.*
Período de tiempo que resulta necesario para llevar a cabo la descarga de un vehículo de transporte.

tiempo de entrega; *delivery time.*
Período de tiempo que media entre la recepción del pedido por el proveedor y la entrega del producto en el destino indicado por el cliente.

tiempo de estadía; *lay days time.*
Véase **tiempo de plancha**.

tiempo de plancha; *lay days time.*
Período de tiempo autorizado para que un buque efectúe la carga o descarga en un puerto, que se estipula en el contrato de fletamento.

tiempo de viaje; *transit time.*
Tiempo que dura un transporte en cualquiera de sus modos o combinación de ellos, incluido el procesamiento de la documentación y la información asociada al mismo.

tienda; *shop / outlet.*
Establecimiento comercial para la venta al detall o por menor en el que se exponen y comercializan los productos al público general.

tier; *tier.*
En la industria del automóvil, este término designa a los proveedores de piezas y componentes. «Tier 1» se refiere a un proveedor directo de la cadena de producción; «tier 2», a un proveedor del primero, y así sucesivamente.

tinglado; *shed.*
Almacén portuario, en la zona de operaciones terrestres o terminal de contenedores, destinado al almacenamiento y custodia de las partidas, y al depósito de velas, motores, instrumentos de pesca, etc. de marineros y pescadores.

tipo de carga; *cargo type.*
Clasificación de la carga que se transporta según su naturaleza o apariencia general.

tipo de componente; *part type.*
Véase **número de artículo**.

TIR; *1. TIR / 2. IRR (internal rate of return).*
1. Véase **Convenio TIR**.
2. Siglas de «tasa interna de rentabilidad».

tirón de demanda; *demand pull.*
Movimiento de materiales hacia un centro de trabajo que sólo se lleva a cabo cuando éste lo requiere y se encuentra preparado para iniciar el trabajo. Con ello se consigue minimizar la cola de trabajos en proceso.

TOC; *TOC.*
Siglas de *teory of constraints*. Véase **teoría de las restricciones**.

tolerancia; *tolerance.*
Desviación respecto a un valor nominal preestablecido que se considera aceptable para el funcionamiento del producto o servicio a lo largo de su vida útil.

tolerancia a los fallos; *fault tolerance.*
Capacidad de un sistema para impedir o reducir los fallos motivados por defectos por medio de formas de redundancia o incremeto de las medidas de seguridad.

tolerancia en la expedición; *shipping tolerance.*
Diferencia que se admite respecto a la cantidad contratada en la expedición de un proveedor.

tolerancia estándar; *standard allowance.*
Incremento de tiempo convenido respecto al estándar de una operación en un área, planta o industria que sirve para compensar los efectos de la fatiga del personal y los retrasos por diferentes motivos.

tolva; *hopper / dump vehicle.*
1. Recipiente en forma de tronco piramidal o de cono invertido, abierto por abajo, en el que se vuelcan granos, líquidos, productos polvorientos o pastosos u otros elementos para hacerlos pasar por un mecanismo destinado a facilitar su descarga, triturarlos, molerlos, limpiarlos o clasificarlos.
2. Véase **vehículo tolva.**

tolva de transporte; *hopper transport trolley.*
Tolva apoyada sobre una estructura metálica que facilita su transporte y el manejo mediante elementos mecánicos de manutención.

tomador; *policy holder.*
Persona física o jurídica que contrata una póliza de seguro con el asegurador.

tonel; *barrel.*
Unidad de carga o envase en forma de cuba grande, construida en madera, metal o plástico de sección circular y pared combada, cerrada en sus extremos, utilizada generalmente para almacenar productos líquidos.

tonel de madera; *wooden barrel.*
Tonel construido en madera natural, mediante duelas unidas y aseguradas con aros de hierro, madera, etc., y los extremos cerrados con tablas.

tonelada; *ton.*
Unidad de masa del sistema internacional de unidades de medida que equivale a 1.000 kg y a 2.205 libras. Proviene de *tonel* y éste del francés *tonne,* con que antiguamente se designaba a un tonel de grandes dimensiones.

tonelada corta; *short ton.*
Unidad de masa utilizada en EEUU, equivalente a 907,18474 kg y a 2.000 libras.

tonelada estadounidense; *short ton.*
Véase **tonelada corta.**

tonelada inglesa; *long ton / gross ton / weight ton.*
Véase **tonelada larga.**

tonelada larga; *long ton / gross ton / weight ton.*
Unidad de masa utilizada en el Reino Unido, equivalente a 1.016 kg.

tonelada métrica; *metric ton / tonne.*
Véase **tonelada.**

tonelada-kilómetro; *ton-kilometer.*
Unidad de medida utilizada en el tráfico de mercancías equivalente al transporte de una tonelada sobre una distancia de un kilómetro.

tonelaje; *tonnage.*
Capacidad en toneladas de un recipiente o unidad de transporte.

tonelaje de peso muerto (TPM); *dead weight tonnage (DWT).*
Capacidad en toneladas de un buque. Incluye el peso de la carga y de los consumibles del buque (combustible, provisiones, agua, etc.). El TPM guarda relación con las dimensiones y la resistencia estructural del buque, así como con las exigencias de seguridad de la ruta por la que navega, reflejadas éstas en los límites máximos de calado, representados por la marca Plimsoll, en función de la naturaleza del agua (salada o dulce, verano o invierno…) y de su densidad respecto al buque.

tonelaje de registro bruto (TRB); *gross registered ton (GRT).*
Véase **arqueo bruto.**

tormenta de ideas; *brainstorming.*
Técnica aplicable en procesos de mejora que, de forma ordenada, contribuye a aumentar la productividad del trabajo en grupo. Se fundamenta en que un grupo de personas, con experiencia en diferentes áreas, reflexionen sobre una cuestión determinada sin ideas preconcebidas, dando prioridad a la creatividad del conjunto frente a la individualidad.

tornillo expansible; *expansible screw.*
Elemento que sujeta los pies de la estantería a la solera. Consta de un taco expansionable por percusión y de un tornillo para el anclaje.

toro; *fork lift truck.*
Véase **carretilla contrapesada.**

toro marino; *mariner fork-lift truck.*
Carretilla contrapesada provista de largas horquillas diseñadas para sustentar embarcaciones de hasta 10 t y elevarlas hasta una altura de 13 m, aproximadamente.

total anual móvil (TAM); *moving annual total (MAT).*
Suma de los valores de los términos de una serie temporal de los últimos doce meses. Representa la media mensual de venta sin atender a los efectos estacionales, con lo que la evolución al alza o la baja indica la tendencia de las ventas. Si se incorpora un nuevo término, no se debe considerar el valor del más antiguo de la serie utilizada en el cálculo del TAM del año anterior.

TPC; *TPC.*
Siglas relativas al reglamento que, en España, regula el transporte nacional de mercancías peligrosas por carretera.

TPF; *TPF.*
Siglas relativas al reglamento que, en España, regula el transporte ferroviario de mercancías peligrosas.

TPM; *DWT (dead-weight tonnage).*
Siglas de **tonelaje de peso muerto.**

trabajo a destajo; *piece work.*
Trabajo remunerado a un precio fijo por cada elemento producido o construido.

trabajo en curso; *work in process.*
Productos que se hallan en diferentes fases de elaboración en un centro de trabajo, incluyendo todos los materiales que intervienen en el proceso de producción, desde las materias primas hasta los elementos semiacabados y los ya procesados que esperan la comprobación como producto acabado.

tractor; *road tractor / tractor unit.*
1. Véase **cabeza tractora.**
2. Unidad ferroviaria de baja velocidad utilizada para arrastrar vehículos y efectuar maniobras en las estaciones.

tractor de arrastre; *towing tractor.*
Unidad motorizada empleada para el transporte horizontal de cargas con el recurso de remolques.

tráfico; *traffic.*
1. Acción y efecto de trasladar o transportar mercancías para su intercambio o comercialización.
2. Circulación de elementos de transporte por carreteras, caminos, puertos, vías navegables, etc.
3. Labor de diseñar el método y la clasificación de las expediciones de materiales y productos entrantes o salientes de forma que supongan el menor coste posible.

tráfico de larga distancia; *long haul traffic.*
Operaciones de transporte dentro del terriotorio de uno o varios países, en las que se efectúa un recorrido superior a los 600 km.

tráfico exterior; *overseas traffic (maritime).*
Referido a todo tipo de tráfico marítimo que no es de cabotaje.

tráfico secundario; *secondary traffic.*
Línea secundaria de transporte de mercancías o pasajeros en cualquier modo de transporte, cuya función es aproximar las cargas o las personas a nodos de transporte de nivel superior, como aeropuertos o puertos concentradores *(hub).*

tráiler; *trailer.*
Conjunto articulado formado por una cabeza tractora y un semirremolque.

trajinar; *carry (to).*
Véase **acarrear.**

tramo de cierre ferroviario; *railway switch.*
Tramo transversal o de mallado que entrelaza y da continuidad a un itinerario troncal ferroviario.

tramo de vía; *road section.*
Longitud de vía comprendida entre dos puntos kilométricos determinados.

tramp; tramp.
Véase **buque volandero.**

transacción comercial; *trade transaction.*
Acuerdo suscrito por dos o más partes donde se pacta el suministro o cesión de unos determinados bienes o servicios a cambio de otros, o mediante una

contraprestación económica en unas condiciones y un plazo de tiempo especificados.

transelevador; *stackerkrane / automatic storage retrieval crane.*
Elemento de manutención provisto de horquillas telescópicas, que permite elevar y transportar palés, generalmente a grandes alturas y en pasillos estrechos. Puede moverse a gran velocidad de forma automatizada o bien accionado por un conductor que viaja con la carga. Está formado por una o dos columnas y se desplaza con posibilidad de movimiento longitudinal y de elevación guiado por un carril superior y otro inferior. Está provisto de un elemento denominado *cuna,* que efectúa la acción de depositar o extraer la unidad de carga de la estantería o lugar de entrada y salida. Es necesario un carro de transbordo cuando el mismo transelevador debe servir a más de un pasillo del almacén.

transelevador bicolumna; *two-column stacker crane.*
Transelevador donde los testeros inferior y superior están unidos por dos columnas, y cuya estructura permite una mayor aceleración y velocidad de desplazamiento en los ejes vertical y horizontal. Sirve para mover grandes pesos y cargas especiales, para sistemas de extracción especiales y para incorporar más de una horquilla por *cuna.*

transelevador con carro satélite; *stacker crane with side cab.*
Transelevador para sistemas de estanterías con dos o más cargas en profundidad. Dispone de un sistema de hor-

quilla basado en un carro que, cuando se sitúa ante una calle de la estantería, se desliza por unos perfiles de rodadura hasta situarse bajo la primera paleta que encuentra. Efectúa entonces un pequeño movimiento de elevación y se retrae con la paleta cargada sobre él hasta la *cuna.* Este sistema permite una elevada capacidad de almacenamiento y es indicado para instalaciones que tienen que efectuar un reducido número de ciclos.

transelevador de doble profundidad; *double-depth stacker crane.*
Transelevador para sistemas de estanterías con dos cargas en profundidad. Para acceder a la segunda carga en fondo, la *cuna* del transelevador dispone de una horquilla telescópica capaz de trabajar en doble profundidad. Este sistema permite una elevada capacidad de almacenamiento y es indicado para instalaciones que no tienen que efectuar un gran número de ciclos.

transelevador monocolumna; *single column stacker crane.*
Transelevador donde el testero inferior y el testero superior están unidos por una columna. Sirve para el transporte y almacenaje de la mayoría de cargas estandarizadas (europalé y dimensiones de hasta 900×1.300 mm). El sistema de extracción puede ser de horquilla de simple fondo o de doble fondo.

transfer; transfer.
Expresión en inglés que significa el traslado de un envío de una compañía aérea a otra, cuando interviene más de una en un transporte.

transferencia; *transfer.*
Proceso de traslado de una mercancía o unidad de carga desde una a otra ubicación o posición de almacenamiento.

transferencia electrónica de fondos; *electronic funds transfer.*
Procedimiento informatizado de realizar transferencias financieras, con información sobre las mismas, o intercambios de valor entre dos partes.

transitar; *travel (to).*
Acción de viajar personas, vehículos o mercancías por la vía pública o áreas acondicionadas, de un punto de origen a otro de destino.

transitario/a; *freight forwarder.*
Operador de transporte especializado en la organización y gestión, por encargo del usuario (cargador), de la cadena de transporte internacional de mercancías (o de parte de ella) en cualquiera de sus modos (aéreo, carretera, ferrocarril y marítimo).
Para su labor, contrata o realiza todas las operaciones que ello conlleva: transporte físico de las mercancías, operaciones aduaneras, embalajes, consolidación y desconsolidación de cargas, almacenajes, seguros, trámites bancarios y documentarios, etc.
La actividad de la empresa transitaria, comercializando y coordinando todo tipo de transporte, se centra especialmente en el transporte en régimen de grupaje, además de ofrecer una amplia gama de servicios logísticos. Está regulada en España por la Ley 16/1987 sobre Ordenación de los Transportes Terrestres (LOTT).

tránsito; *transit.*
1. Véase **tráfico.**
2. Véase **carga en tránsito.**

tránsito aduanero internacional; *customs transit.*
Régimen aduanero donde queda suspendido el pago de gravámenes y tributos a la importación o exportación para una expedición que se transporta bajo control aduanero, desde una aduana de salida hasta una de llegada, atravesando una o más fronteras de dos o más países.

tránsito comunitario; *community transit.*
Transporte de mercancías, comunitarias o no, por carretera o ferrocarril, entre dos aduanas de la UE. Puede ser interno y externo.

tránsito comunitario externo; *external community transit (EU).*
Transporte de mercancías no comunitarias por carretera o ferrocarril, entre dos aduanas de la UE, que tienen pendiente el pago de aranceles comunitarios, o bien de mercancías comunitarias que hayan perdido o puedan perder dicha condición.

tránsito comunitario interno; *internal community transit (EU).*
Transporte de mercancías comunitarias por carretera o ferrocarril, entre dos aduanas de la UE, que no hayan perdido o no puedan perder dicha condición.

transpalé; *pallet truck.*
Elemento de manutención de tracción manual que permite el arrastre de palés y plataformas mediante una pequeña elevación, ayudada por un dispositivo

hidráulico, que la separa del suelo. Dispone de horquillas sobre las que se pueden adaptar dispositivos para mover distintos tipos de cargas, como bidones, bobinas, etc.

transpalé autopropulsado; *self-propelled pallet truck.*
Transpalé que dispone de un sistema de accionamiento, generalmente · un motor eléctrico alimentado por baterías, para realizar los movimientos de tracción y elevación. Según la posición que el operador ocupe, puede ser:
– Transpalé con conductor a pie o acompañante.
– Transpalé con conductor montado, ya sea sobre una plataforma abatible, de pie o sentado sobre ella (transpalé de conductor incorporado).

transpalé con timón y conductor en plataforma; *pallet truck with rudder and driver on platform.*
Transpalé provisto de volante o semivolante de dirección y de un habitáculo para que el operador pueda desplazarse montado en la máquina.

transpalé con volante y conductor recostado; *pallet truck with steering wheel and leaning rider.*
Transpalé provisto de una plataforma abatible o fija para que el operador pueda desplazarse a pie o montado en la máquina.

transpalé con volante y conductor sentado; *pallet truck with steering wheel and seated driver.*
Transpalé provisto de volante o microvolante de dirección y de un sillón para que el operador se desplace montado

en la máquina. Son especialmente útiles para almacenes de gran tamaño y alta densidad.

transpalé eléctrico; *electric pallet truck.*
Transpalé accionado con la ayuda de un motor eléctrico alimentado por baterías. Existen modelos en los que el conductor puede ir montado en el transpalé, ya sea sobre una plataforma abatible, de pie o sentado sobre la misma (transpalé de conductor incorporado).

transpalé manual; *hand pallet truck / manual pallet truck.*
Transpalé que utiliza la fuerza humana para la tracción y para accionar el mecanismo de elevación. El timón del transpalé está conectado a una pequeña bomba hidráulica que se acciona manualmente.

transportador; *conveyor.*
Instalación fija utilizada para transportar, habitualmente en sentido horizontal o con una pequeña elevación, materias o productos a lo largo de trayectos determinados. El movimiento de los materiales o las unidades de carga puede efectuarse por empuje motorizado, manual o por la acción de la gravedad.

transportador aéreo; *overhead conveyor.*
Sistema de transporte interior, en almacenes o centros de producción, constituido por un mecanismo suspendido en altura, de modo que los materiales se trasladan a lo largo de una trayectoria fija, sin estar en contacto con el suelo y manteniéndolo despejado.

transportador de cadenas; *chain conveyor.*
Transportador en el que los elementos de arrastre son cadenas metálicas de circulación continua, excepto en los tramos en curva, que deberán ser de plástico.

transportador de charnela; *hinged conveyor.*
Transportador en el que el traslado de los elementos se efectúa mediante platillos o charnelas de plástico que avanzan sobre unas guías.

transportador de cinta; *conveyor belt.*
Transportador en el que los elementos que se deben trasladar se depositan sobre una cinta de plástico, goma, caucho, metal u otros materiales que avanza sobre unas guías.

transportador de remolque; *tow line / underfloor towing conveyor.*
Sistema de transporte continuo situado al nivel del suelo donde los elementos que hay que trasladar se depositan sobre unos remolques sujetos por un gancho o bulón a una canalización por donde circula una cadena motorizada.

transportador de rodillos estáticos; *roller conveyor.*
Transportador en el que el traslado de los elementos se produce al deslizarse éstos sobre una base de rodillos giratorios motorizados. Los rodillos pueden ser metálicos o de plástico.

transportador de rodillos por gravedad; *roller conveyor.*
Transportador en el que el traslado de los elementos se produce al deslizarse éstos sobre una base de rodillos giratorios no motorizados. Los rodillos pueden ser metálicos o de plástico.

transporte; *transport.*
1. Acción y efecto de transportar o transportarse mercancías o personas.
2. Sistema de medios para trasladar personas y mercancías de un lugar a otro.
3. Vehículo dedicado a la misión de transportar.

transporte aéreo; *air transport.*
Utiliza el avión como medio de transporte en el segmento principal de la cadena de transporte.
Características:
- Rapidez. El transporte aéreo es especialmente adecuado para mercancías urgentes, productos perecederos y aquellos de elevado valor unitario.
- Seguridad. Los índices de seguridad del transporte aéreo alcanzan la más alta cota entre todos los medios de transporte.
- Internacionalidad. La utilización del espacio aéreo de unos países por otros, la navegabilidad del medio aéreo y la facilidad de acceso de las aeronaves a cualquier territorio hacen del transporte aéreo el más internacional de los modos.
- Flexibilidad. Existe una versátil y amplísima gama de modelos de aeronaves: desde las pequeñas avionetas hasta los grandes cargueros para vuelos intercontinentales.
- Costes. El elevado coste del transporte aéreo limita su uso a mercancías de alto valor unitario o a aquellas en que la rapidez en la entrega es un valor añadido significativo. Sin embargo, la rapidez de la operativa del transporte aéreo tiende a reducir el inmo-

vilizado en existencias de las empresas, mejora el índice de rotación de los almacenes y agiliza la operativa de las operaciones comerciales, con lo que se reducen los costes logísticos y financieros globales de las mismas.

— Intermodalidad. Aunque permite el uso de contenedores, sus características específicas son una limitación para la combinación con otros modos de transporte.

— Limitaciones en la carga. Son debidas a las dimensiones de las puertas de las aeronaves, así como a la capacidad en metros cúbicos y al peso total de la mercancía.

Empresas o agentes que intervienen:
— Compañía aérea.
— Transitario / Agente de carga aérea.
— Integrador o *courier.*
— Agente de *handling.*

transporte automotor; *road transport.*
Véase **transporte por carretera.**

transporte bimodal; *bimodal transport.*
Transporte de mercancías efectuado de forma sucesiva mediante dos modos de transporte, normalmente carretera y ferrocarril.

transporte capilar; *delivery transport.*
Transporte entre distintos centros operativos situados a una distancia inferior a 250 km, utilizando una infraestructura vial pública, o cuando el envío no está formado en su mayor parte por unidades de carga paletizadas completas.

transporte combinado; *combined transport.*
Transporte de mercancías efectuado de forma sucesiva por varias empresas porteadoras utilizando varios modos de transporte, mediante un único contrato de transporte con el cargador.

transporte combinado acompañado; *accompanied combined transport.*
Transporte de un camión completo acompañado por el conductor mediante otro medio de transporte, como el tren o un buque ro-ro.

transporte combinado no acompañado; *unaccompanied combined transport.*
Transporte de un camión completo mediante otro medio de transporte, como el tren o un buque ro-ro, sin que el conductor lo acompañe.

transporte con descarga; *multi drop transport.*
Sistema de transporte urbano de mercancías utilizado por grandes distribuidores, consistente en llenar un vehículo de gran tonelaje para descargar en uno o más puntos de entrega final.

transporte con reparto; *delivery transport.*
Sistema de transporte urbano de mercancías utilizado para efectuar entregas a una diversidad de puntos con pedidos de poco volumen.

transporte contenerizado; *container transport.*
Transporte efectuado mediante la utilización de contenedores.

transporte contingentado; *transport subject to quotas.*
Actividad de transporte internacional que precisa autorización específica y

está sujeta a cupo. Constituye la mayor parte del transporte internacional. Los contingentes pueden ser:

- *Bilaterales:* acordados recíprocamente por dos países.
- *Comunitarios:* concedidos por la Unión Europea para circular entre países comunitarios.
- *CEMT:* de la Conferencia Europea de Ministros de Transporte. Engloban a países comunitarios y no comunitarios en Europa.

transporte de carga completa; *full load transport.*

Denominación que se da a la contratación y el llenado por el cargador de una unidad completa de transporte que viajará de origen a destino: un barco, un avión, un vagón ferroviario o un camión. Esta modalidad de transporte puede clasificarse en:

- Granel.
- Carga embalada.

Habitualmente, en el transporte de carga completa, desde la recepción de las mercancías hasta su entrega al destinatario, el transportista no debe realizar actividades previas o complementarias, como pudieran ser la carga o descarga, la manipulación, el almacenamiento, la consolidación, la clasificación o el embalaje. Se ocupa sólo de la ejecución del transporte propiamente dicho.

transporte de carga fraccionada; *partial load transport.*

Transporte de mercancías donde aparte de la función propia de traslado, desde la entrega de las mismas por el expedidor hasta su entrega al destinatario es necesario realizar activi-

dades logísticas previas o complementarias, relacionadas con el carácter fragmentario de la carga, como pueden ser la manipulación, el almacenamiento, la consolidación, la clasificación o el embalaje por parte del operador de transporte. Se aplica preferentemente en el ámbito nacional, denominándose *grupaje* en el transporte internacional.

transporte de distribución; *finished product distribution.*

Véase **distribución capilar.**

transporte de largo recorrido; *long distance transport.*

Transporte de mercancías por carretera para efectuar intercambios de bienes entre un origen y un destino distantes (más de 250 km), entre operaciones del proceso logístico previas a la distribución detallista. Para cubrir las largas distancias, suelen utilizarse semirremolques arrastrados por cabezas tractoras.

transporte de mercancías; *freight / goods transport.*

Transporte público o privado cuyo objeto principal es el transporte de mercancías, a granel o formando unidades de carga, mediante un vehículo o medio de transporte construidos y acondicionados para este fin.

transporte de regreso; *backhauling.*

Acción de regreso de un medio de tansporte que ha prestado su servicio en una dirección. El viaje de retorno puede darse con carga completa, parcial o sin carga, en cuyo caso se denomina «retorno en vacío».

transporte de viajeros; *passenger transport.*

Transporte público o privado cuyo objeto principal es el transporte de personas y sus equipajes, de forma colectiva o personalizada, utilizando uno o diversos medios de transporte construidos y acondicionados para este fin.

transporte dedicado; *dedicated transport.*

En el transporte por carretera, se trata de transporte dedicado cuando la empresa cargadora contrata a la transportista por un período de tiempo determinado los servicios de uno o más camiones, con las características que se ajusten a las mercancías que hay que transportar, bien sea para realizar trayectos regulares o no.

transporte discrecional; *private transport hire / multiple drop transport.*

Servicio de transporte por carretera de grandes volúmenes de mercancía, en general mediante el arrendamiento por el cargador de uno o más vehículos completos para efectuar uno o más viajes. El transporte discrecional no está sujeto a ningún itinerario, frecuencia o zona geográfica determinada, calendario u horario preestablecido, ni tarifas fijas, ya que los precios quedan supeditados a las oscilaciones del mercado.

transporte doméstico; *domestic carriage.*
Véase **transporte interior.**

transporte especial; *special transport.*
Transporte de mercancías que a causa de la naturaleza de las mismas, las dimensiones, el peso, la peligrosidad, la urgencia o la repercusión social (el transporte de un avión, una gran turbina, una plataforma petrolífera...), está afectado por normativas especiales, por lo que para su realización se precisa disponer de una específica autorización administrativa.

transporte externo; *external transport.*
Movimiento de cargas fuera del recinto de la fábrica, factoría, terminal, explotación, etc.

transporte extraordinario; *special transport.*
Véase **transporte especial.**

transporte ferroviario; *railway transport.*
Utiliza el ferrocarril como medio de transporte en el segmento principal de la cadena de transporte.
Características:
— Capacidad. Es el único medio de transporte que puede competir con el marítimo en el movimiento de grandes cargas.
— Internacionalidad. La uniformidad técnica en cuanto a infraestructuras y equipos en la mayor parte de los países, con excepción de España y Portugal, facilita el desarrollo de los intercambios ferroviarios.
— Penetrabilidad. Con excepción de la carretera, es el medio mejor preparado para el servicio «puerta a puerta» (apartaderos particulares, estaciones en los grandes centros comerciales e industrias).
— Seguridad. Tiene uno de los índices de siniestralidad más bajos de todos los medio de transporte.

Modalidades:
El transporte de mercancías por ferrocarril presenta dos modalidades principales:
- Transporte combinado. Transporte ferroviario de mercancías en contenedores, cajas móviles u otro equipo de transporte intermodal, entre terminales especializadas desde donde son acarreadas al punto de origen/destino en vehículos de carretera.
- Transporte de cargas completas. Transporte de mercancías por ferrocarril desde origen a destino (graneles sólidos y líquidos, productos especiales, mercancías unitizadas no contenerizadas, automóviles, etc.) en vagones especializados.

Agentes que intervienen:
- El operador intermodal.
- La compañía ferroviaria.

transporte funerario; *funeral transport.*
Traslado de restos humanos en medios de transporte especialmente acondicionados para tal fin.

transporte interior; *domestic carriage.*
Transporte público o privado que tiene su origen y destino en el ámbito de un mismo país o Estado.

transporte intermodal; *intermodal transport.*
Sistema integral de transporte de mercancías, agrupadas éstas en unidades de carga, que utiliza más de un modo de transporte (marítimo, ferroviario, carretera o aéreo) entre el punto de origen y el de destino al amparo de un único documento de transporte.

Características:
La utilización de contenedores, equipo de transporte en su mayoría empleado para el transporte intermodal, presenta una serie de beneficios:
- Reducción de hasta un 70 % en los tiempos de carga y descarga.
- Reducción de hasta un 70 % de las «manos» de estibadores.
- Disminución sustancial de la tasa de robos, de daños y, con ello, de las primas de seguro.
- Acortamiento de los plazos de transporte.
- Abaratamiento de los costes de transporte.
- Reducción de los controles e inspecciones gracias al sellado del contenedor.
- Simplificación documental.
- Mejor seguimiento de la mercancía mediante sistemas informatizados.

transporte internacional; *international transport.*
Transporte público o privado que en su realización discurre por el territorio de dos o más Estados.

transporte interno; *internal carriage.*
Movimiento de cargas dentro del recinto de la fábrica, factoría, terminal, explotación, etc.

transporte liberalizado; *liberalized transport.*
Actividad de transporte internacional exenta de autorización especial; por ejemplo, transportes postales, animales vivos, piedras preciosas y otros.

transporte marítimo de corta distancia; *short sea shipping.*

Transporte marítimo que tiene lugar entre puertos de un mismo país o región.

transporte marítimo o fluvial; *marine or fluvial transport.*

Modo de transporte que utiliza el buque como medio de transporte en el segmento principal de la cadena de transporte.

Características:

– Internacionalidad. Es el modo de transporte de más bajo coste y el menos contaminante para transportar grandes volúmenes de mercancía entre puntos geográficamente distantes, ya sean graneles sólidos, líquidos o carga contenerizada.

– Versatilidad. El diseño de los buques ha alcanzado una gran especialización, adaptándose a la naturaleza de la mercancía que se ha de transportar.

– Gran capacidad. Existen buques de una amplia gama de tamaños, desde los pequeños de 100 TPM (toneladas de peso muerto), hasta los mayores de 300.000 TPM.

– Competencia. La mayor parte del tráfico internacional se efectúa en libre competencia en el mercado de fletes. Habitualmente, oferentes y demandantes conocen sus respectivas necesidades, los fletes que se practican y las operaciones que se realizan.

– Velocidad relativa. Sin poder competir en velocidad con otros modos (aéreo, carretera o ferroviario), la velocidad del transporte marítimo se establece en función del tipo de servicio y del diseño del buque.

– Infraestructuras y equipamientos. Necesidad de infraestructuras portuarias en tierra, con instalaciones adecuadas a las cargas transportadas (terminales, grúas, accesos, áreas para el trasbordo de cargas, etc.).

– Escasa penetrabilidad. Posee una gran dependencia de la carretera o del ferrocarril para alcanzar el destino de la mercancía, salvo en el caso de empresas con terminales portuarias dedicadas (refinerías de hidrocarburos, plantas de gasificación, etc.).

Mercado de tráficos tramp:

– Los buques *tramp* sirven al transporte de materias primas o productos de escasa elaboración. Por lo general, se trata de mercancías de bajo valor unitario que no pueden soportar costes de transporte elevados.

– En este mercado, las mercancías están constituidas principalmente por graneles sólidos o líquidos, en partidas de gran volumen que configuran el cargamento completo de un buque que se contrata específicamente para cada transporte.

– En los tráficos *tramp* el cargador fleta el buque para realizar uno o más viajes, y una vez finalizados el armador queda libre de compromiso para contratar cualquier otro servicio de transporte.

Empresas o agentes que intervienen:

– Naviera.

– Agente marítimo o *broker.*

– Consignataria.

– Estibadora.

Mercado de tráficos de línea regular:

– Los tráficos de línea regular se llevan a cabo de acuerdo con servicios preestablecidos y con un itinerario determinado, con previsión de día y hora de salida y llegada en cada puerto de escala en la ruta que sigue el buque y ofreciendo públicamente al mercado su servicio de transporte.

- Los buques de línea regular generalmente transportan materias primas de alto valor unitario, componentes semielaborados y productos manufacturados.
- Las mercancías se transportan generalmente en contenedores –siempre que su naturaleza lo permita– que coexisten con otras unidades de carga: la carga rodada (camiones), y otras que se utilizan en la mercancía general, como son los palés, los sacos, las cajas, los bidones, etc.
- El establecimiento y mantenimiento de líneas regulares requiere unas inversiones significativas y una compleja organización por parte de la compañía naviera:
  - Flotas equipadas para el tipo de transporte que hay que desarrollar.
  - Equipamientos y equipos auxiliares para desarrollar la logística del transporte, sean propios o subcontratados.
  - Redes comerciales y administrativas.
  - Sistemas informáticos capaces de soportar la operativa comercial y de navegación.
  - Capacidad para prestar servicios logísticos integrales.

Empresas o agentes que intervienen:
- Naviera.
- Transitaria.
- Consignataria.
- Estibadora.

transporte mixto; *mixed transport.*
Transporte público o privado que se lleva a cabo mediante un vehículo acondicionado para acoger por separado pero a un mismo tiempo mercancías y pasajeros.

transporte multimodal; *multimodal transport.*
Sistema de transporte combinado en el que no se produce una ruptura de la unidad de carga y en la fase de transporte principal o de largo recorrido se utiliza una sucesión de distintos medios: camión-tren, camión-barco, camión-barco-tren o cualquier otra combinación posible. Todo ello al amparo de un solo contrato de transporte con el cargador.

transporte pagado hasta... (lugar de destino convenido); *carriage paid to... (CPT).*
Véase **porte pagado hasta... (lugar de destino convenido).**

transporte por carretera; *road transport.*
Es el modo de transporte que utiliza el camión como medio para transportar mercancías en el conjunto de su cadena de transporte.
Características:
- Penetración. Es el único medio de transporte capaz de realizar por sí mismo y sin depender de ningún otro el servicio «de puerta a puerta» en todos los casos.
- Comunalidad. Es el medio de transporte más utilizado en cualquier parte del mundo.
- Flexibilidad. Los vehículos de carretera tienen capacidad para transportar desde pequeños paquetes a

grandes volúmenes (transportes especiales). También poseen la versatilidad de transportar todo género de productos: sólidos, líquidos o gaseosos.

– Rapidez. Aunque técnicamente no puede decirse que el transporte por carretera sea el medio más rápido de transporte, las facilidades de carga y descarga, la libertad de organización de horarios y la velocidad de los propios vehículos, hacen que este medio resulte muy adecuado para los envíos urgentes.

– Facilidad de coordinación con otros medios. El desarrollo de las conexiones entre los diversos medios de transporte ha encontrado en el camión un gran aliado, ya que su capacidad de acceso a los más diversos nodos de transporte (puertos, aeropuertos, terminales ferroviarias, etc.) facilita el transbordo de mercancías en el transporte combinado, el montaje de los vehículos sobre otro medio y la manipulación de cargas unitizadas en el transporte multimodal.

– Adaptación a la rotación de *stocks*. La combinación de las características de rapidez y adaptabilidad a diversas capacidades hace que éste sea el medio ideal para mantener en las empresas un nivel óptimo de existencias, así como para atender racionalmente las «puntas de demanda».

– Mayor trazabilidad. Permite realizar el seguimiento de los vehículos mediante técnicas de localización vía satélite (GPS) en las mejores condiciones.

Segmentos de mercado:
En el transporte internacional de mercancías por carretera se distinguen dos segmentos de mercado:

– El segmento de las cargas completas.
– El segmento de las cargas fraccionadas o grupaje.

El segmento de las cargas completas. Su actividad se desarrolla en el transporte desde un punto de origen hasta uno de destino de aquellas cargas que ocupan la capacidad completa de un camión.

Agentes que intervienen:

– Empresa de transporte o transportista.

El segmento de las cargas fraccionadas o grupaje. Es necesario cuando el peso o el volumen de las mercancías que deben ser enviadas por el cargador no pueden completar un vehículo de carretera y, por razones económicas, es conveniente agrupar las mercancías compatibles de diferentes cargadores, con origen en una zona determinada del país de expedición, y consignadas a sus destinos. Estas operaciones las llevan a cabo los consolidadores de carga o grupajistas, normalmente transitarios que tienen reservado espacio de carga en vehículos de línea regular, para tener la garantía de atender a sus clientes.

Agentes que intervienen:

– Empresa de transporte o transportista.

– Transitario.

transporte por rodillos; *conveyor transport.*
Véase **camino de rodillos.**

transporte por superposición; *piggyback transport.*
Sistema de transporte en el que se produce una superposición física de los medios de transporte y de contratos. Los casos más frecuentes son los del ca-

mión sobre vagón ferroviario, denominado *ferroutage,* y el camión sobre el buque, conocido por *transroulage.*

transporte privado; *private transport.*
Transporte que realiza por cuenta propia una empresa o un profesional independiente para atender sus necesidades privadas, por medio de un vehículo u otro medio de transporte propio o asimilado. Mediante esta actividad complementaria se recogen materias primas de proveedores o se hacer llegar productos a los clientes, sin percibir ningún flete como contraprestación.

transporte público; *public transport.*
1. Transporte de mercancías que efectúa por cuenta ajena una empresa o un profesional independiente, por medio de un vehículo u otro medio de transporte, percibiendo como contraprestación una cantidad económica cuyo valor se conoce como porte o flete.
2. Transporte colectivo de pasajeros que se lleva a cabo mediante vehículos o medios de transporte de titularidad pública o mediante autorizaciones a propietarios privados. Se diferencia el transporte en superficie (autobús, tranvía, taxis,...) y el soterrado (metro y ferrocarriles).

transporte público de viajeros; *public passenger transport.*
Transporte de personas y sus equipajes en cualquier modo de transporte que reúna las características siguientes:
– Ser accesible para personas individuales o grupos.
– Disponer de información pública.
– Estar sujeto a horarios, frecuencias y períodos de explotación definidos.

– Tener itinerarios fijos, puntos definidos de parada, lugares de partida y llegada o actúar en zonas delimitadas.
– Disponer de tarifas públicas y continuidad asegurada.

transporte puerta a puerta; *house to house transportation.*
1. Transporte que se lleva a cabo desde el domicilio o lugar designado por el remitente hasta el del destinatario o lugar solicitado por éste.
2. Cláusula de transporte marítimo de contenedores mediante la que el embarcador asume la obligación de cargar el contenedor en su almacén, por su cuenta y riesgo, y entregarlo al porteador. Éste lo transporta por su cuenta y riesgo desde el almacén de origen al de destino, donde lo entrega al receptor, siendo por cuenta y riesgo de este último la operación de desagrupar la carga del contenedor. Una vez descargado el contenedor, el receptor debe devolverlo a la naviera. Para esta operación dispone de un plazo de siete días, incluidos el de la retirada o descarga y el de la devolución. Transcurrido este tiempo incurre en una sobretasa diaria. Habitualmente, el exportador corre con los gastos de alquiler del contenedor.

transporte regular; *regular transport.*
Servicio que presta una empresa transportista con una periodicidad y un trayecto preestablecidos que pone en conocimiento de sus potenciales clientes.

transporte sanitario; *sanitary transport.*
Traslado de personas enfermas, accidentadas o por cualquier otro motivo sanitario, en medios de transporte especialmente acondicionados para tal fin.

transporte sucesivo; *successive transport / consecutive transport.*

Transporte de mercancías mediante la intervención de dos o más transportistas que realizan sus servicios en el mismo modo al amparo de un solo contrato de transporte con el cargador.

transporte troncal; *mainline transport.*

Transporte entre distintos centros operativos situados a una distancia superior a 250 km, utilizando una infraestructura vial pública, o cuando el envío está formado en su mayoría por unidades de carga paletizadas completas.

transporte urbano; *city transport.*

Transporte público o privado que se realiza en el interior de un ámbito urbano.

transporte y seguro pagado hasta... (lugar de destino convenido); *carriage insurance paid to... (CIP).*

En el CIP, el vendedor debe asumir todos los costes hasta dejar la mercancía en el punto convenido del país de destino, aunque la entrega se produce cuando la mercancía se embarca en el país de origen, y los riesgos de pérdida o avería de la misma los asume el comprador.

– El CIP es un incoterm polivalente, se puede emplear en cualquier tipo de transporte y en la combinación de sus diferentes modos (transporte multimodal o combinado).

– El vendedor asume todos los costes, incluido el transporte principal y el seguro, hasta el punto convenido del país de destino.

– El coste del seguro del transporte principal, que es obligatorio, debe asumirlo el vendedor.

– La entrega y, por tanto, la asunción de los riesgos de la mercancía por parte del comprador se produce cuando la mercancía ha sido cargada en el vehículo de transporte principal en el país de origen.

– Cualquier gasto que se produzca debido a la mercancía irá a cargo del comprador, excluidos los normales del transporte y manipulación de la mercancía en el transporte principal.

– Cada una de las partes asume el coste del despacho de aduana de su respectivo país.

transportista; *carrier / haulier.*

Persona física o jurídica que lleva a cabo un servicio de transporte de mercancías con medios propios o subcontratados, de acuerdo con las normas contractuales establecidas por la Administración pública, utilizando cualquier modo o combinación de modos de transporte (aéreo, carretera, ferroviario o marítimo).

transportista contractual; *haulage contractor.*

Persona física o jurídica que asume en nombre propio la obligación de transportar una mercancía, pudiendo ejercer como transportista físico o no. En transporte por carretera se conoce como porteador.

transroulage; transroulage (ro-ro).

Técnica de transporte intermodal por superposición consistente en transferir vehículos de transporte por carretera o ferroviarios a buques, para el transporte de éstos con sus unidades de carga por vía marítima o fluvial.

tranvía; *tram.*
Vehículo ferroviario destinado al transporte de viajeros en vías urbanas.

trasbordador; *ferry ship / ferryboat / ropax ship.*
Embarcación de manutención horizontal destinada al transporte regular de pasajeros, mercancías, automóviles, trenes, etc., entre dos puntos relativamente próximos (las dos riberas de un estrecho, dos islas, un canal, un río, etc.).

trasbordo; *transhipment.*
1. Operación de trasvase de una mercancía resultado de un cambio de medio o de unidad de transporte. También puede ser de forma indirecta, siendo entonces manipuladas en tierra y vueltas a cargar en otra unidad de transporte (buque, vagón, camión, etc.).
2. Traspaso de un viajero de un medio o unidad de transporte a otro.

trasbordo rodado de carga; *ro-ro (roll-on/roll-off).*
Embarque y desembarque de un camión o un vagón sobre sus propias ruedas.

trasegar; *transfer (to).*
Transferencia de productos de un recipiente a otro (fijo o móvil), de un lugar a otro (en el interior de un almacén, por ejemplo), de un recipiente a una unidad de transporte o a una unidad de proceso, especialmente referido a líquidos y, en general, a las operaciones de llenado y vaciado de recipientes.

trasiego; *decanting* (líquidos) *moving around* (objetos).
Acción y efecto de trasegar.

traspaís; *hinterland.*
Área de influencia terrestre de un puerto, determinada por la distancia a los puntos de origen y destino de las mercancías que entran y salen habitualmente a través de él.

trastainer; trastainer.
Véase **grúa trastainer.**

travesaño palé; *pallet rest.*
Elemento metálico que, apoyado sobre los largueros, permite apoyar los patines de los palés e impedir su flexión. Se usan especialmente en cargas elevadas y palés de baja calidad.

travesía; *passage.*
Viaje por mar o por aire desde un lugar a otro.

trayecto; *distance.*
Espacio que media entre un punto y otro de un recorrido (dos localidades, dos estaciones ferroviarias, etc.).

trazabilidad; *traceability.*
1. Procedimiento para determinar en tiempo real la localización de un envío.
2. Es la «capacidad para seguir la historia, aplicación o localización de todo aquello que está bajo consideración» (ISO 9000), sea un producto, un proceso, un organismo o una persona. Al considerar un producto, la trazabilidad se relaciona con el origen de los materiales y las partes, el proceso que siguen lo largo de la cadena de suministro, y la distribución y localización del producto después de su entrega. La trazabilidad asocia un flujo de información a un flujo físico de mercancías, de manera que se

pueda relacionar en un momento dado la información requerida relativa a los lotes o grupos de productos determinados.

trazabilidad del lote; *lot traceability.*
Procedimiento que permite identificar el lote o número de lotes de consumo y la composición de los artículos fabricados, comprados y enviados. En algunas industrias es un requisito indispensable.

trazabilidad del número de lote; *lot number traceability.*
Procedimiento para la localización y el seguimiento de las piezas a través de los números de lote de un grupo de artículos.

trazabilidad hasta el contrato; *contract pegging.*
Véase **trazabilidad total.**

trazabilidad total; *full pegging.*
Capacidad de un sistema para ofrecer información de forma automática sobre el origen de las necesidades de un componente dado, hasta llegar al producto terminado, al cliente o al número de pedido.

TRB; *GRT (gross registered ton).*
Siglas de «toneladas de registro bruto». Véase **arqueo bruto.**

tren; *train.*
Conjunto de vehículos acoplados que, remolcados por una o varias máquinas o unidades tractoras (locomotora, automotor, etc.), trasladan viajeros o mercancías de un lugar a otro por una vía férrea. La máquina o unidad tractora que arrastra los vagones puede consumir energía eléctrica o quemar combustible para producir la fuerza necesaria para la tracción.

tren bloque; *block train.*
Tren que circula entre dos puntos diferentes sin paradas intermedias y sin trasbordo de vagones.

tren de aterrizaje; *landing gear.*
Conjunto de ruedas, soportes, amortiguadores y equipos que soportan a una aeronave en tierra y que se emplean para despegar, aterrizar o maniobrar sobre una superficie. Dispone de dispositivos de direccionamiento y frenado, y la capacidad de absorber impactos de cierta magnitud que amortiguan el aterrizaje. Existen trenes de rodadura, con flotadores y con esquís.

tren de carretera; *road train.*
Vehículo formado por un camión y un remolque o bien por un vehículo articulado y un remolque, que participan en la circulación como una unidad, especialmente útil en el transporte de largo recorrido.

tren de proceso; *process train.*
Representación del flujo de materiales por medio de un proceso de fabricación que muestra el equipo y los inventarios.
El tren de proceso es una sucesión de etapas que combinan unidades de proceso, en las que se realizan acciones básicas de fabricación, como el mezclado o el empaquetado. En los inventarios se desacopla la secuencia de etapas del tren de proceso.

tren expreso de contenedores; *containers express train.*
Modalidad de servicio ferroviario que enlaza centros generadores de tráfico contenerizado, mediante trenes entre las terminales de origen y destino.

tributo aduanero; *customs tax.*
Tasa aduanera que la Administración pública hace recaer sobre las importaciones, las exportaciones o el tránsito de una mercancía, así como los impuestos fiscales y disposiciones complementarias relacionados.

trilateral; *fork lift turret truck.*
Véase **carretilla trilateral.**

trimado; *trimming.*
Operación posterior a la estiba de algunas mercancías (cereales, minerales, etc.), mediante la que se palea, aplana y nivela su superficie con el fin de abarrotar las bodegas, aprovechar el espacio de carga disponible y colocar la carga en condiciones óptimas de seguridad en la navegación.

trinca; *lash / brace.*
Cable, cadena, cuerda o cualquier otro elemento de sujeción utilizado para trincar.

trinca del contenedor; *roof truss of container.*
Elemento que atraviesa transversalmente la parte superior del contenedor, formando parte de una estructura rígida del techo o soportando una cubierta flexible y desmontable, en cuyo caso la cercha puede ser también desmontable o estar diseñada para deslizarse y permitir la carga del contenedor a través de su parte superior.

trincaje; *bracing.*
Operación de sujetar firmemente la carga o el elemento que la contiene, de manera que soporte todos los movimientos bruscos que puedan producirse durante el transporte.

trincar; *fasten (to).*
Asegurar o sujetar fuertemente con trincas las cargas que se van a transportar.

trípode; *tripod.*
Elemento de manutención para cargas ligeras, transportable, formado por un armazón de tres pies o soportales de madera o metal (aluminio o acero), unidos en su extremo superior, de donde pende un mecanismo de tracción manual o motorizado.

tripulación; *crew.*
Equipo de personas a cargo de las maniobras y el servicio de una embarcación, aeronave o astronave.

trole; *trolley pole.*
Dispositivo de toma de corriente formado por una percha, una rueda y un hilo de contacto, utilizado por algunos vehículos de transporte con tracción eléctrica, como los tranvías y los trolebuses.

trueque; *barter / swap.*
Sistema de intercambio directo de bienes y servicios en el que no media la intervención de dinero como unidad de cuenta.

trust; *trust.*
Forma de concentración económica expresada en la unión de un grupo de empresas para monopolizar el mercado y controlar los precios en su propio beneficio.

túnel cuello de cisne del contenedor; *gooseneck tunnel of container.*

Cavidad situada en un extremo (normalmente el panel frontal) del contenedor, diseñada para alojar la parte saliente del chasis de un semirremolque con cuello de cisne.

túnel de palas; *fork pocket / fork lift pocket.*

Cavidades transversales a la estructura de la base del contenedor, situadas en los travesaños, con el fin de permitir la entrada de las horquillas de la carretilla contrapesada para el izado y la manipulación del contenedor.

túneles de izado del contenedor; *fork pocket / fork lift pocket.*

Véase **túnel de palas.**

turbotren; *turbotrain.*

Tren automotor propulsado mediante turbinas.

U

ubicación; *location.*
Acción y efecto de situar o instalar un bulto o unidad de carga en determinado espacio o lugar de un almacén, mediante asignación (automática o manual). Se utilizan tres sistemas de ubicación:
— Método de hueco libre o caótico.
— Método de localización o posición fija.
— Método semialeatorio.

ubicación ABC; *ABC zoning.*
Método de ubicacion de mercancías en un almacén, donde el espacio se ha segmentado en tres o más áreas, de acuerdo con el desplazamiento (distancia/tiempo) que es necesario realizar hasta el punto de aprovisionamiento para minimizar el tiempo empleado en los recorridos.

ubicación aleatoria; *random location.*
Sistema de ubicación de un bulto o unidad de carga en un almacén, mediante su localización o posición en cualquier espacio vacante. Este sistema favorece el aprovechamiento del espacio de almacenamiento pero precisa de un mayor control del mismo, en relación con el sistema de ubicación fija.

ubicación principal; *primary location.*
Localización de almacenamiento como ubicación preferente para un determinado artículo.

UE; *EU (European Unión).*
Siglas de **Unión Europea.**

ULD; *ULD.*
Siglas de *united load device* o **dispositivo de la unidad de carga.**

último en llegar, primero en salir; *last-in/first-out (li-fo).*
Sistema de almacenamiento donde las últimas mercancías almacenadas son las primeras en extraerse, lo que en algunos casos puede dificultar la rotación de los productos.

último en llegar, último en salir; *last-in/last-out (li-lo).*
Sistema de almacenamiento donde las últimas mercancías almacenadas son las últimas en extraerse, lo que contribuye a la máxima rotación de los productos.

umbral de rentabilidad; *break even point.*
Véase **punto de equilibrio.**

UNE-CR 13908; *UNE-CR 13908.*
Informe UNE sobre indicadores de gestión logística y requisitos y métodos de medición, publicado en 2002.

unidad; *unit.*
Véase **producto.**

unidad de almacenamiento; *stock keeping unit (SKU).*

Unidad que representa un determinado artículo almacenado en una localización concreta, diferente de cualquier otra (planta, centro de distribución, depósito franco, etc.).

unidad de carga; *unit load.*

1. Elemento modular (caja, contenedor, etc.) que se ha de manejar, almacenar o transportar utilizando medios mecánicos. Puede estar formado por un único producto o por un conjunto de productos de menores dimensiones que la unidad de carga final, agrupados para formar un elemento individual que facilite su manejo y conservación, incremente la seguridad y contribuya a una manutención más eficiente.

2. Mercancía dispuesta sobre un soporte (palé, plataforma, etc.).

unidad de carga homogénea; *uniform unit load.*

Unidad de carga compuesta por embalajes con las mismas dimensiones y formas.

unidad de consumo; *retail package.*

Unidad básica de acondicionamiento en la que las empresas comercializan los productos destinados a los consumidores. La unidad de venta al consumidor siempre contiene «envases de consumo por particulares» (ECP), que pueden coincidir con el envase primario que está en contacto con el producto, pero también puede incluir un envase colectivo o secundario, envases diferentes o similares, e incluso envases terciarios. Como ejemplo, una botella de licor con su estuche de cartón es una unidad de venta al consumidor (UVC) formada por dos envases, la botella y el estuche.

unidad de cuenta; *unit of account.*

Valor convencional o patrón cuyo importe se decide por equiparación con otro valor o se calcula de acuerdo con un conjunto de otras unidades.

unidad de embalaje; *packing unit.*

Unidad de envío del menor tamaño posible de un producto, que puede coincidir o no con la unidad de venta y la unidad de transporte.

unidad de expedición; *handling unit.*

Unidad acondicionada para ser manipulada durante el proceso de envío, transporte y almacenamiento.

unidad de facturación; *invoicing unit.*

Cualquier objeto, artículo, marca, servicio, modo de presentación, etc., al cual se fija precio y es facturable como resultado de una transacción comercial en cualquier punto de la cadena de aprovisionamiento. A cada variante por color, modelo, tipo de prestación, etc., le corresponde un SKU diferente, que se identifica con un algoritmo único, con el fin de poder efectuar un seguimiento sistemático de los productos o servicios ofrecidos al mercado.

unidad de mantenimiento de existencias; *stock keeping unit (SKU).*

Cualquier objeto, artículo, marca, servicio, modo de presentación, etc., al cual se fija precio y es facturable como resultado de una transacción comercial en cualquier punto de la cadena de aprovisionamiento. A cada variante por color, modelo, tipo de prestación, etc., le corresponde un SKU diferente, que se identifica con un algoritmo único, con el fin de poder efectuar un seguimiento sistemático de los productos o servicios ofrecidos al mercado.

unidad de mantenimiento de inventario; *inventory maintenance unit.*
Cada uno de los elementos unitizados de manera específica, es decir, un ítem o SKU diferente, en la configuración de un inventario.

unidad de mantenimiento de *stocks;* *stock keeping unit (SKU).*
Véase **unidad de mantenimiento de existencias.**

unidad de medida; *unit of measure.*
Cantidad que se toma por medida o unidad de gestión o de un artículo; por ejemplo, el par, la docena, el litro, el kilo, la resma, el contenedor, etc.

unidad de medida de compras; *purchasing unit of measure.*
Cantidad que se toma por medida o unidad de gestión en la compra de un artículo; por ejemplo, el par, la docena, el litro, el kilo, la resma, el contenedor, etc. Puede coincidir o no con la unidad de medida utilizada en el sistema interno.

unidad de paletización; *pallet unit.*
Unidad de envío determinada por la cantidad de producto que se coloca en un palé.

unidad de pedido; *purchase order.*
Unidad en la jerarquía de un listado o catálogo de artículos sobre la que el proveedor aceptará pedidos de sus clientes.

unidad de proceso; *process unit.*
Elemento, equipo o instalación de producción que realiza etapas básicas en un proceso de fabricación.

unidad de salida; *unit of issue.*
Cantidad que se toma por medida o unidad de gestión estándar en la salida del almacén o expedición de un artículo; por ejemplo, el par, la docena, el litro, el kilo, la resma, el contenedor, etc. Puede coincidir o no con la unidad de medida utilizada en el sistema interno.

unidad de transporte; *transport unit.*
Espacio de un vehículo destinado para ser ocupado por la carga o los pasajeros que se debe transportar. En el transporte por carretera, se trata de la carrocería en los vehículos rígidos y del remolque o semirremolque en los articulados; en el modo ferroviario, del vagón; en el marítimo, del buque, la barcaza u otro tipo de embarcación; y del área del fuselaje de los aviones en el modo aéreo.

unidad de transporte intermodal (UTI); *intermodal transport unit (ITU).*
Unidad de carga construida para su uso en el transporte intermodal. Su expresión usual son el contenedor, la caja móvil y el semirremolque.

unidad de venta al consumidor; *minimum retail order unit.*
Véase **unidad de consumo.**

unificación; *unification.*
Véase **unitización.**

unión aduanera; *customs union.*

Acuerdo entre dos o más Estados que incluye la supresión de los derechos arancelarios y no arancelarios, y un arancel exterior común que debe aplicarse en las relaciones comerciales con países terceros.

Unión Europea (UE); *European Union (EU).*

Organismo internacional de ámbito europeo constituido por 27 Estados: Alemania, Austria, Bélgica, Bulgaria, Chipre, Dinamarca, Eslovaquia, Eslovenia, España, Estonia, Finlandia, Francia, Grecia, Hungría, Irlanda, Italia, Letonia, Lituania, Luxemburgo, Malta, Países Bajos, Polonia, Portugal, Reino Unido, República Checa, Rumania y Suecia. Se constituyó el 1 de noviembre de 1993 por los miembros de la Comunidad Europea (CE) con los objetivos de lograr una unión económica y monetaria, compartir una política exterior y de seguridad, promover un desarrollo económico y social equilibrado, preservar los derechos e intereses de los ciudadanos y colaborar en el ámbito de la justicia y de los asuntos de interior. Para ello, la UE cuenta con cinco instituciones: el Parlamento Europeo (PE), el Consejo de la Unión Europea (CUE), la Comisión Europea (CE) y el Tribunal de Cuentas Europeo (TCE). Asimismo, dispone de seis órganos: el Banco Central Europeo (BCE), el Comité Económico y Social Europeo (CESE), el Comité de las Regiones (CDR), el Banco Europeo de Inversiones (BEI), el Defensor del Pueblo Europeo y la Oficina Europea de Policía (Europol).

unión monetaria; *monetary union.*

Acuerdo entre dos o más Estados en relación con ámbitos de colaboración económica, asistencia financiera mutua y armonización de la política monetaria.

unión temporal de empresas (UTE); *partnership / joint venture.*

Acuerdo de colaboración con un límite temporal suscrito por dos o más empresas, para el desarrollo de un proyecto o la ejecución de una obra, un servicio o suministro, y los trabajos accesorios y complementarios que conlleven.

unitización; *unitizing.*

Proceso de agrupamiento de diversas unidades de carga fraccionada o ítems individuales en una unidad única (palés o contenedores, por ejemplo), compacta, reforzada y provista de elementos (patines, listones, asas, etc.) que faciliten su manejo, traslado y almacenamiento de forma homogénea, sistematizada y segura.

uso de marca; *branding.*

Utilización de una denominación comercial, signo, símbolo o elementos gráficos corporativos, probablemente combinados, para identificar un producto o servicio.

usuario; *user.*

El usuario del transporte es el importador o exportador que contrata los servicios de los operadores logísticos que prestan servicios de transporte de mercancías.

El usuario de un puerto es el cargador, importador-exportador, o la propia compañía naviera, esto es, quien utiliza los servicios portuarios y satisface sus tarifas.

UTC; *UTC.*
Siglas de *universal time coordinated* u «hora universal coordinada».

UTE; *partnership / joint venture.*
Siglas de «unión temporal de empresas». Acuerdo de colaboración con un límite temporal suscrito por dos o más empresas, para el desarrollo de un proyecto o la ejecución de una obra, un servicio o suministro, y los trabajos accesorios y complementarios que conlleven.

UTI; *ITU (intermodal transport unit).*
Siglas de **unidad de transporte intermodal.**

utilización; *utilization.*
Cantidad de tiempo durante el que un recurso se utiliza en la producción de un producto o servicio respecto al tiempo total disponible.

utillaje; *tools.*
Conjunto de útiles y herramientas necesarios para un proceso industrial.

V

V; *V.*
Símbolo de voltio.

vaciado del contenedor; *container empty.*
Operación de extraer la mercancía que transporta un contenedor, ya sea de carga consolidada o no.

vagón; *wagon.*
Unidad móvil ferroviaria habilitada para el transporte de mercancías, que no dispone de ningún sistema de propulsión propio.

vagón abierto; *open wagon.*
Vagón sin cubierta, de uso polivalente, provisto de paredes laterales con puertas o de puntales sujetos al bastidor para acoger las cargas y evitar su desplazamiento.

vagón autocargante; *basket wagon.*
Vagón provisto de una subestructura desmontable, con dispositivos para la carga y descarga vertical, destinado al transporte de semirremolques y otros vehículos terrestres.

vagón canguro; *kangaroo wagon.*
Vagón acondicionado para alojar los ejes de un semirremolque en zonas rebajadas. Se puede cargar y descargar mediante grúas puente.

vagón cerrado; *covered wagon.*
Vagón con cubierta fija, provisto de paredes laterales deslizantes, con o sin puertas, de uso polivalente y con diseños específicos para cargas paletizadas.

vagón cerrado portabobinas; *steel coil car.*
Vagón portabobinas provisto de un sistema de toldo deslizante que se repliega en un extremo para las labores de carga y descarga. Se utiliza para el transporte de bobinas con su eje en posición horizontal y otros materiales de alta densidad y peso.

vagón cisterna; *tank wagon.*
Vagón sobre cuyo chasis se ha fijado una cisterna para el transporte de graneles líquidos, provista de bocas de carga y descarga y válvulas de aireación. Puede disponer de válvulas de pesada.

vagón completo; *wagon load.*
Sistema de transporte ferroviario de mercancías cuya unidad de carga es un vagón.

vagón de plataforma rebajada; *low loader wagon.*
Vagón provisto de plataforma de carga rebajada para el transporte de unidades de transporte intermodal.

vagón de tolva abierta; *open hopper tank wagon.*

Vagón que incorpora sobre su chasis una tolva abierta por su parte superior, destinada a contener mercancías sólidas a granel, granulosas o pulverulentas (minerales, abonos, productos agrícolas, materias primas para la construcción, etc.). Se vacía por las bocas de descarga y puede disponer de válvulas de pesada.

vagón de tolva cerrada; *covered bogie wagon.*

Vagón cuyo chasis soporta una tolva cerrada de techo articulado o basculante, provista de bocas de descarga, o bien una tolva cilíndrica con bocas de carga, donde la descarga se efectúa mediante una fuente de alimentación exterior neumática a presión. Se destina al transporte de mercancías sólidas a granel (abonos, cereales, forraje, materias primas para la construcción, cenizas, etc.). Puede disponer de válvulas de pesada.

vagón esqueleto; *spine wagon.*

Vagón provisto de un chasis central destinado al transporte de semirremolques.

vagón para semirremolque; *pocket wagon.*

Vagón para el transporte combinado no acompañado carretera-ferrocarril, provisto de un hueco para recibir el conjunto de eje-ruedas de un remolque o semirremolque completo.

vagón plataforma; *flat wagon.*

Vagón de uso polivalente construido en su parte superior como una superficie plana en la que se depositan y fijan cargas pesadas, largas o especiales (contenedores, vehículos, bobinas, tubos, piedras, metales...) para su transporte. Suele disponer de teleros en los laterales y testeros, y puede estar provisto de válvulas de pesada en los bogies, tornos tensores de amarre y otros elementos de sujeción.

vagón plataforma portabobinas; *coil flat wagon.*

Vagón plataforma dedicado al transporte de bobinas con su eje en posición horizontal. Las bobinas se depositan en cunas y se sujetan mediante brazos.

vagón plataforma portacontenedores; *container wagon.*

Vagón plataforma sin piso que se utiliza para el transporte de contenedores y cajas móviles, provisto de válvulas de pesada y dispositivos para el trincaje del contenedor.

vagón plataforma portavehículos; *car carrier.*

Vagón plataforma dedicado al transporte de automóviles. Algunos modelos se hallan provistos de una superestructura modular que permite disponer de dos pisos para la carga de los vehículos, mientras que en otros modelos la plataforma está cubierta y abierta en los testeros, por donde se efectúa la carga y descarga.

vagón portacontenedores de doble estiba; *double stack wagon.*

Vagón provisto de una plataforma de carga rebajada de manera que permite el transporte de dos contenedores apilados.

vagón refrigerante; *refrigerated wagon.*
Vagón isotermo provisto de un compartimiento frigorífico para un agente frigorígeno no mecánico (hielo hídrico o carbónico, placas eutécticas, gases licuados, etc.) y un sistema de ventilación que asegura la circulación del aire, que permite mantener la temperatura deseada de forma autosuficiente (entre 0 y +10 ºC) durante un mínimo de 12 horas. Son idóneos para el transporte de mercancías perecederas tales como carne o fruta.

vagoneta; *small wagon / open railway truck.*
Vagón de dimensiones reducidas y sin techo.

validación; *verification & validation (V&V).*
Proceso amparado en una evidencia objetiva que confirma el cumplimiento de unos determinados requisitos para que un producto pueda ser utilizado o aplicado de acuerdo con unas especificaciones descritas.

valor; *value.*
Cualidad, grado de utilidad o conjunto de aptitudes que hacen que una cosa sea apreciada, para satisfacer unas necesidades o proporcionar bienestar, lo que constituye una base para su intercambio por dinero o equivalente.

valor actual neto (VAN); *net present value (NPV).*
Resultado en unidades monetarias de deducir al valor actualizado de todos los cobros el valor actualizado del conjunto de los pagos de una inversión.

valor agregado; *added value.*
Véase **valor añadido.**

valor agregado logístico; *logistics added value.*
Véase **valor añadido logístico.**

valor añadido; *added value.*
Incremento del valor que experimenta un producto en el proceso de producción o distribución. Se expresa como la diferencia entre el valor del bien producido y el coste del conjunto de los factores de producción que se hayan utilizado para producirlo.

valor añadido logístico; *logistics added value.*
Resultado del conjunto de actividades y operaciones que se efectúan sobre una mercancía o en relación con un servicio, con la finalidad de adaptar su estructura productiva y su disponibilidad a los requerimientos de un cliente o usuario final.

valor asegurable; *insurable value.*
Evaluación objetiva de los bienes, acorde con su precio en el mercado, que pueden ser cubiertos por una póliza de seguro.

valor asegurado; *insured value.*
Valor atribuido por el asegurado a los bienes cubiertos por una póliza de seguro y que el asegurador se obliga a pagar, como cantidad máxima, en caso de siniestro.

valor de adquisición; *acquisition price.*
Precio de compra de un bien de equipo o producto.

valor de aduana; *customs value.*
Valor declarado ante la aduana para efectuar la declaración de impuestos y los derechos de aduana, según el código estadístico y la partida arancelaria que corresponda.

valor de densidad; *density value.*
Relación entre los kilogramos por los metros cúbicos que ocupa una carga.

valor de mercado; *market value.*
Precio que se considera que se pagará en el mercado por un producto.

valor declarado de la carga; *declared value for carriage.*
Valor que se declara que posee la mercancía que se va a trasladar. Debe estar cubierto por el seguro del operador de transporte o, en caso contrario, se tiene que suscribir una póliza flotante por el valor que no quede asegurado.

valor fiscal; *fiscal value.*
Cantidad económica que se establece como el valor de un bien con fines tributarios, por ejemplo aplicar un arancel aduanero o algún otro tributo, una deducción, una depreciación, etc.

valor neto contable; *countable net value.*
Resultado de restar al valor de adquisición de un bien de equipo las amortizaciones acumuladas.

valorización de residuos; *valorization of residues.*
Procedimiento mediante el cual se aprovechan los recursos contenidos en los residuos de envases y embalajes, sin utilizar métodos que puedan alterar el medio ambiente o perjudicar la salud humana. Entre estos métodos puede incluirse la incineración con recuperación de energía.

válvula de depresión; *pressure control valve.*
Dispositivo automático sensible a la presión destinado a proteger la cisterna de una posible pérdida inadecuada de presión interior.

válvula de seguridad; *security valve.*
Dispositivo automático sensible a la presión destinado a proteger la cisterna de una posible sobrepresión interior inadecuada.

VAN; *NPV (net present value).*
Siglas de **valor actual neto.**

varadero; *slipway.*
Instalación en la orilla del mar o de un río o en el interior de un recinto portuario, dispuesta de manera que por un plano inclinado pueden ser botadas o sacadas del agua las embarcaciones.

variación aleatoria; *random variation.*
Diferencia entre el valor instantáneo de una cantidad fluctuante y su valor habitual causada por motivos desconocidos o aleatorios.

variancia; *variance.*
Diferencia entre un valor esperado y el real.

vasija; *vessel.*
Recipiente cóncavo de pequeñas o grandes dimensiones destinado a contener líquidos o productos alimentarios (agua, vino, aceite, granos, etc.). Por lo general, está fabricado en algún

material cerámico, y su sección circular aumenta progresivamente hasta una cierta distancia de la boca y después disminuye hasta la base.

vehículo; *vehicle.*
Aparato para transportar personas o mercancías, habilitado para circular por vías públicas o ferroviarias.

vehículo articulado; *articulated vehicle.*
Vehículo compuesto por una cabeza tractora y un semirremolque.

vehículo basculante; *tipper / hopper.*
Vehículo especialmente indicado para el transporte de graneles sólidos, provisto de un dispositivo para elevar y girar la caja, con el fin de descargar bien por un lado o bien por la parte trasera del mismo.

vehículo batería; *battery vehicle.*
Vehículo provisto de recipientes unidos entre sí por una tubería colectora, como bidones, botellas o bloques de botellas, cisternas, etc.

vehículo blindado; *armoured vehicle.*
Vehículo diseñado y construido como un receptáculo cerrado, reforzado mediante un blindaje, acondicionado para el transporte de personas y mercancías.

vehículo botellero; *bottle truck.*
Vehículo diseñado y construido especialmente para el transporte de botellas o bombonas.

vehículo calorífico; *heated vehicle.*
Vehículo isotermo provisto de un dispositivo para un agente calorífico, distinto de un equipo mecánico, que

permite elevar y mantener una temperatura de la caja vacía no inferior a +12 °C, de forma autosuficiente y durante un mínimo de 12 horas.

vehículo cisterna; *tanker / tank vehicle.*
Vehículo habilitado con uno o varios depósitos unidos al chasis para el transporte a granel de líquidos, gases licuados, materias pulverulentas o granuladas por carretera.

vehículo cubierto; *box truck.*
Vehículo cuya carrocería está constituida por una caja provista de dispositivos de cierre.

vehículo de temperatura dirigida; *controlled temperature vehicle.*
Vehículo construido con materiales aislantes, caracterizado por su capacidad de aislar del exterior la temperatura del interior de su depósito. Se utiliza especialmente para transportar productos alimenticios, de acuerdo con el convenio ATP, y puede ser isotermo, refrigerante, frigorífico o calorífico.

vehículo descubierto; *flat-bed trailer.*
Vehículo provisto de una plataforma desnuda o con adrales y una compuerta para depositar las mercancías que se vayan a transportar.

vehículo entoldado; *tarpaulin-covered vehicle.*
Vehículo descubierto provisto de un toldo para proteger la carga.

vehículo especial; *special vehicle.*
Vehículo automóvil o remolcado, diseñado y construido para operar en la construcción de obras o en servicios especiales.

vehículo frigorífico; *refrigerated vehicle.*
Vehículo isotermo provisto de un equipo mecánico para la producción de frío para uno o varios vehículos de transporte. De acuerdo con el convenio ATP, existe una clasificación de la A a la F para las distintas capacidades de producción de frío de los vehículos (entre +12 y –20 ºC).

vehículo góndola; *gondola vehicle.*
Vehículo construido a modo de plataforma con una altura reducida y un centro de gravedad bajo, adecuado para el transporte terrestre de maquinaria pesada y embarcaciones.

vehículo híbrido; *hybrid vehicle.*
Vehículo que utiliza dos motores: uno eléctrico, que sirve para poner el vehículo en marcha y circular a una velocidad baja, y otro de explosión, que entra en funcionamiento cuando se supera una determinada velocidad (25 o 30 km/h). La principal ventaja de estos vehículos es que a una velocidad baja no emiten gases contaminantes y producen muy poco ruido. Las baterías que accionan el motor eléctrico se recargan, adicionalmente, mediante los frenazos.

vehículo hormigonera; *cement mixer vehicle.*
Vehículo construido para transportar elementos constitutivos del hormigón, provisto de un recipiente giratorio que puede mezclarlos durante el transporte, evitando que se solidifiquen.

vehículo isotermo; *insulated vehicle.*
Vehículo construido con materiales aislantes caracterizado por su capacidad de aislar del exterior la temperatura del interior de su depósito. Se utiliza para transportar mercancías perecederas o peligrosas. Existen dos categorías:
– IN = vehículo isotermo normal, con un coeficiente K igual o inferior a 0,7 W/m^2/ºC.
– IR = vehículo isotermo reforzado, con un coeficiente K igual o inferior a 0,4 W/m^2/ºC.

vehículo jaula; *livestock vehicle.*
Vehículo diseñado y construido para el transporte de animales vivos.

vehículo ligero; *light goods vehicle.*
Vehículo automóvil acondicionado para el transporte de mercancías cuya masa máxima autorizada (MMA) no excede de 6 t, o que sobrepasando dicho peso su capacidad de carga útil no supera las 3,5 t.

vehículo mixto; *mixed vehicle.*
Vehículo automóvil habilitado para el transporte de mercancías y de personas, simultáneamente o por separado, hasta un máximo de nueve incluido el conductor, en el que se puede sustituir parcial o totalmente el espacio para la carga por asientos para personas.

vehículo pesado; *heavy goods vehicle.*
Vehículo automóvil acondicionado para el transporte de mercancías cuya masa máxima autorizada (MMA) es superior a 6 t y su capacidad de carga excede las 3,5 t. También se considera vehículo pesado a la cabeza tractora que posee una capacidad de arrastre superior a las 3,5 t de carga.

vehículo plataforma; *flat vehicle.*
Remolque construido en su parte superior como una superficie plana, sin protecciones laterales, en la que se depositan y fijan cargas pesadas, largas o especiales (bobinas, tubos, piedras, metales...) para su transporte.

vehículo portacontenedores; *container-carrier.*
Remolque provisto de una plataforma con dispositivos para el trincaje del contenedor a la misma. Existen modelos extensibles que permiten transportar un contenedor de 45 o 40', dos de 20', o sólo uno de 20'.

vehículo portavehículos; *vehicle transporter.*
Vehículo o medio de transporte diseñado y construido para transportar uno o más vehículos.

vehículo refrigerante; *refrigerating vehicle.*
Vehículo isotermo provisto de un dispositivo frigorífico para un agente frigorígeno no mecánico (hielo hídrico o carbónico, placas eutécticas, gases licuados, etc.), que permite mantener la temperatura deseada de forma autosuficiente (entre +7 y –20 ºC) durante un mínimo de 12 horas. Son idóneos para el transporte de mercancías perecederas tales como carne o fruta.

vehículo rígido; *rigid vehicle / rigid truck.*
Camión construido de forma que la cabina, el motor y la caja forman un conjunto rígido. A diferencia del furgón, existe una separación física entre la caja donde se depositan las mercan-

cías y la cabina. Puede ser ligero o pesado.

vehículo silo; *silo vehicle.*
Véase **vehículo tolva**.

vehículo *tautliner; tautliner vehicle.*
Camión rígido o articulado cuya caja está formada por una estructura hecha de tablas de madera y una lona.

vehículo tolva; *dump vehicle.*
Vehículo diseñado y construido para el transporte de materiales sólidos granulosos o pulverulentos.

veleta; *dogvane / telltale / weather vane.*
Instrumento de metal, generalmente en forma de saeta giratoria, que sirve para señalar la dirección del viento.

velocidad de entrega; *delivery speed.*
Tiempo que media entre la recepción del pedido y la entrega al cliente.

velocidad de despegue y aterrizaje; *landing speed.*
Velocidad mínima que debe alcanzar un avión para elevarse del suelo o a la que debe descender al tomar tierra. Ambas velocidades deben ser idénticas.

velocidad de procesamiento; *throughput speed.*
Cantidad media de productos, pedidos, informaciones, etc. que son procesados por unidad de tiempo en un proceso de producción.

velocidad máxima; *maximum speed.*
La mayor velocidad que es capaz de alcanzar un vehículo.

velocidad mínima; *minimum security speed.*

Velocidad por debajo de la cual las alas no pueden sustentar una aeronave y ésta pierde altura o se precipita en el aire.

venta; *selling.*

Acción y efecto de vender un producto o servicio.

venta en consignación; *consignment sale.*

Sistema de venta de productos a través de un intermediario. El vendedor no considera vendida su mercancía hasta que el intermediario la ha vendido a un tercero.

ventas; *sales.*

Conjunto de operaciones de venta efectuadas por un vendedor, un equipo, etc., durante un período de tiempo determinado.

ventas brutas; *gross sales.*

Importe total facturado durante un período contable.

verificación; *verification.*

Proceso amparado en una evidencia objetiva que confirma el cumplimiento de unos determinados requisitos.

vía; *track.*

1. Calzada habilitada para la circulación rodada.

2. Estructura para la circulación ferroviaria, compuesta por dos carriles paralelos fijados sobre traviesas que se apoyan sobre una capa de balasto, y éste a su vez sobre la plataforma que soporta el conjunto.

vía de comunicación pública; *public transport systems.*

Conjunto formado por las carreteras, los caminos y las líneas de ferrocarril de uso público, en el que se incluyen las infraestructuras necesarias para su operatividad, como vías de acceso, puentes, túneles, etc.

vía estrecha; *narrow gauge railway.*

Línea ferroviaria donde el ancho entre la parte interna de los raíles es inferior o igual a un metro.

vía rápida; *single carriageway road.*

Carretera de una sola calzada, sin cruces a nivel y con limitación de acceso a propiedades colindantes.

vía troncal; *main track.*

Eje o línea principal de transporte terrestre (carretera o ferrocarril) con infraestructuras que comunican dos o más puntos expedidores o receptores de cargas o pasajeros, con intersecciones en su recorrido por las que se deriva hacia otras líneas o tramos secundarios.

viaje; *trip / voyage.*

1. Traslado o desplazamiento que lleva a cabo un medio de transporte.

2. Desplazamiento que lleva a cabo un viajero en una sola unidad de transporte, sin descender de la misma y sin realizar un trasbordo de vehículo.

viaje de ida y vuelta; *round trip.*

Contratación de un servicio de transporte en el que la ida y la vuelta se efectúan con el mismo cliente y proveedor.

viaje de retorno; *back haul.*
Acción de regreso de un medio de tansporte que ha prestado su servicio en una dirección. El viaje de retorno puede darse con carga completa, parcial o sin carga, en cuyo caso también se denomina «retorno en vacío».

viaje en grupo; *group trip.*
Servicio de transporte prestado mediante unidades de transporte público de viajeros, utilizado por un grupo de personas que, en virtud de un contrato único, han contratado la utilización en exclusiva de un medio de transporte para viajar con un itinerario o destino común.

viajero; *passenger.*
Persona que utiliza los servicios de un transporte público para desplazarse, en cualquiera de sus modos.

viajero-kilómetro; *traveller-kilometer.*
Unidad de medida utilizada en el tráfico de viajeros equivalente al transporte de un viajero sobre una distancia de un kilómetro.

viandante; *pedestrian.*
Persona que viaja a pie por un camino o vía pública.

vías de apartado; *stabling track.*
Vías utilizadas para el estacionamiento de vehículos ferroviarios durante un tiempo prolongado.

vías de carga y descarga; *loading-unloading track.*
Conjunto de vías donde se sitúan los vagones de mercancías para efectuar las operaciones de trasbordo de cargas.

vías de circulación; *rail tracks (station).*
Conjunto de vías de una estación destinadas a la entrada, la salida o al paso de los trenes, distintas de las de servicio.

vías de clasificación; *classification track.*
Vías o haz de vías donde se llevan a cabo las operaciones de clasificación de los vagones de mercancías según sus destinos, con el fin de formar los trenes que deben pasar al haz de expedición.

vicio oculto; *hidden / latent defect.*
Defecto latente, enmascarado o disimulado, aparentemente inactivo, de la carga que se transporta.

vicio propio de la mercancía; *inherent vice of the goods.*
Cualidad inherente e inseparable a la naturaleza que constituye la mercancía y que, en circunstancias muy distintas, sin la intervención de un agente o acción externo, puede ser la causa de su destrucción parcial o total, o de su deterioro en el transcurso del tiempo, especialmente por rotura, oxidación, etc. El vicio puede ser natural o accidental.
El «vicio propio de la mercancía» es una causa frecuente de daño o pérdida en el transporte y el almacenamiento. Sin embargo, la Ley 50/80, de 8 de octubre, de Contrato de Seguro (BOE núm. 1972, de 17 de octubre de 1980), establece que el asegurador de la mercancía no responde de los deterioros ocasionados por vicio propio del objeto o por el transcurso natural del tiempo.

vida económica; *economic life.*
Período durante el que se prevé que un activo depreciable pueda ser económicamente utilizable.

vida útil; *useful life.*

Período de tiempo durante el que un producto puede desarrollar la función para la cual fue diseñado. La vida útil puede abarcar a más de un usuario y estar influida por el régimen de mantenimiento que reciba el producto. Por ejemplo, la vida útil de un automóvil es de 10-15 años, mientras que para un ordenador es de cuatro a seis años.

vidrio; *glass.*

Compuesto de sílice, carbonato sódico, calizas y materias colorantes, fundidas a 1.500 ºC. Es un material duro, frágil y transparente, utilizado desde la antigüedad para la fabricación de envases destinados a conservar los productos más diversos: perfumes, bebidas, alimentos en conserva, aceites, ácidos... Es resistente, estanco, inerte e inoxidable.

vigilancia electrónica de artículo; *electronic article surveillance (EAS).*

Sistema disuasorio contra hurtos que utiliza generalmente dispositivos electromagnéticos para detectar la presencia de las etiquetas que se colocan en los artículos en venta en un establecimiento minorista.

virar; *heave (to).*

Cambio de dirección en la marcha de un vehículo o de rumbo en la amura de una embarcación.

virus informático; *computer virus.*

Programa informático de carácter hostil, creado y difundido con el objetivo de provocar daños o entorpecer el funcionamiento de los sistemas.

viscosidad; *viscosity.*

Resistencia que ofrecen todos los fluidos, y algunos sólidos, a fluir, es decir, a cambiar su forma por la acción de fuerzas exteriores, a causa del rozamiento entre sus moléculas.

visibilidad de la cadena de suministro; *supply chain visibility.*

Capacidad de una red logística de integrar sistemas de información y comunicación en una interfaz unificada y permanente de sus nodos, que les permita acceder a aspectos de la gestión de la cadena de suministro como el estado del inventario y las órdenes de pedido, los envíos de transporte, las ventas, el servicio al cliente, la información sobre productos, etc., facilitando la planificación y la eficiencia de la red logística, con menos inventario global y la reducción del «efecto látigo».

vista de aduana; *customs inspector.*

Funcionario técnico de la aduana cuya función es verificar la declaración de las mercancías por medio del reconocimiento físico de las mismas.

VLCC; *VLCC.*

Siglas de *very large crude carrier*, «gran petrolero» o «superpetrolero».

VMS; *VMS.*

Siglas de *variable message signs*. Véase **paneles de mensaje variable.**

VOCC; *VOCC.*

Siglas de *vessel operating common carrier* u «operador de transporte marítimo con buque propio».

volquete; *dump truck / bulk trailer.*
Vehículo provisto de un recipiente para transportar áridos u otros materiales, con un dispositivo mecánico para volcarlo.

voltio; *volt.*
Unidad de tensión eléctrica, potencial eléctrico y fuerza electromotriz del sistema internacional de unidades de medida, definida como la diferencia de potencial eléctrico que existe entre dos puntos de un conductor que transporta una corriente de intensidad constante de 1 A cuando la potencia disipada entre estos puntos es igual a 1 W:
$$1\text{ V} = 1\text{ W} / 1\text{ A.}$$
Su símbolo es «V».

voltio por metro; *volts per metre.*
Unidad de intensidad de campo eléctrico del sistema internacional de unidades de medida, definida como la intensidad de un campo eléctrico que ejerce una fuerza de 1 N sobre un cuerpo cargado con una cantidad de electricidad de 1 C:
$$1\text{ V/m} = 1\text{ N} / 1\text{ C.}$$
Su símbolo es «V/m».

volumen; *volume.*
Magnitud física que expresa las tres dimensiones de un cuerpo: largo, ancho y alto. Su unidad en el sistema internacional de unidades de medida es el metro cúbico y su símbolo es «m^3».

volumen de obstrucción; *stowage factor.*
Véase **factor de estiba**.

volumen del lote; *lot size.*
Véase **cantidad de pedido**.

VOMTO; *VOMTO.*
Siglas de *vessel operating - multimodal transport operating* u «operador de transporte multimodal con buque propio».

W; *W.*
Símbolo de **watt**.

warrant; warrant.
Acepción inglesa utilizada para designar un resguardo de depósito emitido por un almacén general.

watt; *watt.*
Unidad de potencia o flujo radiante del sistema internacional de unidades de medida, definida como la potencia que da lugar a una producción de energía igual a 1 J/s:
$$1\ W = 1\ J\ /\ 1\ s.$$
Su símbolo es «W».

watt por estereorradián; *watt per steradian.*
Unidad de intensidad radiante del sistema internacional de unidades de medida, definida como la intensidad radiante de una fuente puntual que envía uniformemente un flujo radiante de 1 W en un ángulo sólido de 1 sr:
$$1\ W/sr = 1\ W\ /\ 1\ sr.$$
Su símbolo es «W/sr» o «W · sr^{-1}».

watt por metro kelvin; *watt per metre kelvin.*
Unidad de conductividad térmica del sistema internacional de unidades de medida, definida como la conductividad térmica de un cuerpo homogéneo isótropo, en el que una diferencia de temperatura de 1 K entre dos planos paralelos, de área de 1 m² y distantes 1 m, produce entre estos planos un flujo térmico de 1 W:
$$1\ W\ /\ (m \cdot K) = (1\ W/m^2)\ /\ (1\ K\ /\ 1\ m).$$
Su símbolo es «W / (m · K)».

Wb; *Wb.*
Símbolo de **weber**.

WC; *WC.*
Siglas de *war clause* o «cláusula de guerra», aplicable a los contratos de seguros de mercancías.

weber; *weber.*
Unidad de flujo magnético y flujo de inducción magnética del sistema internacional de unidades de medida, definida como el flujo magnético que al atravesar un circuito de una sola espira produce en la misma una fuerza electromotriz de 1 V si se anula dicho flujo en 1 s por decrecimiento uniforme:
$$1\ Wb = 1\ V\ /\ 1\ s.$$
Su símbolo es «Wb».

X

XML; *XML.*
Acrónimo de *extended markup language,* referido al conjunto de reglas y convenciones para diseñar formatos de texto que permiten estructurar datos con los que intercambiar información entre sistemas informáticos.

Y

yarda; *yard.*
Unidad de medida de longitud equivalente a 0,914 m.

yate; *yacht.*
Embarcación de recreo, movida a vela o motor.

yd; *yd.*
Abreviatura de **yarda.**

yola; *dinghy.*
Embarcación muy ligera, provista de orza y movida a remo y con vela.

Z

ZAC; *ZAC.*
Zona de carga aérea de características similares a una ZAL.

ZAL; *ZAL (logistics activities area).*
Siglas de **zona de actividades logísticas.**

zarpar; *sail (to).*
Operación de levar anclas y salir del lugar en que está atracadada o fondeada una embarcación.

ZEE; *EEZ (exclusive economic zone).*
Véase **zona económica exclusiva.**

zona de actividades logísticas (ZAL); *logistics activities area.*
Área establecida en el entorno portuario para la conexión y articulación de redes de transporte intermodal. El área de la ZAL está acondicionada para su uso por empresas industriales o de transporte que desarrollen actividades logísticas, como el almacenamiento y la manipulación de cargas, que proporcionen valor añadido a la mercancía.

zona de acumulación; *buffer.*
Área de un almacén destinada a regular la velocidad de los flujos de mercancías mediante la agrupación de las mismas, con el fin de amortiguar y gestionar los eventuales «cuellos de botella» que pu-dieran producirse en el sistema, y para regular las fases de un proceso que se desarrolla a ritmos diferentes.

zona de expediciones; *shipping area.*
Véase **área de expedición.**

zona de libre comercio; *free trade area.*
Acuerdo entre dos o más Estados, que incluye la supresión de los derechos arancelarios y cualquier otro obstáculo al intercambio comercial, sin incluir la exigencia de un arancel exterior común.

zona de libre plática; *free practique.*
Lugar próximo a un puerto donde el buque espera la autorización de atraque de las autoridades sanitarias portuarias, una vez compueben el estado sanitario de la tripulación y los pasajeros.

zona de recepción; *receiving area.*
Área de un almacén dedicada a la recepción de los pedidos y donde se controla habitualmente la calidad de los mismos. Debe ser contigua a los muelles de descarga.

zona de vigilancia aduanera; *customs vigilance zone.*
Parte de un territorio aduanero donde la aduana dispone de autoridad y capacidad para aplicar medidas especiales de control aduanero.

zona de tránsito internacional; *international traffic zone.*

Zona especial que se establece en los aeropuertos internacionales para comodidad y conveniencia del tráfico que se detiene brevemente a su paso por un determinado Estado que detenta su jurisdicción.

zona económica exclusiva (ZEE); *exclusive economic zone (EEZ).*

Espacio marítimo colindante a la costa, con un límite de 200 millas mar adentro, sobre el que un Estado ejerce el derecho a controlar la navegación marítima, la pesca, la protección del medio ambiente marino y la investigación científica.

zona franca; *customs free zone.*

Enclave territorial especialmente delimitado en el que existen facilidades para la entrada, la manipulación, el almacenamiento y la expedición de mercancías. Se halla exento de pago de derechos arancelarios y otros impuestos, hasta el momento de despachar las mercancías para su comercialización o consumo.

zona I; *zone I.*

Aguas que se encuentran dentro del perímetro del puerto, entendiendo como límite de éste los testeros de la bocana de acceso.

zona II; *zone II.*

Aguas fuera de la bocana del puerto que sirven como canal de acceso o área de fondeo.

zonas de carga o descarga; *loading-unloading area.*

Las zonas de carga o descarga de un almacén se sitúan generalmente en el exterior del mismo, acondicionadas para el acceso directo de camiones y camionetas para el reparto de mercancías.

zonas de fuego abierto; *fire hazard zone.*

Espacios en los que, de manera esporádica o continuada, se producen llamas o chispas al aire libre, o bien existen superficies que pueden alcanzar temperaturas capaces de producir ignición.

zozobrar; *capsize (to).*

Peligrar, volcar o irse a pique una embarcación por la fuerza del viento.

zuncho; *metal band / hoop.*
Véase **fleje.**

Vocabulario inglés-castellano

A

A item; referencia A
A period; período A
abandoned ship; buque abandonado
abandonment of goods; abandono de mercancías
ABC; ABC
ABC analysis; análisis ABC
ABC classification; clasificación ABC
ABC planning; planificación ABC
ABC zoning; ubicación ABC
ability; habilidad
abrasive; abrasivo
ABS; ABS
absorption costing; coste asignado / coste de absorción
acceleration; aceleración
accelerator; acelerador
accepted order; pedido aceptado
accessibility; accesibilidad
accessorial service; servicio complementario
accident; accidente / siniestro
accompanied combined transport; transporte combinado acompañado
accreditation; acreditación
accumulate; acumulación
acknowledgement; confirmación de pedido
acknowledgement of receipt; confirmación de recepción
acquisition cost; coste de adquisición
acquisition of companies; adquisición de empresas
acquisition price; valor de adquisición
acronym; sigla
act of God; caso fortuito / fuerza mayor
action message; mensaje
action radius; radio de acción

active inventory; existencia vendible / *stock* vendible
active layer; capa activa
active stock; existencia activa / *stock* activo
actual cost; coste real
actual demand; demanda real
actual stock; existencia real / *stock* real
ad valorem (AV); ad valórem (AV)
adaptative smoothing; alisado exponencial dinámico
added value; valor agregado / valor añadido
additional cover; cobertura adicional
adjustable seal; precinto de brida ajustable
administrative obstacles; barreras administrativas
admitance note; admítase
ADN (Agreement on Transport of Dangerous Goods on Inland Waterways); ADN
ADN Agreement on Transport of Dangerous Goods on Inland Waterways; Acuerdo ADN
ADR; ADR
ADR approval; aprobación ADR
ADR certificate; certificado ADR
ADR Convention; Convenio ADR
ADR safety supervisor; consejero de seguridad
ADS (automated dispensing system); SAD
ADSL; ADSL
advising bank; banco avisador
AEI; AEI
aerial mosaic; mosaico aéreo
aerodrome; aeródromo
affreightment; fletamento
afloat; a flote
after-sales service; servicio postventa
agent; agente
aggravation of risk; agravación del riesgo
agility; agilidad

A-GPS; A-GPS
agreed quality; calidad concertada
agreed quality plan; plan de calidad concertada
agregate forecast; previsión agregada
agrèment certificate; certificado de *agrèment*
AGV; AGV
aileron; alerón
air cabotage; cabotaje aéreo
air cargo; carga aérea
air cargo insurance; seguro de carga aérea
air draft; guinda
air freight forwarder; agente de carga aérea
air groupage; grupaje aéreo
air hub; terminal aérea
air mail; correo aéreo
air/surface container; contenedor aéreo/terrestre
air transport; transporte aéreo
air waybill (AWB); carta de porte aéreo / conocimiento aéreo / conocimiento de embarque aéreo
aircraft container; contenedor aéreo
aircraft hijacking; piratería aérea
airdrome; aeródromo
airline company; compañía aérea
airplane; aeronave / avión
airport; aeropuerto
airport cargo centre; centro de carga aérea
AIS (automatic identification system); SIA
algorithm; algoritmo
all expenses paid; franco de todos los gastos
allocated material; material asignado
alpha; alfa
alphanumeric; alfanumérico
alternator; alternador
aluminium; aluminio
aluminium paper; papel de aluminio / papel de plata
always afloat; siempre a flote
ampere; amperio
analysis certificate; certificado de análisis
anchor site; portal de internet
anchorage; anclaje / fondeo
ancillary material; material auxiliar
Andean Group; Pacto Andino
Antartic circle; círculo Antártico
antidumping; antidumping
anti-theft insurance; seguro contra robo
anti-theft tag; etiqueta antihurto

appreciation; apreciacion
apprehension; aprehensión
aquaplaning; aquaplaning
arbitration; arbitraje
arbitration clause; clausula arbitral
arithmetic mean; media aritmética
armoured vehicle; blindado / vehículo blindado
array of recipients; batería de recipientes
arrival date; fecha de llegada
arrival notice; aviso de llegada
ARS (automated replacement system); SRC
Artic circle; círculo Ártico
articulated vehicle; vehículo articulado
AS/RS; AS/RS
ASAP; ASAP
ASCII; ASCII
assays; ensayo
assemble to order; ensamblaje contra pedido
assembly; conjunto / montaje / ensamblaje
assortment creation; creación de surtido
ATA carnet; carnet ATA / cuaderno ATA
ATIT; ATIT
ATIT Agreement (International Surface Transport Agreement); Acuerdo de Transporte Internacional Terrestre (ATIT)
atmospheric pollution; contaminación atmosférica
ATP; ATP
ATP Agreement; Acuerdo ATP
ATP certificate; certificado ATP
audit; revisión
auditor; auditor
authorization (from autonomous community); autorización autonómica
authorized deviation; desviación autorizada
authorized economic operator (AEO); operador económico autorizado (OEA)
authorized maximum height; altura máxima autorizada
auto procurement; autoaprovisionamiento
automated order picking; preparación de pedidos automatizada
automated warehouse; almacén automático
automatic identification system (AIS); sistema de identificación automática de buques (SIA)
automatic palletizer; paletizador
automatic storage retrieval crane; transelevador
automatic storage/retrieval system (AS/RS); almacenamiento automático

autonomy; autonomía
AV (ad valorem); AV
available beginning balance; balance neto inicial
available goods; mercancía disponible
available inventory; inventario disponible
available stock; existencias comprometidas / *stock* comprometido
average surveyor; comisario de averías
AWB; AWB
axiom; axioma
axis load; masa por eje
axle; eje
axle group; grupo de ejes

B

B item; referencia B
B period; período B
B2A; B2A
B2B; B2B
B2C; B2C
back haul; viaje de retorno
back order; pedido pendiente
back scheduling; planificacion hacia atrás
backhauling; retorno / transporte de regreso
bad guy negotiation technique; negociación por parejas
BAF; BAF
bail; fianza
balance of payments; balanza de pagos
balance of services; balanza de servicios
balance of trade; balanza comercial
balanced flow; flujo nivelado
balanced scorecard (BSC); cuadro de mando integral (CMI)
bale; bala
ballast; contrapeso
bamboo floor container; contenedor con base de bambú
bandwidth; ancho de banda
bank; pulmón
banked (train); doble tracción
banker's check; cheque bancario
bar; barra
bar code; código de barras
bar diagram; diagrama de barras
barge; barcaza / gabarra
Baroti system; sistema Baroti

barrel; barril / cuba / tonel
barrier seal; precinto de barrera
barter; trueque
base demand; demanda fija
base serie; serie cronológica
basic stock; existencia mínima / *stock* mínimo
basin; dársena
basket; cesta / capacho / capazo
basket wagon; vagón autocargante
batch; lote
batch card; tarjeta de lote
batch picking; preparación de pedidos agrupada
batch processing; proceso por lotes
batimetry; batimetría
battery; batería
battery vehicle; vehículo batería
bay plan; plan de estiba / plano de carga
Bayes theorem; teorema de Bayes
bayesian analysis; análisis bayesiano
beacon; baliza
beaconage; abalizamiento
beam; larguero / manga
bearer; al portador
bearer bill of lading; conocimiento de embarque al portador
becquerel; becquerel
beginning inventory; existencia inicial / *stock* inicial
benchmarking; comparación de procedimientos
beneficiary; beneficiario
benefit; ganancia
Benelux; Benelux
berth; atraque
berth terms; condiciones de fletamento *tramp*
berthage; atraque / atracada
bicycle; bicicleta
big bags stowage; estiba mediante bolsas de aire
bi-lateral stacker with telescopic forks; carretilla bilateral
bilge; sentina
bill of batches; lista de lotes
bill of capacity; lista de capacidad
bill of exchange; letra de cambio
bill of lading (BL); conocimiento de embarque
bill of materials; lista de materiales
bill of process; lista de procesos
bill of resources; lista de recursos

bimodal semi-trailer; semirremolque bimodal
bimodal transport; transporte bimodal
bin ; caja
biocombustible; biocombustible
biodiesel; biodiésel
biomethanization; biometanización
BIP (border inspection post); PIF
BIRD; BIRD
bit; bit
BL; BL
BL to the bearer; BL al portador
BL to the order; BL a la orden
black list certificate; certificado de lista negra
block rack; estantería para paletización compacta
block stack; apilado en bloque
block stacking; apilado
block storage; almacenamiento en bloque
block storage on shelves; almacenamiento en bloque sobre estanterías
block storage with movable shelves; almacenamiento en bloque con estanterías móviles
block train; tren bloque
boarding; embarque
boarding pass; tarjeta de embarque
boatswain; contramaestre
BOD (biological oxygen demand); DBO
body work; carrocería
BOE; BOE
bogie; bogie
bollard; bolardo / noray
BOM; BOM
bond of indemnity; fianza
bonded warehouse; depósito aduanero / depósito franco
booking note; reserva de espacio para embarque
border inspection post (BIP); puesto de inspección fronterizo (PIF)
border inspection services; servicios de inspección en frontera
bordereau; bordereau
bottle; botella
bottle truck; botellero / vehículo botellero
bottleneck; cuello de botella
bow; proa
box; caja
box container; contenedor cerrado / contenedor seco
box pallet; palé caja

box pallet with tap/spigot; contenedor mixto para graneles sólidos
box pallet with tap/spigot (usually for liquids and gases); contenedor mixto para líquidos
box truck; camión furgón / vehículo cubierto
box-type container; caja móvil
box-type bulk container; contenedor granelero tipo caja
brace; trinca
bracing; trincaje
brainstorming; tormenta de ideas
brake; freno
braking distance; distancia de frenado
brand name; marca
branding; uso de marca
breadth; manga
break; descanso
break bulk; desconsolidación de cargas / fraccionamiento de carga
break bulk agency; agencia de transporte de carga fraccionada
breakdown; avería
break-even point; punto de equilibrio / punto muerto / umbral de rentabilidad
breaking bull; ruptura de carga
breakwater; dique de abrigo / rompeolas
Brent; Brent
bridge fitting; tensor puente
bridge shipment; envío puente
broker; broker
Brown method; método de Brown
bucket; cubo
bucket (concrete); cubilote
budget; presupuesto
buffer; buffer / pulmón / zona de acumulación
buffer stock; existencias de desacoplamiento / stock de desacoplamiento
bulk; granel
bulk cargo; carga a granel
bulk carrier; buque cementero / buque granelero / granelero
bulk density; densidad del granel
bulk storage; almacenamiento a granel
bulk trailer; volquete
bulkiness; ratio de equivalencia
bulk-ore carrier; mineralero / buque mineralero
bundle; fardo
bundling unit; enfardadora

bunker; búnker / combustible búnker / pañol
bunker adjustment factor (BAF); recargo de combustible
bunkering; bunkering
buoy (to); balizar
buried container; recipiente enterrado
bus; autobús / autocar
bus lane; carril bus
business interruption; lucro cesante
business licence; licencia de actividad
business metrics; indicador de gestión / medidor de gestión
business partner; socio comercial
business plan; plan de empresa
business process re-engineering; reingeniería de procesos
business register; registro mercantil
business strategy; proceso comercial
buying group; central de compras
buying rate; tarifas de compra
byte; octeto / byte

C

C item; referencia C
C period; período C
C/O (certificate of origin); C/O
cable car; funicular
cable crane; blondin
cableway; teleférico
CAD (computer aided design) / (cash against documents); CAD
CAD/CAM; CAD/CAM
CAE; CAE
CAF; CAF
call; escala
call option; opción de compra
CAM; CAM
can; bidón / lata
candela; candela
cannibalization; canibalización
cantilever crane; grúa con pescante
cantilever rack; estantería en voladizo
CAP (common agricultural policy); PAC
capacity; capacidad
capacity required; capacidad requerida
capacity requirements planning (CRP); planificación de las necesidades de capacidad
capital goods; bienes de equipo

capsize (to); zozobrar
capstan; cabrestante
capsule; cápsula
captain; capitán
car; automóvil / automóvil de turismo / coche
car carrier; portavehículos / vagón plataforma portavehículos
car container; contenedor de automóviles
car rental; arrendamiento de vehículos
carbon monoxide; monóxido de carbono (CO)
cardboard; cartón
cargo; carga / cargamento
cargo aircraft; avión carguero / avión de carga
cargo boom; puntal de carga
cargo hold; bodega
cargo list; lista de embarque
cargo manifest; manifiesto de carga / relación de mercancías embarcadas
cargo ship; buque carguero
cargo transfer; carga en trasbordo
cargo type; tipo de carga
cargo type code; código de tipo de carga
cargo van; camioneta
carriage; porte
carriage insurance paid to... (CIP); porte y seguro pagado hasta... (lugar de destino convenido) / transporte y seguro pagado hasta... (lugar de destino convenido)
carriage paid to... (CPT); porte pagado hasta... (lugar de destino convenido) / transporte pagado hasta... (lugar de destino convenido)
carriage-paid; franco de porte
carriageway; calzada
carrier; operador de transporte (OT) / operador de transporte por carretera / transportista
carry (to); acarrear / trajinar
carrying cost; coste de existencias / coste de stock
cash against documents (CAD); pago contra documentos
casing rack; rack
cask; cuba
CASS; CASS
catalog; catálogo
catalytic converter; catalizador
catamaran; catamarán
category hierarchy; jerarquía de la categoría

catenary; catenaria

cause-and-effect diagram; diagrama causa-efecto

celular container ship; buque portacontenedores celular

cement mixer vehicle; hormigonera / vehículo hormigonera

centigrade; grado centígrado

central node; nodo central

central warehouse; almacén central / almacén regulador

certificate; certificado

certificate of dispatch; certificado de despacho

certificate of origin (C/O); certificado de origen (C/O)

certificate of seaworthiness; certificados del buque

certificate of weight; certificado de peso

certification; certificación

certification of conformity; marca de conformidad

CFC; CFC

CFR (cost and freight); CFR

CFR landed; coste y flete desembarcado

CFS; CFS

chain conveyor; transportador de cadenas

chain value analysis; análisis de la cadena de valor

chancellery ; cancillería

changeover costs; coste de cambio de fabricación

channel; canalización

chaotic storage; almacenamiento caótico / almacenamiento desordenado

chaotic storage method; método de hueco libre / método de hueco caótico

characteristic; característica

characters per inch; caracteres por pulgada

charge; cargo

charter; chárter / flete

charter party (CP); póliza de fletamento

charter policy; póliza de fletamento

charter service; servicio chárter

charterer; fletador

charterhire; arrendamiento

chartering; arrendamiento

chartering contract; contrato de fletamento

chassis; bastidor

check; cheque

check-list; lista de chequeo

chemical tanker; buque quimiquero / quimiquero

Chicago Convention; Convenio de Chicago

chief executive; alta dirección

chief executive officer (CEO); alta dirección

CIF (cost, insurance and freight); CIF

CIF landed; coste, seguro y flete desembarcado

CIM; CIM

CIM consigment note; carta de porte CIM

CIM Convention; Convenio CIM

CIP; CIP

CIS (Commonwealth of Independent States); CEI

CITES; CITES

city logistics; distribución urbana de mercancías / DUM / logística urbana

city network; conurbación

city transport; transporte urbano

clamp lift truck; carretilla con pinzas

class; clase

class rate; tarifa de clase

classification society; sociedad de clasificación

classification track; vías de clasificación

clear through customs; aduanar

client number; número de cliente

clinker; clinker

closed box; caja cerrada

closed ventilated container; contenedor ventilado

closure; cierre

CMR (contract for the international carriage of goods by road); CMR

CMR consigment note; carta de porte CMR

CMR Convention; Convenio CMR

CMR insurance; seguro en condiciones CMR

CMYK; CMYK

coach; autocar

coastal shipping; navegación de cabotaje

COD; COD

code of commerce; código de comercio

coil; bobina

coil flat wagon; vagón plataforma portabobinas

coin; moneda

collaborative commerce; comercio colaborativo

collapsible container; contenedor desmontable / contenedor plegable

collar; cerco

collision; abordaje

collusion; colusión

co-maker; proveedor colaborador / proveedor asociado

co-manufacturer; cofabricante / proveedor cofabricante

combi aircraft; avión combi

combined cycle of automatic storage; ciclo combinado de almacenamiento automático

combined packaging; embalaje combinado

combined storage cycle; ciclo combinado de almacenamiento

combined transport; transporte combinado

combined transport bill of lading; carta de porte de transporte intermodal

combined transport document (CTD); carta de porte de transporte combinado

comburent substance; sustancia comburente

command pilot; comandante

commercial company; empresario colectivo

commercial distribution; distribución comercial

commercial logistics; logística comercial

commercial system; sistema comercial

commodity; artículo comercial / mercancía

commodity rate; tarifa *commodity*

common customs tariff; arancel aduanero común / tarifa exterior común

community directive; directiva comunitaria

community transit; tránsito comunitario

comodality; comodalidad

compact storage; almacenamiento en bloque compacto

compact warehouse; almacén compacto

company; compañía / empresa

compass; compass

compass chart; portulano

competent authority; autoridad competente

component; componente

composite container; envase compuesto

composite packaging; embalaje compuesto

composition; composición

compost; compost

compostability; compostabilidad

composting; compostaje

compulsory motor insurance; seguro obligatorio de automóviles

computer aided design (CAD); diseño asistido por ordenador

computer program; aplicación informática

computer system; informática

computer virus; virus informático

condition; acondicionar

conditioning; acondicionamiento

conduit; canalización

confirmation lead time; plazo de confirmación

confirmed documentary credit; crédito documentario confirmado

confirming bank; banco confirmador

connected graph; grafo conexo

connected vehicles; conjunto de vehículos

connectivity; conectividad

consecutive transport; transporte sucesivo

consequential damage; daño consecuente / daño emergente

consignee; destinatario

consignment; consignación / envío / expedición / remesa

consignment note; albarán de carga / nota de consignación

consignment sale; venta en consignación

consignment stock; existencias en depósito / *stock* en depósito

consignor; cargador / expedidor / remitente

consolidated cargo; carga consolidada

consolidated client; cliente consolidado

consolidation; consolidación de carga

consolidation centre; centro consolidador de cargas

consolidator; agrupador / consolidador

constituent part; parte constituyente

constraint; restricción

constructive total loss; pérdida total constructiva

consular invoice; factura consular

consumable material; material consumible

consumable supplies; provisiones consumibles

consumables; consumibles

consumer durable; producto duradero

container; contenedor / envase / recipiente

container beams; largueros del contenedor

container check digit; dígito de control del contenedor

container consolidation; consolidación de contenedores

container delivery certificate; certificado de contenedores entregados

container depot; depósito de contenedores

container door opening; apertura de puerta del contenedor

container empty; vaciado del contenedor

container floor; suelo del contenedor

container for granular and powdery materials; contenedor para pulverulentos

container leasing contract; contrato de alquiler de contenedores

container manifest; lista de carga del contenedor / relación de partidas por contenedor

container number; número de serie del contenedor

container opening; apertura del contenedor

container pallet; palé contenedor

container reception certificate; certificado de contenedores recibidos

container rental rate; tasa de alquiler del contenedor

container seal; precinto del contenedor

container ship; buque portacontenedores

container size code; código de dimensión del contenedor

container status report; informe sobre el estado de los contenedores

container support; soporte contenedor

container tare; tara del contenedor

container terminal; terminal de contenedores

container that can not be taken apart; contenedor no desmontable

container transport; transporte contenerizado

container type code; código de tipo de contenedor

container wagon; vagón plataforma portacontenedores

container yard (CY); patio de contenedores / playa de contenedores

container-carrier; portacontenedor / vehículo portacontenedores

containerization; contenerización

containerize (to); contenerizar

containerized cargo; carga contenerizada

containers express train; tren expreso de contenedores

containers identification system; sistema de identificación de contenedores

contingency measures plan; plan de contingencia

continuous flow (production); flujo continuo de producción

continuous improvement; mejora continua

continuous replenishment; reposición continua

continuous replenishment programme (CRP); programa de reposicionamiento continuo

contract of sale; contrato de compraventa

contract pegging; trazabilidad hasta el contrato

contribution margin; margen de contribución

control diagram; diagrama de control

controlled temperature container; contenedor de temperatura controlada

controlled temperature vehicle; vehículo de temperatura dirigida

controller; controlador

conurbation; conurbación

conventional cargo; carga convencional

conventional goods; convencional / mercancía convencional

conventional warehouse; almacén convencional

convertible airplane; avión convertible

convertible pallet; palé convertible

conveyor; conveyor / transportador

conveyor belt; banda transportadora / cinta transportadora / transportador de cinta

conveyor transport; transporte por rodillos

convoy; convoy

COP; COP

co-packer; proveedor colaborador / proveedor asociado

corner casting; ángulo de fijación

corner fitting; cantonera del contenedor / córner del contenedor / esquinera del contenedor

corner post; pilar del contenedor / poste del contenedor

corporate culture; cultura corporativa

corporation tax; impuesto sobre sociedades

corporative social responsibility (CSR); responsabilidad social corporativa (RSC)

corrected straight line; recta corregida

correspondence; correspondencia

corrosive substance; sustancia corrosiva

cost; coste

cost and freight (CFR); coste y flete (...puerto de destino convenido)

cost, insurance and freight (CIF); coste, seguro y flete (...puerto de destino convenido) *cost of capital;* coste de capital

cost to transport purchases; coste de transporte de compras

costs and expenses; daño emergente

COTIF; COTIF

coulomb; culombio

count point; punto de recuento

countable net value; valor neto contable

counterbalanced lift truck; carretilla contrapesada

counterdike; contradique

country code; código de país

courier; courier

courier company; integrador

cove; ancón

coverage rate; tasa de cobertura

covered bogie wagon; vagón de tolva cerrada

covered wagon; vagón cerrado

covered warehouse; almacén cubierto

covering; cobertura

cover-less container ship; buque portacontenedores descubierto

CP; CP

CPT; CPT

CPU; CPU

craft; embarcación

craftsman; artesano

crane; grúa

crane mast; pluma

crate; huacal / jaulón de embalaje

credit; crédito

credit insurance; seguro de crédito

crew; dotación / tripulación

crew list; lista de tripulantes

critical analysis; autoevaluación

cross docking; sistema de reexpedición

CRP; CRP

crude; crudo

crude oil carrier; buque petrolero / buque petrolero de crudo / petrolero

cruise; crucero

cruise ship; buque de crucero

cruiser; buque de crucero

cryogenic receptacles; recipiente criogénico

CSC Convention; Convenio CSC

CSR; RSC / RSE

CSS Code; Código CSS

CTD; CTD

C-TPAT; C-TPAT

cubage; cubicación

cubic meter; metro cúbico

cubic metre per second; metro cúbico por segundo

cubinoster; cubinoster

cullet; calcín

currency; moneda / moneda de cambio

currency adjustment factor (CAF); ajuste por compensación de cambio

currency reserves; reserva de divisas

current cost; coste actual

custom of the port (COP); costumbres del puerto

customer; cliente

customer satisfaction; satisfacción del cliente

customer satisfaction survey; encuesta de satisfacción del cliente

customer service; servicio al cliente

customs; aduana

customs agent; agente aduanal / agente de aduanas

customs clearance; despacho de aduanas

customs declaration; declaración de aduana

customs duties barriers; barreras arancelarias

customs duty; derecho arancelario / derecho de aduana

customs entry; declaración de aduana

customs free zone; zona franca

customs goods clearing authorization; solicitud de actuaciones previas al despacho

customs inspector; vista de aduana

customs release (note); levante

customs seal; precinto aduanero

customs summary declaration; declaración sumaria

customs tariff; arancel / arancel de aduana

customs tax; tributo aduanero

customs territory; territorio aduanero

customs transit; tránsito aduanero internacional

customs union; unión aduanera

customs value; valor de aduana

customs vigilance zone; zona de vigilancia aduanera

customs warehouse; almacén aduanero

CY; CY

CY/CY; CY/CY

cycle counting; recuento cíclico

cyclical production; producción cíclica

cylindrical goods; mercancía cilíndrica

D

DAF; DAF
daily round; ruta diaria
damage to goods; daño a la mercancía
damp-proof; hidrófugo/a
dangerous cargo; carga peligrosa
dangerous cargo manifest; manifiesto de mercancías peligrosas
dangerous goods; mercancía peligrosa
dangerous goods declaration; declaración de mercancías peligrosas
dangerous goods pictogram; pictogramas para mercancías peligrosas
dangerous goods request (DGR); solicitud de entrada de mercancías peligrosas
dangerous reaction; reacción peligrosa
dangerous residue; residuo peligroso
database; base de datos
day's work; singladura
DBT certificate; certificado DBT
DDP; DDP
DDU; DDU
dead freight; falso flete
dead weight tonnage (DWT); tonelaje de peso muerto (TPM)
deadhead; retorno en vacío
debit; adeudo
decanting; trasiego (líquidos)
declaration of interest in delivery; declaración de interés en la entrega
declaration of value; declaración de valor
declared value for carriage; valor declarado de la carga
deconsolidator; agente desconsolidador
decoupling stock; existencias de desacoplamiento / *stock* de desacoplamiento
dedicated capacity; capacidad dedicada
dedicated transport; transporte dedicado
defective product; producto defectuoso
deficient service; servicio defectuoso
degree Celsius; grado centígrado
degroupage area; área de desconsolidado
dehydrants; deshidratantes
delay; demora / retraso
delivered at frontier (DAF); entregada en frontera (...lugar convenido)
delivered duty paid (DDP); entregada derechos pagados (...lugar de destino convenido)

delivered duty unpaid (DDU); entregada derechos no pagados (...lugar de destino convenido)
delivered ex quay (DEQ); entregada en muelle (...puerto de destino convenido)
delivered ex ship (DES); entregada sobre buque (...puerto de destino convenido)
delivery; entrega / entréguese
delivery check list; tasa de abastecimiento
delivery date; fecha de entrega
delivery delay; retraso en la entrega
delivery instruction; instrucción de entrega
delivery lead time; plazo de entrega
delivery note; albarán de entrega / comprobante de entrega
delivery order; orden de entrega de la mercancía
delivery plan; plan de entrega
delivery rate forecast; consumo de la previsión
delivery reliability; fiabilidad de la entrega
delivery service; servicio de entrega
delivery speed; velocidad de entrega
delivery time; tiempo de entrega
delivery transport; transporte capilar / transporte con reparto
demand; demanda
demand management; gestión de la demanda
demand prediction; predicción de la demanda
demand pull; demanda *pull* / tirón de demanda
demand push; demanda *push*
Deming Prize; Premio Deming
demurrage; paralización / sobrestadía
density value; valor de densidad
department of foreign affairs; cancillería
departure customs; aduana de partida / aduana de salida
deposit contract; contrato de depósito
depot; almacén de delegación / depósito
depreciation; amortización
DEQ; DEQ
derelict ship; buque abandonado
derrick crane; grúa *derrick* / puntal de carga
DES; DES
deseasonalized series; serie desestacionalizada
deseasonalizing; desestacionalizar
design; diseño
design cycle; ciclo de diseño
desintermediation; desintermediación

desired service level; calidad de servicio deseada

deslocalization of production; deslocalización de la producción

destination; destino

detachable shaft; eje desmontable

detector; sensor

detergent oil; aceite detergente

dew point; punto de rocío / temperatura de rocío

DGR; DGR

diesel; diésel

diesel engine; motor diésel

digital signature; firma digital

dinghy; yola

direct cost; coste directo

direct delivery; entrega directa

direct shipment; entrega directa a tienda

direct storage; almacenamiento directo

direct supply; abastecimiento directo / aprovisionamiento directo

direct unloading; descarga directa

disaster; siniestro

disbursement; salida

discharge (to); descargar

discharge licence; permiso de descarga

discrete manufacturing; fabricación discreta

discretionary transport; discrecional

disintegration; desintegración

dispatch notice; aviso de expedición

dispensing machine; dispensador

dispersion diagram; diagrama de dispersión

display until date; período de vida en fecha de entrega

disposable pallet; palé de un solo uso / palé desechable / palé perdido

distance; trayecto

distress signal; señal de socorro para embarcaciones

distribution; distribución

distribution centre; centro de distribución / plataforma de distribución

distribution centre of suppliers; centro de distribución del proveedor

distribution channel; canal de distribución

distribution cost; coste de distribución comercial

distribution logistics; logística de distribución

distribution network structure; red de distribución física

distribution planning; distribución dirigida

distribution requirements planning (DRP); planificación de las necesidades de distribución

distribution resource planning (DRP II); planificación de los recursos de distribución

distribution structure; estructura de la distribución

distributor; distribuidor

district depot; almacén regional

dock berth; atracadero

dockage; atraque / atracada

docker; estibador

docking; atraque / atracada

documentary credit; crédito documentario

documentary payment order; orden de pago documentaria

documented legal acts; AJD

dogvane; veleta

domain name; nombre del dominio

domestic carriage; transporte doméstico / transporte interior

door-to-door; puerta a puerta

door-to-door sales; autoventa

door-to-door tariff; tarifa puerta a puerta

double headed; doble tracción

double order point system; sistema de formulación de pedido doble

double stack wagon; vagón portacontenedores de doble estiba

double-depth stacker crane; transelevador de doble profundidad

down time; período de inmovilización

draft (of a boat); calado

drawer negotiation tactic; táctica del cajón

dredge; draga

dredging; dragado

drift; deriva

drive-in rack; estantería compacta drive-in

driver; controlador

drivers certificate for person from a non-EU country; certificado de conductor de país tercero

drive-through rack; estantería compacta drive-through

DRP; DRP

DRP II; DRP II
drum; bidón / cuñete / jerricán / tambor
dry bulk container; contenedor granelero / contenedor para granel sólido
dry container; contenedor cerrado / contenedor seco
dry port; puerto seco / terminal interior de carga
dump truck; bañera / camión bañera / volquete
dump vehicle; tolva / vehículo tolva
dumper truck; dumper
dumping; dumping
dunnage; madera de estiba
durable good; producto duradero
DWT (dead-weight tonnage); TPM
dynamic batch sizing; determinación dinámica del volumen del lote

E
EAN 128 code; código EAN 128
EAN 13 code; código EAN 13
EAN code; código EAN
ear-marked material; material marcado
EAS; EAS
EC Decision; Decisión CE
EC regulation; reglamento CE
ecological backpack; mochila ecológica
ecological footprint; huella ecológica
e-commerce; comercio electrónico
economic compensation; protección económica
economic life; vida económica
economic lot size; tamaño de lote económico
economic order quantity (EOQ); cantidad económica de pedido / lote económico de fabricación
economic stock; inventario económico
economy of scale; economía de escala
ECR; ECR
EDI; EDI
Edifact; Edifact
EDP; EDP
EEC (European Economic Community); CEE / Comunidad Económica Europea
EEZ (exclusive economic zone); ZEE
effective logistics process; proceso eficaz
efficacy; eficacia

efficiency; eficiencia
efficient consumer response (ECR); reaprovisionamiento eficiente / respuesta eficiente al consumidor
efficient logistics process; proceso eficiente
EFQM Prize; Premio EFQM
e-fulfillment; e-fulfillment
electric engine; motor eléctrico
electric pallet truck; transpalé eléctrico
electronic article surveillance (EAS); vigilancia electrónica de artículo
electronic container protection label; etiqueta electrónica del contenedor
electronic data interchange (EDI); intercambio electrónico de datos (EDI)
electronic funds transfer; transferencia electrónica de fondos
electronic product code; código electrónico de producto
elevator; elevador
e-logistics; e-logistics
e-mail; correo electrónico
emergency plan; plan de emergencia
emission; emisión
empennage; empenaje de cola
empty container admittance pass; admítase el contenedor vacío
empty container delivery order; orden de entrega del contenedor vacío
empty space; caverna
encrypt (to); encriptar
end item; artículo final
end-of-life products; productos fin de vida
endorsement; endoso
engine; locomotora
engine driver; maquinista
enterprise resource planning (ERP); sistema de gestión corporativa
entrance channel; canal de entrada
entrance logistics; logística de entrada
entrance mouth; bocana
entry; partida
entry customs; aduana de destino
environment; medio ambiente
environmental impact; impacto medioambiental
environmental pollution; contaminación ambiental
EOQ; EOQ

EPC; EPC

e-procucurement; aprovisionamiento por plataforma electrónica

equipment; equipo

equipment number; numeración

equivalence ratio; ratio de equivalencia

ERP; ERP

ERTMS; ERTMS

ETA; ETA

ETD; ETD

EUR pallet; palé EUR

EUR-1; EUR-1

eurobox container; contenedor eurobox

europallet; europalé

european article numbering (EAN); numeración europea de artículos

European Union (EU); Unión Europea (UE)

Eurovignette Directive; Euroviñeta

Ex works (EXW); en fábrica (...lugar convenido)

exchange rate hedging; seguro de cambio

exchange risk insurance; seguro de cambio

exclusive economic zone (EEZ); zona económica exclusiva (ZEE)

exemption from deposit/guarantee; dispensa de garantía

exit logistics; logística de salida

expansible screw; tornillo expansible

expected service level; calidad de servicio esperada

expenditure; gasto

expense; gasto

explosive substance; sustancia explosiva

explosives; materia explosiva

exponential smoothing; alisado exponencial

export; exportación

export cargo; carga de exportación

export customs clearance; despacho aduanero de exportación

export licence; licencia de exportación

external client; cliente externo

external community transit (EU); tránsito comunitario externo

external transport; transporte externo

external transport cost; coste externo del transporte

extra premium; sobreprima

extranet; extranet

EXW; EXW

F

fabrication; fabricación

fabrication order; orden de fabricación

facilities; instalaciones

factoring; factoring

factory; fábrica

factory stock; inventario en fábrica

facultative; facultativo

fading; desvanecimiento de los frenos

family; familia

farad; faradio

FAS; FAS

fast acceleration; aceleración rápida

fast mover; producto de gran demanda

fast moving consumer goods; producto de consumo de gran demanda

fasten (to); trincar

fault tolerance; tolerancia a los fallos

FBL; FBL

FCA; FCA

FCL; FCL

FCR; FCR

FCT; FCT

FD; FD

fee; tasa

feedback; retroalimentación

feeder; feeder

feeder ship; buque alimentador / buque *feeder*

fe-fo; fe-fo

ferry ship; trasbordador

ferryboat; trasbordador

FEU; FEU

FHD; FHD

FIC (fiscal identification code); CIF

field warehouse; almacén de distribución

fi-fo; fi-fo

fi-fo dynamic shelving; estantería dinámica fi-fo / estantería para paletización dinámica por gravedad

fifth wheel; quinta rueda

file transfer protocol; protocolo de transferencia de archivos

filling station; estación de servicio

fi-lo; fi-lo

FILO (free in liner out); FILO

fi-lo dynamic shelving; estantería dinámica *fi-lo*

final date for shipping; fecha límite de expedición

financial charge; gasto financiero

financial expense; gasto financiero
financial plan; plan financiero
financial system; sistema financiero
fine distribution; distribución capilar
finished product; artículo final / producto acabado / producto terminado
finished product distribution; transporte de distribución
finished product stock; inventario de productos terminados
finished product warehouse; almacén de productos terminados
FIO; FIO
FIOCOP; FIOCOP
FIOS; FIOS
FIOST; FIOST
fire hazard zone; zonas de fuego abierto
fire resistant; ignífugo/a
fireproof; ignífugo/a
firm offer; oferta en firme
first line activities; actividades de primera línea
first-expires, first-out (fe-fo); primero en expirar, primero en salir
fiscal value; valor fiscal
fishbone chart; diagrama de espina de pez / diagrama de pluma
fit to use; apropiado para el uso
fixed cost; coste fijo
fixed interval reorder system; sistema de punto de pedido con intervalos fijos
fixed location storage; almacenamiento en ubicación fija / almacenamiento ordenado / método de localización
fixed oil platform; plataforma petrolífera fija
fixed order quantity system; sistema de cantidad fija de pedido
fixed premium policy; póliza a prima fija
fixed round; ruta fija
fixed-run device; aparato de recorrido fijo
flag; bandera / pabellón
flag crane; grúa bandera
flags of convenience; bandera de conveniencia / pabellón de conveniencia
flame point; punto de inflamación de un líquido
flat container; contenedor plataforma
flat pallet; palé para carga aérea / palé plano

flat rack; contenedor plataforma jaula / contenedor plataforma plegable / contenedor plataforma portabobinas
flat rack with fixed bottom; contenedor plataforma con paneles frontales fijos
flat rack with fixed sides; contenedor plataforma con laterales fijos
flat rate; flat rate
flat vehicle; plataforma / vehículo plataforma
flat wagon; vagón plataforma
flat-bed container; contenedor plataforma plegable
flat-bed trailers; vehículo descubierto
fleet; flota
flexible capability; flexibilidad
flexible packaging; envase flexible
flexible work force; fuerza de trabajo flexible
floating policy; póliza de abono / póliza flotante
floating, production, storage and offloading (FPSO) ship; buque plataforma móvil
floor; solera
floor level order picking; preparación de pedido a nivel del suelo
flow through (United Kingdom); flujo tenso
flowchart; diagrama de flujo
flow-thru (USA); flujo tenso
flush; enrasado
FOB; FOB
font; fuente
foot; pie
force majeure; fuerza mayor
forecast; previsión de la demanda
foreign exchange; divisa
foreign trade; comercio exterior
foreland; foreland
forfait policy; póliza a precio convenido
fork lift pocket; túnel de palas / túneles de izado del contenedor
fork lift truck; carretilla / carretilla contrapesada / toro
fork lift turret truck; trilateral
fork pocket; túnel de palas / túneles de izado del contenedor
forklift; horquilla
forklift (forks between legs); apilador con horquillas entre patas / apilador con largueros entre patas

forklift (forks on legs); apilador con horquillas sobre patas / apilador con largueros sobre patas

forwarding agent; agente transitario

forwarding agent certificate receipt (FCR); certificado de recepción del agente transitario

forwarding agent receipt; recibo de transitario

forwarding agent warehouse receipt (FWR); certificado de almacenaje

fourth party logistics (4PL); fourth party logistics (4PL)

four-way pallet; palé de cuatro entradas

four-way reach truck; carretilla cuatro vías

four-way truck; carretilla cuatrocaminos

franchise; franquicia

franchisee; franquiciado

franchisor; franquiciador

fraud; dolo

free alongside ship (FAS); franco al costado del buque (...puerto de carga convenido) / libre al costado del buque

free carrier (FCA); franco transportista (...lugar convenido)

free harbour; puerto franco

free on board (FOB); franco a bordo (...puerto de carga convenido)

free practique; libre plática / zona de libre plática

free practique certificate; certificado de libre plática

free trade agreement; acuerdo de libre comercio

free trade area; zona de libre comercio

free until...; franco hasta...

free up to...; franco por...

freeway; autopista

freight; transporte de mercancías / flete

freight aircraft; avión carguero / avión de carga

freight collect; flete debido / porte debido

freight conference; conferencia de fletes

freight consolidator; agente consolidador / grupajista

freight embargo; embargo por flete

freight exchange; centro de información y distribución de cargas

freigth forwarder; agente de carga internacional / transitario/a

freight prepaid; flete pagado

freight terminal; centro de transporte

freighter; avión carguero / avión de carga / buque carguero / carguero

frequency; frecuencia

frequent review; revisión periódica

frequent round; ruta periódica

fresh produce; alimentos frescos

friability; friabilidad

FTL; FTL

FTP; FTP

fuel; carburante

fuel surcharge; recargo de combustible

full container load (FCL); contenedor completo

full load; carga completa

full load agency; agencia de transporte de carga completa

full load transport; transporte de carga completa

full pegging; trazabilidad total

full supply cost; coste integral de aprovisionamiento

funeral transport; transporte funerario

funicular railway; funicular

fuselage; fuselaje

FWR; FWR

G

Galileo; Galileo

gallon; galón

gantry crane; grúa pórtico / pórtico

garage; garaje

gas carrier; buque gasero / gasero

gateway; gateway

GATT; GATT

GCR; GCR

general average; avería gruesa

general cargo; carga general

general cargo container; contenedor para mercancía general

general cargo rate (GCR); tarifa general GCR

general cargo ship; buque de carga general

general deposit warehouse; almacén general de depósito

general purpose container; contenedor de carga general / contenedor para uso general

general sales agent (GSA); agente general de ventas

geographic information system (GIS); sistema de información geográfica (SIG)

geomarketing; geomarketing

ghost negotiation tactic; táctica del fantasma

gigabyte; gigabyte

GIS (geographic information system); SIG

glass; vidrio

global positioning system (GPS); sistema de posicionamiento global / sistema global de navegación por satélite

globalization; globalización

GMDSS; SMSSM

GMT; GMT

GNP (gross national product); PNB

gondola vehicle; vehículo góndola

good guy; negociación por parejas

goods; mercancía

goods flow; flujo de mercancías

goods in transit; mercancía en tránsito

goods in transit insurance contract; contrato de seguro de transporte de mercancías

goods movement; movimiento de mercancías

goods transport; transporte de mercancías

gooseneck chassis; chasis portacontenedores

gooseneck tunnel of container; túnel cuello de cisne del contenedor

GPS; GPS

gram; gramo

grammage; gramaje

gramme; gramo

graph; grafo

graph theory; teoría de grafos

gray; gray

green dot; punto verde

gross margin; margen bruto

gross national product (GNP); producto nacional bruto (PNB)

gross registered ton (GRT); tonelaje de registro bruto (TRB)

gross sales; ventas brutas

gross terms; condiciones brutas

gross ton; tonelada inglesa / tonelada larga

gross tonnage; arqueo bruto

gross weight; masa en carga / peso bruto / peso en carga

group trip; viaje en grupo

groupage; agrupación de cargas / consolidación de carga / grupaje

grouped packaging; envase colectivo / envase secundario

GRT (gross registered ton); TRB

GSA; GSA

GSM; GSM

GSM-R; GSM-R

GST (general systems theory); TGS

Guadalajara Convention; Convenio de Guadalajara

guarantee; aval / garantía

guaranty agreement; contrato de fianza

Guatemala Protocol; Protocolo de Guatemala

H

Hague Rules; Reglas de la Haya

half height container; contenedor de media altura

half pallet; medio palé

Hamburg Rules; Reglas de Hamburgo

hand pallet truck; transpalé manual

handling agent; agente *handling*

handling service; servicio de manipulación

handling unit; unidad de expedición

harbour; abrigo

harbour master; capitanía marítima

harbour mouth; bocana

hardware; hardware / soporte físico

harmonic smoothing; alisado armónico

harmonized system; sistema armonizado

Harrison method; método de Harrison

haulage contractor; transportista contractual

haulier; transportista

hazardous goods; mercancía peligrosa

HCP (human consumer products); PCH

heading; rumbo

health certificate; certificado fitosanitario

health clearance for ship to leave port; autorización de salida del buque

heated container; contenedor calorífico

heated vehicle; vehículo calorífico

heave (to); virar

heavy goods vehicle; vehículo pesado

heavy trailer; remolque pesado

hectare; hectárea

heeling; escora

henry; henrio

hertz; hertz

heuristic; heurística

hidden; vicio oculto

hierarchical database; base de datos jerárquica

hierarchy; jerarquía

high cube container; contenedor de gran capacidad

high density warehouse; almacén de alta densidad

high level order picker; preparador de pedidos de nivel alto / recogepedidos de nivel alto

high rotation products; mercancía de rotación alta

high speed rail; alta velocidad

highway; autovía

hinged conveyor; transportador de charnela

hinterland; traspaís

hipobaric container; contenedor hipobárico

histogram; histograma

hoist; polipasto

hold (of a ship); calaje

Holt-Winters method; método de Holt-Winters

home delivery; servicio a domicilio

homologation; homologación

hoop; zuncho

hooter; bocina

hopper; basculante / tolva / vehículo basculante

hopper container; contenedor silo

hopper transport trolley; tolva de transporte

hopper vehicle; silo

horeca; horeca

horizontal carousel rack; estantería carrusel horizontal

horn; bocina

horse power (CV); caballo de vapor

house to house (H/H); puerta a puerta

house to house transportation; transporte puerta a puerta

house to pier; puerta a puerto

housekeeping; limpieza

hovercraft; aerodeslizador

HSR (spanish high speed railway); AVE

http; http

hub; hub

hub port; puerto concentrador / puerto *hub*

hull; casco

hull insurance; seguro de cascos

hybrid vehicle; vehículo híbrido

hydrocarbon; hidrocarburo

hydroplane; hidroaeroplano

hypertext transfer protocol (http); protocolo de transferencia de hipertexto

hypobaric storage; almacenamiento hipobárico

I

IATA agent; agente IATA

ICT (information and communication technologies); TIC

igloo container; contenedor iglú

IMDG (International Maritime Dangerous Goods) Code; Código IMDG

impermeable shipping box; recipiente no tamizante

import; importación

import cargo; carga de importación

import customs clearance; despacho aduanero de importación

import duties; derecho de importación

import licence; licencia de importación

importer; importador

IMS (integrated management system); SIG

in bulk; artículo de peso aleatorio

inch; pulgada

income tax; impuesto sobre la renta de las las personas físicas / IRPF

incoterms; incoterms

indirect cost; coste indirecto

indirect goods clearance; salida indirecta de mercancías

indirect material; material indirecto

individual competency; competencia individual

industrial explosives charge; carga explosiva industrial

industrial logistic; logística industrial

industrial park; parque industrial

inert residue; residuo inerte

infectious substance; sustancia infecciosa

inflammable solid; sólido inflamable

inflation; inflación

information system; sistema de información

infostructure; infoestructura

infrastructure; infraestructura

ingredient; ingrediente

inherent vice of the goods; vicio propio de la mercancía

initial inventory; inventario inicial
initial stock; existencia inicial / *stock* inicial
inland waterways; aguas interiores
inner container; recipiente interior
inner packaging; envase interior
inner receptacle; recipiente interior
input; entrada / insumo
inspection; inspección
inspection certificate; certificado de inspección
inspection organizations; entidades de inspección
insulated container; contenedor aislado / contenedor isotermo
insulated vehicle; isotermo / vehículo isotermo
insurable; asegurable
insurable value; valor asegurable
insurance; seguro
insurance broker; agente de seguros
insurance certificate; certificado de seguro
insurance contract; contrato de seguro
insurance of goods in transit; seguro de la carga
insurance policy; póliza de seguro
insurance premium; prima de seguro
insured; asegurado
insured property; interés asegurado
insured sum; suma asegurada
insured value; valor asegurado
insurer; asegurador
integral cost; coste integral
integral logistics; logística integral
integrated community tariff; tarifa integrada comunitaria
integrated management system (IMS); sistema integrado de gestión de residuos de envases (SIG)
intelligent transport system (ITS); sistemas inteligentes de transporte
interchanger; intercambiador
interface; interfaz
interior coating; revestimiento interior
interline agreement; acuerdo interlínea
intermediate good; insumo
intermediate goods store; almacén de productos intermedios
intermediate packaging; embalaje intermedio
intermodal; intermodal
intermodal transport; transporte intermodal

intermodal transport unit (ITU); unidad de transporte intermodal (UTI)
internal carriage; transporte interno
internal client; cliente interno
internal community transit (EU); tránsito comunitario interno
internal goods delay; retraso interno de mercancías
internal logistics; intralogística / logística interna
internal rate of return (IRR); tasa interna de rentabilidad (TIR)
International Bulk Chemical (IBC) Code; Código IBC
international consigment note; carta de porte internacional
International Gas Carrier (IGC) Code; Código IGC
international monetary system; sistema monetario intenacional
international trade; comercio internacional
international traffic zone; zona de tránsito internacional
international transport; transporte internacional
internet portal; portal de internet
intranet; intranet
intrastat; intrastat
inventory; inventario
inventory count; control de existencias / control de *stocks*
inventory execution and control; ejecución y control de inventario
inventory in process; inventario en proceso
inventory maintenance unit; unidad de mantenimiento de inventario
inventory management; gestión de inventarios / planificación de inventario
inventory turnover; rotación de existencias / rotación del *stock*
invoice; factura comercial
invoice customs; factura aduanera
invoicing unit; unidad de facturación
IPO (inicial public offering); OPA
iron strap; fleje
IRR (internal rate of return); TIR
Ishikawa diagram; diagrama de Ishikawa
ISO 3394 module; módulo ISO 3394
ISO container; contenedor ISO

ISO regulation; norma ISO
ISO tank; contenedor cisterna
isolated container; contenedor aislado
ISPS Code; Código PBIP
issuing bank; banco emisor
item; artículo / ítem / referencia
item number; código de artículo / número de artículo / número de producto
itinerary; itinerario
ITS; ITS
ITU (intermodal transport unit); UTI

J

"J" head; cabezal «J»
jack; gato
jackknifing; efecto tijera
jack-up rig; plataforma petrolífera autoelevable
jerrycan; cuñete / jerricán
jettison of cargo; echazón de la carga
jib crane; grúa palomilla / grúa pluma
JIT; JIT
JIT (just in time); JAT
job lot; lote de trabajo
joint venture; unión temporal de empresas / UTE
journey; desplazamiento
july; julio
july by kilogram kelvin; julio por kilogramo kelvin
july multiplied by kelvin; julio por kelvin
just in time (JIT); justo a tiempo (JAT)

K

K factor; coeficiente K
kaizen; kaizen
kanban; kanban
kangaroo; canguro
kangaroo wagon; vagón canguro
keel; quilla
kelvin; kelvin
kilogram; kilogramo
kilogram multiplied by cubic meter; kilogramo por metro cúbico
kilogram multiplied by second; kilogramo por segundo

kilometer (USA) / kilometre (United Kingdom); kilómetro
kingpin; kingpin
kit; conjunto / conjunto de componentes
kitted material; conjunto de componentes
knot; nudo
knowledge control; control de información
kraft paper; papel de caña

L

"L" head; cabezal «L»
L/C; L/C
label; etiqueta
labour costs; coste de personal
laminated goods; mercancía laminar
land cabotage; cabotaje terrestre
landing gear; tren de aterrizaje
landing speed; velocidad de despegue y aterrizaje
laser telemeter; telémetro laser
lash; trinca
LASH (lighter aboard ship) ship; buque portabarcazas
LASH ship; LASH
last mille; kilómetro de oro / milla de oro
last-in/first-out (li-fo); último en llegar, primero en salir
last-in/last-out (li-lo); último en llegar, último en salir
latent defect; vicio oculto
launching; botadura
lay days time; tiempo de estadía / tiempo de plancha
layout; distribución en planta
LCL; LCL
leader product; producto líder
leader service; servicio líder
leadership; liderazgo
leak; fuga
leak (to); hacer agua
lean management; lean management
leasing; arrendamiento financiero
leeward; sotavento
left-luggage office; consigna
legal documentation tax; impuesto sobre actos jurídicos documentados
legal entity; persona jurídica

legal protection; protección jurídica
length; eslora
less than container load (LCL); contenedor con carga parcial / contenedor de grupaje
let go (to); deriva
letter of credit (L/C); carta de crédito
letter of guarantee; carta de garantía
level crossing; paso a nivel
level of service; nivel de servicio
liberalized transport; transporte liberalizado
life cycle; ciclo de vida
LIFO; LIFO
li-fo; li-fo
lifting carriage; plataforma elevadora
lifting crane; grúa portacontenedores
lifting device; aparato de elevación
lift-on lift-off ship; buque de carga vertical
light goods vehicle; vehículo ligero
light metal packaging; embalaje metálico ligero
light shelving; estantería ligera
light trailer; remolque ligero
light truck; camioneta
li-lo; li-lo
limit of liability; límite de responsabilidad
line order picking; preparación por línea
liner terms; condiciones de línea regular
liquid; líquido
liquid bulk; granel líquido
list; escora
list of components; lista de componentes
list of containers and seals; listado de contenedores y precintos
liter (USA) / litre (United Kingdom); litro
live animals; AVI
live storage; almacenamiento dinámico
livestock container; contenedor jaula
livestock vehicle; jaula / vehículo jaula
LNG (liquefied natural gas); GNL
LNG carrier; buque LNG
load; carga
load (to); cargar
load bearing capacity of container floor; capacidad de carga del suelo del contenedor
load capacity; capacidad de carga
load displacement; desplazamiento en carga
load factor; factor de carga
load index; índice de carga
load order; orden de carga

load plan; plano de carga
load rate; tasa de carga
loading and unloading clauses; cláusulas de carga y descarga
loading list; lista de carga
loading ramp; rampa adosada
loading ratio; coeficiente de estiba
loading time; tiempo de carga
loading-unloading area; zonas de carga o descarga
loading-unloading bay; muelle de carga-descarga
loading-unloading track; vías de carga y descarga
local authorization; autorización local
local train (network); cercanías
location; localización / ubicación
locked wheels; bloqueo de las ruedas
log; madera en rolla
logistic outsourcing; tercerización logística
logistics; logística
logistics activities area; zona de actividades logísticas (ZAL)
logistics added value; valor agregado logístico / valor añadido logístico
logistics analyst; analista logístico
logistics centre for deconsolidation; centro de ruptura de carga / centro desconsolidador de carga
logistics chain; cadena logística
logistics channel; canal logístico
logistics consultant; consultor logístico
logistics coordinator; logista
logistics costs; coste de logística
logistics flow; flujo logístico
logistics key performance indicators; indicadores logísticos
logistics management; dirección de logística
logistics manager; director de logística / gerente de logística
logistics network; red logística
logistics node; nodo logístico
logistics operator; operador logístico
logistics outsourcing; subcontratación logística
logistics plan; plan logístico
logistics platform; centro integrado de mercancías (CIM) / estación de transporte de mercancías / plataforma logística
logistics process; proceso logístico

logistics system; sistema logístico
logistics warehouse; almacén logístico
logotype; logotipo
lo-lo; lo-lo
lo-lo ship; buque de carga vertical / buque *lo-lo*
long distance transport; transporte de largo recorrido
long haul traffic; tráfico de larga distancia
long product; producto largo
long ton; tonelada inglesa / tonelada larga
Lorenz curve; curva de Lorenz
lorry driver; camionero / conductor
loss of goods; pérdida de la mercancía
lost profits; lucro cesante
lot; lote
lot number; número de lote
lot number traceability; trazabilidad del número de lote
lot size; tamaño del lote / volumen del lote
lot traceability; trazabilidad del lote
LOTT; LOTT
low level order picker; preparador de pedidos de nivel bajo / recogepedidos de nivel bajo
low level order picking; preparación de pedido a bajo nivel
low loader; plataforma góndola
low loader wagon; vagón de plataforma rebajada
low rotation products; mercancía de rotación baja
low turnover ratio; índice de rotación bajo
LPEMM; LPEMM
LPG (liquefied petrol gas); GPL
LPG carrier; buque LPG
lubricating oil; aceite lubricante
lumen; lumen
lux; lux

M

MAD; MAD
made-to-order product; producción contra pedido
mafi crane; grúa mafi
Maghrib; Magreb
mail; correo
main packing box; sobreembalaje
main railway line; itinerario troncal ferroviario
main track; vía troncal

mainline transport; transporte troncal
Malcon Baldrige Prize; Premio Malcon Baldrige
malfunction; avería
MAM (maximum authorized mass); MMA
man-down turret truck; carretilla torre
man up turret truck; carretilla «combi» / carretilla trilateral con hombre montado
man-down truck; carretilla con hombre abajo
maneuver stock; existencia de maniobra / *stock* de maniobra
manifest; manifiesto / manifiesto general del buque
manual order picking; preparación de pedidos manual
manual pallet truck; transpalé manual
manual stacker; apilador manual
manufacturability; fabricabilidad
manufacturing logistics; logística de producción
manufacturing resources planning (MRP II); planificación de recursos de fabricación
marginal cost; coste marginal
marine or fluvial transport; transporte marítimo o fluvial
mariner fork-lift truck; toro marino
mariner gantry crane; pórtico marino
maritime agent; agente marítimo
maritime beaconage; abalizamiento
maritime embargo; embargo marítimo
maritime highway; autopista marítima
maritime piracy; piratería marítima
maritime pollution; contaminación del medio marino
maritime terminal; estación marítima
market value; valor de mercado
marketing; marketing / mercadeo / mercadología / mercadotecnia
marketing mix; marketing mix
marketing plan; plan de *marketing*
Marpol 73/78; Marpol 73/78
marshalling yard; estación de clasificación
mass; masa
mass customization; personalización masiva
mass production; producción masiva
master plan; plan maestro
master production schedule (MPS); plan maestro de producción
MAT (moving annual total); TAM

material handling; manutención

material requirements planning (MRP I); planificación de las necesidades de materiales

MAWB; MAWB

maximum and minimum level established for a purchase order; factor restrictivo del pedido

maximum authorized mass (MAM); masa máxima autorizada (MMA)

maximum authorized width; anchura máxima autorizada

maximum flying altitude; techo de vuelo

maximum load; carga máxima / masa máxima técnicamente admisible

maximum load for safety; carga máxima de seguridad

maximum speed; velocidad máxima

maximum stacking weight; peso máximo apilable

maximum stock; existencia máxima / *stock* máximo

mean; media

mean absolute deviation; desviación media absoluta

mean demand; demanda media

mean low water springs (MLWS); bajamar máxima viva equinoccial (BMVE)

means of transport; medio de transporte

measurement; cubicación

mechanical order picking; preparación de pedidos mecánica

medium level order picker; preparador de pedidos de nivel medio / recogepedidos de nivel medio

medium level order picking; preparación de pedido a medio nivel

medium rotation products; mercancía de rotación media

Mercator projection; proyección de Mercator

merchandise; mercancía

merchant ship; buque mercante

Mercosur; Mercosur

merge in transit (MIT); consolidación en tránsito

merger (of companies); fusión de empresas

MES; MES

mesh; mallazo

messenger; mensajero

messenger company; mensajería

messenger service; mensajería

metal band; zuncho

metal mesh container; contenedor de rejilla metálica

metal sheet container; contenedor de chapa metálica

metal wheelbarrow; carretilla metálica

meter (USA) / metre (United Kingdom); metro

meter to the power of (minus one); metro a la potencia menos uno

method; método

metre per second; metro por segundo

metre per second squared; metro por segundo cuadrado

metric quintal; quintal métrico

metric ton; tonelada métrica

metropolitan area; área metropolitana

micro load; micro *load*

micron; micra / micrómetro

milk carton; cartón para bebidas

milk run; recogida diaria

mini load; mini *load*

minibus; microbús

minimum retail order unit; unidad de venta al consumidor

minimum security speed; velocidad mínima

ministerial order (Spain); OM

min-max system; sistema de mínimos-máximos

mistake-proof; a prueba de error / *poka-yoke* / sistema antierror

MIT; MIT

mixed rail line; línea ferroviaria de tráfico mixto

mixed transport; transporte mixto

mixed vehicle; vehículo mixto

MLWS (mean low water springs); BMVE

mobile crane; grúa móvil

mobile platform; bases móviles

mobile rack; rack móvil

mobile shelving; estantería móvil

mobility; movilidad

modal interchange center; centro de intercambio modal (CIM)

modal quota; reparto modal

modal share; reparto modal

mode; moda

mode of transport; modo de transporte / sistema de transporte

model; modelo

modular ramp; rampa modular

modular system; sistema modular
module; módulo
module pattern; módulo patrón
mole (unit); mol
molehead; morro / testero
monetary system; sistema monetario
monetary union; unión monetaria
monorail; monorriel
Montreal Convention; Convenio de Montreal
mooring; amarradura / amarre
mooring operator; amarrador
mortgage contract; contrato de hipoteca
MOT (motor vehicle test); ITV
motor vehicle; automotor
motorcycle; motocicleta
motorized carriage; material motor
motorway; autopista / carretera de alta capacidad
motorway of the sea (MOS); autopista marítima
movable shelving; estantería móvil
movement clearance; preaviso de movimientos en puerta
moving annual total (MAT); total anual móvil (TAM)
moving around; trasiego (objetos)
moving average; media móvil
MPS; MPS
MRN (movement reference number); NRD
MRP I; MRP I
MRP II; MRP II
MTC (multimodal transport contract); CTM
MTD (multimodal transport document); DTM
MTO (multimodal transport operator); OTM
multi drop transport; transporte con descarga
multigrade oil; aceite multigrado
multimodal; multimodal
multimodal terminal; terminal multimodal
multimodal transport; transporte multimodal
multimodal transport document (MTD); documento de transporte multimodal (DTM)
multimodal transport operator (MTO); operador de transporte multimodal (OTM)
multimodality; multimodalidad
multiple drop transport; transporte discrecional
multipurpose; multipropósito
multipurpose crane; grúa multipropósito
multipurpose ship; buque multipropósito

multipurposer terminal; terminal multipropósito
mutual insurance policy; póliza de seguros mutuos
MVT; MVT

N

NAFTA; NAFTA
named bill of lading; conocimiento de embarque nominativo
narrow body; avión de fuselaje estrecho
narrow gauge railway; vía estrecha
national authorization; autorización nacional
natural environment; medio natural
natural person; persona física
nautical infraction; falta náutica
nautical mile; milla náutica
navigate; navegar
NCTS; NCTS
NCV; NCV
negotiation of market prices; negociación de precios de mercado
net inventory; inventario neto
net present value (NPV); valor actual neto (VAN)
net rate; tarifa neta
net terms; condiciones netas
net weight; contenido neto / peso neto / peso neto escurrido
network system; sistema de red / sistema reticular
newton; newton
NIF (spanish fiscal identification number); NIF
NIL; NIL
nitric oxide; óxido nítrico (NO)
nitrogen dioxide; dióxido de nitrógeno
no customs value (NCV); ningún valor declarado para la aduana
nodal station; nodo central
node point; estación nodal
nominal lifting capacity; capacidad de carga nominal
nominative BL; BL nominativo
non-pressurized dry bulk container; contenedor para granel sólido no presurizado
non-reversible pallet; palé no reversible
non-stackable basket; cestón no apilable

non-work related journeys; movilidad no obligada
normalization; normalización
not undercommand; sin gobierno
notice of charge; deje de cuenta
notice of claim; deje de cuenta
notice of readiness; carta de alistamiento
notify...; notificar a...
NPV (net present value); VAN
numerical list; listado numérico
NVD; NVD
NVOCC; NVOCC

O

object; objeto
objective evidence; evidencia objetiva
obligated material; material dispuesto
OBO ship; buque OBO
obsolescence; obsolescencia
OECD; OECD
offer; oferta
office container; contenedor almacén
official supplier; proveedor certificado
ohm; ohmnio
oil pipeline; oleoducto
oil products tanker; buque petrolero / buque petrolero de crudo / buque petrolero de refinados / petrolero
OJEU (Official Journal of the European Union); DOUE
ole proprietor; empresario individual
on board; a bordo
on board axle lift; dispositivo elevador del eje
online freight & vehicle exchange; bolsa de cargas
open box; caja abierta
open dating; período de vida en fecha de producción
open here; abrir aquí
open hopper tank wagon; vagón de tolva abierta
open policy; póliza abierta
open railway truck; vagoneta
open side container; contenedor de costado abierto
open top container; contenedor sin techo
open wagon; vagón abierto
open-air warehouse; almacén al aire libre

opening licence; licencia de apertura
operating system; sistema operativo
operation number; número de operación
operations; operaciones
operations management; dirección de operaciones
opportunity cost; coste de oportunidad
OPT; OPT
optical scanning; lectura óptica
optimized production technology (OPT); tecnología de producción optimizada
ORC; ORC
order; pedido
order acceptance; aceptación del pedido
order acknowledgement; acuse de recibo de pedido
order backlog; cartera de pedidos / pedido pendiente
order bill of lading; conocimiento de embarque a la orden
order confirmation; confirmación de pedido
order number; número de pedido
order period; plazo de pedido
order picking; preparación de pedidos
order point; punto de pedido
order processing; proceso del pedido
order quantity; cantidad de pedido
ordering cost; coste de pedido
organization; organización
organization chart; organigrama
organizational hierarchy; jerarquía organizacional
outer packaging; embalaje exterior
outlet; tienda
outport; antepuerto
output; output
outsourcing; subcontratación / tercerización
over pivot rate; tarifa *over pivot*
overflow; rebose
overhead cable; catenaria
overhead conveyor; transportador aéreo
overhead travelling crane; grúa puente
overload; sobrecargar
overseas traffic (maritime); tráfico exterior
oversize/over weight permit; declaración de sobremedidas y sobrepeso
owner; propietario/a
owner code; código del propietario del contenedor

P

pack to light order picking; preparación de pedidos inversa

packaged goods; carga embalada

packaging; empaque / envase y embalaje

packaging pictogram; pictogramas para envases y embalajes

packet-boat; paquebote

packing; embalaje / envase

packing company; embalador

packing list; lista de bultos / lista de contenido / lista de embalajes / relación de contenido

packing unit; unidad de embalaje

pail; cubeto

pallet; palé

pallet compression; compresión del palé

pallet dispenser; dispensador de palés

pallet height; altura del palé

pallet length; longitud del palé

pallet pool; consorcio de palés

pallet pool manager; gestor de consorcio de palés

pallet rest; travesaño palé

pallet return cycle; ciclo de rotación del palé

pallet stability; estabilidad del palé

pallet stanchion; montante

pallet truck; transpalé

pallet truck with rudder and driver on platform; transpalé con timón y conductor en plataforma

pallet truck with steering wheel and leaning rider; transpalé con volante y conductor recostado

pallet truck with steering wheel and seated driver; transpalé con volante y conductor sentado

pallet unit; unidad de paletización

pallet width; anchura del palé

palletize (to); paletizar

palletized cargo; carga paletizada

palletwide container; contenedor europalé

panamax; panamax

panamax ship; buque *panamax*

pannier; cestón

paper; papel

paperless picking; preparación de pedidos sin papeles

parcel; bulto / paquete

Pareto analysis; análisis de Pareto

Pareto diagram; diagrama de Pareto

Pareto's law; ley de Pareto

parking; aparcamiento

part family; familia de componentes

part load; carga fraccionada

part number; número de artículo / número de producto

part type; tipo de componente

partial four-way pallet; palé parcial de cuatro entradas

partial load; carga fraccionada

partial load transport; transporte de carga fraccionada

particular average; avería particular

partnership; unión temporal de empresas / UTE

pascal; pascal

pascal-second; pascal por segundo

passage; pasillo / travesía

passenger; acompañante / viajero

passenger airplane; avión de pasajeros

passenger rail line; línea ferroviaria de tráfico exclusivo

passenger transport; transporte de viajeros

patent; patente de invención

paternoster; paternóster

pay; salario

paying bank; banco pagador

payload; carga neta / carga útil

payment; pago

pedestrian; viandante

perceived service level; calidad de servicio percibida

period of discharge; tiempo de descarga

periodic inspection; inspección periódica

perishable cargo; carga perecedera

perishable goods; mercancía perecedera / producto perecedero

permanent physical inventory; recuento físico permanente

perpetual inventory; inventario permanente / inventario perpetuo

person with reduced mobility; persona con movilidad reducida (PMR)

PERT; PERT

pharmaceutical certificate; certificado de farmacia

physical distribution; distribución física

physical distribution costs; coste de distribución física

physical inventory; inventario físico / recuento físico

phytosanitary certificate; certificado fitosanitario

pick and pack; preparación y empaquetado

pick by line; preparación consolidada de pedidos

pick by store; preparación consolidada por tienda

pick to light; pick to light

picking; extracción / *picking*

picking by order; preparación por pedido

picking list; boletín de preparación / lista de recogida / listado de preparación de pedidos

pick-pack; pick-pack

piece work; trabajo a destajo

pier; pantalán

pier to house; puerto a puerta

pier to pier; puerto a puerto

pierhead; morro / testero

piggy-back transport; ferroutage / transporte por superposición

pile; pila

pilot; piloto / práctico

pilot lot; lote piloto

pilotage; practicaje

pipe rack; rack

pipeline; oleoducto

pipeline system; sistema de tuberías

pivot weight; tarifa *pivot*

plain pallet; palé para carga aérea / palé plano

plan; plan

planimetry; planimetría

planning; planificación

planning horizon; horizonte de planificación

plant; planta

plastic; plástico

plastic or canvas tarpaulin to cover roofless or open-sided container; cerramiento del contenedor

plastic pallet; palé de plástico

platform; andén

platform ship; buque plataforma

platform truck; camión plataforma / carretilla para plataformas

pliable shipping package; recipiente flexible

Plimsoll disc; marca Plimsoll

Plimsoll line; marca de francobordo / marca Plimsoll

pneumatic suspension; suspensión neumática

pocket wagon; vagón para semirremolque

point of sale; punto de venta

policy holder; tomador

polluted water; aguas contaminadas

polluting ship; buque contaminante

polypropylene ringseal; precinto anilla de polipropileno

port; puerto

port authority; autoridad portuaria

port clearance; autorización de despacho

port of discharge; puerto de descarga

port of loading; puerto de carga

port operations; operativa del buque

port tariffs; tarifas portuarias

portable rack; estantería portátil

portainer; portainer

portainer crane; grúa *portainer*

portal bridge crane; grúa pórtico

porter; porteador

portolano; portulano

post pallet; palé con montantes / palé con pilares

postpanamax ship; buque *postpanamax*

postal service; correo

postpanamax; postpanamax

postpanamax plus ship; buque *superpostpanamax*

postponment; posposición

post-sales service; servicio de producto

powder-tight packaging; embalaje estanco a los pulverulentos

PPP (public private partnerships); APP

pre-manifest; premanifiesto

prepaid; porte pagado

preparation; acondicionamiento

presale; preventa

pressure control valve; sistema de venteo y alivio de presión / válvula de depresión

pressure relief systems; sistemas de venteo y alivio de presión

pressurized dry bulk container; contenedor para granel sólido presurizado

price; precio

price point; posición de precio

primary location; ubicación principal

primary packaging; envase primario

principal; mandante
principal round; ruta vertebral
private bonded warehouse; depósito aduanero privado
private transport; transporte privado
private transport hire; transporte discrecional
pro forma invoice; factura proforma
probability theory; teoría de la probabilidad
probability tree; árbol de probabilidad
procedure; procedimiento
process; proceso
process train; tren de proceso
process unit; unidad de proceso
processing costs; coste de fabricación
procurement; adquisición / aprovisionamiento
product; producto
product range; gama de productos
product structure; estructura del producto
product tree; árbol de producto
production; fabricación / producción
production budget; presupuesto de producción
production control; control de producción
production costs; coste de fabricación
production kanban; kanban de producción
production plan; plan de producción
production planning; planificación de la producción
productivity; productividad
productivity measures; medidas de productividad
products not for human consumption; PNCH
profit; beneficio / ganancia
profitability; rentabilidad
project; proyecto
promissory note; pagaré
prop up; apuntalar
property tax; IBI / impuesto sobre bienes inmuebles
provincial authorization; autorización provincial
proximate clause; cláusula de proximidad
PSI; PSI
public liability; responsabilidad civil
public liability insurance; seguro de responsabilidad civil
public passenger transport; transporte público de viajeros

public transport; transporte público
public transport systems; vía de comunicación pública
public warehouse; almacén multiuso
pull distribution; distribución descentralizada
pull system; sistema de tirar
pumping of brake pedal; bombeo del pedal del freno
purchase; compra
purchase order; orden de compra / orden de confirmación / unidad de pedido
purchaser; comprador
purchasing network; central de compras
purchasing unit of measure; unidad de medida de compras
push distribution; distribución centralizada
push system; sistema de empujar
push-pull for lift track; eyector de hojas / retenedor de hojas
put to light; put to light
pyrotechnic substance; sustancia pirotécnica
pyrotechnical material; materia pirotécnica

Q

QFD; QFD
qualitative excellence; excelencia cualitativa
quality; calidad
quality assurance; aseguramiento de la calidad
quality audit; auditoría de calidad
quality certificate; certificado de calidad
quality circle; círculo de calidad
quality control; control de la calidad
quality control check; prueba de cumplimiento
quality guidelines; manual de calidad
quality improvement measures; mejora de la calidad
quality level; nivel de calidad
quality management; gestión de la calidad
quality management system (QMS); sistema de gestión de la calidad
quality plan; plan de calidad
quality planning; planificación de la calidad
quality policy; política de calidad
quality system; sistema de calidad
quantity rate; tarifa *quantity*
quay; muelle
quay dues; derechos de muelle

queue; cola
queuing theory; teoría de colas
quick response; respuesta rápida

R

R&D (research and development); I + D
R+D+I; I + D + I
rack; estantería / lineal
rack (railway); cremallera
racon; baliza radar
rad; rad
radar beacon; baliza radar
radian; radián
radian per second; radián por segundo
radian per second squared; radián por segundo cuadrado
radio frequency; radiofrecuencia
radio frequency identification data (RFID); identificación por radiofrecuencia
rail consigment note; talón de ferrocarril
rail highway; autopista ferroviaria
rail line; raíl
rail loading gauge; gálibo ferroviario de carga
rail network; red ferroviaria
rail tracks (station); vías de circulación
railcar; automotor
railway; ferrocarril
railway beam; haz de vías
railway bill; carta de porte de transporte ferroviario
railway carriage; material remolcado
railway equipments; material ferroviario
railway junction; nudo ferroviario
railway line; línea ferroviaria
railway operator; operador ferroviario
railway switch; tramo de cierre ferroviario
railway transport; transporte ferroviario
railway worker; ferroviario
railwayman; ferroviario
railwaywoman; ferroviaria
ramp; rampa
random location; ubicación aleatoria
random location warehouse; almacén caótico
random variation; variación aleatoria
ratio; ratio
raw material; insumo / materia prima
raw materials warehouse; almacén de materias primas

RDD; DDR
reach; recalar
reach stacker crane; apilador con balancín
reach truck; carretilla de mástil retráctil / carretilla retráctil
reach truck with pantograph; carretilla de horquillas retráctiles / carretilla de pantógrafo
reaction period; plazo de reacción
ready to board; admítase para embarco
ream; resma
rebate; extorno
receipt; comprobante / recepción
receipt (L1); carta de pago L-1
received for shipment; recibida para embarque
received to be shipped; recibida para embarque
receiving area; zona de recepción
reconditioned packaging; embalaje reacondicionado / embalaje reconstruido / envase reacondicionado
reconstructed container; envase reconstruido
recycling; reciclaje
red rate; red rate
reefer; contenedor frigorífico
reefer cargo; carga refrigerada
reefer ship; buque frigorífico
reel; bobina
re-export; reexportacion
refrigerated container; contenedor frigorífico / contenedor refrigerante
refrigerated vehicle; frigorífico / vehículo frigorífico
refrigerated wagon; vagón refrigerante
refrigerating vehicle; refrigerante / vehículo refrigerante
regional agreement; acuerdo regional
regional authorization; autorización comarcal
regional purchase; introducción
register a vehicle (to); matricular
registration book; permiso de circulación
registry; abanderamiento
regular line; línea regular
regular service; servicio regular
regular transport; transporte regular
regulations; reglamento
reimport; reimportacion
reinsurance; reaseguro
relational database; base de datos relacional
reliability; fiabilidad
remanufacturing; remanufactura

removal van; capitoné
renting; renting
reorder quantity; cantidad de pedido
repair; reparación
replacement; reposición
replacement system; sistema de reposición
replenishment; reaprovisionamiento
requested temperature setting; declaración sobre temperaturas
required carrying temperature settings; temperatura de entrega al centro de distribución
required delivery temperature settings; temperatura de entrega al mercado
required postage; franqueo obligatorio
requirement; requisito
research laboratory; laboratorio de ensayo
reserved material; material comprometido
residual lifting capacity; capacidad de carga residual
residue; residuo
resolution; resolución
resource; recurso
rest; descanso
restricted round; ruta lazo
retail; detall
retail distribution centre; centro de distribución del detallista
retail package; unidad de consumo
retailer; comercio al detall / comercio minorista / detallista / minorista
Retim; Retim
retractable axle; eje retráctil
return; devolución
reusable packaging; envase reutilizado
reusable transport box; caja reutilizable de transporte
reusable transport packaging; elemento reutilizable de transporte
reused packaging; embalaje reutilizado
reutilisation; reutilización
revaluation; revaluación
reverse logistics; logística inversa / retrologística
reverse logistics operator; operador de logística inversa
reversible pallet; palé reversible
RFID; RFID
RFID reader; lector RFID
RGB; RGB

RICO Convention; Convenio RICO
RID; RID
RID Convention; Convenio RID
right itself (to); adrizar
rigid container; envase rígido
rigid recipient; recipiente rígido
rigid truck; camión rígido / vehículo rígido
rigid vehicle; vehículo rígido
rigidity of container; rigidez del contenedor
rim; cerco
ringseal; precinto de anilla
rip-rap; escollera
risk; riesgo
river waybill; carta de porte de transporte fluvial
road; calzada
road feeder service (RFS); servicio de alimentación por superficie
road section; tramo de vía
road tax; impuesto de circulación
road tractor; cabeza tractora / tractor
road traffic congestion; congestión vial
road train; tren de carretera
road transport; transporte automotor / transporte por carretera
ROI; ROI
roll pallet; palé rodante / palé sobre ruedas
roller conveyor; deslizadera mecánica / transportador de rodillos estáticos / transportador de rodillos por gravedad
rolling road; carretera rodante
rolling stock; material rodante
rolling way; camino de rodillos
roll-on/roll-off ship; buque de carga horizontal
roll-tainer; contenedor no apilable / contenedor rodante
roll-trailer; rolltrailer
ro-lo ship; buque *ro-lo* / *ro-lo*
Rome Convention; Convenio de Roma
roof truss of container; cercha del contenedor / trinca del contenedor
ro-pax ship; trasbordador
ro-ro (roll-on/roll-off); *ro-ro* / trasbordo rodado de carga
ro-ro (roll-on / roll-off) cargo; carga rodada
ro-ro ship; buque de carga horizontal / buque *ro-ro*
ROTT; ROTT

round hull FPSO; buque plataforma móvil redondo
round trip; viaje de ida y vuelta
route sheet; hoja de ruta
routing; ruta
rowing boat; barca
rule; norma
run order; orden de ejecución

S

sack; saco
SAD (single administrative document); DUA
safe port; puerto seguro
safety load; carga segura
safety sheet; ficha de seguridad
sail (to); zarpar
salary; salario
sales; ventas
sales budget; presupuesto de ventas
sales costs; coste de venta
sales packaging; envase de la unidad de consumo / envase de venta
sales plan; plan de ventas
sales target; objetivo de ventas
sales turnover; rotación de las ventas
sample; muestra
sanitary certificate; certificado sanitario
sanitary transport; transporte sanitario
SAR; SAR
scanner; escáner
schedule; programa
scheduled service; línea regular
scheduling; programa de producción
SCM; SCM
scoop; cuchara
SCR; SCR
screen; mamparo
scupper; imbornal
SDDG; SDDG
SDR (special drawing rights); DEG
SDT; SDT
sea waybill; carta de porte de transporte marítimo
seal; precinto
seaplane; hidroavión
seasonal correction; corrección estacional
seasonal harmonic system; armónico estacional
seasonal index; índice estacional

seasonal smoothing; armónico estacional
seasonality; estacionalidad
seat-kilometre offered (SKO); asientos-kilómetros ofertados (AKO)
second; segundo
second line activities; actividades de segunda línea
secondary packaging; envase colectivo / envase secundario
secondary production activities; actividades secundarias de producción
secondary traffic; tráfico secundario
secured insurance; seguro de caución
security stock; existencia de seguridad / inventario de seguridad / *stock* de seguridad
security valve; válvula de seguridad
self-appraisal; autoevaluación
self-propelled pallet truck; transpalé autopropulsado
self-supporting rack; estantería autoportante
self-supporting warehouse; almacén autoportante
sell by; período de vida en fecha de entrega
selling; venta
semi-automatic stacker; apilador mixto
semi-manufactured good; producto semielaborado
semi-portal bridge crane; grúa semipórtico
semi-random storage; almacenamiento semialeatorio
semi-rigid container; envase semirrígido / recipiente semirrígido
semi-submersible oil platform; plataforma petrolífera semisumergible
semi-trailer; semirremolque
sender; cargador / expedidor
serial number; número de serie
series 1 container; contenedor de la serie 1
series 2 container; contenedor de la serie 2
service; servicio
service area; área de servicio
service equipment; equipo de servicio
service level; calidad de servicio
service level achieved; calidad de servicio conseguida
service level of services; nivel de servicio de los servicios
service quality measurement; medidas de calidad del servicio

service warehouse; almacén de servicio

set; conjunto

shed; cobertizo / tinglado

shelf; anaquel / estante

shelf life; caducidad

shelf ready packaging (SRP); embalaje «listo para vender» / embalaje SRP

shell; espaldón

shelving for conventional palletization; estantería para paletización convencional

shelving for dynamic picking; estantería para preparación de pedidos dinámica

shelving for light load; estantería para cargas ligeras

shelving for manual picking; estantería para preparación de pedidos manual

Shengen Convention; Convenio de Shengen

shifter; desplazador

shifting; desestiba

shifting cargo; corrimiento de la carga

ship; barco / buque / navío

ship broker; consignatario

ship broker agent; agente consignatario de buques

ship chartering; arrendamiento de un buque

ship clearance; despacho del buque

ship launching; botadura

ship's convenience; conveniencia de la línea

ship's holds inspection certificate; certificado de inspección de bodegas

shipbuilding; armamento

shipowner; armador/a

shipowner; naviera/o

shipper; cargador / expedidor / fletante

shippers declaration of transport of dangerous goods (SDT); certificado para el transporte de mercancías peligrosas

shipping area; área de expedición / zona de expediciones

shipping company; naviera/o

shipping conference; conferencia marítima

shipping instructions; instrucciones de embarque

shipping note; nota de cierre

shipping order; nota de embarque

shipping tolerance; tolerancia en la expedición

ships & goods policy; póliza «buque y mercancías»

shipyard; astillero

shock absorber; amortiguador

shop; tienda

shop floor control; control de planta

short sea shipping; cabotaje marítimo / transporte marítimo de corta distancia

short ton; tonelada corta / tonelada estadounidense

shortage; faltante

short-cycle manufacturing; fabricación en ciclos cortos

shoulder; espaldón

shrink wrapping; retractilar

shrinkage; mermas

shrinkage factor; factor de merma

shuttle; lanzadera

shuttle cabinet; armario *shuttle*

side loading fork truck; carretilla de toma lateral

side protection bar; telero

side wall; pared lateral del contenedor

siemens; siemens

sievert; sievert

silo; silo

silo container; contenedor silo

silo pallet; palé silo

silo vehicle; vehículo silo

simple cycle of automatic retirement; ciclo simple de retirada automática

simple cycle of automatic storage; ciclo simple de almacenamiento automático

simple mail transfer protocol; protocolo simple de transferencia de correo

single administrative document (SAD); documento único administrativo (DUA)

single carriageway road; vía rápida

single column stacker crane; transelevador monocolumna

single european sky; cielo único europeo

single minute exchange of dies (SMED); cambio rápido de útiles

single sourcing; aprovisionamiento en exclusiva

single voyage policy; póliza por viaje

sinking fund; fondo de amortización

sister ship; buque hermano

situation of a particular good in terms of customs; estatuto de la mercancía

six sigma; seis sigma

skids; patines

skimmer; pelícano
SKO (seat-kilometre offered); AKO
SKU; SKU
sling; eslinga / preeslinga
slipway; varadero
SLOI; SLOI
slope; peralte
slot; slot
slot confirmation; confirmación de reserva de espacio
slot request (SR); solicitud de escala
sluice; esclusa
small metal bucket; caldereta
small wagon; vagoneta
SME (small and medium enterprise); pyme
SMED; SMED
smoothed; alisado
smoothing; ajuste
SMTP; SMTP
social cost of transport; coste social del transporte
software; programa informático / *software* / soporte lógico
Soivre certificate; certificado Soivre
SOLAS; SOLAS
sole trader; empresario individual
solid bulk; granel sólido
sorter; clasificador de cargas
sourcing; sourcing
SPC; SPC
speaker; bocina
special drawing rights (SDR); derecho especial de giro (DEG)
special handling and transport costs; coste de utilización
special policy; póliza especial
special transport; transporte especial / transporte extraordinario
special vehicle; vehículo especial
specific cargo container; contenedor para mercancía específica
specific-purpose container; contenedor para uso específico
spill; derrame
spine wagon; vagón esqueleto
spool; bobina
spoon; cuchara
spreader; balancín / bastidor de anclaje
square metre; metro cuadrado

stabling siding; apartadero
stabling track; apartadero / vías de apartado
stack (to); apilar
stackable container; contenedor apilable
stacker crane; transelevador
stacker crane with side cab; transelevador con carro satélite
stacker truck; apilador
stacker with spreader; apilador con balancín
stacking capacity of container; capacidad de apilado del contenedor
stacking height; altura de apilado
stacking yard; bloque
stair negotiation tactic; táctica de la escalera
stakeholder; parte interesada
stamp duty; impuesto sobre actos jurídicos documentados
standard allowance; tolerancia estándar
standard cost; coste estándar
standard deviation; desviación tipo
standard pallet quantity; cantidad estándar de paletización
standard product; producto estándar
standard service; servicio estándar
state department; cancillería
state jurisdiction; jurisdicción estatal
station master; jefe de circulación
statistical process control (SPC); control estadístico de proceso
STC; STC
steel; acero
steel coil car; vagón cerrado portabobinas
steradian; estereorradián
stern; popa
stevedore; estibador
stock; existencia / *stock*
stock appreciation; apreciación de las existencias
stock keeping unit (SKU); unidad de almacenamiento / unidad de mantenimiento de existencias / unidad de mantenimiento de *stocks*
stock management; gestión de *stocks*
stock number; número de existencia / número de *stock*
stock order; stock contra pedido
stock out; falta de existencias / falta de *stock* / rotura de existencias / rotura de *stock*
stock record card; ficha de registro de existencias
stock turnover rate; índice de rotación de existencias

stockout cost; coste de ruptura de *stock*
stockpile (to); acopiar
stop; parada
stop point; punto de parada
storage; almacenaje / almacenamiento
storage box; arca
storage capacity; capacidad de almacenamiento
storage container; contenedor almacén
storage costs; coste de almacenamiento
storage density; densidad de almacenamiento
storage humidity; humedad de almacenamiento
storage surface; superficie de almacenamiento
storage systems; sistemas de almacenamiento
storage temperature; temperatura de almacenamiento
storage with aisles and counterbalanced stackers; almacenamiento con pasillos y carretillas elevadoras contrapesadas
storage with aisles and retractable stackers; almacenamiento con pasillos y carretillas retráctiles
storage with aisles and stackers (driver ridden); almacenamiento con pasillos y apiladores de conductor sentado
storage with aisles and stackers (non driver ridden); almacenamiento con pasillos y apiladores de conductor acompañante
storage with aisles and transelevators; almacenamiento con pasillos y transelevadores
storage with aisles and tri-lateral stackers; almacenamiento con pasillos y carretillas tri-laterales
store on work floor; almacén en planta
stow (to); arrumar
stowage; arrumaje / estiba
stowage certificate; certificado de arrumazón
stowage factor; coeficiente de estiba / factor de estiba / volumen de obstrucción
stowage plan; plan de estiba
straddle carrier; carretilla pórtico
straight truck; camión rígido
strapped-down load; estiba con flejes
strongly connected graph; grafo fuertemente conexo
structural equipment; equipo de estructura
strut; riostra
subpanamax; subpanamax
subpanamax ship; buque *subpanamax*
substracting colors; colores sustractivos

successive transport; transporte sucesivo
sulphur dioxide; anhídrido sulfuroso (SO_2)
supervisor; sobrecargo
supplier; proveedor
supplier number; número de proveedor
supply chain; cadena de suministro
supply chain management (SCM); gestión de la cadena de suministro
supply chain visibility; visibilidad de la cadena de suministro
supply logistics; logística de aprovisionamiento
supplying; aprovisionamiento
surety; aval
surety bond; contrato de fianza
surface lift; superficie de sustentación
surface mail; correo de superficie
survey report; certificado de averías
sustainable development; desarrollo sostenible
sustainable mobility; movilidad sostenible
swap; trueque
swap body; caja móvil
swept turning circle; círculo barrido en curva
SWIFT; SWIFT
switchback; sistema de extensión de responsabilidad
SWOT; DAFO
SWOT analysis; análisis DAFO
symbol; símbolo
system; sistema

T

T1 document; documento T1
tachograph; tacógrafo
tachometer; tacómetro
tag; etiqueta electrónica
take in water (to); hacer agua
Talgo (train); Talgo
tank; cisterna
tank container; contenedor tanque / contenedor cisterna
tank pallet; palé tanque
tank vehicle; vehículo cisterna
tank wagon; vagón cisterna
tanker; aljibe / camión cisterna / vehículo cisterna
tanker overflow; suspiro de un tanque
tanker ship; buque cisterna / buque tanque
tare; tara

Taric (integrated community tariff); Taric
tarpaulin-covered vehicle; vehículo entoldado
tautliner vehicle; vehículo *tautliner*
tax on economic activities; IAE / impuesto de actividades económicas
tax on patrimonial transmissions (TPT); impuesto de transmisiones patrimoniales (ITP)
taxable base; base imponible
TCP/IP; TCP/IP
TDW (temporary deposit warehouse); ADT
team; equipo
technical specification; especificación técnica
technological cycle; ciclo tecnológico
technological park; parque tecnológico
telematics; telemática
telemeter; telémetro
telltale; veleta
temporary admission; admisión temporal
temporary deposit warehouse (TDW); almacén de depósito temporal (ADT)
temporary import; importacion temporal
terabyte; terabyte
terminal; terminal
terminal damage report; informe de daños en la terminal
terminal operator; operador de terminal
terminal station; estación término
terms of delivery; condiciones de entrega
terms of freight; términos de transporte
terms of payment; condiciones de pago
territorial waters; aguas territoriales
tesla; tesla
TEU; TEU
THC; THC
THC (terminal handling charge); costes de manipulación en terminal marítima
The Hague Protocol; Protocolo de la Haya
theft; hurto / robo
theory of constraints (TOC); teoría de las restricciones
thermal container; contenedor térmico
third countries; terceros países
third line activities; actividades de tercera línea
third party logistics (3PL); proveedor logístico externo (3PL)
through bill of lading; conocimiento de embarque de transporte directo
throughput speed; velocidad de procesamiento
tied; atado

tier; tier
TIF carnet; carnet TIF
TIF Convention; Convenio TIF
tilting bucket; cubo basculante
timber ship; buque maderero
time allowed for loading; tiempo de carga
time allowed for unloading; tiempo de descarga
time schedules; programa de salidas
time series analysis; análisis de series temporales
tin; hojalata / lata
tipper; basculante / vehículo basculante
TIR; TIR
TIR carnet; carnet TIR / cuaderno TIR
TIR Convention; Convenio TIR
TIR system; régimen TIR
title retention; reserva de dominio
TO (transport operator); OT
TOC; TOC
TOE (ton of oil equivalent); TEP
Tokyo Convention; Convenio de Tokio
tolerance; tolerancia
toll; peaje
ton; tonelada
ton-kilometer; tonelada-kilómetro
tonnage; tonelaje
tonne; tonelada métrica
tools; utillaje
toplift; balancín / bastidor de anclaje
torque; par motor
total air cargo load; carga total
total loss; pérdida total física
total quality management (TQM); gestión de la calidad total (GCT)
tote box; caja de manutención
tow (to); remolcar
tow line; transportador de remolque
tower crane; grúa torre
towing tractor; tractor de arrastre
towline truck; carretilla remolcada por cadena de arrastre
toxic substance; sustancia tóxica
TPC; TPC
TPT (tax of patrimonial transmissions); ITP
TQM (total quality management); GCT
traceability; trazabilidad
track; vía
track & trace; seguimiento de envíos

track gauge; ancho de vía
traction force; esfuerzo de tracción
tractor unit; tractor
trade; comercio
trade mark; marca registrada
trade tax; impuesto sobre sociedades
trade transaction; transacción comercial
trading tax; IAE / impuesto de actividades económicas
traffic; tráfico
traffic accident; accidente de tráfico
traffic departament; departamento de tráfico
trailer; remolque / tráiler
train; tren
tram; tranvía
tramp; tramp
tramp shipping; navegación tramp
tramper ship; buque *tramp* / buque volandero
transfer; mesa de transferencia / mesa transferidora / *transfer* / transferencia
transfer (to); trasegar
transfer car; carro de trasbordo
transfer tax; impuesto de transmisiones patrimoniales (ITP)
transference table; mesa de transferencia / mesa transferidora
transformation process; proceso de transformación
transhipment; trasbordo
transit; tránsito
transit cargo; carga en tránsito
transit customs; aduana de paso
transit declaration; declaración de tránsito
transit time; tiempo de viaje
transit warehouse; almacén de tránsito
transport; transporte
transport agency; agencia de transporte
transport authorization; autorización de transporte
transport card; tarjeta de transporte
transport certificate; certificado de transporte
transport chain; cadena de transporte
transport contract; contrato de transporte
transport documents; documentos de transporte
transport kanban; kanban de transporte
transport license (private); MPC / tarjeta MPC
transport license for heavy public transport vehicle; MDP / tarjeta MDP

transport license for light public transport vehicle; MDL / tarjeta MDL
transport management; gestión del transporte
transport operator; operador de transporte (OT)
transport order; orden de transporte
transport packaging; envase de expedición / envase de transporte / envase terciario
transport subcontractor; subcontratista de transporte
transport subject to quotas; transporte contingentado
transport unit; unidad de transporte
transportable forklift; carretilla portátil para camión
transportation arbitration board; junta arbitral de transporte
transroulage (ro-ro); transroulage
trastainer; trastainer
trastainer crane; grúa *trastainer*
travel (to); transitar
traveller-kilometer; viajero-kilómetro
trend; tendencia
trend chart; diagrama de tendencias
tributary pressure; presión tributaria
trim (to); arrumar
trimming; arrumaje / arrumazón / trimado
trip; viaje
tripod; trípode
trolley pole; trole
tropical packaging; embalaje tropical
truck; camión / furgón
truck driver; camionero
truck mounted crane; grúa sobre camión
trust; trust
tubular goods; mercancía tubular
tugboat; remolcador
turbotrain; turbotren
turret truck; carretilla trilateral
twistlock; cono / pestillo de anclaje
two-column stacker crane; transelevador bicolumna
two-way pallet; palé de dos entradas

U

UFR system; sistema UFR
ULD; ULD
ULD (united load device) rate; tarifa por unidad de carga

ullage; merma

unaccompanied combined transport; transporte combinado no acompañado

unavailable goods; mercancía no disponible

unconsolidation of container; desconsolidación del contenedor

under derrick; bajo puntal

underfloor towing conveyor; transportador de remolque

UNE regulation; norma UNE

unification; unificación

uniform unit load; unidad de carga homogénea

unit; unidad

unit load; carga completa / prelingado / unidad de carga

unit load weight; peso de la unidad de carga

unit of account; unidad de cuenta

unit of issue; unidad de salida

unit of measure; unidad de medida

unit packing list; lista de carga del contenedor / relación de partidas por contenedor

unit selling price; precio de venta unitario

unit shortage cost; coste de la unidad faltante

unitary average cost; coste medio unitario

unitary system; sistema unitario

united load device (ULD); dispositivo de la unidad de carga

United Nations Convention on the Law of the Sea (UNCLOS); Convención de las Naciones Unidas sobre el Derecho del Mar

unitization; paletización

unitizing; unitización

unload; descarga

unload (to); descargar

unloading list; relación de mercancías desembarcadas

unordered storage; método de hueco caótico

unstable liquid; líquido inestable

unstowage; desestiba

urban consolidation centre (UCC); centro de consolidación urbana (CCU)

urban traffic management control (UTMC); sistema de gestión y control del tránsito

useful life; vida útil

user; usuario

USR (urban solid residue); RSU

UTC; UTC

utilization; utilización

UTM coordinates; coordenadas UTM

V

valorization of residues; valorización de residuos

valuable cargo; carga valiosa

value; valor

value added tax (VAT); impuesto sobre el valor añadido (IVA)

value chain; cadena de valor

van; furgoneta / camioneta

variable cost; coste variable

variable message signs (VMS); paneles de mensaje variable

variance; variancia

VAT (value added tax); IVA

vegetable fabric; tejido vegetal

vehicle; vehículo

vehicle body; caja del vehículo

vehicle carrier ship; buque portavehículos

vehicle delivering mail; correo

vehicle gondola; góndola

vehicle transporter; vehículo portavehículos

verification; verificación

verification & validation (V&V); validación

vertical carousel rack; estantería carrusel vertical

vessel; nave / vasija

vessel size; porte

vessel technical sheet; ficha técnica del buque

veterinary certificate; certificado veterinario

virgin wood; madera en bruto

Visby Rules; Reglas de Visby

viscosity; viscosidad

VLCC; VLCC

VMS; VMS

VOCC; VOCC

volt; voltio

volts per metre; voltio por metro

volume; volumen

volume charge; cargo por volumen

VOMTO; VOMTO

voucher; comprobante

voyage; viaje

W

wage; salario

wagon; coche / material remolcado / vagón

wagon load; vagón completo

wand (bar code); lector de códigos de barras

warehouse; almacén / bodega / galpón

warehouse management system (WMS); siste-

ma de gestión del almacen (SGA)
warehouse manager; almacenista
warehouse receipt; recibo de almacén
warehouse shuttle; lanzadera de almacén
warehouse truck; carretilla interior
warping; alabeo
warrant; warrant
Warsaw Convention; Convenio de Varsovia
waste data booklet; información de residuos
water resistant; hidrófugo/a
water tank; aljibe
water tanker ship; buque aljibe
waterline; línea de flotación
water-repellent; hidrófugo/a
watt; watt
watt per metre kelvin; watt por metro kelvin
watt per steradian; watt por estereorradián
wave order picking; preparación de pedidos por lotes
wax(ed) paper; papel encerado
way station; estación de paso
waybill; carta de porte / hoja de ruta
WC; WC
weather vane; veleta
web site; sitio web
weber; weber
wedge; calce
wedge (to); falcar
week; semana
weight charge; cargo por peso
weight per axle; peso por eje
weight ton; tonelada inglesa / tonelada larga
wet cargo; carga húmeda
wet goods; mercancía húmeda
wharf FACE; cantil
wharfage; amarraje / derechos de muelle
wheelbarrow; carro chino
wheelbase; batalla de un vehículo
wholesaler; comercio al por mayor / comercio mayorista / mayorista
wholesaler distributor; almacenista distribuidor
wide body airplane; avión de fuselaje ancho
Wilson formula; fórmula de Wilson

windward; barlovento
winery; bodega
wing; ala
wingspan; envergadura
wire; alambre
wire-guided truck; carretilla filoguiada / carro filoguiado
WMS (warehouse management system); SGA
wood; madera
wooden barrel; tonel de madera
work environment; ambiente de trabajo
work in process; semielaborado / trabajo en curso
work journeys; movilidad obligada
work sampling; muestreo de trabajo
workload; carga de trabajo
write-off; productos fin de vida

X
XML; XML

Y
yacht; yate
yard; yarda / playa
yd; yd
York & Amberes Rules; Reglas de York y Amberes

Z
ZAC; ZAC
ZAL (logistics activities area); ZAL
zero defects; cero defectos
zone I; zona I
zone II; zona II
zone order picking; preparación de pedidos por zonas

Addendum
5 S methodology; metodología de las 5 S
80-20 rule; ley 20/80

Corporaciones y entidades

AAACI (Asociación Argentina de Agentes de Carga Internacional)
www.aaaci.org.ar

AAAP (Asociación de Agentes de Aduana del Perú)
www.aaap.org.pe

AAPA (Asociación Americana de Autoridades Portuarias)
www.aapa-ports.org

AATA (Animal Transportation Association)
www.aata-animaltransport.org

ABAC (Associação Brasileira de Administradores de Consórcios)
www.abac.org.br

ABEPRA (Associação Brasileira dos Portos Secos)
www.abepra.org.br

ABML (Associação Brasileira Empresas de Movimentação e Logística)
www.abml.org.br

ABP (Associated British Ports)
www.abports.co.uk

ABRAMAN (Associação Brasileira de Manutenção)
www.abraman.org.br

ABTP (Associação Brasileira dos Terminais Portuários)
www.abtp.com.br

ACACIA (Asociación Costarricense de Agencias de Carga, Consolidadores y Logística Internacional)
www.acacia.co.cr

ACAT (Operadores de Transporte)
www.cetm.es

ACC1Ó
www.acc10.cat

ACEM (European Cooperation Maritime Agency)
www.acem.org

ACETA (Asociación de Compañías Españolas de Transporte Aéreo)
www.aceta.es

ACI Europe (Airports Council International)
www.aci-europe.org

ACL (Asociación Costarricense de Logística)
www.acl-cr.com

ACOLOG (Asociación Colombiana de Logística)
www.acolog.org

ACTE (Asociación de Centros Transporte de España)
www.acte.es

ACTM (Asociación Empresarial Castellonense de Transporte de Mercancías)
www.acetm.org

ADACAM (Asociación Dominicana de Agentes de Carga Aérea y Marítima Inc.)
www.adacam.com.do

ADL (Asociación para el Desarrollo de la Logística)
www.adl-logistica.org

AEC (Asociación Española de la Carretera)
www.aecarretera.com

AEC (Asociación Española para la Calidad)
www.aec.es

AEC (Asociación Europea de Ferroviarios)
www.aec-es.org

AECA (Asociación Española de Compañías Aéreas)
www.aecaweb.com

AECAF (Asociación Empresarial Española de Carga Fraccionada)
www.aecaf.com

AECOC / GS1 SPAIN (Asociación Española de Codificación Comercial)
www.aem.es

AEM (Asociación Española de Mantenimiento)
www.aem.es

AENOR (Asociación Española de Normalización y Certificación)
www.aenor.es

AERCE (Asociación Española de Profesionales de Compras, Contratación y Aprovisionamientos)
www.aerce.org

AESTRADIS (Asociación de Empresarios Salmantinos de Transportes Discrecionales)
www.cetm.es

AETC (Asociación Empresarial de Transporte en Cisternas)
aetc.cetm.es

AETINAPE
www.aetinape.com

AETRAC (Agrupación de Empresas de Transportes de Cantabria)
www.aetrac.com

AETRANS (Asociación de Empresarios de Transportes de Mercancías por Carretera)
www.aetrans.net

AEUTRANSMER (Asociación Española de Cargadores y Usuarios del Transporte de Mercancías)
www.aeutransmer.com

AFA (Airforwarders Association)
www.airforwarders.org

AFF (Association Française du Froid)
www.aff.asso.fr

AGTC (Associació General de Transportistes de Catalunya)
www.agtc.es

AHACI (Asociación Hondureña de Agencias de Carga y Logística Internacional)
www.ahaci.com

AICEP Portugal Global (Agência para o Investimento e Comércio Externo de Portugal)
www.portugalglobal.pt

AIVP (Association Internationale Villes & Ports)
www.aivp.org

AJETRANS (Asociación de Jóvenes Empresarios de Transporte)
www.cetm.es

ALA (Asociación de Líneas Aéreas de España)
www.alaspain.com

ALACAT (Federación de Asociaciones de Agentes de Carga de América Latina y el Caribe)
www.alacat.org

ALADI (Asociación Latinoamericana de Integración)
www.aladi.org

ALAF (Asociación Latinoamericana de Ferrocarriles)
www.alaf.int.ar

ALAMYS
www.alamys.org

ALL (Asociación Latinoamericana de Logística)
www.all-enlinea.com

ALOG CHILE (Asociación Logística de Chile AG)
www.alog.cl

ALTA (Asociación Latinoamericana de Transporte Aéreo)
www.alta.aero

ALTC (Asociación Logística de Transporte de Contenedores)
www.altc.info

ALTRADIME (Asociación Provincial de Transporte Discrecional de Mercancías)
www.altradime.com

ALV (Asociación de Logística de Venezuela)
www.alv-logistica.org

AMACARGA (Asociación Mexicana de Agentes de Carga AC)
www.amacarga.org.mx

ANAGRUAL (Agrupación Empresarial Nacional de Alquiladores de Grúas de Servicio Público)
www.anagrual.es

ANARE (Asociación Nacional de Remolcadores de España)
www.anare.com

ANATRANS (Federación Nacional de Agencias de Transportes - Operadores de Transporte-OT)
www.anatrans.es

ANAVE (Asociación de Navieros Españoles)
www.anave.es

ANEDIPE (Asociación Nacional Empresarial de Distribuidores de Productos Petrolíferos)
anedipe.cetm.es

ANET (Asociación Navarra de Empresarios Transporte por Carretera y Logística)
www.infoanet.com

ANEVAL (Asociación Nacional de Alquiler de Vehículos con y sin Conductor)
www.feneval.com/aneval/aneval.html

ANFAC (Asociación Española de Fabricantes de Automóviles y Camiones)
www.anfac.com

ANLIC (Asociación Nacional de Lavaderos de Interiores de Cisternas)
www.anlic.com

ANP (Asociación Nacional de Portavehículos)
www.cetm.es

ANSI (American National Standards Institute)
www.ansi.org

ANTRAM (Associação Nacional de Transportadores Públicos Rodoviarios de Mercadorias)
www.antram.pt

AOLU (Asociación de Operadores Logísticos del Uruguay)
www.aolu.com.uy

APACIT (Asociación Peruana de Agentes de Carga Internacional)
www.apacit.com.pe

APAT (Associação dos Transitários de Portugal)
www.apat.pt

APCADEC (Associação Portuguesa de Compras e Aprovisionamento)
www.apcadec.org.pt

APETAMCOR (Asociación de Transportes de Mercancías por Carretera de Galicia)
www.apetamcor.com

APLOG (Associação Portuguesa de Logística)
www.aplog.pt

APP (Associação dos Portos de Portugal)
www.portosdeportugal.pt

APPROLOG (Asociación Peruana de Profesionales Logísticos)
www.approlog.org

APROTRANS (Associació Professional del Transport i Serveis Sectorials de Catalunya)
www.aprotrans.org

ARCE (Asociación Española de Empresas de Depósito y Reparación de Contenedores)
www.arce-nacional.com

ARLOG (Asociación Argentina de Logística Empresaria)
www.arlog.org

ARTRI (Asociatia Romana Pentru Transporturi Rutiere Internationale)
www.artri.ro

ASATRALVA
www.cetm.es

ASEACI (Asociación Ecuatoriana de Agencias de Carga Aérea Iata)
www.aseaci.com.ec

ASELOG (Asociación Española de Logística)
www.cetm.es

ASELDYT (Asociación de Ejecutivos en Logística, Distribución y Tráfico)
www.aseldyt.com

ASEMPAL TRANSPORTES (Agrupación Provincial de Transportes de Mercancías por Carretera)
www.asempal.es

ASEMTRAEX (Asociación de Empresarios de Transporte de Extremadura)
www.asemtraex.com

ASETRA (Agrupación Segoviana de Empresarios de Transporte)
www.asetrasegovia.es

ASETRA (Asociación de Empresarios del Transporte y Aparcamiento de Asturias)
www.asetra.es

ASETRANS-GIRONA
www.asetrans.net

ASETRANSPO (Asociación Provincial de Empresarios de Transporte Discrecional de Mercancías de Pontevedra)
www.asetranspo.org

ASETRAVI (Asociación Empresarial de Transportes de Vizcaya)
www.asetravi.com

ASETRAZ (Asociación Empresarial Transporte Discrecional de Mercancías)
www.cetm.es

ASLOG (Associaçáo Brasileira de Logística)
www.aslog.org.br

ASLOG (Association Française pour la Logistique)
www.aslog.org

ASOCAV (Asociación de Agentes de Carga y Aduana de Venezuela)
www.asocav.com

Asociación Catalana de Operadores de Transporte y Logística
www.transcalit.com

Asociación de Transporte Discrecional de

Mercancías por Carretera
www.transcalit.com

Asociación de Transportistas Abulenses
www.cetm.es

Asociación Murciana de Logística
www.amlogistica.net

Asociación Provincial de Agencias de Carga Completa
www.transcalit.com

Asociación Provincial de Agencias de Transporte de Carga Fraccionada
www.transcalit.com

ASOLIGAS (Asociación Provincial de Transporte de Líquidos y Gases Licuados)
www.transcalit.com

ASOTRAMER (Asociación Provincial de Empresarios de Transportes de Mercancías)
www.asotramer.com

Associació Cooperativa del Petit Transport
www.petitimitja.com

ASSOLOGISTICA (Associazione Italiana Imprese di Logistica, Magazzini Generali e Frigoriferi, Terminal Operators Portuali, Interportuali ed Aeroportuali)
www.assologistica.it

ASSOPORTI (Associazione Porti Italiani)
www.assoporti.it

ASTIC (Asociación del Transporte Internacional por Carretera)
www.astic.net

ASTRAME (Operadores de Transporte)
www.cetm.es

ASTRE (Asociación de Transportistas Europeos)
www.astreiberica.com

ATA (Air Transport Association of América)
www.air-transport.org

ATFRI (Association Française du Transport Routier International)
www.aftri.com

ATFRIE (Asociación Española de Empresarios

de Transportes Bajo Temperatura Dirigida)
www.cetm.es

ATPYC (Asociación Técnica de Puertos y Costas)
www.pianc.org

ATRADICE (Asociación de Empresas Transporte Región Centro)
www.atradice.es

ATRADIS (Asociación de Transporte Discrecional de la Rioja)
www.pasoo.com/atradis

ATRALBA-FEDA (Asociación Provincial de Empresarios de Transporte de Albacete)
www.feda.es

AUDACA (Asociación Uruguaya de Agentes de Carga Aérea)
www.audaca.com.uy

BCL (Barcelona-Catalunya Centre Logístic)
www.bcncl.es

BID (Banco Interamericano de Desarrollo)
www.iadb.org

BIFA (British International Freight Association)
www.bifa.org

BIMCO (Baltic International Maritime Council)
www.bimco.dk

BM (Banco Mundial)
www.bancomundial.org

CAAAREM (Confederación de Asociaciones de Agentes Aduanales de la República Mexicana)
www.caaarem.org.mx

CALOG (Cámara Uruguaya de Logística)
www.calog.com.uy

CATAC (Confederación Argentina del Transporte Automotor de Cargas)
www.catac.org.ar

CEDEX (Centro de Estudios y Experimentación de Obras Públicas)
www.cedex.es

CEDOL (Cámara Empresaria de Operadores Logísticos)
www.cedol.org.ar

CEFTRAL (Confederación Española de Formación en Transporte y Logística)
www.ceftral.es

CEL (Centro Español de Logística)
www.cel-logistica.org

CEPAL (Comisión Económica para América Latina y Caribe)
www.eclac.cl

CESCE (Compañía Española de Seguros de Crédito a la Exportación)
www.cesce.es

CETCAT (Confederació Empresarial de Transports per Carretera de Catalunya)
www.acetnet.com

CETM (Confederación Española de Transporte de Mercancías)
www.cetm.es

CETMO (Centro de Estudios del Transporte en el Mediterráneo Occidental)
www.cetmo.org

CIDEU (Centro Iberoamericano de Desarrollo Estratégico Urbano)
www.cideu.org

CLECAT (European Association for Forwarding, Transport, Logistic and Customs Services)
www.clecat.org

CNR (Comité National Routier)
www.cnr.fr

CNT (Confederaçáo Nacional do Transporte)
www.cnt.org.br

CNTT (Consejo Nacional de Transportes Terrestres)
www.fomento.es

COCATRAM (Comisión Centroamericana de Transporte Marítimo)
www.cocatram.org.ni

COMME (Colegio de Oficiales de la Marina Mercante Española)
www.comme.org

CONETRANS (Confederación Española de Organizaciones Empresariales Transporte Carretera)
www.cetm.es

Consell d'Usuaris del Transport Marítim de Catalunya
www.cambrescat.es

CSCMP (Council of Supply Chain Management Professionals)
www.cscmp.org

CYLOG (Asociación de Sociedades Gestoras de Enclaves Logísticos)
www.asociacioncylog.com

CZFA (Comité de Zonas Francas de las Américas)
www.czfa.org

ECG (European Car-Transport Group)
www.eurocartrans.org

EFTA - AELC (European Free Trade Association - Asociación Europea de Libre Comercio)
www.efta.int

EIA (European Intermodal Association)
www.eia-ngo.com

ELA (European Logistics Association)
www.elalog.org

EMCOFEANTRAN (Federación Andaluza de Cooperativas de Transporte)
www.emcofeantran.es

EPAL (European Pallet Association)
www.epal-pallets.org

ESPO (European Sea Ports Organisation)
www.espo.be

EUROPLATFORMS (European Association of Freight Villages)
www.freight-village.com

FATRANS (Federación Andaluza de Transportes)
www.fatrans.com

FEDAT (Federación Española de Auxiliares del Transporte)
www.fedat.es

FEDEM (Federación Española de Empresas de Mudanzas)
www.fedem.es

FEDEMCO (Federación Española del Envase de Madera y sus Componentes)
www.fedemco.com

FEDESPEDI (Federazione Nazionale delle Imprese di Spedizioni Internazionali)
www.fedespedi.it

FEDGLP (Federación Española de Asociaciones Provinciales de Empresas Distribuidoras de Gases Licuados del Petróleo)
www.fedglp.org

FEGATRAMER (Federación Gallega de Transporte de Mercancías)
www.fegatramer.es

FEM-AEM (Asociación Española de Manutención)
www.fem-aem.org

FENADISMER (Federación Nacional de Asociaciones de Transporte de España)
www.fenadismer.es

FENEVAL (Federación Nacional Empresarial de Alquiler de Vehículos con y sin Conductor)
www.feneval.com

FENTRA (Federación Empresarial Castellano Leonesa del Transporte)
www.cetm.es

FERRMED (Promotion Axe Ferroviaire Marchandises)
www.ferrmed.com

FETCAM (Federación de Empresarios de Transporte de Mercancías por Carretera de Castilla-La Mancha)
www.fetcam.org

FETEIA-OLT (Federación Española de Transitarios)
www.feteia.org

FETRACAL (Federación Regional de Asociaciones de Transportes de Mercancía de Castilla y León)
www.cetm.es

FETRAZ (Federación de Empresas de Transporte de Mercancías de Zaragoza)
www.fetraz.com

FIATA (Fédération Internationale des Associations de Transitaires et Assimiliés)
www.fiata.org

FITAC (Federación Colombiana de Agentes Logísticos en Comercio Internacional)
www.fitac.net

FMAM (Fondo para el Medio Ambiente Mundial)
www.gefweb.org

FMI (Fondo Monetario Internacional)
www.imf.org

FNTR (Fédération Nationale des Transports Routiers)
www.fntr.fr

FPT (Fundación Profesional para el Transporte)
www.fpt.org.ar

Fundación de los Ferrocarriles Españoles
www.ffe.es

Fundación Logística Justa
www.logisticajusta.org

FVET (Federación Valenciana de Empresarios Transportistas)
www.fvet.es

GUITRANS (Asociación Empresarial Guipuzcoana de Transporte de Mercancías por Carretera)
www.guitrans.com

IATA (International Air Transport Association)
www.iata.org

IBC (International Bureau of Container)
www.bic-code.org

IBRALOG (Instituto Brasileiro de Logística)
www.ibralog.org.br

ICC (International Chamber of Commerce)
www.iccwbo.org

ICEX (Instituto Español Comercio Exterior)
www.icex.es

ICIL (Fundación Icil)
www.icil.org

IFA (International Freight Association)
www.ifa-online.com

IIDM (Instituto Iberoamericano de Derecho Marítimo)
www.iidm.net

IMO (International Maritime Organization)
www.imo.org

INHA (Instituto de Hidrodinámica Aplicada)
www.inha.com.es

IPQ (Instituto Português de Qualidade)
www.ipq.pt

IPTM (Instituto Portuário e dos Transportes Marítimos)
www.imarpor.pt

IRU (International Routiers Union)
www.iru.org

ISM (Instituto Social de la Marina)
www.seg-social.es

ISO (International Organization for Standardization)
www.iso.org

ITENE (Instituto Tecnológico del Envase, Transporte y Logística)
www.itene.com

ITF (International Transport Workers' Federation)
www.itfglobal.org

ITU (Unión Internacional de Telecomunicaciones)
www.itu.int

IVET (Instituto Valenciano de Estudios del Transporte)
www.fvet.es

IVEX (Instituto Valenciano de la Exportación)
www.ivex.es

IVL (Instituto Vasco de Logística - Logistikako Euskal Erakundea)
www.ivlogistica.com

LÓGICA (Organización Empresarial de Operadores Logísticos)
www.logica.org.es

MPL (Madrid Plataforma Logística)
www.madridnetwork.org

NTC (Associação Nacional do Transporte de Carga)
www.ntc.org.br

OEA (Organización de Estados Americanos)
www.oas.org

OIT (Organización Internacional del Trabajo)
www.ilo.org

PROESA (Agencia de Promoción de Exportaciones e Inversiones de El Salvador)
www.proesa.com.sv

RAILGRUP
www.railgrup.net

SCC (Supply Chain Council)
www.supply-chain.org

SENASA (Servicios y Estudios para la Navegación Aérea y la Seguridad Aeronáutica, SA)
www.senasa.es

SEOPAN (Asociación de Empresas Constructoras de Ámbito Nacional)
www.seopan.es

Short Sea Promotion Centre - Spain (Asociación Española de Promoción del Transporte Marítimo de Corta Distancia)
www.shortsea.es

Soivre (Servicio Oficial de Inspección, Vigilancia y Regulación de las Exportaciones)
www.mcx.es/sgcomex/Soivre

SOLE (The International Society of Logistics)
www.sole.org

TIACA (The International Air Cargo Association)
www.tiaca.org

TLF (Fédération des Entreprises de Transport et Logistique de France)
www.e-tlf.com

TRADIME-ARAGÓN (Asociación Empresarial de Transportes Discrecionales de Mercancías por Carretera)
www.tradime.es

TRADISNA (Asociación de Transportistas Autónomos de Navarra)
www.tradisna.com

TRANSCALIT (Federació Catalana de Transports de Barcelona)
www.transcalit.com

TRANSPORTAVE (Asociación de Empresas de Transporte)
www.transportave.org

UIC (International Union of Railways)
www.uic.asso.fr

UIRR (Unión International Rail-Route)
www.uirr.com

UNCITRAL (United Nations Commission on International Trade Law - Comisión de las Naciones Unidas para el Derecho Mercantil Internacional)
www.uncitral.org

UNCTAD (United Nations Conference on Trade and Development - Conferencia de las Naciones Unidas para el Comercio y Desarrollo)
www.unctad.org

UNINAVE (Unión Española de Constructores Navales)
www.uninave.es

UPACCIM (Les Ports Français)
www.port.fr

UPIC (Unió de Polígons Industrials de Catalunya)
www.upic.es

www.ingramcontent.com/pod-product-compliance
Lightning Source LLC
Chambersburg PA
CBHW051808150726
47998CB00001B/68